国家社会科学基金项目(10BZX004)

辩证法的当代价值：
英美马克思主义辩证法理论新进展研究

付文忠 等 著

山东大学出版社

图书在版编目(CIP)数据

辩证法的当代价值:英美马克思主义辩证法理论新进展研究/付文忠等著.—济南:山东大学出版社,2016.9

ISBN 978-7-5607-5630-1

Ⅰ.①辩… Ⅱ.①付… Ⅲ.①唯物辩证法—研究 Ⅳ.①B024

中国版本图书馆CIP数据核字(2016)第238587号

责任编辑:谭学秋
封面设计:张　荔

出版发行:山东大学出版社
社　址　山东省济南市山大南路20号
邮　编　250100
电　话　市场部(0531)88364466
经　销:山东省新华书店
印　刷:济南新科印务有限公司
规　格:720毫米×1000毫米　1/16
17.75印张　330千字
版　次:2016年9月第1版
印　次:2016年9月第1次印刷
定　价:36.00元

序言：马克思主义辩证法当代价值的研究意义

苏东剧变以后，“马克思主义终结论”甚嚣尘上，后马克思主义思潮大行其道，后马克思主义最主要的观点是宣布已经找到了马克思主义陷入危机的根源。后马克思主义认为，当代世界的深刻转型使马克思主义陷入了危机，马克思主义陷入危机的根本原因是马克思主义固有的本质主义立场。后马克思主义的代表人物拉克劳和墨菲认为，马克思主义的本质主义主要表现为三个方面：在社会领域中的总体性社会观、在政治领域中的普遍性主体观、在历史领域的客观性历史规律观。其中辩证法是马克思主义的本质主义最集中的体现。拉克劳和墨菲指出，马克思主义的传统已经彻底终结，包括辩证法在内的马克思主义基本原理全部过时，现在西方左派的唯一选择是后马克思主义。

为了回应后马克思主义的挑战，世纪之交，英美马克思主义学者掀起了一场捍卫马克思主义辩证法的保卫战，一大批具有重要理论价值和学术影响的研究辩证法的著作先后问世。1993 年，英国左翼学者巴斯卡出版了影响广泛的《辩证法：自由的脉搏》；美国的《科学与社会》杂志于 1998 年推出了一期题为《辩证法的新前沿》的研究专刊；2007 年，《新世纪的辩证法》在美国出版；2009 年，美国著名左翼学者詹姆逊推出长篇巨著《辩证法的多维性》。这些成果从一个侧面展示了马克思主义辩证法当代研究的最新成果。因此，美国著名马克思主义学者奥尔曼总结道：“辩证法的研究成为当代英美马克思主义研究中最有活力和争论最激烈的领域之一。”[①]

英美马克思主义以辩证法为突破口，多方面批判后马克思主义，回应后马克思主义对马克思主义的解构，阐释马克思主义的当代价值，对辩证法的

---

① [美]奥尔曼：《辩证法的舞蹈》，田世锭、何霜梅译，高等教育出版社 2005 年版，第 2 页。

性质、功能、意义展开多层次的研究。这些趋势引起了我国学术界的重视，国内学者对后马克思主义的批判和国外辩证法理论的新趋势两个领域都进行了研究，出版了不少成果，但是把后马克思主义批判与辩证法理论结合起来进行专门研究还不多，并且从捍卫马克思主义的角度批驳“马克思主义终结论”的研究还不够深入，对后马克思主义批判与我国马克思主义理论建设工程关联度也需要进一步阐明，以下一些重要的基础理论问题有待于进一步深入阐释：(1)捍卫马克思主义辩证法的理论地位，回击后马克思主义和后现代主义对辩证法的否定和抛弃，必须致力于回答三个问题：一是后马克思主义为什么要解构辩证法？二是今天研究马克思主义的辩证法有什么意义？三是如何在实践中发展马克思主义的辩证方法？(2)辩证法在哪些领域仍然富有生命力？首先，在意识形态领域，辩证法理论需要回应当代世界的多元化和主体身份多重化趋势的挑战；其次，在历史领域，辩证法应该是一种批判性的历史叙事，能够对社会历史的重大变迁进行批判性解释。(3)马克思的辩证法既是理论体系辩证法又是历史辩证法的观点需要进一步研究。作为理论体系辩证法，研究概念总体的意义及其展开条件；作为历史辩证法，阐释资本主义生产方式进化发展的历史过程。(4)“辩证法是自由的脉搏”命题需要详细论证，辩证法是关于人类解放的辩证法，自由就是从社会与自然的必然王国中独立出来，这个过程就是历史辩证过程，辩证法是把哲学与解放规划连接起来的桥梁。

英美马克思主义的辩证法研究出现了许多新流派，其代表性的理论成果有：(1)“辩证法是马克思的理论舞蹈”；(2)“辩证法是思考未来的现代性思维规划”；(3)“辩证法是自由的脉搏”；(4)“辩证法是资本运动的逻辑”；(5)“辩证法是社会主义的通行证”。这些成果成为本书研究马克思主义辩证法当代价值的重要基础。可以说，本书的主要内容就是图绘英美马克思主义对辩证法的坚持与发展、对后马克思主义否定辩证法的回应与批判，在此基础上，多角度多层次地揭示马克思主义辩证法的当代价值与实践意义，努力阐释马克思主义辩证法的对当代世界的理解。

本书的具体内容分为六个部分：(1)后马克思主义对马克思主义的围剿。后马克思主义兴起的社会历史背景。后马克思主义认为：虽然20世纪是马克思主义的时代，但是随着柏林墙的倒塌，马克思主义已经终结，21世纪是后马克思主义的时代。后马克思主义联合新自由主义、后现代主义，在理论阵地上围剿马克思主义，攻击辩证法，把辩证法说成是神话，是“全知全能的神秘方法”。(2)英美马克思主义回击后马克思主义对辩证法的解构。回顾英美马克思主义同后马克思主义二十年的争论史，出现了几次大的理论论战：奥尔曼为辩证法当代价值的辩护；詹姆逊对后马克思主义的批判以及对辩证法当代价值的反思；批判实在论掌门人罗伊·巴斯卡与后马克思主义的掌门人拉克劳面对面的理论交锋，以及巴斯卡对辩证法当代价值的新阐释；伊格尔顿对后马克思主义的批判与对乌托邦辩证法价值的分析；舍曼从新批判的马克思主义立场出发对后马克思主义的批判，对马克思主义辩证法当代价值的阐释；马克思主义女性主义对辩证法当代价值的女性立场解读。(3)考察辩证法理论的当代保卫战，详细分析马克思主义辩证法的当代重建过程。英美马克思主义为了捍卫马克思主义，回击后马克思主义对辩证法的否定，展开了声势浩大的辩证法当代保卫战，这场理论争论的重要意义就是极大地推动了马克思主义研究在英美的发展。(4)马克思主义辩证法的当代新阐释：其一，奥尔曼的黑格尔马克思主义对辩证法当代价值的解读；其二，詹姆逊对辩证法当代价值的新反思；其三，新批判的马克思主义对辩证法当代价值的解读；其四，体系学派的辩证法研究的解读模式；其五，批判实在论学派对辩证法当代价值的新阐释；其六，马克思主义女性主义对辩证法当代价值的探索。(5)在概括英美马克思主义辩证法理论新成果的基础上，重构马克思主义辩证法的三个维度，阐释其在马克思主义辩证法发展史研究中的意义，纠正学界关于马克思对黑格尔辩证法的改造是一次完成的传统认识，提出马克思对黑格尔辩证法的改造经历了三个历史阶段，形成辩证法的三个维度，并且分析了马克思辩证法三个维度的核心内容与理论内涵。(6)讨论马克思主义辩证法和马克思主义理论的关系问题，认为对辩证法的理解决定着对马克思主义的解读方式，马克思主义既是科学的又是批判的，既是革命的又是理想的，理解四个方面统一性的关键是马克思主义的总体性辩证法。

本书的研究方法是以历史唯物主义的基本立场为基石，以马克思主义中国化为时代背景，理论与实际相联系，系统思考马克思主义辩证法的当代价值问题。首先，在研究过程中对相关文献资料进行收集、梳理和分析，研究马克思主义辩证法理论的精神实质，力争准确理解和把握辩证法的本质内涵和内在发展机制，为阐明马克思主义辩证法核心价值的研究打下基础。其次，贯彻理论联系实际原则，深入开展社会调研，调查的重点放在后马克思主义思潮对当代青年特别是高校大学生的影响、对马克思主义理论课的冲击，通过问卷和座谈会等形式了解不同群体的思想状况，着力研究他们对后马克思主义的认同程度，思考中国马克思主义理论教育的努力方向。再次，在理论研究与社会调研的基础上，提出加强和改进马克思主义理论建设的对策建议，把马克思主义研究同当今国际学术舞台的重大理论交锋紧密联系起来，从我国马克思主义中国化的战略高度，对肃清后马克思主义影响等重要问题作前瞻性和对策性综合研究。

本书着力讨论的重点问题是：(1)批判后现代主义与后马克思主义对辩证法的否定，剖析后马克思主义围剿辩证法的理论矛盾与方法论错误。(2)概括英美马克思主义辩证法理论最新成果，描述马克思主义辩证法发展的深层次逻辑，阐释马克思主义辩证法的当代价值。(3)论证辩证法是马克思主义的本质特征及其意义，揭示辩证法的核心价值观是追求社会的公平与正义，实行人的自由与解放。

本书的主要观点：(1)辩证法是马克思主义的本质，后马克思主义抛弃了辩证法也就是抛弃了马克思主义。(2)英美马克思主义辩证法研究中的一系列理论成果是对马克思主义辩证法的新发展，是对后马克思主义否定辩证法当代价值的有力回应。(3)在全球化背景下，批判地解读现代与后现代、普遍与特殊、多元与一元等重要理论问题争论，辩证分析方法是不可或缺的。(4)辩证法仍然是认识世界与改造世界的锐利武器，为了更有效地研究当代世界的新情况、新变化、新问题，需要推动对马克思主义辩证法的研究向着更广泛的学术领域延伸。(5)辩证法是自由的脉搏，是把哲学与解放规划联系起来的桥梁。探索性创新之处：系统阐释英美马克思主义辩证法研究的新发展；全面分析英美马克思主义批判后马克思主义的深层逻辑与理论路径；揭示马克思主义辩证法理论新发展的当代价值；提出马克思主义辩证法的核心价值观是追求社会的公平与正义，实现人的自由与解放。

本书的研究意义：(1)批判后马克思主义对辩证法的解构，具有重要的理论价值与现实意义。因为，后马克思主义与新自由主义在政治上存在共谋关系：新自由主义企图在全球化进程中把世界纳入不受任何控制的资本扩张轨道，但是，不受控制的资本扩张是非理性的。然而，当人们寻求批判新自由主义对人类前途的危害时，后马克思主义却在论证马克思主义批判的武器——辩证法在后现代已经失灵。(2)中国学界对辩证法的研究也应该进一步具有国际化视域，积极与国外学者展开对话。本书的研究成果，在一定范围内为国内马克思主义辩证法研究提供一个理论借鉴。可以肯定，英美马克思主义的辩证法研究成果，对我国的辩证法理论研究具有参考价值与启发意义。(3)伴随着后马克思主义思潮在中国的传播，当前一部分青年受到了影响，被后马克思主义的新颖性所吸引，认为后马克思主义“说得有道理”。本书的现实意义就是纠正青年人对后马克思主义的误认，帮助他们对后马克思主义的性质作出正确判断。

目 录

导论:马克思主义辩证法在当代面临的挑战与回应 …………………………… (1)

第一章　英美马克思主义对辩证法当代价值的探索路径 ……………… (12)

第一节　英美马克思主义的五种辩证法解读模式 ……………………… (13)
第二节　当代英美马克思主义辩证法研究复兴的原因 ………………… (18)
第三节　英美马克思主义辩证法研究的问题取向 ……………………… (21)

第二章　詹姆逊对辩证法当代价值的新反思 ………………………… (24)

第一节　《辩证法的多维性》的基本内容 ………………………………… (24)
第二节　卢卡奇对詹姆逊辩证法理论的影响 …………………………… (29)
第三节　马克思主义辩证法的三个特性 ………………………………… (39)
第四节　詹姆逊辩证法思想的三个发展阶段 …………………………… (43)
第五节　詹姆逊辩证法理论的三个核心命题 …………………………… (50)
结语:马克思主义辩证法的现实意义 …………………………………… (58)

第三章　奥尔曼对马克思主义辩证法当代价值的新探索 ……………… (61)

第一节　奥尔曼内在关系辩证法的基本内容 …………………………… (62)
第二节　奥尔曼应用辩证法对资本主义的批判 ………………………… (69)
第三节　奥尔曼应用内在关系辩证法为社会主义的辩护 ……………… (78)
第四节　奥尔曼内在关系辩证法的当代意义 …………………………… (90)

第四章　巴斯卡对辩证法当代价值的新阐释 ………………………… (95)

第一节　批判实在论辩证法理论的出场语境 …………………………… (96)

第二节 批判实在论辩证哲学的思想渊源 …………………………………… (98)
第三节 巴斯卡批判实在论的基本哲学立场 ……………………………… (102)
第四节 批判实在论辩证法的三个核心命题 ……………………………… (106)
第五节 批判实在论辩证法理论的四个维度解读 ………………………… (110)
第六节 批判实在论辩证法理论的批判向度 ……………………………… (113)
第七节 批判实在论辩证法理论的当代价值 ……………………………… (118)

第五章 后马克思主义错位辩证法的理论取向剖析 ……………… (126)

第一节 错位辩证法的三个维度 ……………………………………… (127)
第二节 社会错位与社会转型 ………………………………………… (129)
第三节 社会错位与社会革命 ………………………………………… (132)

第六章 伊格尔顿对“马克思主义是乌托邦”的辩证批判 ……………… (137)

第一节 马克思主义是乌托邦吗？ …………………………………… (137)
第二节 马克思对乌托邦概念的理解 ………………………………… (139)
第三节 马克思是否因为忽略人性而陷入空想 ………………………… (141)
第四节 真正的历史过程是否可以预测 ……………………………… (142)
第五节 关于马克思对未来的科学预测 ……………………………… (143)

第七章 后现代马克思主义空间辩证法的当代价值 ……………… (146)

第一节 后现代马克思主义的基本主张 ……………………………… (146)
第二节 后现代资本主义的文化逻辑 ………………………………… (149)
第三节 后现代马克思主义空间辩证法的兴起 ………………………… (151)
第四节 后现代马克思主义空间辩证法的基本特征 …………………… (154)

第八章 后马克思主义话语本体论的辩证法批判 ……………… (157)

第一节 批判实在论与话语理论的基本哲学立场 ……………………… (158)
第二节 关于哲学本体论的争论 ……………………………………… (159)
第三节 话语与非话语的区分 ………………………………………… (161)
第四节 实在的可及性与不可及性 …………………………………… (164)
第五节 关于辩证法概念对抗性和否定性的争论 ……………………… (166)

第九章 新批判的马克思主义论辩证法的当代价值 ……………… (169)

第一节 历史唯物主义的重建 ………………………………………… (170)

第二节 马克思主义辩证方法论的重建 …………………………… (172)
第三节 新批判的马克思主义辩证法观评析 ……………………… (175)

第十章 马克思主义女性主义论辩证法的当代价值 ……………… (184)

第一节 马克思主义女权主义思想的出场语境 …………………… (184)
第二节 马克思主义真理观的辩证女权主义阐释 ………………… (187)
第三节 马克思主义主体观的辩证女权主义阐释 ………………… (190)
第四节 马克思主义社会历史观的辩证女权主义阐释 …………… (193)

第十一章 马克思主义女性主义社会认识论的辩证逻辑 …………… (198)

第一节 女性主义社会认识论的逻辑起点 ………………………… (198)
第二节 女性主义社会认识论的核心命题 ………………………… (201)
第三节 女性主义社会认识论的实践旨归 ………………………… (205)
第四节 马克思主义女性主义对后现代主义挑战的回应 ………… (209)

第十二章 重建马克思主义辩证法在文化研究领域的影响力 ………… (225)

第一节 辩证法与文化研究的新主张 ……………………………… (226)
第二节 辩证法与文化研究方法的新探索 ………………………… (230)
第三节 大众文化概念的辩证分析 ………………………………… (234)

第十三章 英美马克思主义辩证法研究新进展的当代启示 ………… (241)

第一节 体系辩证法的解释 ………………………………………… (242)
第二节 历史辩证法的解释 ………………………………………… (246)
第三节 自由辩证法的解释 ………………………………………… (250)
第四节 辩证法三种解释的理论启示 ……………………………… (256)

结束语:以辩证思维驾驭矛盾,引领时代 …………………………… (260)

主要参考文献 ……………………………………………………… (265)

附录 辩证法仍然是认识世界与改造世界的锐利武器 …………… (269)

后 记 ……………………………………………………………… (273)

第十章 [illegible]
第一节 [illegible]
第十一章 [illegible]
第一节 [illegible]
第二节 [illegible]
第三节 [illegible]
第四节 [illegible]
第十二章 [illegible]
第一节 [illegible]
第二节 [illegible]
第三节 [illegible]
第四节 [illegible]
第十三章 [illegible]
第一节 [illegible]
第二节 [illegible]
第三节 [illegible]
第十四章 [illegible]
第一节 [illegible]
第二节 [illegible]
第三节 [illegible]
第四节 [illegible]
结束语 [illegible]
参考文献
附录 [illegible]
后记

导论：马克思主义辩证法在当代面临的挑战与回应

20世纪末，面对“突如其来的历史巨变”，后马克思主义认同了“马克思主义危机论”，并且认为辩证法是导致马克思主义陷入危机的主要原因，这是后马克思主义解构辩证法的社会历史背景。后马克思主义认为，虽然20世纪是马克思主义的时代，但是随着柏林墙的倒塌，苏东社会主义的解体，马克思主义的时代已经终结，随着后工业社会和“后资本主义社会”理论的扩散，后马克思主义宣布：21世纪是后马克思主义的时代。为了回应后马克思主义的挑战，世纪之交，英美马克思主义学者掀起了一场捍卫马克思主义辩证法的保卫战，反对后马克思主义和后现代主义对辩证法的否定与抛弃，旗帜鲜明地批判“马克思主义终结论”，多角度地阐释马克思主义辩证法的当代价值。一大批具有重要理论价值和学术影响的研究辩证法的著作先后问世：1998年，美国的《科学与社会》杂志推出了题为《辩证法的新前沿》的研究专刊；2007年，《新世纪的辩证法》在美国出版；2008年，巴斯卡的《辩证法：自由的脉搏》再版；2009年，詹姆逊推出了反思辩证法的巨著《辩证法的多维性》。因此，美国著名马克思主义辩证法专家奥尔曼指出：辩证法的研究成为当代英美马克思主义研究中最有活力和争论最激烈的领域之一。

一、马克思主义辩证法在当代面临的挑战

英美左翼学者反思辩证法的当代价值，主要是为了回应马克思主义辩证法面临的当代挑战：后马克思主义联合新自由主义和后现代主义，在理论阵地上围剿马克思主义，攻击辩证法，把辩证法说成是神话，是“全知全能的神秘方法”。这些思潮虽然哲学立场不同，政治主张各异，但是却具有共同的理论主张，一致认定辩证法在当代的政治实践导致了灾难性的后果，同时也是马克思主义陷入危机的重要原因。

1. 新实证主义对辩证法的抛弃

奥尔曼指出，辩证法自从诞生以来就一直受到各种各样的围攻与批判，不仅有马克思主义和社会主义的敌人，而且有对两者都友好的学者。“分析的马克思主义”学派就属于后者，对辩证法存有偏见，不可思议地加入了抵制辩证法的阵营。

分析的马克思主义学派的主要成员埃尔斯特认为，为了复兴马克思主义，应该毫无保留地把辩证法从马克思的理论中彻底清除出去。他说：“在许多场合，马克思都把‘辩证方法’当作分析社会现象的一种主要方法”，并且把这种方法看作是黑格尔辩证法的合理内核，但是“在科学实践中辩证法导致了灾难性的后果”，“马克思和后来的马克思主义者的许多失误在很大程度上源于这种使人误入歧途的框架”。[①] 罗默也认为，辩证法是为懒惰的目的论作辩护。埃尔斯特尤其反对“矛盾”概念，他说黑格尔的“矛盾”概念是引起混乱的源头。埃尔斯特甚至认为，马克思的成就同马克思的社会矛盾理论没有关系，相反，马克思在社会研究中，不用辩证法就有深刻洞见，一用辩证法就会出现矛盾与混乱。

马克思认为，如果现象与本质一致，科学研究就是多余的。“透过现象看本质”是马克思常用的辩证分析方法，埃尔斯特却认为马克思的这种分析方法是错误的，应该彻底放弃，因为“这是一种糟糕的黑格尔主义”[②]。“埃尔斯特著作的一个重要特征是对辩证法的粗暴否定。”[③]埃尔斯特对马克思的批判已经超出了理解的范围，完全是一种后马克思主义的立场，史密斯认为，“埃尔斯特对体系辩证法理论的敌视，导致了他对马克思的误解”[④]。笔者非常赞同史密斯的看法，在辩证法问题上，分析的马克思主义学派存在着严重的理论盲视。

2. 新自由主义对辩证法的抵制

新自由主义对辩证法围剿的积极性超过了后现代主义，福山是围攻辩证法的主要干将之一，德里达批评说，福山提出的“历史终结论”在西方“意识形态的货架上被抢购一空”[⑤]。福山的“历史终结论”其实是“马克思主义终结论”的翻版。福山所谓“历史的终结”就是主张社会主义与资本主义竞争史的终结，自由民主与资本主义是当代世界的唯一选择，除了资本主义人们别无选择，马克思

---

① [美]埃尔斯特：《理解马克思》，何怀远等译，中国人民大学出版社 2008 年版，第 4 页。

② [美]埃尔斯特：《理解马克思》，何怀远等译，中国人民大学出版社 2008 年版，第 123 页。

③ [加]罗伯特·韦尔、凯·尼尔森编：《分析马克思主义新论》，鲁克俭等译，中国人民大学出版社 2002 年版，第 95 页。

④ Tony Smith, *Dialectical Social Theory and Its Critics: From Hegel to Analytical Marxism and Postmodernism*, New York: State University of New York Press, 1993, p. 108.

⑤ [法]德里达：《马克思的幽灵》，何一译，中国人民大学出版社 1999 年版，第 98 页。

的辩证否定观完全被抛弃。福山这种新自由主义方法论与世界观的实质是宣布：资本主义“没有缺失、没有不完善、没有匮乏、没有错误、没有否定、没有矛盾、没有二分、没有分裂，它是一个美好的世界”[①]。福山的“历史终结论”把资本主义社会理论化为一个“美好的世界”，资本主义的所有否定因素都被排除，“历史终结论”变成否定社会主义、肯定资本主义的意识形态，福山试图通过删除历史概念，把历史辩证法一劳永逸地删除掉。

3. 后现代主义对辩证法的否定

后现代主义围剿辩证法是从否定现代性的哲学话语入手的，因为辩证法是一种现代性的思维规划，“大多数后现代理论家断然拒绝了辩证法和总体性的宏观理论。他们强调差异性、片段性、多元性和异质性，倾向于把理性、总体性、共识、社会关系等范畴视为本质上是压迫性的，并且予以拒斥”[②]。后现代主义流派繁多，话语异质多元，构成成分复杂，但英国学者巴斯卡认为后现代主义的鲜明特征是反对现代性哲学话语中抽象的普遍性逻辑，因为，现代哲学把一切都统一于一个抽象的普遍性之内。

后现代主义认为，辩证法哲学话语中的“抽象的普遍性”成为新的压迫性根源，压制话语的多元性与差异性。辩证法与普遍性哲学密切相关，黑格尔与马克思的辩证法就是不断排除差异、追求抽象普遍性的哲学方法。

后现代主义强调，马克思主义的辩证法哲学话语根本错误是忽视差异性与特殊性。以“工人阶级”概念为例，只要你是工人阶级的一员，无论你是白人还是黑人、男性还是女性、从事什么职业，都不会影响你是工人阶级队伍中的一员，不会影响你对工人阶级的认同。从这一角度看，后现代主义是通过呼吁重视差异、多元和特殊性，解构马克思辩证法中存在的“普遍性”逻辑。

4. 后马克思主义对辩证法的解构

后马克思主义认为，当代世界的深刻转型使马克思主义陷入了危机，陷入危机的根本原因是马克思主义的本质主义渴望。拉克劳和墨菲认为，马克思主义的本质主义主要表现为：在社会领域中的总体性社会观、在政治领域中的普遍性主体观、在历史领域的客观性历史规律观。其中历史辩证法是马克思主义的“本质主义”的集中体现。拉克劳和墨菲指出，马克思主义的传统已经彻底终结，包括辩证法在内的马克思主义基本原理全部过时，现在西方左派的唯一选择是后马克思主义。

---

① Roy Bhaskar, *Reflections on Meta-reality*, New Delhi: Sage Publication, 2002, p. 123.

② [美]贝斯特、凯尔纳：《后现代理论：批判性质疑》，张志斌译，中央编译出版社1999年版，第287页。

后马克思主义对马克思主义的解构首先是从辩证法入手的。例如，德勒兹说："我最憎恨的莫过于黑格尔主义和辩证法。"[①]德勒兹认为，辩证法是一种总体化、还原主义的思维方式。辩证法是一种对差异本身的永久误解、一种被混乱所颠倒的系谱学，辩证法迷失于科学抽象之中，"深陷于同一性逻辑的泥潭"。德勒兹说，辩证法声称现象是从对立两级建构的，但这是一种神学观点。"这种观点中，差异总是从属于一个潜在的统一体，矛盾的各方总是在寻找一种更高级别的综合，运动最终将导致静止与死亡。"[②]

拉克劳宣布，马克思主义辩证法是从偶然性中发现历史必然性的本质特征；相反，后马克思主义是从必然性中揭示历史的偶然性特征。在方法论上，后马克思主义应该用话语理论的逻辑置换马克思主义的辩证法逻辑，也就是用偶然性逻辑取代必然性逻辑，用差异性取代普遍性，用建构性取代客观性。拉克劳主张非辩证的否定性，"这种否定性显示了所有客观性的偶然性特征。否定性是构成性的，不能通过扬弃来获得，并且不能被辩证化"[③]。

二、英美马克思主义为辩证法辩护的批判向度

为了捍卫辩证法的当代价值，英美左翼学者展开对否定辩证法思潮的批判，其中批判实在论学派创始人巴斯卡是重要的代表人物，他致力于辩证法当代价值的重建。1993 年，巴斯卡出版了产生巨大影响的《辩证法：自由的脉搏》一书；2009 年，詹姆逊出版了非常有分量的大部头著作《辩证法的多维性》。他们的著作主要是对各种否定辩证法思潮进行批判，为辩证法当代性辩护。本书的核心内容是研究英美左翼学者对辩证法当代价值的反思和重构，考察他们对各种反马克思主义思潮的批判，研究他们为辩证法辩护的理论路径。

1. 回应分析的马克思主义对辩证法的否定

分析的马克思主义主要问题是用实证主义哲学改造马克思主义，用微观经济学的方法取代辩证法。巴斯卡通过哲学本体论批判捍卫辩证法，回应分析学派马克思主义对辩证法的否定。他认为分析的马克思主义学派属于新实证主义，新实证主义存在的主要问题是方法论个人主义。巴斯卡对新实证主义的方法论进行了系统批判。

---

① ［美］贝斯特、凯尔纳：《后现代理论：批判性质疑》，张志斌译，中央编译出版社 1999 年版，第 105 页。

② ［美］贝斯特、凯尔纳：《后现代理论：批判性质疑》，张志斌译，中央编译出版社 1999 年版，第 106 页。

③ Ernesto Laclau, *New Reflections on the Revolution of Our Time*, London and New York: Verso, 1990, p. 26.

詹姆逊也对分析的马克思主义学派否定辩证法进行了激烈批判。2011年，詹姆逊在《重读〈资本论〉》这本著作中指出："所谓的分析马克思主义学派(学者已经被它之后的后马克思主义创立者抛弃了)旨在把传统马克思主义或辩证马克思主义翻译成一个能满足两个基本原则的方法。"[①]第一个原则是用虚无缥缈的微观经济学方法取消黑格尔的现象与本质的辩证法，对现象与本质区别的取消也就取消了《资本论》的大部分内容的核心。改写马克思主义辩证法的第二个原则是用亚里士多德的形式逻辑取代黑格尔的辩证逻辑，这一目标是"剔除马克思身上的黑格尔色彩和辩证法色彩"[②]。通过这两方面的"改造"，完成了马克思主义的"科学化"。

詹姆逊认为分析的马克思主义学派对马克思主义的改造是完全错误的，完全取消了马克思主义辩证法的批判性、否定性，把马克思主义改造成实证主义科学了。詹姆逊非常鲜明地指出："在这样分析地修正或纯粹阉割《资本论》的辩证法的时候，丢失的就是否定和矛盾的中心地位，把否定和批评性从知识实践和经济实践中逐步清除出去，会导致社会实证化。"[③]詹姆逊对分析马克思主义的实证主义立场进行了有力的哲学批判。

巴斯卡从辩证实在论的基本立场出发，指认埃尔斯特方法论错误是"认识论谬误"。"认识论谬误"是一种还原论，把本体论问题还原为认识论问题，把对社会结构的研究还原为对个人活动的研究。方法论个人主义就是还原论，方法论个人主义的主要问题是把对社会结构性质的研究还原为个人的活动、信念、目标等。根据巴斯卡的立场，方法论个人主义就是典型的"否定本体论"，把客观性的社会结构、机制、规律还原为个人的信念与活动。批判实在论认为不能把关于社会的研究还原为个人的研究，社会客观性结构与主体能动性属于不同的范畴，社会科学主要研究社会关系而不是个人活动。巴斯卡说："社会科学关注的不是群体或者群体中个人的行为，而是关注个人之间、群体之间持久性的关系，这些关系间的关系，这些关系与自然的关系，还有这些关系生成的关系。"[④]而方法论个人主义却错误主张，所有的社会现象，特别是社会结构的作用，应该通过个人的决定等方面来解释。埃尔斯特方法论个人主义割裂了能动性与社会结构的辩证关系，用主体能动性取代了社会客观性。

---

① [美]詹姆逊：《重读〈资本论〉》，胡志国、陈清贵译，中国人民大学出版社2013年版，第103页。

② [美]詹姆逊：《重读〈资本论〉》，胡志国、陈清贵译，中国人民大学出版社2013年版，第103页。

③ [美]詹姆逊：《重读〈资本论〉》，胡志国、陈清贵译，中国人民大学出版社2013年版，第104页。

④ Roy Bhaskar, *The Possibility of Naturalism: A Philosophical Critique of the Contemporary Human Sciences*, London and New York: Routledge, 1998, p. 29.

2. 对福山的新自由主义"历史终结论"的批判

巴斯卡认为,福山"历史终结论"的错误是"本体单价论"。所谓"本体单价论"是巴斯卡提出的新概念,这一哲学新概念主要是批判对现实世界进行单方面的肯定性解释,排斥、压制否定性的理解。例如黑格尔哲学最终排斥了否定性,肯定了普鲁士王国的合法性。马尔库塞的单面人就是对排斥否定性、批判性思维的社会环境的揭示,当代资本主义文化把人们塑造成只有肯定性思维、没有否定性思维的单面人。

福山的"历史终结论"恰恰是单面人的哲学思维表现形式,其哲学错误是对资本主义肯定性的理解中排除了否定性的理解,排除了对资本主义必然灭亡的理解。"历史终结论"描述的资本主义只有肯定,没有否定,否定资本主义的社会主义已经失败了,消失了。由于资本主义没有了对立面,消除了否定性,因此资本主义进入一个后历史时代,这是一个温馨美好的世界、完满无缺的世界、各民族都应该向往的世界。你认为这个世界不美好也没有用,因为这个"美好的世界"是一个别无选择的世界,是一个无法改变的世界,原因是历史已经终结。如何去改变历史呢?巴斯卡认为,这种排除变化、否定与矛盾的话语是对辩证法传统的彻底否定与放弃,是一种为资本主义现实辩护的意识形态。德里达也指出,福山这样做是想遮蔽马克思辩证法的批判精神,阻止对当代资本主义的批判,掩盖资本主义的各种矛盾与问题。福山的"历史终结论",是想通过所谓的"资本主义的胜利"说明马克思对资本主义的批判是错误的。德里达一针见血地指出,福山的历史终结论是在想象与事件之间耍花招,"隐瞒马克思主义的批判精神,而且还摆出一副讽刺的姿态"①,庆祝胜利其实只是为了掩盖失败。笔者认为巴斯卡对福山的批判与德里达对福山的批判一样有分量,对于我们探索马克思主义辩证法的当代价值具有非常重要的借鉴意义。

3. 对后现代主义否定辩证法的批判

后现代主义否定辩证法的路径,是通过用差异性来否定普遍性,用多元性否定总体性,用偶然性否定必然性。这些错误导致后现代主义陷入了相对主义和怀疑主义的泥潭,因为后现代主义"在倒掉抽象普遍性的洗澡水时,把统一性、普遍性的婴儿也一同倒掉了"②。

巴斯卡认为,后现代主义在反对普遍性的同时自身却被普遍化了,后现代主义成为当今世界一种重要的世界观,也是全球化时代流行的意识形态。"后

① [法]德里达:《马克思的幽灵》,何一译,中国人民大学出版社 1999 年版,第 98 页。

② Roy Bhaskar, *Reflections on Meta-reality*, New Delhi: Sage Publication, 2002, p. 121.

现代主义是一种异化、碎片、分裂的意识形态，它是当代世界普遍的意识形态。"①巴斯卡通过对现代性哲学话语的"重要修正"回应后现代主义的挑战，他认为后现代主义修正现代性哲学话语并不成功，问题出在反对辩证法方面。正确途径应该是用"辩证的普遍性"代替"抽象的普遍性"，"辩证的普遍性意味着每一个一般都是具体的个别，每一个具体个别的存在都能够被辩证法普遍化"②，辩证法的普遍性是尊重差异与包容多元的普遍性。可见，巴斯卡对后现代主义持鲜明的批判态度，把后现代主义看作是资本主义的意识形态。巴斯卡强调后现代主义存在的主要问题是：认识论上的相对主义、语言中心主义、本体论问题上反实在论立场、价值判断上的非理性主义。

4. 对后马克思主义否定辩证法的批判

巴斯卡对后马克思主义否定辩证法进行了坚决的批判，并且于 1998 年亲赴埃塞克斯大学与拉克劳进行面对面的哲学交锋。巴斯卡指出，后马克思主义的话语理论最严重的问题是"认识论谬误"，否定了本体论，把存在还原为知识，把关于社会的话语等同于社会。批判实在论认为，实在并不依赖于话语而存在，实在优先于话语，全球变暖的事实先于关于全球变暖的话语，拉克劳"实在是话语的建构"的观点是对本体论的否定。拉克劳的"话语之外无有意义之物"其实是德里达"文本之外无一物"的翻版，话语理论把"改变世界转变为改变我们对世界的描述"③。而且，后马克思主义的话语理论却割裂普遍与特殊、必然与偶然的辩证关系，把二者对立起来；或者取消区别，认为只有特殊性，没有普遍性，普遍性是辩证法的虚构，同样必然性也不存在，必然性只是说明一切事物必然是偶然的。

因此，后马克思主义的话语理论是在哲学上取消了本体论与认识论的区别，在方法论上完全抛弃了辩证法。巴斯卡明确主张，后现代主义与后马克思主义否定辩证法的哲学立场其实质是陷入后现代唯心主义的泥潭，新自由主义与新实证主义在辩证法问题成为后现代的形而上学俘虏。

三、英美马克思主义为辩证法辩护的理论立场

本书的主要篇幅阐释英美马克思主义学者对辩证法当代价值的研究，概括他们为辩证法辩护的意义。当代世界面临着严重挑战，在后现代与全球化条件

---

① Roy Bhaskar, *Reflections on Meta-reality*, New Delhi: Sage Publication, 2002, p. 43.

② Roy Bhaskar, *Reflections on Meta-reality*, New Delhi: Sage Publication, 2002, p. 47.

③ Jonathan Joseph, *Hegemony: A Realist Analysis*, London and New York: Routledge, 2002, p. 108.

下，经济危机、生态危机和道德危机严重威胁着人类的前途与命运。市场价值的普遍化、霸权意识形态的不容置疑性消解了历史批判意识，在差异、多元与偶然理论拥护下资本主义被普遍化。重建马克思主义历史批判叙事与解放新规划是辩证法的新使命。在英美左翼学者对否定辩证法思潮进行批判的同时，巴斯卡、哈维、塞耶斯和詹姆逊等著名学者也对辩证法的当代价值展开新的思考。他们认为辩证法并没有过时，作为一个有待实现、尚未完成的现代性理论规划，马克思主义辩证法仍然富有强大生命力。[①]

首先，辩证法理论需要回应当代世界的多元化和主体身份多重化趋势的挑战，意识形态的原初意义就是主体对自己处境的反思。现代哲学面临着的新任务，就是寻找走出受传统束缚的反思之路，转变观察时代的思维方式。詹姆逊认为，这种自我意识的反思方法就是黑格尔所说的辩证法。今天，面对新自由主义价值观流行，面对资本疯狂掠夺全球财富，贫富差别迅速加大，詹姆逊说："令人吃惊的是，对如此令人吃惊的现象，人们不再吃惊。"[②]因此，关注现实，重建意识形态批判向度是辩证法的当代价值之所在。重建意识形态批判，更新马克思的商品拜物教理论，也是马克思主义辩证法的新使命。

詹姆逊指出，面对新自由主义价值观的流行，意识形态问题并没有消失，而是发生了转型，呈现出许多新变化和新特点，以新的形式出现，市场价值观和消费主义就是两种主导性的意识形态，这是以前没有的现象。新自由主义的意识形态化，商品作为意识形态被普遍化，这些趋势逐渐演变为晚期资本主义的意识形态。

今天，后现代主义认为普遍性的主体已经解体，后马克思主义者拉克劳宣布用主体立场代替主体概念。主体立场的多样性是对当代世界多元化的回应，也是对自我反思方式的挑战。资本主义的新变化导致传统意识形态批判概念失去针对性，面对新情况和新变化，需要新的辩证法话语和新的意识形态批判理论。

其次，历史辩证法不是一种哲学立场，而是贯穿于历史叙事中的一种批判性运思，通过对历史矛盾运动的分析，对历史的重大变迁进行批判性解释，揭示历史隐藏的必然性。马克思说资产阶级哲学是在从特殊到一般的转型过程中兴起的，而马克思主义哲学是在从一般到具体的过程中发展起来的。詹姆逊认为，马克思对他的辩证法的产生条件的解释对理解马克思视域中的辩证法非常重要。但是，什么是马克思说的"具体"呢？既不是一般，又不是普遍性的抽象。

---

① Fredric Jameson, *Valences of the Dialectic*, London: Verso, 2009, pp. 279-290.

② Fredric Jameson, *Valences of the Dialectic*, London: Verso, 2009, p. 285.

詹姆逊认为，现在还找不到一个满意的概念来描述马克思的“具体”范畴的内涵。其实，具体范畴是马克思对现代性批判的成果，马克思用具体的普遍性取代了现代主义的抽象普遍性。“历史辩证法可以使我们以新的更加复杂的方式考察和把握历史变迁”①，提供历史变迁的图画，并且能够作出解释。

再次，詹姆逊认为“矛盾”范畴仍然是辩证法的核心，黑格尔、马克思、德里达、布洛赫都是矛盾中心观辩证法的代表人物。当代世界鲜明特征就是以深刻矛盾性困扰全人类，当代思想与理论的多元化趋势导致当代思想与理论充满冲突与矛盾，这是对当代世界充满深刻冲突与矛盾的反映。卢卡奇说，辩证法与历史观具有千丝万缕的联系，历史辩证法推动着社会制度的总体性转变，把握历史变迁过程中具有的不可调和的矛盾与冲突，是历史辩证法的深层逻辑。詹姆逊认为，把握当代世界矛盾与冲突的不可调和性，“总体化”、“对立统一”的辩证法原理仍然有效，辩证法仍然是在实践中发现矛盾与改变世界的最有效的方法。

詹姆逊指出，在意识形态终结论的掩护下，全球化是“不可避免的客观趋势”的话语成为贫富差别加大和富人持有巨额财富的辩护词。当代世界最重要的问题不是哲学问题，而是需要解决的深刻的时代危机和进步与倒退的矛盾冲突，解决这些问题需要借助马克思主义辩证理论的新审视。

四、英美马克思主义为辩证法辩护的问题意识

辩证法是马克思主义的本质特征，是马克思主义的不可分割的重要组成部分，后马克思主义抛弃了辩证法也就是抛弃了马克思主义；英美马克思主义辩证法研究中的一系列理论成果是对马克思主义辩证法的新发展，是对后马克思主义否定辩证法当代价值的有力回应；在全球化背景下，批判地解读现代与后现代、普遍与特殊、多元与一元等重要理论问题争论，马克思主义的辩证分析方法是不可或缺的；辩证法仍然是马克思主义认识世界和改造世界的锐利武器，为了更有效地研究当代世界的新情况、新变化、新问题，需要推动对马克思主义辩证法的研究向着更广泛的学术领域延伸；马克思主义的辩证法是把哲学与当代解放规划联系起来的桥梁。

哈维认为，社会科学的实证主义和经验主义阻止了对资本主义的科学分析，导致对资本主义性质和发展趋势的研究陷入困境，急需找到一种有效的科学方法，帮助处理社会科学研究中遇到的重要问题。哈维认为，只有辩证法可

---

① Fredric Jameson,“Persistencies of Dialectics: Three Sites,” *Science & Society*, Vol. 62, No. 3 (Dialectics: The New Frontier), Fall 1998, p. 368.

以承担这一重要任务，对辩证法的关注和理解将会深化人们对社会过程的理解，同时也不会导致抛弃社会科学家们通过其他途径所得到的结论。在哈维看来，马克思的辩证法不仅有助于人们掌握和关注事物发展过程中的关系和整体，而且有助于防止人们在处理社会科学问题时的简单化趋向。

英国马克思主义学者肖恩·塞耶斯(Sean Sayers)认为，辩证法是包括马克思的历史唯物主义在内的所有历史理论的规范基础，是马克思学说中不可或缺的一个重要组成部分。在苏东剧变以后，马克思主义学者的一项重要任务就是解释历史发展中的矛盾现象，为社会主义和共产主义提供哲学论证，从而为发展马克思主义提供持续动力。塞耶斯指出，开展此项论证工作的首选角度就是马克思的辩证法，这是因为马克思方法的最主要观点就是要在现存社会秩序内部看到矛盾和否定的方面，同时看到它们可能转化的趋势，而社会主义和共产主义正是这种趋势的一个结果。

2009年，詹姆逊推出《辩证法的多维性》。在这部近600多页的巨著中，他详细论证了马克思主义辩证法的当代价值，认为要把握历史的总体性，只能借助于辩证法。他指出，辩证法在马克思主义发展史中表现出三种形态：一是作为哲学体系的辩证法，二是作为思维方式的辩证法，三是作为辩证关系的辩证法。[①] 詹姆逊赞同对辩证法的第二种解释，认为第一种解释是把辩证唯物主义等同于辩证法，第三种解释是把各种辩证关系混同于辩证法，无法掌握辩证法的统一性。他明确指出，辩证法的研究仍然是马克思主义研究的中心，但是要理解辩证法的本质特征必须从历史叙事学的角度进行思考。在辩证法性质的界定上，詹姆逊根据当代哲学理论的新发展提出，辩证的思维方式是现代性的产物，辩证法具有面向未来的新使命。辩证法既不是关于过去事物的产物，也不是哲学史中的某一章节，而是对尚未实现的未来的思考，是对未来历史趋势的阐释。詹姆逊认为，最好是把思维形式的展开看作是一定历史阶段生产方式的展开，辩证法和生产方式具有密切关系，根据马克思的历史唯物主义理论，辩证法的秘密就应该在一定生产方式的历史发展中去寻找，黑格尔的辩证法是法国资产阶级大革命的产物，而马克思的辩证法则是资本主义劳动力被普遍商品化的产物。

反对辩证法的声音在马克思主义发展史上是始终存在，否定辩证法的学者也大有人在，然而，这些反对的声音并没有阻止辩证法的发展与传播。但是，今天情况和以前不一样了，辩证法遭遇到前所未有的攻击，面临着非常严峻的挑战，否定辩证法的思潮往往和否定马克思主义的思潮交织在一起。英美马克思

① Fredric Jameson, *Valences of the Dialectic*, London: Verso, 2009, p. 4.

主义学者开始认识到，为了捍卫马克思主义，不能再容忍各种思潮对辩证法任意否定，应该作出理论回应，在新语境、应用新的哲学方法批驳否定辩证法的哲学思潮，展开面对面的理论交锋与争论。从辩证法的角度看，国外理论界出现对马克思主义辩证法截然不同的看法是正常的，也符合辩证法的矛盾原则，辩证法的发展离不开和各种错误思潮的斗争。因此，我们看到，尽管有些学者不同程度地疏离了马克思主义辩证法，偏向后马克思主义，但是苏东剧变以后越来越多的马克思主义学者开始把辩证法作为重构马克思主义的首要选择，正是由于这些学者在马克思主义发展遇到困难时积极捍卫马克思主义的辩证法，把辩证法看作是发展马克思主义最根本的方法论，这种努力促成了英美马克思主义学者近十年来对辩证法研究十分活跃的新局面。

本书认为，辩证法是马克思主义的本质特征，世纪之交却又一次遭遇了大规模理论围攻，后现代主义和后马克思主义联合新自由主义和新实证主义共同围剿辩证法，其理由是：辩证法不但在当代的政治实践导致了灾难性的后果，而且也是马克思主义陷入危机的主要原因。为了回应马克思主义辩证法面临的当代挑战，英美马克思主义者发起了声势浩大的辩证法当代保卫战，詹姆逊、巴斯卡、奥尔曼、哈维等学者为捍卫辩证法的当代价值做出了重要的理论贡献。英美马克思主义对辩证法的辩护、对后马克思主义的批判有助于为国内马克思主义辩证法研究提供理论借鉴，对我们阐释马克思主义辩证法理论的当代价值具有重要的启示意义。总之，为了捍卫马克思主义的现代性，回击马克思主义“危机论”和“终结论”理论挑战，英美马克思主义推动的这场声势浩大的“辩证法的保卫战”意义深远，这场理论保卫战的广泛影响将会从多方面显现出来。

第一章　英美马克思主义对辩证法当代价值的探索路径

英美马克思主义的辩证法研究延续了西方马克思主义的传统，把辩证法看成是存在于社会历史领域，并且致力于辩证法的当代发展，主要任务是阐释马克思主义的辩证法没有过时，仍然具有不可替代的价值，以此来回应对辩证法的各种新的挑战。世纪之交，英美马克思主义学者掀起了一个研究马克思主义的新高潮，特别是对辩证法理论的研究呈现出繁荣的局面，成为马克思主义辩证法当代研究中最具活力和争论最激烈的领域之一，并且形成了辩证法的五种解释模式，涌现出一系列观点新颖的研究成果。英美马克思主义致力于探索三个问题：什么是马克思真正理解的辩证法？今天我们研究发展马克思的辩证法有什么意义？如何在实践中应用马克思的辩证方法？英美马克思主义学者主要通过三条途径重新探讨这些问题：一是要回到马克思的文本，搞清楚什么是马克思本人所应用的辩证法；二是重新审视辩证法的传统解读，重建马克思辩证法的批判功能；三是寻求解释辩证法的新视角，从现代性的发展过程考察辩证法。

一批具有重要理论价值和学术影响的研究辩证法的著作先后问世，如詹姆逊(Fredric Jameson)的《晚期马克思主义：或阿尔多诺对辩证法的坚持》(1990)、《辩证法的多维性》(2009)，奥尔曼(Bertell Ollman)的《辩证法考察》(1993)，巴斯卡(Roy Bhaskar)的《辩证法：自由的脉搏》(1993)，史密斯(Tony Smith)的《辩证的社会理论及其批判》(1993)，莫兹罗斯((Istvan Meszaros)的《超越资本：一种过渡理论》(1995)，舍曼(Howard Sherman)的《重建马克思主义》(1995)和塞凯英(Thomas Sekine)的《资本辩证法论纲》(1997)。特别是美国研究马克思主义的著名杂志《科学与社会》为了进一步推动对马克思主义辩证法研究的深入发展，于 1998 年推出了一个辩证法研究专刊，题为《辩证法的新前沿》，展示了英美马克思主义辩证法理论研究的最新成果。因此，美国著名马克思主义学者奥尔曼在其《辩证法的舞蹈：马克思方法中的步骤》(2003)中总结道:"辩证法的研究成为当代英美马克思主义研究中最有活力和争论最激烈的领域之一。"①

第一节　英美马克思主义的五种辩证法解读模式

什么是辩证法？今天讨论马克思的辩证法有什么意义？辩证法在马克思主义理论中的地位和作用是什么？当代英美马克思主义试图对这些问题作出回答,英美马克思主义学者围绕这些问题展开了激烈的理论争论,在对马克思辩证法的解释上形成了许多不同的学派和观点,但概括起来,主要有五种辩证法解读模式:(1)奥尔曼的黑格尔马克思主义辩证法解读模式;(2)詹姆逊的后现代马克思主义辩证法解读模式;(3)舍曼的新批判的马克思主义辩证法解读模式;(4)辩证法体系学派的辩证法解读模式;(5)批判实在论学派的辩证法解读模式。它们从多方面阐释了辩证法的当代价值。

一、奥尔曼的黑格尔马克思主义辩证法解读模式

奥尔曼对马克思辩证法的解读主要捍卫马克思辩证法的理论地位,回击后现代主义和后马克思主义对辩证法的否定和抛弃。他致力于解决三个问题:第一,什么是马克思真正理解的辩证法？第二,今天我们研究马克思的辩证法有什么意义？第三,如何在实际中应用马克思的辩证方法？

首先,奥尔曼指出:辩证法实质上是一种内在关系哲学,辩证法的研究对象是变化和相互作用,包括所有的变化和相互作用。"但问题的关键是如何有效地思考事物的变化和相互作用,如何在思维中把握它们？如何不误读我们认识到的真正的变化和相互作用?"②这是辩证法提出的关键问题,也是马克思的辩证法要解决的根本问题。

其次,奥尔曼认为马克思的著作扬弃了形而上学片面性的把握世界方式,马克思在反映世界的永恒运动方面并不困难,相互联系、互相渗透在时间维度上是世界的法则。历史变迁常常在大的范围内发生,从总体上把握这些变化需要借助内在关系的辩证法。马克思的辩证法是一种内在关系哲学。内在关系哲学是马克思从黑格尔那里继承过来的哲学遗产,它把各种关系看成是事物整体本身的重要组成部分,一切事物都在关系中存在。因此,在这些关系中任何

① [美]奥尔曼:《辩证法的舞蹈》,田世锭、何霜梅译,高等教育出版社2005年版,第2页。

② [美]奥尔曼:《辩证法的舞蹈》,田世锭、何霜梅译,高等教育出版社2005年版,第3页。

一个重要变化都表现为系统中一个部分的质变。辩证法认为，是关系而不是事物才是构造实在的基本材料。

最后，奥尔曼指出在讨论马克思辩证法的大量文献中，内在关系哲学相对来说被忽视了。马克思的几个主要解释者，如卢卡奇、萨特、列斐伏尔、科西克、马尔库塞等，好像都没有意识到马克思对黑格尔的抛弃并不包括内在关系哲学。内在关系哲学不仅仅是一种哲学，它还是奠定研究基础的辩证方法，这一辩证方法使对世界内部的探究、解释以及组织所发现的理论成果成为可能。①

进入21世纪，奥尔曼又强调要有效地应用马克思的辩证法，仅仅掌握内在关系哲学是不够的，同时要求注意辩证法的其他因素，特别是抽象过程。奥尔曼在《辩证法的舞蹈》里把对马克思的抽象过程的考察放在内在关系哲学的核心位置上，认为辩证法是用内在关系哲学与抽象过程两条腿进行"舞蹈"，这是理解马克思辩证法的新发展。奥尔曼把内在关系哲学和抽象过程结合在一起，二者的共同应用成为他研究马克思辩证方法中最具创新的思想。奥尔曼认为这一方法可以推进对当代资本主义的研究，可以帮助人们更好地掌握和理解马克思本人的重大理论发现。

二、詹姆逊的历史叙事学辩证法解读模式

詹姆逊对辩证法的解释与众不同，他认为辩证法是马克思主义的本质特征，但是要理解辩证法的本质特征必须从历史叙事学的角度来思考。在辩证法性质的界定上，詹姆逊提出一个非常新颖的解释：辩证法是和现代性进程紧密联系在一起的，辩证的思维方式是现代性的产物。

他说："在这种情况下，下列推测似乎是有道理的，除了黑格尔和马克思著作中的开创性探索外（还有其他人陆陆续续的探索），辩证法并不是关于过去的事物，也不是哲学史中的某一章节，而是对尚未实现的未来的某种思考，是对未来的推测性解释。像哈贝马斯所说的那样，是一个'尚未完成的规划'，一种把握尚未以集体习惯方式存在的形式和事物的方法，因为与它相适应的具体社会生活形式还没有产生。"②

由此可见，詹姆逊是从现代与后现代的关系角度思考辩证法，把辩证法产生与现代性的发展联系在一起。哈贝马斯认为现代性是一个"尚未完成的规划"，借用哈贝马斯的观点，詹姆逊认为辩证法就是一个"尚未实现"的"有待完

---

① 参见[美]奥尔曼《辩证法的舞蹈》，田世锭、何霜梅译，高等教育出版社2005年版，第4页。

② Fredric Jameson, "Persistencies of Dialectics: Three Sites," *Science & Society*, Vol. 62, No. 3 (Dialectics: The New Frontier), Fall 1998, p. 365.

成的规划"[①]，也就是说，辩证法是一个关于现代性的尚未完成的思维方式。

为什么辩证法是"尚未完成的思维方式"？詹姆逊分析到，对许多人来说，辩证法在目前来说有很多的含义，意味着是一种新的思维方式，一种研究方法或者一种理论解释模式。辩证法的思维方式目前还仅仅是一个没有完全普及的思维追求，或者说在人们正常的思维过程中还不具有必然性，只是一个或然的增补性的思维方式，这意味着大多数人并不能够经常性地"辩证思维"，而且它也意味着辩证法并不是某种具体社会形态直接导致的思维形式。原因非常简单：在当代社会中，实证主义和经验主义的思维方式及其各种非辩证的理论主张看上去更流行和更受欢迎。

当然，辩证法思想认为，不同的社会形态或者更具体地讲各种生产方式都具有自己的结构，抽象思维的秘密形式就存在于这些具体的结构中，这些抽象思维的秘密形式、结构及其功能不是一成不变的，具有自己的起源与演变的历史。詹姆逊的意思非常清楚，假设那些不同种类的思维形式确实具有某种真理的东西，那最好是把思维形式的展开看作是一定历史阶段生产方式的展开。既然这样，作为抽象的思维方式，辩证法的秘密就应该在具体的生产方式中去寻找。因此詹姆逊非常肯定，辩证法和当代其他发展着的哲学思潮有血缘关系。辩证法具有历时形态与共时形态，根据马克思的生产方式理论，从历时形态看，詹姆逊认为，黑格尔的辩证法是法国资产阶级大革命的产物，而马克思的辩证法则是资本主义劳动力被普遍商品化的产物。[②]

詹姆逊指出，作为一个有待实现、尚未完成的现代性理论规划，辩证法仍然在三个领域富有生命力：(1)在自我反思领域，辩证法理论需要回应当代世界的多元化和主体身份多重化趋势的挑战；(2)在历史领域，辩证法不是一种哲学立场，而是应用于历史叙事中的一种批判性运作，要对历史的因果关系和历史的重大变迁进行批判性解释；(3)在矛盾领域，矛盾范畴仍然是辩证法的核心，当代思想和理论的鲜明特征就是以矛盾的形态出现，黑格尔、马克思、德里达、巴特尔、布洛赫都是矛盾中心观辩证法的代表人物。多元化的当代理论充满差异和矛盾，这是多元化的当代世界充满差异和矛盾的表达，矛盾的"总体化"、"对立的统一"和"差异中的同一"的辩证法原理仍然有效，矛盾中心观的辩证法仍然是在实践中解释矛盾和改变世界的有效方法。

---

① Fredric Jameson, "Persistencies of Dialectics: Three Sites," *Science & Society*, Vol. 62, No. 3 (Dialectics: The New Frontier), Fall 1998, p. 366.

② Fredric Jameson, "Persistencies of Dialectics: Three Sites," *Science & Society*, Vol. 62, No. 3 (Dialectics: The New Frontier), Fall 1998, p. 360.

三、新批判的马克思主义辩证法解读模式

美国的马克思主义学者霍华德·舍曼(Howard Sherman)是新批判的马克思主义代表人物，在《重建马克思主义》一书中，对辩证法理论提出了一种新的解释，引起了学术界的重视。舍曼认为，辩证法是马克思主义重要的方法论，对马克思主义的反思必须从对辩证法开始，作为一个马克思主义的理论家必须把马克思的方法放在重要和核心的地位上，辩证法是马克思主义重要的方法论，对马克思主义的反思必须从对辩证法开始。所有的社会科学的发展方向是受方法论支配的，忽视对方法论的思考会付出沉重的代价，那种认为“对方法论的思考是在浪费时间”的观念是完全错误的。

“新批判的马克思主义”必须有“批判”的方法，舍曼指出辩证法就是马克思主义的批判方法。[①] 他反对认为辩证法已经过时的观点，特别是反对分析的马克思主义抛弃马克思主义辩证法的错误做法。新批判的马克思主义对辩证法解释的另一个观点是：辩证法是社会科学研究的一个方法和工具，辩证法与自然科学的研究方法有本质区别。舍曼强调，为了恢复辩证法的批判功能，必须明确辩证法的应用范围，努力纠正把辩证方法绝对化的错误倾向，重新阐明辩证法属于社会科学方法论的范畴。对辩证法正确的解释和理解是什么呢？舍曼指出，从新批判的马克思主义观点看，“作为批判方法的辩证法，既不陈述规律，也不给出答案，更不作出预言，仅仅是帮助提出问题”[②]。辩证法作为一种批判的“有用的方法”，它的基本含义是什么呢？舍曼指出，一种方法不能用事实去证实或证伪，也不能用其他的方法来检验。因为，方法并不对任何事实作出判断。那如何去检验一种方法呢？很简单，需要用实用主义的观点来回答，对一种方法的检验主要是看它是否“有用”，而不是看它是否在事实上是真实的，因为它不陈述事实。换句话说，看它在研究实际问题中能否产生实际的效果。

为了恢复马克思主义辩证法的批判功能和理论威信，必须放弃绝对主义对辩证法的解释模式，必须放弃附加在辩证法理论中的本体论承诺和认识论假设。作为批判方法的辩证法拒绝提出普遍性的一般规律，也不断言存在着真理，辩证法只是对问题提出批判，而不是为问题提供答案。

四、体系学派的辩证法研究解读模式

辩证法体系学派发展非常快，观点也非常鲜明，他们坚持认为辩证法就是

---

① Howard Sherman, *Reinventing Marxism*, Johns Hopkins University Press, 1995, p. 215.

② Howard Sherman, *Reinventing Marxism*, Johns Hopkins University Press, 1995, p. 215.

构造《资本论》理论体系的方法,其他方法不能称为辩证法。体系学派的重要代表作有阿瑟(Christopher Arthur)《劳动的辩证法:马克思与黑格尔的关系》(1986)、《资本的循环:〈资本论〉第一卷研究》(1998),塞凯英《〈资本论〉第二卷的辩证法概论》(1997),史密斯《马克思的资本逻辑》(1990)。根据奥尔曼的研究,辩证法体系学派的基本观点可概括为三点:第一,马克思的辩证法表达的是对资本主义资本逻辑的理解策略;第二,马克思使用这一策略的主要地方是《资本论》第一卷;第三,辩证法是马克思从黑格尔那里继承过来的建构概念的逻辑方法体系。[①]

具体分析,体系学派内部对辩证法的解释也有一些差别:(1)塞凯英认为,黑格尔的辩证法超越了形式逻辑的分析基础,这也是构成马克思辩证法的核心部分。他认为,把马克思的辩证法与黑格尔的辩证法之间的区别看作是唯物主义与唯心主义的区别是一种误读,二者的根本区别是:黑格尔的辩证法处理形而上学,马克思的辩证法处理经济学。马克思的辩证法是资本辩证法,用辩证方法表达经济学思想。[②] (2)阿瑟认为辩证法有两种形态:历史辩证法与体系辩证法。马克思的辩证法是体系辩证法而不是历史辩证法。马克思的辩证法与黑格尔的辩证法在性质上一样的,表达的是概念之间的逻辑关系、概念的意义以及相互联系为整体的条件。(3)史密斯则认为,马克思的辩证法既是体系辩证法又是历史辩证法。作为体系辩证法,研究概念整体的意义及其条件;作为历史辩证法,阐释资本主义生产方式进化发展的历史过程。

五、批判实在论的辩证法解读模式

批判实在论(Critical Realism)是一个迅速崛起、在国际上影响日益扩大的哲学学派,出版了许多重要的著作,其中《辩证法:自由的脉搏》和《批判实在论与马克思主义》两本书的影响就非常大。批判实在论的创始人是英国哲学家巴斯卡。他认为,西方哲学流派繁多,主张各异,但是他们却拥有一个共同错误,那就是把本体论还原为认识论,“西方哲学的整个传统,就是试图把存在还原为知识,把本体论还原为认识论”[③]。因此,批判实在论强调两个区别:其一,思想与存在的区别,强调存在先于思想;其二,本体论与认识论的区别,强调本体论先于认识论。巴斯卡的《辩证法:自由的脉搏》一书,被批判实在论的追随者誉

---

① 参见[美]奥尔曼《辩证法的舞蹈》,田世锭、何霜梅译,高等教育出版社2005年版,第236页。

② Thomas Sekine, "The Dialectic of Capital: An Unoist Interpretation," *Science & Society*, Vol. 62, No. 3(Dialectics: The New Frontier), Fall 1998, p. 434.

③ Roy Bhaskar, *Dialectic: The Pulse of Freedom*, London: Verso, 1993, p. 11.

为“20 世纪最伟大的哲学著作”。在这部被奥尔曼称为“概念丰富得像热带森林一样”的著作中，巴斯卡表示他要完成马克思没有完成的遗愿，写一部关于辩证法的大书。巴斯卡的新辩证法由四个部分组成：(1)非同一性；(2)否定性；(3)总体性；(4)社会转变实践。巴斯卡把这四个方面称为：1M，2E，3L，4D。1M 辩证法是分层的辩证法，强调本体论与认识论的非同一性、肯定与否定的非同一性、结构与事件的非同一性。2E 辩证法是变化的逻辑，认为不在场、缺失是辩证法的实质与核心，认为变化就是不在场，不在场优于在场。3L 是开放的总体性的辩证法，把分散的现象看成是统一性总体的组成部分。由于不在场的存在，总体性永远是开放的、尚未完成的。4D 是实践的辩证法，转变社会实践就是对社会的再总体化，实践辩证法主要作用是确保历史永远不会终结。

巴斯卡说，辩证法的真正定义是“缺失之缺失”(absenting absence)，后来他把辩证法进一步定义为“缺失对缺失之缺失的限制”(absenting constraints on absenting absences)。[①] 这个复杂而抽象的定义是一个四重否定，英国学者约瑟夫(Jonathan Joseph)把其具体化为如下公式：(1)失业就是工作的缺失；(2)工作就是缺失的缺失；(3)通货膨胀是对缺失的缺失的限制；(4)消除通货膨胀就是缺失这种限制。[②]

批判实在论的辩证法强调缺失(absence)，用四段论辩证法取代黑格尔的三段论辩证法。黑格尔的三段论辩证法是：(1)肯定(从某物开始)；(2)否定(发现了自身的缺陷)；(3)否定之否定(克服这些缺陷)。巴斯卡的四段论辩证法是：(1)缺失(开始于不完善)；(2)缺失原初的缺失(修复这些不完善)；(3)缺失之缺失的限制(修复过程遇到障碍)；(4)缺失这种限制(克服这些障碍)。关于《辩证法：自由的脉搏》这部著作的核心观点，巴斯卡是这样说的：“让我总结本书的观点，否定是肯定存在的条件，是知识存在的条件”，辩证法是关于人类的解放的辩证法，自由就是人从社会与自然的限制中独立出来，“这个过程就是辩证法，辩证法是自由的脉搏”。[③] 辩证法是把哲学与政治规划连接起来的桥梁。

第二节　当代英美马克思主义辩证法研究复兴的原因

英美马克思主义为什么在世纪之交这么重视对辩证法的研究呢？我们认

① 参见[英]布朗等《批判实在论与马克思主义》，陈静等译，广西师范大学出版社 2007 年版，第 233 页。

② 参见[英]布朗等《批判实在论与马克思主义》，陈静等译，广西师范大学出版社 2007 年版，第 234 页。

③ Roy Bhaskar, *Dialectic: The Pulse of Freedom*, London: Verso, 1993, p. 385.

为有以下几方面的原因：

1. 苏东剧变后对马克思主义历史命运的反思

首先，对社会主义前途的坚持，引发了对辩证法的再思考。美国的马克思主义学者舍曼认为，作为一个马克思主义的理论家必须把马克思的方法放在重要和核心的地位上，辩证法是马克思主义重要的方法论，对马克思主义的反思必须从对辩证法开始，必须对一些马克思主义学者关于辩证法的错误解释作出纠正，对一些非马克思主义学者歪曲、否定辩证法的理论进行批判，以便恢复马克思辩证法的批判功能。① 奥尔曼也指出："只要马克思主义有助于我们认识这个世界，我们就需要研究辩证法，以便改进我们对马克思主义的理解。"②

其次，是适应重新认识当代资本主义的需要。当代资本主义的深刻变化和经济全球化呈现出许多新的特点，按照詹姆逊的说法，晚期资本主义正经历着从现代向后现代的结构转型，马克思主义应该努力适应和把握这一变化。当代发达资本主义面临着严重的政治和经济危机，各种应对危机的政策和措施困难重重，新自由主义意识形态漏洞百出，无法全面把握资本主义产生合法性危机的深刻根源。马克思在西方再度受到重视，再一次证明：马克思主义是关于资本主义的科学，是认识资本主义最深刻的理论体系，只要资本主义存在，马克思主义就不会过时。辩证法是马克思主义分析资本主义内在矛盾的锐利武器，是马克思主义的本质特征，因此，发展马克思主义必须从发展辩证法开始。

2. 对分析学派马克思主义的批评

分析学派马克思主义为了追求"恢复"马克思主义的科学性，用分析哲学的逻辑方法解释马克思主义，不正确地认为辩证法是马克思主义中非科学的东西，应该抛弃。分析的马克思主义学派一些学者认为，如果要重建马克思主义的批判本质，就应该彻底放弃马克思主义的辩证法，因为辩证法是马克思主义理论中无用的成分。如分析的马克思主义的代表人物之一罗默说："辩证法是马克思主义的瑜伽"，"在马克思主义的社会科学中，辩证法常被用来为一种懒惰的目的论推理作辩护"。③ 许多马克思主义学者坚决反对这种错误的观点，认为放弃了辩证法也就是放弃了马克思主义，就是放弃了对马克思主义的重建。因此，英美马克思主义对辩证法展开声势浩大的研究，一大批重要理论成果陆续问世，这也明显表达了对分析的马克思主义学派放弃辩证法的抵制。

① Howard Sherman, *Reinventing Marxism*, Johns Hopkins University Press, 1995, p. 215.

② [美]奥尔曼：《辩证法的舞蹈》，田世锭、何霜梅译，高等教育出版社 2005 年版，第 4 页。

③ Joan Roemer(ed.), *Analytical Marxism*, New York: Cambridge University Press, 1986, p. 36.

3. 对抗与批判后现代主义的立场与方法

后现代主义提出了"反宏大叙事"、"反总体性"的多元与差异的解构策略，否定现代性的理论基础——启蒙理性和解放规划，他们认为马克思是启蒙运动之子，马克思主义理论是启蒙理想的最高代表，马克思主义成为他们解构的主要对象。有些后现代主义者指出，马克思主义也许在现代资本主义时代是正确的，但是在后现代、后资本主义时代就完全过时了，"历史已经终结了"，"马克思主义也同时终结了"。艾伦·伍德说，后现代主义认为："我们生活在一个后现代的时代，启蒙规划已经死亡，所有陈旧的信念和意识形态都失去了往日的威力，理性的老原则已经失去了作用。"[①]后现代主义现在已经逐渐成为在英美占主导的世界观，与新自由主义在文化上相对抗，但是在经济上却不自觉地形成了共谋关系，新自由主义企图在全球化中把世界纳入不受任何控制的轨道，但是，不受控制的资本扩张就是非理性。然而，当人们寻求批判新自由主义的理论武器时，后现代主义却在论证在后现代批判的武器已经失灵。回击后现代主义对马克思主义的攻击，揭示各种解构主张对新自由主义的掩护，辩证法是最锐利的武器。同时，捍卫马克思主义也必须从捍卫辩证法开始，因为"马克思主义从本质上说就是辩证法"，"辩证法是马克思主义的本质特征"。[②]

4. 回击后马克思主义对马克思主义的解构

后马克思主义认同后现代主义的立场，认为马克思主义陷入了危机，陷入危机的原因是马克思主义的本质主义倾向。拉克劳和墨菲在《霸权与社会主义策略》一书中提出了后马克思主义纲领，主张清除马克思主义理论中的基础主义、经济决定论和历史目的论，经济基础与上层建筑、生产力与生产关系这些本质主义范畴的理论缺陷都是由马克思主义辩证法理论所导致的。他们认为，马克思主义的本质主义辩证法主要表现为：在社会领域中的总体性社会观、在政治领域中的普遍性的主体理论、在历史领域的客观性的历史决定论。其中，历史辩证法是马克思主义的"本质主义"的集中体现。拉克劳和墨菲指出，由于本质主义的错误，马克思主义"与时代脱节了"，如果不对马克思主义的辩证法进行解构，进行后现代范式转换与改造，就无法摆脱"马克思主义的危机"。

为了捍卫马克思主义的现代性，回击马克思主义"危机论"和"终结论"理论挑战，英美马克思主义开始了一场声势浩大的"辩证法的保卫战"，这场理论保卫战的广泛影响将会从多方面显现出来。

---

① Ellen Wood and John Foster (eds.), *In Defense of History: Marxism and the Postmodern Agenda*, Monthly Review Press, 1997, p. 4.

② [法]雷蒙·阿隆：《阶级斗争》，周以光译，译林出版社 2003 年版，第 6 页。

第三节　英美马克思主义辩证法研究的问题取向

英美马克思主义对马克思辩证法的研究呈现这样几个特点：观点多元，争论热烈，新意迭出，范围广泛。他们对辩证法的性质、辩证法的功能、辩证法的意义、辩证法的范围、辩证法与马克思主义的关系等重要理论问题进行了多方面的探讨，概括地讲，英美马克思主义对马克思辩证法的研究其目的主要是试图回答以下几个核心问题：

1. 什么是马克思的辩证法

由于马克思没有专门论述他使用的方法，不同的理解引起了长期的理论争论。英美马克思主义学者主要通过三个途径重新探讨这一问题：一是要回到马克思的文本，搞清楚什么是马克思本人所应用的辩证法。二是追根溯源，回到辩证法的源头，重新审视黑格尔的辩证法，重新审视对辩证法的传统理解。三是寻求解释辩证法的新视角，从思想史与现代性的发展过程考察辩证法。奥尔曼就采取了第一个途径，多年来坚持不懈地反复研读马克思的主要著作，试图重构马克思研究资本主义过程中所发明的方法。批判实在论采取第二种途径，重新解读黑格尔的辩证法，广泛吸收当代哲学成果，尝试建立新的、具有时代特征的辩证法体系。詹姆逊采取的是第三条途径，从现代与后现代关系的角度解释辩证法，认为辩证法是对抗后现代主义的重要方法，对辩证法的坚持就是对现代性的捍卫，就是张扬马克思主义的当代意义。

2. 关于辩证法的本质

辩证法是世界观还是方法论？是一种研究世界是什么的本体论，还是一种研究如何认识世界的认识论，或者仅仅是一种思维方式？巴斯卡认为，辩证法的本质是“思考区别与联系之间的一致性的艺术”，詹姆逊认为辩证法实质是“尚未完成的思考未来的思维方式”，舍曼认为辩证法是一种提出问题的批判方法。但是，奥尔曼认为马克思的辩证方法是一个动态的展开过程，经历六个阶段：第一是本体论阶段，关注世界的变化与相互作用；第二是认识论阶段，思考所关注的变化与相互作用；第三是研究阶段，分析变化与相互作用的具体特征；第四是思维重构阶段，发现事物发展变化的内在规律；第五是叙述阶段，以严密的逻辑体系介绍研究成果；第六是实践阶段，对认识真理性在实践中进行检验。

3. 关于辩证法的应用领域

辩证法可以应用于自然与社会研究，还是仅仅限于社会领域？英美马克思主义对这个问题上分歧不大，都认同卢卡奇与马尔库塞的观点：辩证法仅仅局限于社会领域，辩证法是社会辩证法而不是自然辩证法。新批判的马克思主义认为，辩证法是研究社会科学的方法。塞凯英认为："自然或物质不可能是唯物辩证法的主体，如果是这样的话，那么什么才是唯物辩证法的主体呢？我的回答是：只能是资本。"①这就涉及马克思与恩格斯对辩证法的解释是否存在差异的问题。

4. 马克思与恩格斯对辩证法的理解是否存在差异

英美马克思主义学者普遍认为，马克思与恩格斯对辩证法的理解存在一定差异，但是，这些差异被不恰当地夸大了，需要纠正。舍曼就认为，其实这些差异主要并不是源于恩格斯，而是源于对恩格斯的误读，消除这些误读需要全面理解恩格斯对辩证法的解释，不能把恩格斯关于"辩证法是关于宇宙运动的普遍规律"的推测绝对化。把辩证法看成自然规律是典型的19世纪自然哲学的延续，在理论上仍停留在思辨哲学的基础之上，那种认为通过纯粹的哲学思辨就能够揭示出社会和生物进化的客观规律的观点是一种先验论，这一观点与真正的马克思主义哲学立场不兼容，也不符合恩格斯的原意。恩格斯反复告诫，要想了解世界，必须重视对自然科学的研究，要理解自然科学的研究成果，不能以先验哲学的观点来解释世界。但有些学者根本没有注意到恩格斯的观点，还是把辩证法看成是关于宇宙运动普遍规律的科学，这种绝对化的解释完全不符合马克思关于辩证法是研究社会历史的方法而不是规律体系的思想。

5. 辩证法是历史辩证法还是体系辩证法

也就是说，辩证法是构造《资本论》理论体系的逻辑方法，还是反映资本主义生产方式发展变化的历史辩证法？辩证法体系学派由一些研究《资本论》的马克思主义学者组成，他们主张辩证法就存在于《资本论》之中，辩证法是马克思构造理论体系的方法，他们认为把辩证法看成是社会辩证法、历史辩证法或者自然辩证法的观点都不符合马克思的原意。另外一些学者在坚持辩证法是体系辩证法的同时，也坚持认为不应该把体系辩证法与历史辩证法对立起来，也不能把辩证法的应用范围局限于《资本论》。辩证法体系学派影响日益扩大，他们的主张引起学界的关注和讨论，这与他们对资本辩证法的深入研究分不开的。

6. 辩证法在马克思主义理论中的地位和作用

关于马克思的辩证法和马克思主义理论的关系问题，对辩证法的理解决定着对马克思主义的解读方式，有人认为马克思主义是关于资本主义的科学，有

① Thomas Sekine, "The Dialectic of Capital: An Unoist Interpretation," *Science & Society*, Vol. 62, No. 3(Dialectics: The New Frontier), Fall 1998, p. 547.

人认为马克思主义是对资本主义的批判，有人认为马克思主义是关于社会主义革命的学说，也有人认为马克思主义是关于共产主义的理想。由于看问题的角度不同，国外马克思主义学者在这些问题上还没有形成共识，对马克思主义性质的不同定位导致了对马克思主义不同的解释方式，许多解释还相互矛盾。奥尔曼经过三十多年对马克思原著的不懈研读，不仅系统地阐述了马克思使用的辩证方法，而且还明确解释了他自己对马克思主义与辩证法关系问题的理解，这是奥尔曼的一个重要理论贡献。他认为，马克思主义既是科学的又是批判的，既是革命的又是理想的，理解马克思主义这四个方面的可能性和统一性的关键是马克思的辩证法。

综上所述，尽管在这些重要理论问题上争论仍然激烈，但是已经取得的研究成果从多方面深化了对辩证法的认识，而且在一些重要方面也形成了比较接近的思想，正如有些学者指出的那样，越来越多的马克思主义学者接受了这样的观点：对辩证法的研究应该优先于对马克思其他理论的研究。当代资本主义进入了最后的阶段，所谓的"全球化"和晚期资本主义也促使许多马克思主义学者返回到马克思的方法论上，以便深入考察这些现象。[①] 为了更有效地研究当代世界的新情况、新变化、新问题，英美马克思主义对辩证法的研究正在向着更广泛的学术领域延伸，追踪他们的研究趋势对深化我们的国外马克思主义研究具有重要的意义。

① Bertell Ollman and Tony Smith (eds.), *Dialectics: The New Frontier*, New York: Palgrave Macmillan, 2007, p. 6.

第二章 詹姆逊对辩证法当代价值的新反思

弗雷德里克·詹姆逊(Fredric Jameson，又译为“詹姆森”、“詹明信”等)被公认为是最具创造力的新马克思主义者，他在探索当代资本主义深刻变化的同时，也在孜孜不倦地思考辩证法理论的当代发展。2009年，詹姆逊推出了《辩证法的多维性》(*Valences of the Dialectic*，London：Verso，2009)，在这部长达600多页的著作中，詹姆逊全面考察辩证法与当代多种思潮的对话与撞击，多角度反思辩证法的当代价值。这部巨著一出版就成为重释辩证法的扛鼎之作，詹姆逊因其对辩证法的独到见解吸引了全球许多学者的目光。《泰晤士报》认为“詹姆逊运用不同工具和理论的能力、敏锐的洞察力及其坚定的信念，使得此书十分具有吸引力”；特里·伊格尔顿称赞詹姆逊是“我们这个时代的大学者”，认为詹姆逊不仅具有惊人的“理论天赋”，而且也是创作巨著的“大家”；尼古拉斯·布朗更是把詹姆逊的《辩证法多维性》推崇到“不朽”的地位。

第一节 《辩证法的多维性》的基本内容

詹姆逊反思辩证法的当代价值，主要是为了回应马克思主义辩证法在当代面临的挑战。在《辩证法的多维性》中，詹姆逊围绕着如下问题展开讨论：辩证法是否是黑格尔唯心主义？辩证法在多大程度上是马克思主义的核心？是否存在真正的唯物辩证法？拉克劳、德勒兹和德里达等后马克思主义、后结构主义者对辩证法的破坏程度有多严重？

一、阐释辩证法的新维度

詹姆逊首先考察辩证法的几种解读，指出：长期以来，辩证法被人们赋予许多不同的名字，但占据主流的主要是三个名字：作为哲学体系的辩证法(the dialectic)，作为方法论的辩证法(a dialectics)，作为辩证关系的辩证法(dialecical)。对于辩证法的命名代表着人们关于辩证法是什么的认定，詹姆逊围绕着辩证法究竟是一种哲学体系、思维方法还是单纯的辩证关系展开论述。詹姆逊认为，辩证法不能作为一种哲学体系存在，如果把辩证法等同于哲学体系，辩证法就失去了其辩证的意义，"我已经说过，将辩证法定义为一种体系，一种哲学体系是非辩证的"[①]。此外，二元对立理论的出现及其运用使得辩证法的研究更加具有吸引力，尽管二元对立是辩证法的突出特点，但不能与辩证法完全画等号。詹姆逊坚定地认为辩证法是一种方法，在黑格尔的相关论述中，辩证法就是以方法的形式存在，福柯、德勒兹等人的演绎使其发生了改变。

辩证法也不是本体论，辩证法是挖掘隐藏在事物内部的各方面关系的方法，并以抽象的方式进行表达，也就是说，辩证法是一种抽象的思维方法，并不具有具体化的特性。辩证法是人们在日积月累的实践中对世界和人生的抽象化思考，是对未来积极有益的探索。在辩证法中无法获取关于未来世界的具体画面，辩证法展现的是未来发展的可能性。必须意识到，辩证法作为一种思维方式必然与社会的发展紧密相连，辩证法不仅具有时间的延展性，更具有空间的维度。辩证法的陈述不仅涉及时间而且也包含着空间的特性，同一时间内的空间变动不是空间辩证法的起源，但是，空间变化却可以用空间辩证法解释。

詹姆逊认为辩证法的最新发展是"走向空间辩证法"，空间辩证法是指辩证法的基础从时间转换为空间，空间辩证法不是脱离时空的存在，而是时空的产物，是人类历史发展的见证与指向。"空间辩证法"之所以获得这个名字，并不是因为辩证法突然发生了空间化，也不是由于摆脱黑格尔的影响，而是其自身的空间特性日益显现，逐渐占据其当代理论发展的主流。空间辩证法的发展与全球化紧密相连，资本主义社会自身具有贪婪特性，以商品为载体的资本主义一改往日的大张旗鼓，"以更加隐蔽的方式"将资本的触角伸向世界的各个角落。

二、黑格尔辩证法的新审视

詹姆逊随后分别从"黑格尔与物化的关系"以及"黑格尔的当代批判"两方面入手阐释辩证法。詹姆逊对黑格尔哲学进行了新的解读，他认为研究辩证法必须回到黑格尔，黑格尔从亚里士多德的观点中汲取营养，成功地构建了一个意识形态的王国，黑格尔关于辩证法的相关论述闪烁着令人惊喜的光芒。黑格尔的逻辑起点与终点是"绝对精神"，它是万物的主宰，它是一个开放、不断延伸

---

① Fredric Jameson, *Valences of the Dialectic*, London: Verso, 2009, p. 66.

的体系，世界依附“绝对精神”存在，但其外化的万物并不死心塌地依赖“绝对精神”。尽管黑格尔的理论存在一些缺陷，但我们仍需要寻找黑格尔最为纯粹的体系，并且在批判地比较中完成超越。众所周知，马克思主义与黑格尔有着千丝万缕的联系，“黑格尔的‘总体性渴望’(aspiration to totality)是最早就赐予马克思主义了”[①]的礼物，马克思主义是充分吸收了黑格尔逻辑推演的精髓，将自身的发展推向了新的阶段。

在当今这个推崇消费的年代，物的地位在不经意间完成了新一轮的升级，人类被商品化所绑架。对于当代社会新变化的分析，黑格尔的相关理论的启发意义理应受到更多的关注。黑格尔哲学今天有何启发意义？詹姆逊指出，非辩证法的思想与辩证法共生，更好地理解黑格尔必须研究黑格尔反对者的立场，他们为我们提供了更加多元化的视角。例如，德里达、德勒兹和布朗肖(如果不是福柯)，詹姆逊说，这三位具有原创性的哲学家指认辩证法对实现他们的目标没有效果，“三位作者提醒我们重新审视三个关键问题：中介性、否定性和外在性(mediations, negativity and exteriority)”[②]。詹姆逊认为，对于文学来说似乎有点讽刺意味，它的目的只是在事实发生之后进行重建，无论如何“你都无法知晓他们所思所想，直到看到他们想说的话”，也就是说，文学只是现实的重新建构，它发生在事实之后，“但是哲学在这一层面上是不同的”[③]，哲学提供的是一种预见，由于语言的局限性，表达无法完全呈现的抽象意义，当超越某种思想的念头一旦形成，批判也随之产生，正是批判扩大了黑格尔的影响，黑格尔或是德里达的理论并没有因为时间的流逝失去应有的价值。

三、解构主义与辩证法的关系

解构主义与辩证法关系问题上，詹姆逊展开对德里达、德勒兹、卢卡奇以及萨特的讨论。

首先，詹姆逊对《马克思的幽灵》进行了详细解读，认为德里达“这本新书讨论了解构和马克思的关系”，同时还讨论了保留马克思主义哲学的可能性。作为解构主义代表人物的德里达讨论“马克思主义精神的复兴”[④]非常有意义，特别是德里达批判资本主义新国际对当代世界的彻底摧毁，这些新命题无疑是德里达对马克思主义的当代辩护，是对“理论与实践相统一”的马克思主义的推

---

① Fredric Jameson, *Valences of the Dialectic*, London: Verso, 2009, p. 101.

② Fredric Jameson, *Valences of the Dialectic*, London: Verso, 2009, p. 102.

③ Fredric Jameson, *Valences of the Dialectic*, London: Verso, 2009, p. 102.

④ Fredric Jameson, *Valences of the Dialectic*, London: Verso, 2009, p. 128.

崇。詹姆逊强调，解构也有限度，解构只有在一定的条件下才能进行，解构主义如果要发挥更大作用，就应该与辩证法和平共处，而不是与辩证法对立或者去否定辩证法。

接下来转向讨论德勒兹。詹姆逊指出，德勒兹因为承袭了马克思主义的部分观点，在后结构主义的阵营中似乎有些突兀，但德勒兹的《反俄狄浦斯》仍脱离不了“符码”，并且德勒兹始终认为历史的承担者是无所不能的资产阶级，这与马克思主义的无产阶级论相背离。德勒兹在主客观世界之间构建起的二元论并非牢不可破，总给人似是而非的感觉。

随后，詹姆逊对卢卡奇展开论述。詹姆逊认为，“近些年来提到卢卡奇必然会使人联想到他对文学现实主义与总体性观点的坚持”①，卢卡奇为我们提供了一种独特的观察社会的阶级视角，同时，我们必须意识到这个时代需要总体性的观念。“《历史与阶级意识》是一个巨大的哲学进步，并对无数的革命知识分子产生了深远的影响。”②詹姆逊希望负责任的知识分子能够使理想的社会成为现实。

最后，詹姆逊充分论述了萨特的辩证理性批判学说。詹姆逊指出，萨特提出的对现实问题的解决方案有积极意义，萨特希望通过“在存在主义与马克思主义之间搭建桥梁”的方式重建解放规划，萨特追随卢卡奇的实践辩证法，坚定地认为辩证法不能脱离人类历史而存在。

四、辩证法在意识形态分析中的作用

关于辩证法在意识形态分析中的作用问题，詹姆逊是通过“商品化”、“文化革命”、“辩证法的坚持”、“作为政治家的列宁、卢梭”和“矛盾以及意识形态分析”五个论题展开讨论，认为这些都是在谈论辩证法时无法回避的问题。詹姆逊认为，商品与资本主义的关系不言而喻，资本主义推动新技术发展的同时也催生出永不满足的欲望，商品化对于反资本主义的浪潮来说更具有政治性的色彩。詹姆逊指出，“文化革命是完成任何一种理论与社会制度变革所必需的（不仅是对马克思主义）”③，如今的文化革命需要考虑全球化和后现代主义两个因素。在詹姆逊看来，并不是所有人都有能力始终坚持辩证的思维方式，“辩证法对于一些人来说只是一种补充性的思考、一种解释的方式和模式，只会间歇性

① Fredric Jameson, *Valences of the Dialectic*, London: Verso, 2009, p. 201.

② Fredric Jameson, *Valences of the Dialectic*, London: Verso, 2009, p. 222.

③ Fredric Jameson, *Valences of the Dialectic*, London: Verso, 2009, p. 267.

地发生，只是偶尔加入到思考的过程中"[①]。但是，这并不能动摇辩证法在意识形态、历史领域、世界矛盾分析等方面的重要作用。列宁敏锐地洞察了帝国主义的动向，全球化的辩证法仍然是不可回避的问题。在詹姆逊的眼中，我们可以从卢梭的政治哲学中获取思考资源，卢梭说出了人们对独立、自由、平等的渴望，但是缺乏如何实现梦想的途径。同时，詹姆逊认为，"意识形态理论是马克思主义最好的捕鼠器"，因为，多少雄心勃勃的理论家们在徒劳无功的努力之后发现，仍然不明白"什么是意识形态"[②]。詹姆逊认为，虽然我们已经进入到了后现代社会，后现代主义渗透在社会生活的方方面面，从经济基础到上层建筑，纯粹客观的事实并不存在，但是我们仍然需要马克思主义的意识形态分析理论，需要发出代表历史和自我的声音。

五、辩证法与未来社会的构想

关于辩证法与未来社会的构想问题詹姆逊也非常关注，他对现实存在的马克思主义、乌托邦进行了深入的阐述，并从哲学、政治策略角度对全球化进行分析。詹姆逊简要列举了各国的马克思主义，详细地阐释了什么是马克思主义、什么是社会主义、什么是革命、什么是共产主义以及晚期资本主义等问题。詹姆逊眼中的乌托邦是关于未来社会的构想方式，这种构想是一定阶级为自身进行的未来谋划，尽管乌托邦极力想要摆脱政治的影子，但政治与乌托邦总是如影随形。乌托邦在詹姆逊看来是对未来的思维规划，詹姆逊强调对未来的规划是"一个真正的辩证法，一个真正的对立统一！"[③]乌托邦是辩证法的真正体现，因为辩证法就是对未来的思考，是尚未完成的现代性思维规划。詹姆逊指出，提到全球化，存在多种观点，但我们不能否认全球化与后现代主义的关系，詹姆逊将全球化看作一种暗含文化和经济因素的交流方式，辩证法为分析全球化提供了良好的平台，乌托邦式的思维模式是对全球化问题的恰当回应。詹姆逊从科技、政治、文化、经济、社会五个方面入手为我们全面展示了全球化的发展脉络与辩证关系，他认为我们不能没有乌托邦，乌托邦是观看和改变现实缺陷与不完善的对照蓝图，乌托邦扮演着重要的意识形态功能，是人们追求美好社会的地平线，缺失了乌托邦也就缺失了对美好未来的想象能力。

---

① Fredric Jameson, *Valences of the Dialectic*, London: Verso, 2009, p. 279.

② Fredric Jameson, *Valences of the Dialectic*, London: Verso, 2009, p. 315.

③ Fredric Jameson, *Valences of the Dialectic*, London: Verso, 2009, p. 410.

六、辩证法与总体性历史叙事

关于辩证法与总体性历史叙事问题，詹姆逊是从时间与历史维度来思考，表明辩证法的时间持续性和整体历史性，对于辩证法的分析需要因时因地因物而转移。詹姆逊通过对亚里士多德、奥古斯丁等人相关理论的分析认为时间具有运动性，它与事件相伴，是事件发展的重要影响因素。历史并不是随着时间偶然发生的，无数个单独个体需要整体性的叙事才能完成一次组合。历史由一系列具有多视角的系统、事件、程序构成，历史辩证法不能缺少了历史的叙事维度。

全球化的发展无疑使得"空间辩证法"这个名称比单纯的"辩证法"的名称更具有时代的特点，空间辩证法的发展与全球化的兴起紧密相连。空间辩证法在当今社会具有特殊的意义，空间辩证法的目的在于遏制重复的单一性，使得发展更具有多维性。空间辩证法的总体性历史叙事逻辑鼓励流动，支持变化，其视角更加多元立体。空间辩证法与历史辩证法并不是如列斐伏尔主张的那样相互排斥，空间辩证法和历史辩证法具有辩证统一性。

第二节　卢卡奇对詹姆逊辩证法理论的影响

匈牙利的卢卡奇被认为是异于传统马克思主义的标志性人物，他经常被称颂为开创了马克思主义研究新路径的鼻祖。我国学界对于卢卡奇作品的研究从 20 世纪前期至今一直未中断过，国内外学界普遍认为卢卡奇对西方马克思主义产生了重要的影响。其中，卢卡奇的早期著作《历史与阶级意识》是他深受俄国十月革命鼓舞、成为匈牙利共产党员后的作品，这本文章集锦记录了其在维也纳流亡时期对马克思主义的新思考。"《历史与阶级意识》在 20 世纪哲学文献中的重要性是毋庸置疑的，而它在马克思哲学之解释定向上的重要性尤其昭彰显著，以至于被称之为'20 世纪马克思主义的圣经'。"①

如果说生于 19 世纪末的卢卡奇是 20 世纪思想界里的翘楚，那么生于 20 世纪早期的詹姆逊只能算作后起之秀，他通过自身对思想文化的执着，逐渐成为 20 世纪后期具有较大影响力的西方马克思主义的代表人物。与众多反马克思主义的思想家不同，他一直将马克思主义的优点挂在嘴边。詹姆逊在《马克思与形式》一书中指出，卢卡奇一生经历了多次身份转换，从信奉康德主义、黑

① 吴晓明：《卢卡奇的存在论视域及其批判——〈历史与阶级意识〉的黑格尔主义定向》，载《云南大学学报(社会科学版)》2002 年第 1 期。

格尔主义逐渐转化为追寻马克思主义再到臣服于布尔什维克主义、斯大林主义，这些身份转换与当时所处的历史环境密切相关。总的来说，卢卡奇的早期论著对于詹姆逊的思想产生了重大的影响，本节旨在从二者对于辩证法与物化两个方面的论述展开比较，挖掘二者的联系与区别，从而深化对早期卢卡奇以及詹姆逊相关思想的理解，进而得到有益启发。

一、辩证法是把握马克思主义理论核心的唯一方法

尽管早期卢卡奇所处的20世纪前期的历史环境与詹姆逊所处的中后期不同，但二者面临着同样的境遇，即马克思主义遭到攻击。早期的卢卡奇处于社会动荡年代，尽管俄国的十月革命使无产阶级看到了社会主义胜利的曙光，但党内关于马克思主义的争论各执己见，出现了多种简单化、恶意歪曲马克思主义的论调。在20世纪中后期，解构主义大行其道，马克思主义被肢解得面目全非，西方学界对于辩证法的攻击也愈演愈烈，冠以不同名目的"辩证法"层出不穷，詹姆逊成为西方少数几位坚持马克思主义的标志性人物，他试图通过自己的努力呈现完整的马克思主义图景，为后现代主义寻找到合适的前进方向，从而走出经济、文化的困境。二人所面临的共同问题是：正视马克思主义，为马克思主义寻到本质，从而使马克思主义获得合适的外衣适应社会的发展要求。因而，早期的卢卡奇与詹姆逊不约而同地将目光放在辩证法身上，企图通过对辩证法的阐释，告诉人们什么才是真正的马克思主义。

卢卡奇在《历史与阶级意识》中认为马克思主义在本质上就是一种方法，马克思主义的核心方法是辩证法，只有正确把握辩证法才能够称为正统的马克思主义，辩证法"是这样一种科学的信念，即辩证的马克思主义是正确的研究方法，这种方法只能按照其创始人奠定的方向发展、扩大和深化"①。对辩证法的抛弃也意味着对马克思主义的否定，只有沿着辩证法所指明的方向前进才能获取马克思主义真谛，了解社会的诉求。同样，詹姆逊表述了相似的观点："不少人一直把辩证法描述为一种方法或体系。在某种意义上我同意。"②但这并不意味着它具有放之四海而皆准的功能，它不具备万能神药的效用，它只是一种方法，"它含有方法的因素"③。这一点与早期卢卡奇的表述不谋而合。詹姆逊指出，辩证法离不开马克思主义，马克思主义也离不开辩证法，二者不容分割。这个时代需要辩证法，它的作用不容忽视。任何对于辩证法的曲解或是诋毁都是

---

① ［匈］卢卡奇：《历史与阶级意识》，杜章智等译，商务印书馆1999年版，第47页。
② ［美］詹明信：《晚期资本主义的文化逻辑》，陈清侨等译，三联书店1997年版，第37页。
③ ［美］詹明信：《晚期资本主义的文化逻辑》，陈清侨等译，三联书店1997年版，第37页。

在对马克思主义进行攻击。詹姆逊进一步指出了辩证法对于未来的社会发展的重要作用，随着晚期资本主义的不断发展，物质生活水平提高的同时，全球化问题正日益严峻，而产生这些问题的终极原因在于人类对辩证法的忽视与曲解，只有正确运用辩证法才能为人类社会的发展难题寻到解决方案，辩证法是指向美好未来的方法。

1.作为革命性的辩证法

早期的卢卡奇指出："唯物主义辩证法是一种革命的辩证法。"[①]在这一时期，卢卡奇意识到了无产阶级的强大力量，认为辩证法只有被无产阶级所掌握才能发挥作用，而这种掌握是自由自觉的无产阶级意识，而不是强加在无产阶级身上的。无产阶级意识的成熟程度直接影响了资本主义未来发展的命运，"只有无产阶级的意识才能指出摆脱资本主义危机的出路"[②]。在资本主义社会中，资产阶级与无产阶级是生产方式在这一阶段的必然产物，它们带有明显的资本主义生产方式的烙印，只有不断从现实中挖掘二者的对立统一，才能够获取对未来社会的整体性规划。卢卡奇认为，无产阶级意识是战胜资产阶级意识的唯一意识，无产阶级意识取得胜利的法宝有两个，分别是挖掘社会本质以及使理论与实践更加具有紧密性。无产阶级意识与辩证法有着密不可分的关系，"而对辩证法来说，中心问题乃是改变现实"[③]。卢卡奇进一步指出，辩证法具有革命性的重要原因在于理论与实践具有统一性的可能性与必然性。无产阶级意识具有反映社会现实的功能，但仅仅停留在这一点是不够的，无产阶级应使自己的活动不断接近辩证法所指向的合乎社会发展的高度，这样马克思主义的革命性也就是辩证法的革命性才能够获得淋漓尽致的展现。无产阶级只有通过辩证思维方式不断进行否定与否定之否定才能够改变现实世界，实现无产阶级最终目标，才能够使自身获得真正的完善与发展。

同样，詹姆逊亦认为辩证法具有革命性，能够为如今人类社会面临的困境提供方法上的指导，从而矫正错误，赢得美好发展的未来。但詹姆逊并没有从阶级意识的角度进行阐释，尽管阶级意识并没有消失，"但是它们在今天的存在方式非常复杂，现在不存在界限分明的工人阶级意识形态，也不存在一清二楚的统治阶级意识形态"[④]。同时，詹姆逊认为卢卡奇所指的阶级意识具有先验性、依附性，并不是与生俱来的，它通过与各个阶级结合而获得认知能力，因而

---

① [匈]卢卡奇:《历史与阶级意识》，杜章智等译，商务印书馆 1999 年版，第 48 页。

② [匈]卢卡奇:《历史与阶级意识》，杜章智等译，商务印书馆 1999 年版，第 139 页。

③ [匈]卢卡奇:《历史与阶级意识》，杜章智等译，商务印书馆 1999 年版，第 50 页。

④ [美]詹明信:《晚期资本主义的文化逻辑》，陈清侨等译，三联书店 1997 年版，第 17 页。

阶级意识具有神秘的色彩,卢卡奇通过对资产阶级哲学分析的形式获取对无产阶级的认识。“卢卡奇对我来说意味着从形式入手探讨内容,这是理想的途径之一。”[①]因而,詹姆逊在辩证法内部寻找辩证法具有革命性的原因。辩证法具有内在的动力机制,而这种动力机制即为其自身拥有的对立统一性。其中最为重要的一个对子即为内容与形式。詹姆逊从形式入手讨论辩证法,由于内容在本质上是社会的、历史的,所以纯粹地讨论辩证法只能从形式的角度入手,但这不意味着内容与形式的决裂,内容与形式不可分割,形式是内容的表现与反映。辩证法的内在动力机制使得辩证法不断运动,不断完成自我的升级,对旧的形式与内容进行剔除从而完成革命性的变革。

从以上的分析中我们可以发现,早期卢卡奇与詹姆逊都意识到了辩证法的革命性,但卢卡奇是从阶级意识入手进行分析,将辩证法具有革命性的原因归纳为理论与实践的统一,而詹姆逊则是从辩证法内部寻找革命性的动力,认为辩证法的革命性产生于其自身的对立统一的动态发展。

2. 作为总体性的辩证法

早期卢卡奇认为马克思主义之所以能够与资产阶级理论划分开来,二者形成本质性的差异,是因为马克思主义运用了总体性的原则进行理论阐释和付诸社会实践。“不是经济动机在历史解释中的首要地位(Vorherrschaft),而是总体的观点,使马克思主义与资产阶级科学有决定性的区别。”[②]辩证法的革命性需要以总体性为支撑才能发挥一定的作用,脱离总体性的辩证法就失去了支柱。卢卡奇认为,马克思主义所遵循的总体性原则是对黑格尔相关观点的继承与发展,理论与实践的统一不能脱离总体性。对辩证法的运用离不开总体性,只有以总体性的视角分析社会历史,将社会看成一个整体才能够使辩证法发挥指引作用。同时,卢卡奇进一步指出,总体性绝不是消灭差异、呈现单一的统一性,总体性是包含对立与统一的动态概念。卢卡奇之所以强调总体性在辩证法中的重要作用,是为了对伯恩施坦等以“正统”自居而歪曲马克思主义的行径进行反驳,“恩格斯逝世(1895 年 8 月)后至 20 世纪初,正统的马克思主义就特别指与伯恩施坦修正主义和一切假马克思主义思潮相对立的思想派别。”[③]因而,纠正对马克思主义的一些误读,树立正确的马克思主义观,成为无产阶级重要的课题。卢卡奇对总体性的阐释对当时庸俗化马克思主义的论调作出了有力的回击。

---

① [美]詹明信:《晚期资本主义的文化逻辑》,陈清侨等译,三联书店 1997 年版,第 13 页。
② [匈]卢卡奇:《历史与阶级意识》,杜章智等译,商务印书馆 1999 年版,第 77 页。
③ 梁树发:《卢卡奇方法至上的马克思主义观评析》,载《江苏行政学院学报》2002 年第 3 期。

詹姆逊同样推崇总体性。詹姆逊认为,后现代主义的突出特征是将“碎片”推崇至高位,不论是在经济、政治还是文化领域,切断联系、碎片化呈现是普遍现象。这一时期的主体是破碎的,“主体的灭亡——也就是指不假外求、自信自足的资产阶级独立个体的结束。也意味着‘自我’作为单元体的灭亡”[①]。后现代主义将主体消解的同时,也将历史推向悬崖。因而在后现代主义看来,辩证法所运用的两个方面即整体的人以及整体历史不值得一提。詹姆逊认为,由于脱离了辩证法,后现代主义陷入了困境,只有重新运用总体性的原则才能够为社会发展开辟新的道路。詹姆逊亦赞成遵循总体性不代表差异的消失,詹姆逊在对《资本论》进行解读时认为,“辩证法这种思维方式能把独特和普遍用一种独一无二的方式结合起来”,“在让二者保持差异的同时把它们等同起来”。[②] 总体性同时包含了差异与同一两个方面。詹姆逊推崇总体性的辩证法的目的在于构建认知绘图,他认为后现代主义是空间化的,但是在空间中人们的普遍感受是迷失,人类丧失了认识空间、找准自身定位的能力。在遵循总体性的辩证法指导下建立的认知绘图能够整体性地再现,这种再现不是对过去简单地复制,而是遵循社会发展规律挖掘世界“应然”的再现,认知绘图使主体重新获得了把握世界的能力,因而使人们能够冲出后现代主义困境,在经济、政治和文化领域赢得合乎本质的发展。

我们不难看出早期的卢卡奇与詹姆逊都表现出了对总体性辩证法的追逐,肯定了总体性在辩证法中的重要地位,不断强调,总体性是对立统一的,差异性与统一性是总体性的左膀右臂。早期卢卡奇强调,总体性辩证法的目的在于回击伯恩施坦等对马克思主义的歪曲;詹姆逊对于辩证法的运用在于构建认知绘图,从而解决后现代主义困境,为资本主义的经济、政治和文化寻找新的出路。

3.作为历史性的辩证法

早期卢卡奇认为,恩格斯对辩证法的叙述存在偏差,尽管他不断强调“矛盾”等概念的辩证转化,“但是他对最根本的相互作用,即历史过程中的主体和客体之间的辩证关系连提都没有提到,更不要说把它置于与它相称的方法论的中心地位了”[③]。我们可以这样理解:主客体之间的相互作用是辩证法的核心,而二者辩证作用脱离不了历史的境遇。卢卡奇也进一步指出,脱离历史过程以及主客体之间的相互作用,辩证法才具有革命的可能性。辩证法所具有的革命性、总体性以及历史性是密不可分的。辩证法的革命性依靠总体性与历史性的

---

① [美]詹明信:《晚期资本主义的文化逻辑》,陈清侨等译,三联书店1997年版,第447页。

② [美]詹姆逊:《重读〈资本论〉》,胡志国、陈清贵译,中国人民大学出版社2013年版,第107页。

③ [匈]卢卡奇:《历史与阶级意识》,杜章智等译,商务印书馆1999年版,第50页。

运用，历史性通过总体性呈现。在卢卡奇看来，主体是创造历史的行动者，客体是主体过去、现在以及将来要改变的世界，二者的相互作用是理论与实践的运动，运用辩证法的总体性将各个单独的个体、事件组合起来，目的在于将其放在整个历史的过程中进行探讨，这样才能够了解这个个体、事件以及历史整体。也就是说，理解现实、改变现实脱离不了对辩证法历史性原则的运用，整体考察的目的在于呈现历史现实。

詹姆逊认为并不存在恩格斯所说的自然辩证法，辩证法是人类的思维方式，同时辩证法不具有普适性，不能在现实生活中找到实例对辩证法进行佐证，这是一种独特的抽象思维方式，正因为这样的特性，对辩证法的研究只能通过辩证关系来说明，通过对其形式的研究反映出辩证法的本质。因而这就形成了强调辩证法多种规定性转换和规律的现状。对辩证法的描述可以通过历史方法来展现，在某种程度上二者具有共通性。“同时，如科尔施所理解的，这种具体性或独特性，这种不能抽象、不可普遍化、独一无二但又具体的思想于是可以用另一种方法来描绘，那就是历史方法。”[①]也就是说，只有充分挖掘出辩证法的历史性才能描述出辩证法，正因为辩证法具有历史性因而它不具有普适性，它是独特的、具体的。詹姆逊认为，后现代主义丧失了对辩证法历史性的运用，因而这一时期历史处于被忽视、攻击甚至是消解的地位。这一时期的文化逻辑强调现在，磨平过去、现在以及将来三者之间的纵深意识，这种意识包含两个方面：“一是我个人对人类时间一种存在的意识，一是对过去和历史上的兴衰变革的更一般的意识。”[②]因而，这一时期人们普遍生活在现在的平面之中，无论是面对这一时期的文学作品还是具备先进技术、完美视觉享受的电视节目，人们无法提炼出深度，后现代主义极力将人们捆缚在现在。

早期卢卡奇和詹姆逊都推崇辩证法的历史性，主张利用历史维度获取对现实的总体性认识。早期卢卡奇不断强调辩证法历史性的重要性，对西方马克思主义产生了深远的影响。詹姆逊在坚持辩证法历史性的同时指出辩证法作为一种抽象思维方式的独特性和非普适性，并批评后现代主义丧失了对辩证法历史性的运用，造成了人们意识深度的消失。

二、物化是把握资本主义本质特征的关键视域

尽管众多思想家对物化称谓不同，对其产生时代的划分不同，对其界定不同，但物化一直是历代思想家们重点关注的主题。

---

① [美]詹姆逊：《重读〈资本论〉》，胡志国、陈清贵译，中国人民大学出版社 2013 年版，第 110 页。

② [美]詹明信：《晚期资本主义的文化逻辑》，陈清侨等译，三联书店 1997 年版，第 290 页。

早期卢卡奇认为物化是人类进入资本主义社会后的特有产物。与马克思在《资本论》中对物化的分析相同,早期卢卡奇对物化的分析亦是从商品入手,这是由于在资本主义社会里,任何主体和客体都与商品有着密不可分的关系,"商品"成为资本主义社会的普遍概念,商品之间的关系具有了重要的意义。卢卡奇对于物化的认识可以概括为以下四个方面:首先,商品凝聚了人类的劳动,人通过自己的劳动改变了生活,却也使得自己改变的世界愈来愈不受自己的控制。同时,劳动变为一种商品,站到了人的对立面,人的意识越来越受到物化的影响,无论是主体还是客体都逃脱不了物化的控制。第二,在资本主义社会中无论是主体还是客体一切都可以通过计算的方式来衡量,人们被卷入资本主义大生产之中,这种大生产却是以个体的人以及细致的社会分工为表现形式,数量化使得主体和客体的统一性被破坏,但资本主义生产的统一性不断增强,整个社会被纳入资本主义的生产过程,人类的命运由商品、资本掌控。生产的社会化与孤立的主体和客体之间的矛盾不断激化,为资本主义经济危机埋下了伏笔。第三,在积累更多资本的强大利欲驱动下资本主义特有的物化能力遍布社会各处,也就是说,"要使资本主义生产完全产生效果的前提成为现实,这种变化过程就必须遍及社会生活的所有表现形式"[①]。对于这一点的论述,我们不难发现马克思关于经济基础与上层建筑的论述对于卢卡奇的影响。第四,"近代批判哲学是从意识的物化结构中产生出来的"[②]。卢卡奇认为,资产阶级的经济学家、哲学家亦发现了资本主义社会中的物化现象,但是他们更多的选择是避重就轻,他们往往采用数量化的方法对经济现象进行解释,虽然这种方法具有一定的价值,却无法从根本上解决资本主义的经济危机,资产阶级缺乏对社会的整体洞察力,这是由于其阶级立场决定的,阶级立场受到社会基础的牵制,只要资产阶级赖以生存的社会基础不发生改变,其阶级立场也不会出现根本性的变化。资产阶级对于经济危机的解决只能从形式上发挥局限性的作用,无法发挥实质性的影响,因而对物化进行彻底否定的任务只能落到无产阶级的头上,能否对资本主义的发展产生决定性的影响取决于无产阶级意识的成熟程度,只有无产阶级的意识与实践达到真正的统一,才能够真正看清物化,了解物化对自身的控制,无产阶级才能够通过一个艰辛的过程解决资本主义经济危机,赢得无产阶级的最终胜利。早期卢卡奇正是通过对以上四个方面的分析阐释物化理论,对西方马克思主义关于物化的研究产生了重要的影响。

詹姆逊在曼德尔对资本主义划分的基础上,认为资本主义经历了自由资本

① ［匈］卢卡奇:《历史与阶级意识》,杜章智等译,商务印书馆 1999 年版,第 50 页。

② ［匈］卢卡奇:《历史与阶级意识》,杜章智等译,商务印书馆 1999 年版,第 180 页。

主义阶段、垄断资本主义阶段，并在20世纪40～50年代进入了晚期资本主义阶段。詹姆逊指出，马克思的《资本论》写作时期正是处于自由资本主义阶段，我们可以推算成书于1922年的《历史与阶级意识》中的物化思想主要是对自由资本主义以及垄断资本主义初期的物化现象进行了分析。詹姆逊认为，《资本论》中描述的"物化，潜在经验转变为商品，或者说，向物品或东西转变时一个比喻过程，无论它多么真实或社会化"①。也就是说，物化是一个比喻的过程，劳动者发挥自身具备的劳动力创造出一种商品的同时，是将自身的经验进行转换，这个比喻的过程包括两个方面：第一，不仅创造物是一种商品；第二，劳动力自身也是一种商品。詹姆逊在《重读〈资本论〉》一书中指出，《历史与阶级意识》"区别了资产阶级思想和哲学中的物化（以资产阶级的避免自己窥见社会总体性及其反面结构的限度为视角）与劳动阶级意识中的异化"②。詹姆逊指出，这一系统化的分析是对上述理论的揭示，早期卢卡奇意识到了资产阶级对于劳动力物化的表面性的揭示，同时也意识到了无产阶级意识此时的不成熟。也就是说，在这一点上詹姆逊与早期卢卡奇具有一致性。

同时，詹姆逊进一步指出，物化作为一种比喻是马克思对相对价值、等价交换等进行阐释的一个环节，他在《资本论》中重点关注的是劳动者的物化，清楚了解《资本论》中的物化理论能够使我们看清资本主义社会的真实面目，物化是资本主义生产方式的历史性产物，它使我们对未来社会非市场化为核心的生产方式充满了憧憬。同时，詹姆逊指出，货币是物化的终点，我们无法从货币的身上找到物化的悖论，但单纯地取消货币也不能从根本上解决资本主义危机，尽管詹姆逊意识到了众多思想家希望借助取消货币的方式渡过危机的空想，但遗憾的是，他并未指明具体解决方式。

从上面的分析我们可以得知，早期卢卡奇和詹姆逊都认为物化是资本主义生产方式的产物，无论资本主义处于何种发展阶段，物化都是资本主义的主题。卢卡奇对于物化的认识归为四个方面，詹姆逊对于物化的分析主要集中在劳动者发挥劳动力对于世界的改造、劳动力自身的商品性两个方面，与此同时，詹姆逊进一步指出了货币是物化的最后表现形式。

三、辩证法在马克思主义当代发展中占据重要地位

卢卡奇与詹姆逊作为西方马克思主义的代表人物，对资本主义社会的政治、经济和文化领域的众多问题进行了解读，二者最初的思想构建都是从文学

---

① [美]詹姆逊：《重读〈资本论〉》，胡志国、陈清贵译，中国人民大学出版社2013年版，第19～20页。

② [美]詹姆逊：《重读〈资本论〉》，胡志国、陈清贵译，中国人民大学出版社2013年版，第20页。

领域入手，随着时间的推进，逐渐被马克思主义散发的魅力征服，他们希望借助马克思主义的力量为现实社会的困境找到突破口。在对辩证法以及物化的分析中，二者既有联系又有区别，构建了各自理想中的马克思主义大厦。二者对于辩证法与物化的分析存在创新之处，也存在着一些共同的偏差，例如辩证法是不是仅局限在人类社会等。我们应该从二者的观点中作出正确的取舍，获得有益的启发，认识正确对待马克思主义的重要性，从而为我国的理论建设提供服务。

首先，重视辩证法的作用。马克思主义是先进文化，对马克思主义的解读要坚持实事求是的态度，辩证法在马克思主义中占据重要地位，我们暂且不论辩证法能否与马克思主义直接画等号，自然界是否存在辩证法，但早期卢卡奇和詹姆逊对辩证法都给予了高度的关注，这说明辩证法对于马克思主义的重要性、对于社会发展的重要性，正视、重视辩证法才能够正确对待马克思主义。

第二，警惕物化的弊端。人类具有改造自然、社会的能力，但人类在发挥主观能动性的同时，也逐渐被金钱、技术所操控，全球性问题不断出现，人类如今面临问题越来越复杂，我国正处于社会发展的上升期，物化并没有局限在资本主义社会，各敌对国家千方百计对我国的发展进行阻扰，我们应在充分发挥主观能动性的同时，警惕物化的弊端，抵制西方腐朽思想的侵蚀，增强文化自信。

第三，正确对待西方马克思主义。如今，西方马克思主义理论家的思想在我国广泛传播，我们绝不能采取一味接受的态度，不作取舍地将其纳入马克思主义的体系，我们必须去粗取精、去伪存真，从而深化对马克思主义的认识。

总之，我们需要正确对待马克思主义，坚持马克思主义，马克思主义是我国社会发展的正确理论导向。

四、詹姆逊对辩证法的当代价值的思考

在巴斯卡对否定辩证法思潮进行批判的同时，詹姆逊对辩证法的当代价值展开新的思考。当代世界面临着严重的挑战，在后现代与全球化条件下，经济危机、生态危机与道德危机严重威胁着人类的前途与命运。市场价值的普遍化和霸权意识形态的不容置疑性消解了历史批判意识，在差异、多元与偶然理论拥护下资本主义被普遍化。重建马克思主义历史批判叙事与解放新规划是辩证法的新使命。詹姆逊指出，作为一个有待实现、尚未完成的现代性理论规划，马克思主义辩证法仍然在三个方面富有生命力。[①]

辩证法理论需要回应当代世界的多元化和主体身份多重化趋势的挑战，意

① Fredric Jameson, *Valences of the Dialectic*, London: Verso, 2009, pp. 279-290.

识形态的原初意义就是主体对自己处境的反思。现代哲学面临着的新任务，就是寻找走出受传统束缚的反思之路，转变观察时代的思维方式。詹姆逊认为，这种自我意识的反思方法，就是黑格尔所说的辩证法。今天，面对新自由主义价值观流行，面对资本疯狂掠夺全球财富，贫富差别迅速加大，詹姆逊说："令人吃惊的是，对如此令人吃惊的现象，人们不再吃惊。"[①]因此，关注现实，重建意识形态批判向度是辩证法的当代价值之所在。重建意识形态批判，更新马克思的商品拜物教理论，也是马克思主义辩证法的新使命。

詹姆逊指出，面对新自由主义价值观的流行，意识形态问题并没有消失，而是发生了转型，呈现出许多新变化和新特点，以新的形式出现，市场价值观和消费主义就是两种主导性的意识形态，这是以前没有的现象。新自由主义的意识形态化，商品作为意识形态被普遍化，这些趋势逐渐演变为晚期资本主义的意识形态。今天，后现代主义认为普遍性的主体已经解体，后马克思主义者拉克劳宣布用主体立场代替主体概念。主体立场的多样性是对当代世界多元化的回应，也是对自我反思方式的挑战。资本主义的新变化导致传统意识形态批判概念失去针对性，面对新情况和新变化，需要新的辩证法话语和新的意识形态批判理论。

历史辩证法不是一种哲学立场，而是贯穿于历史叙事中的一种批判性运思，通过对历史矛盾运动的分析，对历史的重大变迁进行批判性解释，揭示历史隐藏的必然性。马克思说资产阶级哲学是在从特殊到一般的转型过程中兴起的，而马克思主义哲学是在从一般到具体的过程中发展起来的。詹姆逊认为，马克思对他的辩证法的产生条件的解释，对理解马克思视域中的辩证法非常重要。但是，什么是马克思说的"具体"呢？既不是一般，又不是普遍性的抽象。詹姆逊认为，现在还找不到一个满意的概念来描述马克思的"具体"范畴的内涵。其实，"具体"范畴是马克思对现代性批判的成果，马克思用具体的普遍性取代了现代主义的抽象普遍性。"历史辩证法可以使我们以新的更加复杂的方式考察与把握历史变迁"[②]，提供历史变迁的图画，并且能够作出解释。

詹姆逊认为，"矛盾"范畴仍然是辩证法的核心，黑格尔、马克思、德里达、布洛赫都是"矛盾中心观"辩证法的代表人物。当代世界的鲜明特征就是以深刻矛盾性困扰全人类，当代思想和理论的多元化趋势导致当代思想和理论充满冲突和矛盾，这是对当代世界充满深刻冲突和矛盾的反映。卢卡奇说，辩证法与

① Fredric Jameson, *Valences of the Dialectic*, London: Verso, 2009, p. 285.

② Fredric Jameson, "Persistencies of Dialectics: Three Sites," *Science & Society*, Vol. 62, No. 3 (Dialectics: The New Frontier), Fall 1998, p. 368.

历史观具有千丝万缕的联系，历史辩证法推动着社会制度的总体性转变，把握历史变迁过程中具有的不可调和的矛盾与冲突，是历史辩证法的深层逻辑。詹姆逊认为，把握当代世界矛盾与冲突的不可调和性，"总体性"、"对立统一"的辩证法原理仍然有效，辩证法仍然是在实践中发现矛盾与改变世界的最有效的方法。

詹姆逊指出，在意识形态终结论的掩护下，全球化是"不可避免的客观趋势"的话语成为贫富差别加大和富人持有巨额财富的辩护词。当代世界最重要的问题不是哲学问题，而是需要解决的深刻的时代危机与进步和倒退的矛盾冲突，解决这些问题需要借助马克思主义辩证理论的新审视。

第三节　马克思主义辩证法的三个特性

辩证法与生俱来的神秘色彩曾使得无数思想家为之着迷。究竟什么是辩证法，关于这个问题的探讨在各个思想流派的碰撞中总会迸发出令人瞩目的火花，不论是苏格拉底、亚里士多德、黑格尔还是阿尔都塞等，都阐述了自己的观点。这些观点的激烈碰撞造成一种假象：辩证法似乎总是披着晦涩难懂的外衣居于遥不可及的圣坛之上。因而，现如今被众多思想家们演绎了不同版本的辩证法面临着令人望而生畏、望而生厌的窘境。

应该怎么看待辩证法呢？詹姆逊表述了自己的观点："首先，我自己的立场观点（或感觉或意识形态）是，辩证法与马克思是不可分割的，就像马克思主义与社会主义不可分开一样。因此，如果我们仍然需要（这种或那种）社会主义，我们最终必须使辩证法摆脱被遗忘的状态；另一方面，我们还必须承认这样的事实：对辩证法的攻击最终也是对社会主义的攻击，因此必须对这些攻击进行回答和反驳。"[①]也就是说，辩证法是社会主义不可缺少的一部分，是社会主义本身流淌的血液。正因为辩证法与社会主义的紧密联系性，必须对辩证法进行透彻分析，将其神秘的面纱掀开，使其朝向利于推动社会主义的方向发展。需要摆脱对辩证法的各种误解：辩证法并不是思想家为发展智力构造的大脑测试，也不是哲学家逻辑推理的思想竞赛；辩证法就是生活中不可缺少的推动时代发展的思想武器。

詹姆逊在概括黑格尔、马克思等人关于辩证法的相关论述后，对辩证法提出新看法，在《辩证法的三个名字》一文中将辩证法的多维性归纳为思维特性、

① [美]詹姆逊：《什么是辩证法》，王逢振译，载《西北师大学报（社会科学版）》2005年第5期。

批判特性、空间特性三个方面。思维特性是辩证法的基本特性，贯穿辩证法发展始终；批判特性是辩证法的核心特性；空间特性是辩证法的重要特性。詹姆逊的分析为辩证法的研究提供了重要的方向，他试图在后现代主义与马克思主义的争斗中捍卫辩证法的纯洁性。面对辩证法被忽视、误解、指责的现状，我们需要为辩证法摆正位置，确立威信，这不仅关系到其自身的存亡，也关系到社会主义的发展。

一、辩证法的思维特性

第一，辩证法不是哲学体系，而是思维方式。詹姆逊认为，辩证法具有思维特性，也就是说，辩证法是人类在社会发展过程中逐渐形成的思维方式。这种思维方式是抽象的，是人类独有的，但并不能将这种思维方式定义为哲学。"我已经充分表明了我的立场，把辩证法定义为一种哲学体系是不明智的。"①辩证法仅能为我们自己提供立场，我们不能要求自然按照我们的立场作出选择。詹姆逊指出，认为自然存在辩证法的做法无疑是具有唯心主义的倾向。尽管辩证法不能作为哲学体系，但是辩证唯物主义却是以哲学的姿态存在。也就是说，作为思维方式的辩证法只有与本体论、认识论结合才能使其辩证的力量发挥出来。对于任何一种哲学立场的构建、发展，辩证法总是形影不离。毋庸置疑，辩证法与唯物主义的结合，使得哲学的发展进入了一个新的篇章。

第二，辩证法是与社会发展紧密相连的思维方式。毫无疑问黑格尔对于辩证法的发展做出了重要的贡献。詹姆逊认为："黑格尔不是封闭的或是圆圈形式的系统，我们不能把'绝对精神'作为一个历史时刻，'历史终结'也是站不住脚的。我们不能把市民社会的道德个体和君主立宪制作为社会发展的顶峰时刻。"②詹姆逊所指的"黑格尔"并不是一个封闭的概念，它即包括了后人对于黑格尔的解读，也包括了作为思维方式而存在的辩证法，只不过此时的辩证法打上了深深的黑格尔的烙印。由于个体发展、社会环境等诸多因素的影响，作为思维方式的辩证法并不是以封闭的圆圈形式存在，而是不断结合各个时代的特征发生变化。在发展的过程中，它在保持着自己本质的同时不断吸收新的内容，表现出新的形式，也就是说，辩证法自身就是一连串的省略号而不是句号。辩证法总能根据所在时代的特点作出相应的调整。

第三，辩证法是意识形态斗争的思维武器。辩证法作为一种思维方式不可避免地要被各种主义使用，进而为自己的立场服务。"当辩证法与哲学或是理

① Fredric Jameson, *Valences of the Dialectic*, London: Verso, 2009, p. 11.

② Fredric Jameson, *Valences of the Dialectic*, London: Verso, 2009, p. 10.

论批判结合时，我认为最好要评估他们的政治内容和立场。”①可以说辩证法与马克思主义的结合是最优的结合，辩证法已经与马克思主义血肉相连。如今，某些流派一再否认辩证法的各个方面，试图通过解构辩证法达到瓦解马克思主义的目的。他们似乎忽略了自身也是辩证法的受益者。当然与马克思主义相比，他们与辩证法的关系没有那般紧密。同时，辩证法不会随着意识形态斗争的结束退出历史舞台。一方面，辩证法是永恒存在的，它总是与人类相伴左右；另一方面，辩证法也会在某个层面消失，当某一流派或是个人进入思维的死胡同时，此时此处的辩证法也就不能发挥任何实质性的作用。作为意识形态斗争的思维武器，辩证法的存在推动了各种思想的发展，思想界的大繁荣离不开辩证法。

二、辩证法的批判特性

辩证法之所以能够成为意识形态斗争的思维武器，一个重要原因是由于辩证法本身存在着诸多的否定，正是这种否定使得辩证法能够历久弥新。否定不代表肯定的消失，辩证法通过否定与肯定的博弈，在统一中发现分离，在分离中创造统一的机会。二元对立是辩证法与生俱来的能力，但不能将二元对立与辩证法等同，二元对立只是一组辩证关系的概念。辩证法的批判特性是辩证法的核心特性，决定着辩证法的发展走向。批判的目的不在于绝对否定，而是选择最优组合，获得最佳结果。与德里达等人倡导的解构一切不同，詹姆逊认为辩证法反对支离破碎，反对颠倒，辩证法批判的目的在于整体、统一。辩证法的批判特性孕育着和谐的追求。无论是福柯还是阿多诺，他们的辩证法总是紧紧抓住批判的一方，夸张某种“绝对”，从而使自身陷入悖论。

詹姆逊举过这样一个例子：当我们面对某种难题不得要领、陷入思维的僵局时，总会有人提醒我们“辩证”。僵局的打破需要辩证法，换一个思考的角度总会使人有不一样的收获。长期形成的思维习惯、模式或者那些经常挂在嘴边的常识，这些具体化的例子需要“批判”这把利剑使其能够与现实相符。詹姆逊形容这种感觉就像是知晓问题本身也是答案一样，辩证法形成批判特性的原因既需要在辩证法自身寻找，又需要跳出自己所划定的范围。

“在这里可以说，矛盾本身就携带着矛盾，也许只有马克思主义意识到了这一点，换句话说不仅是去了解这个世界，更是去改变这个世界。”②辩证法的批判特性构成一种平衡机制。辩证法蕴含的批判特性不仅能够用来发现现实的不

---

① Fredric Jameson, *Valences of the Dialectic*, London: Verso, 2009, p. 11.

② Fredric Jameson, *Valences of the Dialectic*, London: Verso, 2009, p. 71.

足，而且能够用来设想现实与未来的最佳通道。设想的目的在于改变现在，进而使发展更趋于和谐统一。但这种统一不是武力胁迫或是精神麻痹下的统一，而是身心愉悦的归一。此时，辩证法的批判特性不会消失，其积极方面的作用将更容易被发现使用。

三、辩证法的空间特性

詹姆逊认为，亨利·列斐伏尔在《空间的产生》中提到的有关辩证法空间特性的观点在晚期资本主义时期具有很大价值。可以说，在现代资本主义时期，辩证法的时间特性具有霸主地位，但随着资本主义的发展，辩证法的空间特性正日益显著，“这种由时间向空间的转移不仅包含了我们所描述的事物，而且包含思维模式的改变，不仅是由于黑格尔和马克思主义的与时俱进，也因为经济与政治的全球化”①。以商品为媒介的全球化正不可阻挡地袭击世界的各个角落，没有任何一个国家能逃脱全球化的浪潮。无论是随处可见的跨国公司还是个人出国留学都在被全球化解读。我们清楚地看到，世界由于生产、分配、交换、消费日益连成一张大网，“然而，人们还没有意识到辩证法对于新的历史时期的必要性”②。无论是 H7N9 的全球布控还是亚洲民众疯狂追逐的韩国明星，这些现象的背后实实在在地传达着辩证法。理解辩证法的空间性不仅能够推动黑格尔、马克思主义相关理论研究的开展，而且有利于解决现存的经济、政治、生态等问题。

辩证法的空间特性并不是凭空产生的，它一直孕育在辩证法中，只是由于晚期资本主义的发展，为空间特性崭露头角提供了较为充分的条件。但辩证法的时间特性并没有消失，它只是转换了形式。“我所说的时间或是空间被认为是‘主导’并不是意味着一种维度能代替另一种维度，而是说它们的比例被改变了，或是说它们‘存在形式’被改变了。”③同时，辩证法具有空间特性但并不代表辩证法具有等级之分，辩证法的空间特性建立在平等的基础上。人能够为自己确定立场，发现关系。意识与自我意识可以说是在历时与共时的相互作用下发生的自身转化。“我们必须坚持意识与自我意识是没有区别的，并且在此基础上重建一种平等。”④作为一种思维方式的辩证法只有发展程度不同、立场不同，没有高低贵贱，辩证法就是辩证法，不是通过再造一个类似的自己进行斗争才

---

① Fredric Jameson, *Valences of the Dialectic*, London: Verso, 2009, pp. 92-93.

② Fredric Jameson, *Valences of the Dialectic*, London: Verso, 2009, p. 93.

③ Fredric Jameson, *Valences of the Dialectic*, London: Verso, 2009, p. 95.

④ Fredric Jameson, *Valences of the Dialectic*, London: Verso, 2009, p. 96.

能被认识，才能获得发展。在本质上服务于任何一种意识形态的辩证法不存在统治与被统治、压迫与反抗的关系。

詹姆逊指出："当我们把空间扩张的同源结构加入到资本主义时，从帝国主义和全球化的侵占市场，空间强化，我们也许能够领会在哲学、美学、经济、政治层面空间辩证法对时间辩证法的替换。"[①]在世界联系日益紧密的今天，人类自身所处的环境本身是空间立体化的，我们必须利用辩证法的空间特性建立解决未来问题的立体多维方程式。在经济、政治、文化领域，在国家、社会、个人方面，联系不再单一呈现而是以扩张的方式构建出庞杂的系统。显微镜下观察的细胞不再是一个简单的对象而是涉及复杂生物、生态问题的对象。总而言之，各个领域的全面发展需要辩证法充分发挥其空间特性。

第四节 詹姆逊辩证法思想的三个发展阶段

詹姆逊作为西方马克思主义的代表人物，其对西方文化理论发展具有敏锐的洞察力，对马克思主义具有独到见解，他的语言晦涩难懂，内容跨度宽广，但其理论价值不容忽视。从1985年詹姆逊首次访华开始，中国学界对于詹姆逊相关理论研究的热度有增无减。例如，20世纪八九十年代，王逢振就曾对其理论进行梳理介绍，并通过《弗雷德里克·詹姆逊与中国文化》一文阐述詹姆逊"第三世界文化"与中国的渊源，拉近了这位西方学者与中国的距离；到21世纪，胡亚敏、王宁、李世涛等学者从不同角度阐述詹姆逊的后现代主义理论、文化批评观等。

针对西方学界关于辩证法的争论，近些年来詹姆逊将阐述重点放在捍卫辩证法的纯洁性上，我们从近期出版的《辩证法的多维性》、《黑格尔的变奏——论〈精神现象学〉》、《重读〈资本论〉》三本书中可以发现他的这种倾向。当然，詹姆逊对于辩证法的阐释经历了一个积累、发展的过程，总体来看其发展主要经历三大阶段：从《马克思主义与形式》中詹姆逊关于辩证法的思想初具规模到《晚期资本主义的文化逻辑》中其对辩证法的分析逐渐发展完善，运用辩证法透视后现代主义，再到如今他在《辩证法的多维性》一书中成熟有力回击针对辩证法的种种质疑，提出空间辩证法的走向，詹姆逊关于辩证法的分析呈现了清晰的脉络。本节旨在梳理詹姆逊关于辩证法相关理论的发展阶段，呈现其发展历程，从而对其理论发展形成整体性认识。

---

① Fredric Jameson, *Valences of the Dialectic*, London: Verso, 2009, p. 97.

一、萌芽阶段:辩证法走近文化批判领域

《马克思主义与形式》是詹姆逊早期作品,着重研究现代主义时期的文学特征,建立马克思主义文学批评视角。在该书中詹姆逊认为,受到传统英美哲学的影响,无论对于作者还是读者来说,思辨能力的丧失已成为普遍现象,"因此,对处于英美传统影响范围之内的我们这些人来说,学会辩证的思维,掌握辩证文化的基本原理,以及它所提供的基本批评武器,已是当务之急"①。詹姆逊希望通过对相关理论的阐释为辩证思维的重生奠定基础,重拾马克思主义辩证法对于文学批评的积极影响,"文学在辩证过程中起了关键的作用"②。透过形形色色的文学世界,我们能够窥探出形式与内容、主体与客体、现象与本质等诸多方面的关系,詹姆逊通过对辩证法的解读奠定了自己的主题基调,寻到了正确的文学批判及文化前进方向。

这一时期,詹姆逊提出辩证法是一种思维方式,在随后的作品中詹姆逊也在不断强调这种说法。詹姆逊认为:"因为,辩证思维是思维的思维,是思维的二次乘方,是对对象(客体)的具体思维,同时又在思维行为中仍然意识到自己的智力运作,所以这种自我意识势必要铭刻在语句本身当中。"③在此,詹姆逊的表述包含两层含义:第一,辩证法也就是辩证思维方式,它是在思维领域内的活动,通过思维对于意识的思考,经历思维自身由肯定经历否定到否定之否定的过程,最终使思维得到上升与提炼。不同于常识、惯例等,辩证法不能以固定、静止的形态出现,辩证法的敌人就是固定的思维,辩证法处于前进式的运动之中。第二,辩证法必须针对具体的事物、事件展开,它无法抽象地独立存在,它在具体中完成对自我意识的升华。辩证法只有进入到事物、事件内部,只有对其进行切身、实时实地的分析才能够获得真实有效的体验,人们才能作出正确的判断。辩证法始终处于抽象到具体再到抽象的过程中。同时,辩证思维与语言有着密不可分的关系,"辩证思维完全是辩证语言的书写"④,它的运行遵循着一定的语言规则,受到规则的限制。

辩证思维完成一次又一次的蜕变,并不是将思维束之高阁,它的目的不在于在问题之外寻找出路、在现象之外寻找本质,而是通过思维的自我蜕变在问题本身找到答案,并在此基础上为新的研究提供新的起点、新的思路,辩证法通

① [美]詹姆逊:《马克思主义与形式》,李自修译,百花洲文艺出版社 1995 年版,序言第 2 页。
② [美]詹姆逊:《马克思主义与形式》,李自修译,百花洲文艺出版社 1995 年版,序言第 3 页。
③ [美]詹姆逊:《马克思主义与形式》,李自修译,百花洲文艺出版社 1995 年版,第 42 页。
④ [美]詹姆逊:《马克思主义与形式》,李自修译,百花洲文艺出版社 1995 年版,第 42 页。

过这种努力使其能够在主客体之间自由转换，这种自觉自由的超越是辩证法的魅力所在。辩证法作为一种思维方式经历的转换过程是艰辛的、复杂的，但是没有这种痛苦的锤炼，就不能达到真正的辩证，停留于常识、惯例只能是在原地徘徊，止步不前。当然，正因为常识、惯例的存在，辩证法才具有超越的可能性与必要性。

"辩证法必须讲述真相，无疑是辩证颠倒的真相，即将一种现象变为它对立面的那种悖谬转变，而数量变为质量只是这一转变的比较著名的实例。"[①]辩证法是思维自身的转换，是在一定的范围内进行的自我反思性超越，这种"颠倒"是自身历时性的发展，可以说，辩证法是时间的辩证法，是时间的统一体，辩证法在时间中连续实现自身潜在的可能性。詹姆逊对美苏两国导弹发展的历程与特性作了对比，通过这个例证我们发现两个截然不同的方面存在共同之处，差异、对立总是建立在一定的同一基础之上，这个例证的延伸按照时间的发展逐一对应。詹姆逊指出："这一特定系列辩证颠倒的整个情景，最终将包含着对具体历史自身因素的一种沉思。"[②]也就是说，这种时间的延伸受到具体历史的影响，是历史在思维层面上的再现，增强辩证法的生命力必须使其寻找到赖以生存的历史土壤。辩证法呈现了一个完整的时间脉络，却也能够让我们感受到一个时刻，片段能够通过某种连接展示出连续的历史进程。总体来说，这一时期，詹姆逊关于辩证法的分析停留于时间辩证法阶段，认为辩证法是一个历时的发展过程。当然，辩证法并不是理论的俘虏，它必须与实践相结合才能发挥作用。人们通过实践在改变现实的同时也在改变思维，辩证法不是实践的制造者而是实践的反映者，它担负着反思的重任。黑格尔的辩证法在历时构建层面存在着缺陷，马克思主义是这种缺陷的弥补和发展。

詹姆逊指出，黑格尔的《精神现象学》从主体角度来说就是对时间的描述，"是对一些前后相连阶段的描述"[③]，思维的渐进式突破到达绝对精神的程度是按照时间的序列展开。辩证法提供了一种总体方向的把握，这种总体的把握需要从具体中挖掘，而不能单纯从抽象里构思，辩证法需要对自己的思维进行反思，"对于辩证思维来说，不存在什么内容，而只存在总体内容"[④]，总体性为我们提供的不仅是问题本身，也为我们提供了问题的情景以及多种比较。正因为总体性的视角，我们能够冲破具体的束缚，打开抽象的枷锁，得到分解的片段，获

① [美]詹姆逊：《马克思主义与形式》，李自修译，百花洲文艺出版社 1995 年版，第 262 页。

② [美]詹姆逊：《马克思主义与形式》，李自修译，百花洲文艺出版社 1995 年版，第 262～263 页。

③ [美]詹姆逊：《马克思主义与形式》，李自修译，百花洲文艺出版社 1995 年版，第 35 页。

④ [美]詹姆逊：《马克思主义与形式》，李自修译，百花洲文艺出版社 1995 年版，第 259 页。

得整体的认识，从而达到全新的境界。对于总体性的关注一直贯穿在詹姆逊对于辩证法研究的始终，尽管詹姆逊一直强调总体性对于辩证法的重要意义，但是我们不难发现，其分析辩证法时又常用单独的模式阐述自己的观点，脱离了整体的框架，他在批评福柯等人以历史作伪装进行创作时，并未给我们呈现完整的脉络。

詹姆逊认为辩证法不是个人的私有物，而是集体所有，辩证法涉及主客体，客体内在包含着一系列的物质、人文因素，辩证法是思维的实现、完善的形式。辩证法的发展动力源于自身内部，它可以追溯到主客体之间的相互作用力，"不过，在文化领域里，主客体之间的基本作用对立被转换成了内容和形式"①。我们不难发现，在这一阶段，詹姆逊认为内容与形式在辩证法中具有极高的地位。内容与形式是对立统一体，二者之间的对立是辩证思维发展的动力。詹姆逊指出，辩证法中的内容是潜在的，因而其预言也仅仅是事后的，人们只是发觉了原本的存在，那么不断地挖掘潜在的内容，也就使形式呈现出前后相继的连续性，前后相继必然会涉及时间这一维度的延展，而辩证法的内容更是社会的产物，必然会受到历史的影响，这进一步说明了，辩证法是时间的辩证法。尽管内容与形式具有对立性，但是我们不能忽略二者之间的关系。詹姆逊认为，形式是对内容的实现和深层的表达，思维不能够脱离内容存在。但是，我们也需要认识到，不存在完美无缺的文本，形式与内容之间存在着一定的贴合距离。也就是说，迄今为止，无论是多么伟大的叙述者，都没有找到形式能够完全表达内容或是内容必须选择的形式。正是这种距离使得辩证批判有了存在的必要。

总而言之，这一时期詹姆逊对黑格尔、阿多诺、本雅明、马尔库塞、席勒、布洛赫、卢卡奇、萨特、马克思等人的思想进行了分析研究，重点对黑格尔与马克思主义的辩证法进行了比较论述，确立了其马克思主义的研究立场。詹姆逊不断强调辩证法的重要作用，运用总体性原则分析文学作品，希望通过树立辩证观进入文学辩证批评的领域。詹姆逊这一时期的努力为其进入晚期资本主义文化逻辑分析领域奠定了整体基调。

二、发展阶段：辩证法进入晚期资本主义的文化逻辑分析

《晚期资本主义的文化逻辑》是詹姆逊关于后现代主义文化逻辑分析的论述集锦，这本书包含了詹姆逊20世纪后期的主要思想。这一时期，詹姆逊的思想逐渐发展成熟，他希望通过自己的努力能够在后现代主义与马克思主义之间搭建一条兼容的通道解决文化困惑的难题，这条通道是建立在后结构主义与马

① [美]詹姆逊：《马克思主义与形式》，李自修译，百花洲文艺出版社1995年版，第30页。

克思主义某种共通性的基础之上。詹姆逊认为，在马克思主义的框架下讨论问题是将问题置于一个更大的语境，它能够为清楚了解、解决问题提供一种思路，当然马克思主义不是万能的救世主，它只是在具体语境下提供了一种导向。理论只有与现实结合才能体现其应有的价值。

在这本书所记录的詹姆逊的采访中，詹姆逊明确指出，辩证法具有复杂性以及辩证法成为众多学者回避的问题的处境。但是，辩证法的意义并没有就此消失。詹姆逊认为，辩证法不仅是思维的思维，更是一种指向未来的思维，辩证法以"战争"的状态存在，在过去与现在、旧与新等之间不停博弈，因而辩证法不能用"已经实现"描述，而应该用"尚未实现"形容，"我更愿意以一种乌托邦的方式把辩证法视为一种未来的思想模式，而不是在 19 世纪 20 年代出现在柏林，19 世纪 70 年代出现在伦敦的现成品"[①]。也就是说，此时詹姆逊将辩证法的性质更加精确化，进一步说明了辩证法的指向性与运动性。詹姆逊对辩证法的运作方式进行了总结，认为通过以下的方式能够获得辩证思维：一是需要从具体的环境出发，不断挖掘具体环境的变动性，而不是以主观臆想论断。二是抓住因果关系，追溯历史的目的在于挖掘可能性。三是重视矛盾的作用，认真分析现实的双面性，从而为未来提供指向。也就是通过分析过去、着眼具体、运用矛盾三种途径使得思维成为一种指向未来的方式，但是辩证法并不是万能的方法，也不是再现的方法。尽管辩证法指向未来，但是并不等于预言，"预言是一种知其不可为而为之的再现论"[②]。

这一时期，詹姆逊更加强调辩证法的总体性，注重辩证法总体性在文学作品分析方面文化本质研究中的应用，他将其成功运用到对晚期资本主义的分析中。在詹姆逊眼中，总体性具有对立与同一的双层结构，片面强调一方会出现偏差，从而使思维陷入困境之中。詹姆逊认为，现实主义、现代主义、后现代主义对应着不同的资本主义发展阶段，是资本主义处于不同时期的文化逻辑，对于三者的考察需要将它们置于资本主义整体环境中，这样的划分既可以将三者进行区别又可以将其联系起来。对于以往的划分方式，"我可以用我的话来说明之，那就是，规范解体的时代是现实主义，规范重建(或者各种规范重建)的时代是现代主义；而患精神分裂症要求回归到原始流时代的理想正恰如其分地代表了后现代主义一切新的特点"[③]。这样的划分方式只是简单地将三者的区别加以比较，忽视了三者之间的联系。因而，詹姆逊借助索绪尔的符号系统将三

① [美]詹明信：《晚期资本主义的文化逻辑》，陈清侨等译，三联书店 1997 年版，第 35 页。

② [美]詹明信：《晚期资本主义的文化逻辑》，陈清侨等译，三联书店 1997 年版，第 38 页。

③ [美]詹明信：《晚期资本主义的文化逻辑》，陈清侨等译，三联书店 1997 年版，第 282～283 页。

者联系起来，通过具体环境、历史与现实三个角度入手对现实主义、现代主义、后现代主义形成总体性的辩证认识。在詹姆逊看来，现代主义是对现实主义的辩证逆转，后现代主义则是对现代主义的辩证逆转，是量在积累到一定程度上发生的质的飞跃，但这种飞跃并没有越过资本主义本身，它们仍是在资本主义范围内发生的质变。通过对辩证法的运用，詹姆逊发现，后现代主义作为晚期资本主义的文化逻辑与所处时代的经济发展、科技进步有着密不可分的关系，因而这一时期的后现代主义是平面化的，没有历史纵深感，没有思想的深度，时空是平面化的建构，这是对辩证法的极大否定与摧残。同时，后现代主义崇尚消费与享乐，进一步抹杀人们的思辨能力。随着技术的发展后现代主义不断消除距离，消除主体性、文化界限等，不断破坏总体性，试图借助“碎片”的力量否定一切，打破束缚。詹姆逊希望借助辩证法的力量，对晚期资本主义文化逻辑的形成、本质进行透彻的分析，从而为资本主义发展困境找到出路。

综上所述，在《晚期资本主义的文化逻辑》中，詹姆逊已经成功地将辩证法运用到文化批判的领域，通过对辩证法的运用，詹姆逊开拓了研究晚期资本主义的视野范围，达到了新的文化批判高度。詹姆逊将辩证法视为面向未来的思维方式，将具体环境、历史与现实结合，在推崇“碎片”的后现代主义理论界打开了一扇窗户，面对着“碎片”的冲击，詹姆逊对于马克思主义、对于辩证法的坚持是可贵的。

三、成熟阶段：辩证法走向空间辩证法

21 世纪是机遇与危机同在的世纪，世界上绝大多数的人们在经历 20 世纪两次世界大战的动荡之后，通过几代人的努力迎来了生活质量突飞猛进的现代化生活，消费社会成为主导，以资本为动力的全球化势不可挡，同时和平与发展成为人类共同的期待，然而，全球发展的背后却隐藏着巨大的人类社会危机。詹姆逊认为，文化批判的最终目的在于进入政治层面，理论需要为政治提供正确的指向。如今，经济、政治、文化都被卷入全球化复杂的局势之中，辩证法是一把能够在荆棘之路上开辟出光明通道的利剑。将辩证法与马克思主义绑架是不理智的选择，对辩证法进行攻击的行为对困境的解决起不了任何实质性的作用。辩证法与马克思主义紧密相连，捍卫辩证法就是捍卫马克思主义，马克思主义以其独特的架构展现出迷人的魅力和强大的生命力。我们不难发现，詹姆逊对于辩证法的运用一直贯穿着一致的方向性，即维护资本主义的权威，挽救资本主义于危难之中。

《辩证法的多维性》是詹姆逊针对目前西方学界对于辩证法的争论作出的回应，为捍卫辩证法的纯洁性，坚持利用马克思主义解决危机的立场，詹姆逊对

辩证法的攻击一一进行了反击。詹姆逊进一步强化了辩证法是面向未来的思维方式的观点，并提出论据对认定辩证法为哲学体系、辩证关系的观点进行了驳斥。詹姆逊指出，在以下四个方面，即在"生态危机、世界贫穷与饥荒危机、全球性的结构性失业危机以及无法控制的人造武器危机"[①]面前，辩证法具有重要作用，辩证法有能力为解决这四大问题提供导向。詹姆逊对全球化充满了忧患意识，他敏锐地发现，全球化在带来经济发展、推动技术进步、打破距离限制等方面的优势时，也在一定程度上埋下了隐患，因而需要辩证法发现这些隐患，并根据具体环境、历史与现实对未来进行展望。此时，思维与现实发生激烈的斗争，在经历否定之否定阶段后形成对未来的合理规划。当然，辩证法并不是万能的真理，它只是通过重新认识、不断思考指引人们。

空间辩证法并不是詹姆逊的原创，他是在列斐伏尔相关观点基础上的加强与巩固。如今，具体环境已经转换为全球化发展的高度，既然辩证法是置身于具体环境的思维方式，那么辩证法必然会走向空间辩证法，实现空间辩证法对时间辩证法的辩证转换，辩证法的共时性需要发挥更大的作用，这是时代的要求，是实践的选择。我们已经注意到"全球化所产生的新的文化生产，却没有注意到它们在全球化中的功能"[②]，这是缺乏辩证法所导致的后果。

以阿多诺为代表的众多学者片面强调辩证法的否定性，忽视辩证法的对立与同一的双层结构，不断进行解构，试图以批判显示自身的能力，最终却造成了自我的迷失，甚至在政治领域发出了错误的信号。当然，空间辩证法也有不完善之处，但它是对时间辩证法的批判继承，作为全球化的新生物，辩证法改变了自身的形式，寻找与内容更加适合的结合点。同样，空间辩证法不能脱离具体环境、历史和现实，空间辩证法并不意味着对时间的全然抛弃，空间辩证法是开放的，它不断地为适应新情况改变着自身，是黑格尔与马克思的辩证法在新时期的新形式。空间辩证法要求我们具有立体化的思维，而不是仅仅局限在对时间的关注。我们不难发现，黑格尔对意识与自我意识的分析就带有空间辩证法的色彩，意识与自我意识是处于同一空间的对立同一物。也就是说，空间辩证法并不是突然出现的，它一直是辩证法所具有的，空间辩证法的"新"在于它的形式改变，它是辩证法在时间与空间两个方面进行的比例重新分配。空间辩证法立足时间、空间，注重全球性的矛盾，不断进行立体化思维，指向未来合理的规划。

空间辩证法能够在更大的领域发挥作用，时间辩证法走向空间辩证法是必然的选择。这一时期，詹姆逊以全球化的目光力图将空间辩证法推向更加宽广

---

① Fredric Jameson, *Valences of the Dialectic*, London: Verso, 2009, p. 412.

② Fredric Jameson, *Valences of the Dialectic*, London: Verso, 2009, pp. 92-93.

的适用范围，力图使空间辩证法对人类困惑作出指引，尽管空间辩证法不能为人类发展提供具体的答案，但它的导向性是适宜人类社会发展的最优选择。面对着人类社会发展的四大全球化问题，空间辩证法是人类应该选择的思维方式，片面追求自我利益、经济独大的时代理应在发展中淘汰，转换思维是人类渡过危机、谋求新发展的必然选择。詹姆逊的空间辩证法是一种开放的思维方式，将辩证法封闭只会是自取灭亡。总体而言，这一时期，詹姆逊基于新时代的特征仍然坚持总体性的原则，将辩证法推向了空间辩证法的高度。

詹姆逊也非常重视建构空间生产的辩证意义。他认为，后现代就是文化的空间化，从时间到空间的逻辑转换就是从现代到后现代的转换。“特定的空间转换是正确区分现代主义与后现代主义的更为有效的途径之一。”[①]关注不同生产方式之间的变化，强调现代主义对时间的迷恋已经被后现代对空间的重视所取代。詹姆逊把后现代的空间变化看成是资本主义普遍化的结果，把空间辩证法看成是空间生产的逻辑，图绘空间变化的方法。空间辩证法造就了一个新的理论追求——对空间的正确认识，可以使马克思主义重新焕发活力。

詹姆逊关于辩证法的观点，主要是对黑格尔和马克思主义辩证法的继承和发展。在詹姆逊的早期作品中，他将辩证法引入文学批判领域，认为这种不断进行自我反思的思维是打破英美哲学束缚的有效方式。随后，在《晚期资本主义的文化逻辑》中，詹姆逊坚持了历史辩证法的观点，对后现代主义进行了总体性的分析，基于具体环境、历史与现实为我们呈现了资本主义发展的新阶段。面对全球化的新变化、新矛盾，詹姆逊提出了空间辩证法的构想，空间辩证法是辩证法形式上的改变，是矛盾双方比例的改变，是在横向范围内的展开以适应全球化的具体环境。总而言之，詹姆逊不断地修复和完善自己关于辩证法的论述，试图为资本主义困境找到出路，为人类面临的发展难题寻到方法。詹姆逊将辩证法的运用从文学批评发展到文化批评领域，不断完善空间辩证法的思想，经历了萌芽、发展与成熟阶段。但是，辩证法的研究并没有就此终止，詹姆逊将辩证法视为开放、发展的方法，对他而言，这一切仅仅是个开始。

第五节　詹姆逊辩证法理论的三个核心命题

在詹姆逊的漫长学术生涯中，他十分推崇辩证法的作用，一直坚持认为辩证法非常重要，对辩证法的探索自始至终是贯穿在詹姆逊学术研究中的一条主

① [美]马歇尔·迪尔：《后现代都市状况》，李小科等译，上海教育出版社2004年版，第73页。

线，无论是对文学作品的分析还是对文化的评判，他坚持强调、运用辩证法。詹姆逊的辩证法理论具有鲜明的个人与时代特色，本节旨在分析詹姆逊辩证法理论的三个核心命题，探索其形成发展的过程并获得当代启发。

一、詹姆逊辩证法理论三个核心命题的内容

詹姆逊的辩证法理论存在三个核心命题，詹姆逊对于辩证法的实际运用是对这三个核心命题的展开。透过詹姆逊的学术作品，我们不难发现詹姆逊对辩证法倾注了大量的感情，他希望通过自身对辩证法进行塑造的努力扭转辩证法在目前西方学界的形势，进而找到文化、政治与经济领域内人类困境的突破口。

1. 辩证法是马克思主义的本质特征

詹姆逊认为，辩证法与马克思主义的关系不言而喻，辩证法是马克思主义的本质特征。詹姆逊的这一观点与西方马克思主义的鼻祖卢卡奇关于辩证法的认知一脉相承，卢卡奇将辩证法在社会领域内的地位推崇至高位，他不断强调无产阶级的力量，积极呼吁人的主观能动性的发挥。卢卡奇指出："马克思主义问题中的正统仅仅是指方法。"①而这种方法就是辩证法，马克思主义即是一种辩证的方法，也就是说，任何人对于辩证法的曲解都是对马克思主义的诋毁。在卢卡奇眼中，马克思主义归根到底是"历史过程中的主体和客体之间的辩证关系"②。在卢卡奇的启发下，詹姆逊表达了相似的观点："首先，我自己的立场观点（或感觉或意识形态）是，辩证法与马克思是不可分割的，就像马克思主义与社会主义不可分开一样。因此，如果我们仍然需要（这种或那种）社会主义，我们最终必须使辩证法摆脱被遗忘的状态；另一方面，我们还必须承认这样的事实：对辩证法的攻击最终也是对社会主义的攻击，因此必须对这些攻击进行回答和反驳。"③可以说，对于辩证法的坚持就是对马克思主义的坚持，只有充分挖掘辩证法的内核，利用辩证法指导现实社会的同时使实践不断趋向辩证法的指向，才是真正理解与运用马克思主义的过程。

詹姆逊在卢卡奇的基础上进一步指出，辩证法与马克思主义在一定的程度上可以画等号的原因在于，辩证法是马克思主义的本质特征。辩证法能够成为马克思主义的本质特征源于其革命性，即其指向自我完善与改变世界。辩证法中各种对立统一的对子相互作用，为辩证法提供了前进的动力。在众多对子中，我们最为熟悉的一对即主体与客体，也就是在文学领域内直观体现的内容

① ［匈］卢卡奇：《历史与阶级意识》，杜章智等译，商务印书馆1999年版，第47页。
② ［匈］卢卡奇：《历史与阶级意识》，杜章智等译，商务印书馆1999年版，第50页。
③ ［美］詹姆逊：《什么是辩证法》，王逢振译，载《西北师大学报（社会科学版）》2005年第5期。

与形式。辩证法内在的动力机制使得自身能够适应社会发展的要求，同时对未来社会的发展产生重要的影响，因而我们不能忽视辩证法的存在价值。

2.辩证法是思考未来的现代性思维方式

辩证法不仅能够帮助我们获得批判现实的视野，而且能够为我们指明未来的前进方向，辩证法是思考未来的现代性思维方式。在早期作品《马克思主义与形式》中，詹姆逊指出，辩证法是一种思维方式，这种思维方式是对思维的再思维，但这并不等于原地踏步，而是前进上升的过程，是不断超越的过程。辩证法的内容来源于客观世界，辩证法并不像萨特所说的那样是通过个人的活动获取的，“而且辩证思维也绝不是个人的思维，而是某种类型的材料本身上升为意识的一种方式，这种材料不仅是我们思想的客体，也是由那个特定客体的内在性质所提出的一系列精神活动”[①]。因而，詹姆逊在《辩证法的多维性》中进一步指出，辩证法是社会的、历史的产物，自然界并不存在辩证法，自然界不具备像人类那样的思考能力，辩证法是人类独有的思维方式。同时，“我已经充分表明了我的立场，把辩证法定义为一种哲学体系是不明智的”[②]。詹姆逊认为，哲学仅仅停留在书本层面，不具有实践的能力，因而倡导理论与实践统一的马克思主义不能称为哲学，具有革命性的辩证法也不能称为哲学，辩证法不仅仅是停留在思维领域，它的最终落脚点是改变现实世界，指向未来社会，它能够为未来社会提供最符合人类发展的蓝图，但这幅蓝图里并不是无所不包。詹姆逊认为，作为社会与历史的产物，辩证法不具有普适性，辩证法不是细节性的呈现，其内容因时因地发生改变，因而现在的辩证法是独特的，是一种现代性的思维方式，基于现存的社会与历史作出指向，辩证法能够指向未来是由其革命性决定的，但是我们并不能将其内在革命性即辩证关系与辩证法等同，辩证关系是辩证法得以活动的形式，二者不能在本质上画等号，否则辩证法只能成为空有形式毫无内容之物。

辩证法是思考未来的现代性思维方式，它是对抽象思维的再认识，是对抽象思维的消灭与再现。辩证法经历了否定之否定的过程，并不希望将思维固化，而是追求发展，辩证法基于现存的社会基础指向未来，以便为人类提供适宜的前进方向，应对人类社会现存的四大问题。

3.辩证法是把握总体性的根本方法

黑格尔认为真理就是总体，詹姆逊思想经历早、中、晚三个时期，但是对总体性的坚持始终不变。他一直思考如何把握总体性，在不断的摸索中通过历史

---

① [美]詹姆逊：《马克思主义与形式》，李自修译，百花洲文艺出版社1995年版，第288页。

② Fredric Jameson, *Valences of the Dialectic*, London: Verso, 2009, p. 11.

叙述方法、文化变迁分析方法、空间转型解读方法对总体性进行把握、图绘。

在早期作品中，詹姆逊认为辩证法“实际上，它是一个限制的颠倒问题，由否定到肯定以及由肯定到否定的转换问题；而且从根本上说是一个历时性过程”[①]。在晚期作品《重读〈资本论〉》中，詹姆逊表示其赞同科尔施关于辩证法可以用历史方法描绘的观点，这是由辩证法是历史的、社会的，不具有普适性的特点所决定的。对于历时性的强调并不等于詹姆逊认为辩证法具有普适性，辩证法并非固定化的思维方式，他意在说明辩证法的与时俱进性，因而其能够指向未来；詹姆逊之所以强调辩证法的具体性，意在说明其内容来源于社会存在，具有变动性，因而辩证法的运用不能脱离具体的历史情境。詹姆逊对于文化的评析往往通过具体的作品展开，与作品产生的背景相联系，与作者运用的方式相结合，这是由于它们不单单是一个单独的概念，而是历史现象的呈现者，詹姆逊希望通过历史叙述的方式使我们能够窥见过去、现在与将来，从而形成总体性的认知。“辩证思维具有双重历史性：不仅它进行运作的那些现象具有历时性质，而且它还必须放开那些用以理解这些现象的概念，将后者的静止不变解释为它们自己有权存在的历史现象。”[②]我们对于作品的叙述能否完整呈现历史的脉络取决于辩证法的运用程度。

受曼德尔的启发，詹姆逊对资本主义社会进行了文化划分，他试图通过文化变迁分析方法对资本主义社会形成总体性的认知，他强烈反对将资本主义社会的现实主义阶段、现代主义阶段以及后现代主义阶段进行割裂的做法。詹姆逊认为，资本主义的生产方式并未发生根本性的变化，因而其三个发展阶段是有机联系的整体，资本主义内部的文化变迁是一个完整的脉络，只有对资本主义形成完整的认知才能够找到资本主义困境的突破口，也就是说，“你只有了解这个世界，才知道如何改变它”[③]。后现代主义企图通过对时间与历史的否认造成资本主义没有过去的假象，它试图通过这种方式使人们产生资本主义的当下即为永恒的思想，因而无休止地消费当下，人们沉浸在当下的享乐不是稍纵即逝而是永远存在的幻境中，这样的做法非但不能解决资本主义固有的矛盾，反而将资本主义危机所产生的恶劣影响在无形中推及到世界各地，造成全球性的人类危机。

资本主义社会在一定程度上使人们获得前所未有的享受，人类的欲望在资

---

① [美]詹姆逊：《马克思主义与形式》，李自修译，百花洲文艺出版社 1995 年版，第 262 页。

② [美]詹姆逊：《马克思主义与形式》，李自修译，百花洲文艺出版社 1995 年版，第 285 页。

③ [英]梅格纳德·德赛：《马克思的复仇——资本主义的复苏和苏联集权社会主义的灭亡》，王澄清译，中国人民大学出版社 2006 年版，第 6 页。

本的诱惑下无限膨胀，全球化成为不可阻挡的潮流。因而对于资本主义的剖析需要放在全球化的背景之下，空间在无形中扩大，思维应符合社会的发展找准自己的节奏，对于空间的关注在于获得对资本主义的总体性认知。

总体而言，詹姆逊认为辩证法是把握总体性的根本方法，历史叙述方法、文化变迁分析方法、空间转型解读方法是詹姆逊将辩证法在不同层面具体展开的实际应用，只有拥有辩证的思维方式，才能获得连续性、多层面的完整性认知，当今社会的多种危机究其原因在于欠缺把握总体性的能力。

二、詹姆逊辩证法理论三个核心命题的形成过程

由于辩证法是具体的、历史的，因而在资本主义的不同发展阶段呈现出不同的形态，如今辩证法的发展过程经历了三种形态：历史辩证法、历史叙事辩证法和空间辩证法。当前詹姆逊的辩证法主要处于由历史叙事辩证法向空间辩证法的转型阶段。

1.历史辩证法的形成

历史辩证法注重追溯过去，强调挖掘资本主义的起源，意在说明资本主义从哪里来，其将重点放在把握过去。“从笛卡尔以来的西方近代哲学开始意识到哲学开端的方法论意义，即以什么为开端决定了你的哲学采取的是什么方法，一种科学的哲学则必须首先确立一种科学的方法。”[①]黑格尔将哲学的开端定义为绝对精神，辩证法通过黑格尔的叙述展现出了非同寻常的魅力，黑格尔将思维否定之否定的能力发挥到极限，使之成为黑格尔辩证法中不可缺少的要素。黑格尔的辩证法是对人类生命的追溯与展望，社会现实从绝对精神中异化，人类社会不断发展变化，在有与无之间完成一次又一次的升级，超越与反思构成辩证法的两翼。因而在黑格尔那里，资本主义不过是绝对精神异化出的一个社会发展阶段。

马克思将黑格尔的辩证法进一步颠倒性升级，认为资本主义源于生产方式的矛盾运动。他将唯物主义与历史进行了结合，认为起源的追溯需要落脚到矛盾运动的客观规律。资本主义社会是生产方式不断运动的结果，人类社会的发展过程遵循着一定规律，人民群众用自己的双手创造了历史，推动了社会发展。资本主义社会推翻封建王朝是历史的选择，是人民的选择，资本主义在发展初期通过资本积累带来了生产力的巨大发展，改变了人类的生存方式，但是资本欲望不断膨胀，各种灾难随之而来，人类遵循生产方式一手创建的资本主义社会终将要被推翻。马克思对于资本主义的追溯源于其对社会存在的深刻挖掘，

① 邓晓芒：《黑格尔辩证法讲演录》，北京大学出版社2005年版，第33页。

无论是在生产方式的宏观领域还是通过货币、资本的微观视角可以说,“马克思不是资本主义的朋友,但他是它最优秀的学生”①。

卢卡奇十分重视历史辩证法,追寻历史辩证法的足迹成为西方马克思主义的特色。在卢卡奇眼中,对于资本主义的回答绝不能孤立局限,只有将事实联系成一个统一的整体,将其视为人类社会发展过程中的一个环节、一个方面,才能对资本主义形成真实的有效的认知,否则就会陷入庸俗化的困境。受卢卡奇影响,西方马克思主义认为,由于只有人类社会才具有历史,因而他们普遍将辩证法局限在人类社会,主张人的能动性的发挥,号召人类将改变命运的主动权掌握在自己的手中。在整个西方学术氛围的影响下,詹姆逊在早期作品中将辩证法定义为一种思维方式,反对恩格斯在自然领域内对辩证法的阐释,辩证法的展开与应用的程度取决于人类追溯与展望能力的发挥。

2.叙事辩证法的形成

历史叙事辩证法注重展望未来,意在探索资本主义的前途,寻找资本主义到哪里去的答案。历史叙事辩证法与历史辩证法一样离不开具体的环境,但其将重点放在把握时间的前进性上。对时间的关注是现代主义的主题,历史叙事辩证法通过对时间的把握指明前进的方向,只有沿着正确的指引方向前行,才能获得资本主义到哪里去的答案。西方学者并非没有意识到资本主义的危机,但他们更多地将求助的目光投放到文化领域,他们试图从文化中寻找出路,进而进驻到政治领域,他们普遍认为资本主义的出路可以在文化领域内找到答案。

萨特对历史叙事辩证法产生了重要的影响,他与黑格尔的辩证法思想有着千丝万缕的联系,萨特不断阐释人类能动性,试图通过唤醒人们对人的重要性的关注,恢复人的能动性在社会发展中的地位。只有人类具有把握时间的能力,只有人类具有改变自身命运的能力,现实的困境需要人类通过自己的双手解决,而不是寄希望于外界或是依赖教条化的理论。实践是人类能动性的体现,实践是人类挽救自身唯一可靠的方式。人与物之间的关系,不断催促社会发生改变,二者之间的矛盾为发展提供了契机。资本主义何去何从,取决于人类实践的程度。詹姆逊认为,在晚期资本主义阶段,由于人们无法找准自己的定位,资本主义陷入困境。如何找到资本主义的出路呢?“至今,我们都知道,在这后现代空间里,我们必须为自我及集体主体的位置重新界定,继而把进行积极奋斗的能力重新挽回。”②詹姆逊认为,困境的解决需要通过认知测绘的方

---

① [英]梅格纳德·德赛:《马克思的复仇——资本主义的复苏和苏联集权社会主义的灭亡》,王澄清译,中国人民大学出版社2006年版,第4页。

② [美]詹明信:《晚期资本主义的文化逻辑》,陈清侨等译,三联书店1997年版,第515页。

式，认知测绘提供的是一种总体性的认知方式，其意在将总体性唤醒，从而消除人们的迷茫感与失落感。由于事物之间具有同一性，因而认知测绘具有实现的可能性。历史叙事辩证法意在为资本主义的发展指明道路，消除人们在战争、商品侵扰下的迷失，找回人类的精神寄托。

3.空间辩证法的形成

空间辩证法注重现在，意在说明资本主义的现状，阐释资本主义的结构特征，即全球化的趋势，其将重点放在对空间的把握。

利奥塔等不断否定总体性的范畴，企图以小叙事代替总体性。利奥塔认为，资本主义出现了危机，但其原因在于人们对总体性的过分关注而忽视了差异的存在，因而为谋求新的发展，必须重新强调差异与特殊，充分释放分裂的能力，凸显个性。福山更是在苏联解体后欢呼“社会主义的终结”，鼓吹资本主义作为一种优越的民主制度更适宜人类社会的发展。在《晚期资本主义的文化逻辑》中，詹姆逊反对对总体性的否定，并对晚期资本主义现状进行了细致分析。他认为，在晚期资本主义阶段，人们丧失了认知的能力，这是由于晚期资本主义摧毁的特性。这一时期，时间不再是时间，它被设定成现在，没有延伸感；空间不再是空间，它被设定成平面，没有深度感；人不再是人，它被设定成物，没有感情……人们只有不断消费，才具有存在的价值。

晚期资本主义逐渐表现出前所未有的空间扩张性，历史叙事辩证法不足以适应新情况，空间辩证法被提上日程。空间辩证法并不是对历史叙事辩证法的否定，而是将关注点转移到当下结构，全球化为资本主义的发展带来了机遇，生产被置于整个世界的范围内，分工成为全球的合作，在经济步向全球化的同时，政治、文化也在悄然发生改变，世界各国正面临着新的课题。辩证法的改变是为了适应社会的发展，列斐伏尔对空间辩证法的发展做出了重要的贡献，这并不是与黑格尔或马克思的决裂，而是对辩证法具有历史特性的证明。在晚期资本主义阶段，“空间”不再是一个与时间相对的维度名词，而是被赋予了政治、经济、文化多重概念，人与人之间的关系需要通过空间展示，资本积累催生了空间的新功能，上升了空间的高度，也在一定程度上成为空间的附属物。我们对全球化缺乏整体性的认知，“也许是还没有认识到适应历史发展的辩证法的重要性”①。如今，资本主义现存形势比初期更加严峻，对总体性的运用不应仅局限在资本主义的范围内，而是将其放置在全球范围内。全球化的趋势不断凸显辩证法的重要性。

总的来说，历史辩证法、历史叙事辩证法以及空间辩证法是辩证法基于具

① Fredric Jameson, *Valences of the Dialectic*, London: Verso, 2009, p. 93.

体的环境作出的自我调整，将关注点由过去、将来逐渐转移到现在，改变是辩证法不断超越自我、适应社会发展的方式。

三、詹姆逊辩证法理论三个核心命题的意义

挖掘詹姆逊辩证法的核心命题，探索辩证法的发展过程，意在获得有益于我国当代发展的启示，依葫芦画瓢不能解决实际问题，反而会使自己固化、落后。只有不断追寻、探索，达到为我所用的程度才能使理论发挥应有的价值。

1.反思

反思性是指对主体所处的环境与行动后果进行反思，对时代变化与时代精神进行反思，反思是黑格尔赋予辩证法的最基本含义。只有不断对时代和时代意识进行反思，才能获取前进的动力，实现超越。反思是否定之否定的过程，是发展的过程。反思需要发现优点的冷静和坚持，需要正视弱点的决心和勇气，它不是简单的审视，而是在审视过后返回思想或实践本身寻找突破点，只有坚持优点的同时找到不足才能获得对时代和时代意识的完整认知，从而寻到正确的方向。对于时代和时代意识的反思，既要立足本阶段，又要与整个人类社会发展进程相结合，总体性是反思的要素，是对同一与差异的辩证使用。

我国跨过了资本主义发展阶段，直接进入社会主义社会，这并不是对人类发展进程的否定，而是基于我国国情顺应社会发展的选择。由于社会主义的优越性，我国在经济、政治与文化方面取得了前所未有的进步，人们的生活水平不断提高，政治生活不断民主，文化素养不断加强，然而，我们在发展面前更需要辩证法使我们保持清醒的头脑，反思我国当代发展，增强人类忧患意识，只有坚持长处，正视不足，形成总体认识，才能够寻到正确的前进方向，落实到实践，推进社会主义的发展，推动全球进步。

2.图绘

图绘即对空间矛盾与冲突的把握。不断加强图绘的能力，增强对空间矛盾与冲突的把握。“全球化”已不再是一个简单的名词，而是成为具有多重意义的综合体，商品是全球化发展的推动者，二者的关系紧密相连。随着社会的发展，似乎一切都可以成为商品，商品不再仅停留在经济领域，而是与政治、文化发生中和，人类改造世界的能力不断加强，科学技术不断进步，它们所带来的突破让人们目不暇接。然而，技术进步改变生产、生活的同时，异化的程度也随之不断加深，各种冲突不断爆发，繁荣的大环境下隐藏着巨大的人类危机，人与人之间、民族与民族之间、国家与国家之间、人与自然之间的矛盾不断激化，如何化解全球化、商品化、异化带来的困境，需要辩证法发挥相应的作用。

辩证法能够对空间矛盾与冲突形成总体性的把握，人类发展空间化是不可

避免的潮流。各种冲突之间存在着同一性，只有抓住同一性，才能将各种尖锐的对抗性矛盾转化为非对抗性矛盾。面对着日益扩大的空间环境和发展十分迅速的机器生产，人成为数字化的俘虏，人类的迷失感不断加重，图绘能力的强弱成为发展好坏的重要因素。面对着复杂的空间环境，我国需要运用辩证法增加图绘能力。在全球化的进程中，我国处于弱势地位，只有清楚认知各种矛盾与冲突，找准自身定位，才能够抓住机遇在竞争中取胜。

3. 批判

批判性是指对历史重大变迁的解释与批判，对人类解放的乌托邦的重构。辩证法的重要功能即为批判，然而这种批判并不是一味地否定，而是对历史作出公正的解释，用以指引未来的前进方向，批判的目的在于发展，人类的普遍解放不是遥不可及的梦想，辩证法为现存人类社会发展模式重构提供了方向。乌托邦不是海市蜃楼，辩证法与乌托邦的结合能够产生合理的化学反应。

人类社会面临着四大危机，拥有批判的决心，落实到实践领域，每一个人、每一个国家都应该为人类的发展承担起相应的责任，世界是全人类的家园，历史已经发生，时间的单向性决定了我们不能改变历史，我们能做的只是从历史中吸取教训与经验，而不是自欺欺人或是恶意篡改，铭记历史的目的不在于自怨自艾或洋洋自得，而是将目光放到未来。辩证法为我们提供了批判的工具，我们应合理利用，作为世界上最大的发展中的社会主义国家，实现共产主义是我们一代又一代无产者的追求，正视历史，放眼未来，敏锐批判现存不合理之处并加以改正，是发展的必然要求。我国的发展离不开辩证法，人类的发展亦离不开辩证法，美好的未来需要辩证法充分发挥其批判功能。

结语：马克思主义辩证法的现实意义

通读《辩证法的多维性》，我们看到詹姆逊对辩证法增加了许多新的理解，概括了辩证法的三个显著特征：反思性、批判性、空间性。辩证法的反思性包括对时代精神和时代矛盾的反思，辩证法的批判性是指对历史重大变迁的批判性阐释，辩证法的空间性是指辩证法的基础从时间转换为空间。詹姆逊为辩证法研究提供了一个多元、多层次、多角度的开放的视域，对我们认识当代世界深刻的矛盾性与未来发展趋势具有重要的意义。

1. 辩证法是认识当代人类社会深刻危机的重要方法

詹姆逊认为，当代人类生存面临四大困境，分别是“生态危机、世界贫穷与饥荒危机、全球性的结构性失业危机以及无法控制的各种人造武器的危机，如智能炸弹、无人机(武器和药品,有好有坏,当然进步确实存在)"[①]。这四大困境并不是局限在小区域内爆发,制造困境的罪魁祸首不是单独个人或是国家,全球都应为此承担责任。重新认识和解决四大困境需要辩证法,我们不应偏离某一方或是含混不清地推卸责任,全球性问题不是一朝一夕形成的,日积月累的病症需要通力合作找出病灶,对症下药。如今,人类已经陷入困境的泥潭,自怨自艾或是埋怨他人都不是明智之举,我们不仅需要重燃对未来家园的美好向往,更需要辩证反思我们的所作所为,无论对乌托邦持何种态度,我们都不能否认辩证法是一剂避免人类社会走向毁灭的良药。

2.辩证法是剖析当代世界危机根源的理论武器

当代世界危机的根源来自资本主义,辩证法为我们提供了一条时间和空间之轴,通过历时与共时的对立统一,我们能够清楚认识资本主义生产毁灭人类生存的内在机制与境况。面对人类社会的深刻危机,任何对资本主义的肯定与辩护,只能把人类社会推向更深重的危机之中;但是,辩证法提供了一种批判的视角,能够使我们对危机本身有全面的认识。资本主义的发展历经多个阶段,伴随着生产方式的变迁,资本主义已经进入到晚期资本主义阶段。在这一阶段,资本主义因为其贪婪的本性变得日益丧心病狂,消费日益凌驾于万事万物之上,商品的重要性日益突出,人类与商品的关系进一步加深。物质呈现出空前繁荣的景象,与此形成鲜明对比的是这一时期人们思想的极端、分裂、迷茫,资本主义该如何发展,资本主义的危机该如何化解,这一系列的问题,辩证法会给出答案。

3.辩证法也是避免资本主义毁灭人类社会的历史逻辑

英国著名学者巴斯卡也同样认为,资本主义对环境的破坏,已经严重威胁到了人类的生存,如果现在不思考如何放弃资本主义,那么人类就没有机会走出21世纪了。如何避免资本主义毁灭人类社会危机的全面爆发,詹姆逊认为,唯一的途径是社会主义,是真正克服了为剩余价值生产的社会主义,这种社会主义才具有强大生命力,能够让我们的星球避免毁灭。詹姆逊认为,辩证法与社会主义不分彼此,携手共进。社会主义的发展离不开借助辩证法去驾驭各种矛盾,辩证法的发展得益于马克思主义为历史必然性开辟出的叙事逻辑,资本主义不受人类控制,但是社会主义可以被集体控制,所以社会主义可以避免人类走向毁灭。辩证法敦促人们在异质中寻找同质,在同质中发现异质,敦促人们认识社会主义超越资本主义的历史必然性。

詹姆逊关于辩证法的本质思考,目的在于建构辩证思维和辩证批判方法。

① Fredric Jameson, *Valences of the Dialectic*, London: Verso, 2009, p.412.

笔者同意孙士聪先生对詹姆逊的辩证法观的四点概括：(1)辩证思维是对思维本身的思维，是思维自身的实现；(2)辩证思维是历史的，这不仅是指其对象具有历史性，而且用来阐释对象的概念和范畴也具有历史性，历史性是辩证思维将对思维本身的思维内在于自己结构之中的根源所在；(3)辩证思维是开放的，不预设历史的终点，也拒绝对思维主体的遗忘，作为对神秘化的根本否定，它推动我们进入对现实的开放性领悟之中；(4)辩证思维强调理论概念与其所处的社会历史之间的联系，并将之规定为辩证法的重要特征。①

总之，詹姆逊对辩证法的新思考告诉我们，对辩证法当代价值的认识也是一个辩证发展过程。尽管詹姆逊的《辩证法的多维性》存在不少缺陷，但并不能掩盖其重要的理论价值。詹姆逊将辩证法拉回到人们的视野，直面当代世界面临的重大问题，回答学界提出的各种疑问，重构辩证法的当代意义。辩证法的魅力不会随着时间的流逝而消失，不论你是否承认，是否注意，辩证法一直都与历史、现在、未来相伴，人类未来出路的选择也需要在辩证法的帮助下去寻找。

① 参见孙士聪《阿多诺：詹姆逊的幽灵——否定辩证法阐释中的晚期马克思主义逻辑》，载《文艺研究》2013年第9期。

第三章 奥尔曼对马克思主义辩证法当代价值的新探索

奥尔曼在辩证法问题上深受詹姆逊的影响。在詹姆逊看来，马克思主义与辩证法是不可分的，正如马克思主义与社会主义不可分一样。[①] 奥尔曼也认为，如果期待某种社会主义和共产主义社会的出现，就必须重新回到马克思的辩证法。同样，对马克思辩证法的攻击，就是对社会主义和共产主义的攻击。因此，必须通过重新解释马克思的辩证法对哲学攻击进行回应和反击，只有马克思主义的辩证法才能避免意识形态的简单化。[②] 对奥尔曼来说，辩证法是人们今天能够认识社会主义的未来远非痴心妄想的最好方法，这是人们需要辩证法的最主要的原因。

奥尔曼正是在这种理论背景下展开了对马克思辩证法的研究和解读，并代表了其中一种较为重要的解读模式。[③] 他把这种重新研究马克思主义辩证法的趋势看作是纠正对马克思辩证法的误解和歪曲的理论契机。马克思曾讲道："辩证法……在其合理形态上……不崇拜任何东西，按其本质来说，它是批判的和革命的。"[④]奥尔曼据此指出，人们是否把握了马克思辩证法的双重本质，即辩证法的革命性和批判性，是衡量人们是否正确解读马克思辩证法的一个重要标准。

---

① 参见[美]詹姆逊《什么是辩证法》，王逢振译，载《西北师大学报(社会科学版)》2005年第5期。

② 参见俞吾金、陈学明《国外马克思主义哲学流派新编：西方马克思主义卷》下册，复旦大学出版社2002年版，第738页。

③ 参见付文忠《英美马克思主义辩证法研究的新趋势》，载《中国人民大学学报》2010年第1期。

④ 《马克思恩格斯选集》第2卷，人民出版社1995年版，第112页。

第一节　奥尔曼内在关系辩证法的基本内容

奥尔曼对马克思主义辩证法的重视和研究不仅来自发展马克思主义的理论需要，也来自认识现实的需要，这就是资本主义的全球化和苏东剧变的历史后果的影响。

一、奥尔曼内在关系辩证法产生的理论背景

20世纪80年代末90年代初，苏东剧变后，资本主义在全球范围内取得了对社会主义的暂时性胜利。除了中国等少数几个社会主义国家在这股潮流中站稳脚跟外，资本主义在全球范围内获得了话语权和支配权。在这些现实面前，一些人开始迷惑，甚至丧失了对社会主义和共产主义的信心。人们再次围绕马克思关于"两个必然"和"两个决不会"的历史结论展开了激烈的争论。一些人开始质疑马克思的"两个必然"，而对马克思的"两个决不会"则津津乐道，好像这两个结论可以截然分开一样。对此，陈学明指出："当今有些人之所以如此执迷于'两个决不会'，就是为了说明资本主义制度的永恒性和共产主义的不可能性。"①

在理论方面，段忠桥教授认为，20世纪80年代末以来当代英美马克思主义出现了两个研究趋向：一个是转向政治哲学，另一个是坚持辩证法。② 其中以奥尔曼等学者为代表的一些马克思主义学者开始将注意力集中在马克思主义的辩证法，以此来重新思考社会主义和共产主义的前途和命运。

可以说，当代英美马克思主义学界对辩证法的关注正是苏东剧变和最近二十多年来全球化影响的结果。所以，重新关注和解读马克思主义的辩证法，对正确认识当代资本主义的特征和社会主义的前途命运有着十分重要的意义。因为辩证法不仅是一种世界观，而且也是一种方法论，它无论是作为反思当代社会历史的辩证法，还是作为研究当代社会的辩证法，其作用都是备受重视和令人瞩目的。正是基于对自身所处时代的密切关注和深刻认识，奥尔曼充分认识到了马克思主义辩证法的重要性。一方面，他把苏东剧变后人们对未来社会

① 陈学明：《唯物史观与共产主义信念》，载《浙江学刊》2006年第5期。

② 参见段忠桥《转向政治哲学与坚持辩证法：当代英美马克思主义研究的两个方向》，载《哲学动态》2006年第11期。

主义的失望和恐惧形容为“未来的羞怯”(future shyness)[①]。如何消除“未来的羞怯”呢？奥尔曼认为，重新解读马克思的辩证法是解除这种羞怯的主要方式。因为只有运用辩证法，现实生活中的相互作用和发展变化才能被人们所认识，从而人们才会相信这种相互作用会延伸到未来。另一方面，他还认为当今马克思主义学者理论分析中存在许多局限性，大多可以归结为他们对辩证法的忽视或滥用，只有正确运用辩证法才能对资本主义社会的现实作出全面的、动态的研究。因此，他给自己提出的理论任务就是彻底理清辩证法问题，用大多数人都能理解的方式来说明它。通过彻底理清马克思的辩证法的目标，奥尔曼试图让人们明白马克思的辩证法到底是什么，马克思是如何运用辩证法来分析和批判资本主义社会。在奥尔曼看来，由于社会主义是资本主义制度内在否定的结果，它存在于当今资本主义社会之中并仍在不断发展。但是令奥尔曼感到不满和遗憾的是，当前有很多人看不到这一点，悲观失望，这种情况的主要原因是因为他们不了解辩证法。同时，奥尔曼还试图在这一过程中帮助人们更为有效地运用辩证法来认识自己身边的资本主义现实，从而达到纠正人们在认识现实问题上的错误倾向，使他们具有更长远的眼光，也就是能够认识到资本主义的未来是社会主义。

二、“内在关系哲学”的内涵

奥尔曼的“内在关系哲学”主要包含着两层含义：一是指事物内部诸要素之间的关系是一种“内在关系”，二是指任何事物与它周围事物之间的联系是一种“内在关系”。第一层含义中的“内在关系”是指一个事物的内部关系，第二层含义中的“内在关系”是“联系”的同义词。

第一，任何事物本身是一种“内在关系”。奥尔曼根据内在关系，把任何事物的过去和未来都理解为事物现在是什么的一部分。由于任何事物从产生到发展的过程都是其内部各要素之间相互作用的结果，所以说任何事物都是由内在于自身的相互关系构成的，即任何事物都是一种“内在关系”。奥尔曼说，在马克思的著作中可以看到这样的例子：例如，“人的本质不是单个人所固有的抽象物，在其现实性上，它是一切社会关系的总和”[②]。还有“资本”这个概念，在马克思看来，资本是“属于一定历史社会形态的生产关系”[③]。资本作为一种关系，

① [美]伯特尔·奥尔曼：《辩证法的舞蹈：马克思方法的步骤》，田世锭等译，高等教育出版社 2006 年版，第 204 页。

② 《马克思恩格斯选集》第 1 卷，人民出版社 1995 年版，第 60 页。

③ 《马克思恩格斯选集》第 2 卷，人民出版社 1995 年版，第 577 页。

它包含着资本现在是什么、过去是什么和将来会成为什么。因此,在理解资本这种关系时,要向前和向后延伸时间的范围,从而将资本产生和发展的前提条件以及未来的发展趋势都当成资本的组成部分。

第二,"内在关系"也存在于任何事物与其他周围事物之间的联系中。奥尔曼认为,任何事物与它周围事物之间的相互依存、相互制约、相互渗透的关系也构成了一种内在关系,这也构成了该事物的一部分。奥尔曼把事物之间的联系归结为一种内在关系,是因为事物是通过与包括具有物质和社会特征的人在内的其他事物之间的时空联系来产生和发挥作用的,把事物与它周围事物的联系作为关系进行思考就是为了使这种相互依存成为事物自身固有的一部分。例如,"所谓人的肉体生活和精神生活同自然界相联系,也就等于说自然界同自身相联系,因为人是自然界的一部分"[①]。马克思的这段话表明,任何人都不是孤立存在的,人与自然之间包含着一种内在关系。同样,马克思在考察资本时,他所想到的不仅是资本自身这个概念,还想到了资本与资本主义社会中其他要素之间的相互作用,不仅包含物质生产资料、商品这些物的要素,也包含资本家和工人这些人的要素。

在奥尔曼看来,马克思研究资本主义所涉及的每一种要素或事物的每一个方面都是一种社会关系。一事物与周围其他事物之间相互作用的关系,对于每一种事物而言都是内在的关系,所以当事物的一种重要关系发生改变时,事物本身也会发生改变,成为某种其他的事物。例如,雇佣劳动消失了,意味着工人与资本的关系根本改变了,那么资本也就不存在了。同时,各个事物之间的作用是相互的,不存在只影响或只决定其他事物而不被其他事物所影响或决定的事物。因此,这样思考事物就不会得出所谓的"决定论"或者"还原论"了。

总之,按照奥尔曼的"内在关系哲学",现实本身就是一种内在关系,事物从过去到现在、再到未来的发展趋势也是一种内在关系,与它周围的环境也处在内在关系之中,社会现实就是这样一个由"内在关系"构成的关系整体。

三、内在关系的两个维度

为了便于人们深刻理解内在关系,奥尔曼还从空间维度和时间维度上引入了两个重要的范畴,即"整体与部分"和"过去与未来"。

1. 整体与部分

多数人对整体与部分的理解来自于这样一种观念:其中整体都是部分的总和,部分仅仅是被叠加在一起的相互独立的要素,整体与部分之间的联系被看

---

① 《马克思恩格斯全集》第42卷,人民出版社1979年版,第95页。

成是一种外在的关系。而内在关系哲学则赋予了整体与部分之间一种内在的辩证关系，这种关系从某种意义上讲是本质关系或者说本质联系。

整体与部分的关系共有四种：一是整体塑造部分，使部分在这一整体中的作用更为强大；二是整体根据每一个部分的作用来确定这个部分的含义和重要性；三是整体通过部分表现出来，部分是整体的一种形式；四是各部分之间的内在关系造就了整体的含义和结构，正是各部分之间这种内在的相互作用使整体成为一个不断发展的系统。正是基于后两点，奥尔曼指出，马克思主义本体论的最大特点就是把现实当作由内在联系的部分构成的整体，同时扩展这些部分的概念，使每个部分在其全面的关系中都能代表整体。这表明，从内在关系辩证法出发研究事物，首要的就是要从整体出发，进而对部分展开研究以便了解它在系统中适当的位置以及发挥作用的方式，最后从部分之间的内在联系中再次达到对作为起点的整体更为充分的理解。

2. 过去与未来

按照内在关系，现在是过去或未来在时间上向前或向后的延伸，因此，任何事物的现在都是由过去和未来构成的。我们生活的世界处在连续不断的运动之中，想要达到对处在运动过程中的事物的理解，就有必要将时间维度引入进来，即引入“过去”和“未来”这一对范畴。在奥尔曼看来，不仅过去的时间构成了历史，未来的时间同样也构成了历史，以至于无论某一事物将会发生什么样的变化，该事物现在和过去的一部分必然会构成正在形成的新事物的一些重要方面。通过这种观念，奥尔曼将某些看似与事物是外在联系着的现象——实质上是事物真实的过去和未来的可能——纳入了对事物现存形式的理解之中。一方面，要把每个社会要素看作是一个与它自身过去和未来有着内在联系的要素；另一方面，还要把每个社会要素看作是一个与周围要素的过去和未来有着内在联系的要素。只有这样，我们才能在连续不断的运动和变化中去认识事物。

整体和部分这一对范畴是从空间维度来理解内在关系，而过去和未来则是从时间维度来理解内在关系。在认识事物的过程中，这两对范畴缺一不可，任何事物既是一个过程也是一种关系。研究某一具体事物，就要对它的发展历程进行考察，也就是要考察事物的过去和未来。但考察时必须先拥有广阔的视野，因为任何事物都不是孤立地存在，不会独自发生变化，只有在与其他事物的相互作用中才能发生变化。所以当部分与整体被割裂时，人们就无法正确认识事物的过去和未来。

每个人或多或少都会认识到，世界上一切事物都会在一定程度上以某种方式发生变化，而问题在于如何思考这些变化，如何把这种变化捕获到思想之中，这是辩证法提出的关键问题，面对这一理论问题，奥尔曼的解决途径是“抽象”。

四、抽象的内涵与模式

什么是马克思的“抽象”概念？奥尔曼对“抽象”这个术语进行了考察，他认为马克思在四种密切相关却又不同的意义上使用了“抽象”：第一，抽象是指把世界分解成可以用来思考的组成部分的精神活动，在这里，抽象是一个动态的过程，即精神活动的过程。第二，抽象是指上述活动过程的结果，即现实被分解成的实际部分，这表明马克思把抽象既做动词也做名词，名词指动词所形成的东西。第三，抽象是指生活和工作在异化社会中不可避免的观念的结果，是意识形态的基本要素，是一种不恰当的精神性建构。第四，抽象是指一种为意识形态的抽象提供客观基础的独特组织，这个组织中的要素在现实世界与资本主义的职能是相关的。第四种抽象与前三种抽象的意义有很大区别，这种抽象不存在于头脑中，而是存在于现实世界中。

奥尔曼的抽象是前两种意义上的抽象。他将马克思的抽象方法概括为从“现实的具体”出发，经过“抽象”而达到“精神上的具体”①。其中“现实的具体”就是我们生活在其中的复杂多变的世界，“抽象”就是把复杂多变的世界分解为我们可以用来思考的精神要素的思维活动，而“精神上的具体”就是指在头脑中重构被理解的世界。因此，奥尔曼指出，为了实现对事物的理解，我们需要运用抽象从现实的具体走向精神上的具体。内在关系哲学延伸了人们关于任何事物的观念，它把任何事物的形成过程及其事物与周围事物的相互作用都当成事物自身的各个方面，这导致人们在认识某一具体事物面临着更多的困难。那么想要达到对现实世界这个由内在联系的各个事物构成的关系整体的认识，更是难上加难。

这使抽象的方法具有了必要性，正如奥尔曼所指出的，我们的头脑和我们的肚子一样不能一口气吞下整个世界，必须通过抽象才能实现对现实世界的思考和认识。抽象通过给处于内在关系之中的世界划定暂时的界限将其分解为可控制的要素，同时通过区分一定的属性来关注它们并以适当的方式组织它们，从而实现对现实世界的思考和认识。所以说，内在关系哲学使抽象成了必要，两者共同构成了奥尔曼内在关系辩证法的“两条腿”。

抽象具有三种模式。具体来说，奥尔曼将他的抽象方法概括成三个不同的模式：范围的抽象、概括层次的抽象以及角度的抽象。他通过这三种模式确立了三种界限，并提供了三个特殊的中心。

---

① [美]伯特尔·奥尔曼：《辩证法的舞蹈：马克思方法的步骤》，田世锭等译，高等教育出版社2006年版，第72页。

第一，范围的抽象。这是指界限被确立在一种具体关系所占据的时空范围之内。一方面，范围的抽象从时间上对某一事物发展的历史过程中划定界限，以便于只关注它的发展时期中的某一阶段。另一方面，范围的抽象从空间上划定该事物与其周围环境之间相互作用的界限，以便于只关注它的内在联系的某些方面。人们认识具体事物时所抽象的范围是非常重要的，因为范围的大小决定了所能容纳东西的多少。抽象范围足够大有助于人们从纵、横两个方向对事物展开全面的研究，从而对事物作出正确的认识。反之，抽象范围太小必然会造成认识的片面性。

第二，概括层次的抽象。这是指界限被确立在从具体到最一般的连续体中。也就是将事物及其所从属的系统按照从具体到一般的次序划出不同的界限，从而确定不同的层次。这一抽象过程从一事物区别于其他一切事物的最具体特征出发，一直发展到该事物与其他事物相似的最普遍特征。按照从具体到一般的次序，奥尔曼划分出七个概括层次的抽象，即“独一无二的层次、现代资本主义层次、阶级社会层次、人类社会层次、动物世界层次和物质世界层次”①。奥尔曼指出，他对概括层次的划分没有绝对的界限，所以人们可以根据研究对象的具体需要来确定一个或多个层次。

第三，角度的抽象。这是指界限被确立在不同的角度之间。奥尔曼指出，在抽象范围和概括层次的同时，人们还需要在研究的关系内部确立一个角度，以此来思考、整合这个关系中其他要素或部分。研究某一个具体事物时，不仅要抽象恰当的角度，而且要在不同角度之间进行灵活的转换，因为通过选择新的角度可以认识到同一事物内部的很多重大区别、部分之间不同的排序等等。

这三种模式之间是相互影响、相互促进的。一方面，抽象范围的大小在很大程度上规定了从同一角度所看到和研究的东西的多少，同样在抽象一个概括层次时也会突出很多可以充当角度的性质。另一方面，对具体角度的任何规定会导致在研究事物过程中趋向于抽象与这个角度相一致的范围和概括层次。总之，抽象的三种模式在实践中是相互影响、相互促进的，只是在某一特定场合，它们中的某一个可能居于主导地位。

五、逆向历史研究

逆向历史研究的方法是奥尔曼内在关系辩证法的重要组成部分，奥尔曼认为马克思曾对这个方法有过明确的阐述，并将这种方法适用于对资本主义的研

① 田世锭：《透过“抽象”见本质——奥尔曼对当代资本主义本质的揭示》，载《武汉理工大学学报(社会科学版)》2008年第6期。

究中，以此作为揭示资本主义真实面目的有效方法，但长期以来这一方法却没有得到马克思主义学者的重视。

1. 逆向历史研究的内涵

历史是关于过去的故事，并且像其他任何事物一样，它是从过去开始，向前发展到现在，这是它的发生方式。通常人们也是按照这样的顺序去研究历史的，但在奥尔曼看来这并不是一个理想的顺序。他认为："马克思相信以现在作为研究角度来看导致现在得以产生的各种条件，我们才能够得到过去是如何发展到现在的最好认识"[①]，这就是"逆向历史研究"的方法。

通常情况下人们是按照从过去到现在的顺序来研究历史的，他们通常会首先叙述导致发生变化的东西，然后才会叙述它所带来的变化，站在前者的角度考察后者，很容易将后者当作前者的必然结果。而按照"逆向研究历史"的方法则正相反，对当前结果的充分把握有助于考察是什么充当了它的前提，同时，正是这种结果的产生使紧密相连的发展过程转变成了前提。简而言之，逆向历史研究就是在准确把握现在的基础上，以现在为角度去研究过去，以便在过去中寻找现在的起源，同时在事物的发展趋势中探寻未来的可能。"逆向研究历史"的方法既可以帮助我们确定要寻找的对象，又可以帮助我们确定寻找这个对象应该向过去深入的角度。

2. 逆向历史研究的步骤

逆向历史研究方法是建立在内在关系和抽象基础之上的研究历史的方法，可以说是内在关系和抽象在社会历史领域的应用。奥尔曼对这一方法的展开就是为了分析当代资本主义的发展趋势，从而论证资本主义必将被社会主义代替的历史命运。那么，如何运用"逆向研究历史"的方法来分析和认识资本主义呢？奥尔曼将自己研究内在于资本主义现在的未来社会主义的辩证方法归纳成四个主要的步骤，国内学者田世锭将这四个步骤概括为"现在—过去—未来—现在"的路径。[②]

第一步，分析现在。这是指通过对当前资本主义社会现实的分析，以达到探寻构成当代资本主义运行的各主要特征之间相互联系的目的。奥尔曼指出，在这一步骤中应当排除那些非资本主义的概括层次，以便将资本主义特有的性质放到中心位置来研究，继而从不同的角度考察这些主要特征之间的相互联系。立足于社会现实，通过抽象重构了对当代资本主义的认识，这是奥尔曼揭

① ［美］伯特尔·奥尔曼：《辩证法的舞蹈：马克思方法的步骤》，田世锭等译，高等教育出版社 2006 年版，第 115 页。

② 参见田世锭《辩证法马克思主义的主题与方法探论》，载《科学社会主义》2012 年第 12 期。

示未来社会主义的第一步。

第二步，回溯过去。这是指从过去的历史中去考察形成资本主义现在的前提。具体来讲，就是将当代资本主义主要特征之间的相互联系历史化，以便于从过去之中寻找与现在相匹配之处。反方向沿着过去演变而来的轨迹，奥尔曼找到了构成资本主义现在的重要前提所出现的阶段，即封建社会末期。

第三步，展望未来。这是指将构成当代资本主义的前提条件产生和发展的历史趋势抽象为矛盾。也就是将这些前提条件之间的相互作用概括为矛盾，这些条件既相互渗透又相互破坏，其中破坏性的作用会随着历史趋势的发展而逐步占据支配性的地位，并产生一系列弊端和问题。奥尔曼认为，一旦用矛盾的形式将这些弊端和问题组织起来，这些弊端和问题的解决方式就会变得很清晰，把对这些矛盾的思考"向未来延伸，直到或超出它们被解决的时候，到那时，它们的解决方式的特征就显示了其后的社会因素"①，而这个"其后的社会因素"就是未来的社会主义。

第四步，反观现在。就是以预测到的未来社会主义和共产主义作为新的角度，重新梳理自己对当代资本主义的研究，因为当前的资本主义为未来的社会主义提供了必要前提。奥尔曼认为与前三个步骤相比，这一步同样是认识当代资本主义不可或缺的步骤，因为研究过去离不开对现在的理解，研究现在同样离不开对未来的理解，只有这样才能不断拓宽和深化我们对人类社会发展过程中每一阶段的认识。

逆向历史研究的这四个步骤是有机统一的，在分析和研究当代资本主义社会的过程中缺一不可。奥尔曼正是通过这种逆向研究历史的方法，再次论证了马克思关于"两个必然"的结论。

第二节 奥尔曼应用辩证法对资本主义的批判

奥尔曼认为，当代资本主义的新变化模糊了一些人对资本主义的认识。对此，他曾说道："当前我们处于这样一个几乎无人使用'资本主义'这个术语的时代，多数人不知道资本主义意味着什么，甚至更多的人没有对资本主义的系统

① ［美］伯特尔·奥尔曼：《辩证法的舞蹈：马克思方法的步骤》，田世锭等译，高等教育出版社 2006 年版，第 212 页。

特征或它的运行方式的认识。”[①]奥尔曼认为造成这种情况的重要原因是由于资产阶级意识形态产生了“碎片化”倾向。

一、对资产阶级意识形态“碎片化”分析与批判

奥尔曼认为，在资产阶级意识形态支配下，人们对社会现实的理解都是过于狭窄的、局部的、片面的，最终导致人们对当代资本主义的认识产生碎片化倾向，这种倾向就是资本主义意识形态“碎片化”。

二战以来，当代资本主义经历了范围极广且速度极快的变化，与马克思所处时代的资本主义相比，当代资本主义更为复杂多变了。多数人在认识当代资本主义的时候，容易用狭窄的、片面的观念将其中的某一部分或要素独立出来并看成是静止的存在，试图通过考察这一部分或要素来理解正在变化中的资本主义社会。由此产生的结果就是人们对这一部分与其他部分、与整体之间的联系被放到不重要的位置，这导致对当代资本主义这个整体的总体性认识被忽略、曲解或弱化，也就是对当代资本主义的认识呈现出“碎片化”的倾向。这可以被理解为一个如果被损坏就无法修复的问题。在日常生活中，将摔成碎片的杯子重新拼凑到一起也不能再组成一个完整的杯子。同样，将系统的内在要素作为彼此独立的部分来研究，试图以此达到对系统的认识，但这种认识却永远达不到那种在完整系统状态下全面的整体性认识。

在认识当代资本主义过程中，多数人在资本主义意识形态的影响下容易产生两种“碎片化”的错误认识。一种是看不到构成当代资本主义的社会要素之间有机的、内在的联系，通常将这些要素看成是彼此独立的存在。另一种虽然承认当代资本主义中所包含的社会要素都是相互联系的，但却把这种相互联系看作是偶然的而非必然的，是外在的而非内在的。这两种错误认识的共同特征就是用孤立的、片面的和静止的观点看问题，仅仅关注某个要素或某个部分，看不到当代资本主义这个整体。那么，“碎片化”的意识有何危害呢？资产阶级意识形态“碎片化”有以下三方面的危害：

第一，一些人在看待当代资本主义存在的问题和弊端时往往将这些问题看成是独立存在的、偶然发生的，而没有意识到这些问题作为资本主义系统中内在相连的各部分所共有的属性。因此他们更不可能从整个社会层面上解决这些问题，而整个社会层面是解决问题的唯一层面。

第二，一些人虽然承认了当代资本主义中各类社会问题是相互联系的，但

---

① ［美］伯特尔·奥尔曼：《辩证法的舞蹈：马克思方法的步骤》，田世锭等译，高等教育出版社 2006 年版，第 182 页。

却无法认识到把这些具体问题同资本主义系统联系起来的这个关系。因此，尽管人们承认存在联系，但他们在理解其生活环境时又轻易忽视这些具体现实之间的联系，从而也遗漏了“从这些关系中产生出来的关系范式——阶级、阶级斗争、异化及其他”[①]。

第三，在资产阶级意识形态“碎片化”的影响下，承担着重要历史使命的工人成为片面的、孤立的、原子式的存在，在资本主义早期生产过程中工人与工人之间的有机联系被切断了，这进一步限制了工人阶级的视野，使工人阶级看不到整体，也看不到未来。总之，资本主义意识形态“碎片化”使得人们在认识社会过程中只看到了当前部分，而看不到包含着部分的更大系统，即当代资本主义社会。因此，“资本主义这个对人们生活的影响在不断增强的最大关系范式，实际上已经变得看不见了”[②]。

由于资本阶级意识形态“碎片化”阻碍了人们正确把握当代资本主义的新变化，奥尔曼运用内在关系辩证法对其展开了批判。

第一，将当代资本主义看成是一个整体，部分不能脱离整体而存在。非辩证的研究通常是从对某个部分的研究入手，试图通过建立这个部分与其他部分之间的联系来重构包含它们在内的整体，遵循着一种“部分—部分—整体”的路径；与非辩证的方法截然不同，奥尔曼运用内在关系辩证法来研究事物，遵循着一种“整体—部分—整体”的路径。首先从整体出发，即从系统或从人们对系统所能达到的理解开始，接着考察部分在整体中的位置以及发挥作用的方式，最后通过前一步骤的研究以实现对作为起点的整体更为充分的认识。[③] 也就是说，在分析和研究当代资本主义时，首先应当把当代资本主义看作是一个整体，并把这个整体作为研究的出发点，深入研究部分与部分的联系。

第二，当代资本主义不仅是一个整体，而且是一个包含各种复杂关系的关系整体。根据内在关系辩证法，当代资本主义中的要素不仅自身就是一种内在关系，而且它们之间的联系也是一种内在关系。那么包含着这些要素的当代资本主义更是一个庞大且复杂的关系整体，包含着人与人之间复杂的一系列关系、他们的活动(尤其是物质生产)及其产品等等。同时，构成当代资本主义这个整体的各要素之间的内在关系是始终不断向前发展的。因此，当前的资本主

① [美]伯特尔·奥尔曼：《辩证法的舞蹈：马克思方法的步骤》，田世锭等译，高等教育出版社 2006 年版，第 4 页。

② [美]伯特尔·奥尔曼：《辩证法的舞蹈：马克思方法的步骤》，田世锭等译，高等教育出版社 2006 年版，第 207～208 页。

③ 参见[美]伯特尔·奥尔曼《辩证法的舞蹈：马克思方法的步骤》，田世锭等译，高等教育出版社 2006 年版，第 7～8 页。

义所包含的相互关系和所具有的特征要比以往的资本主义更为复杂多变，更加难以把握。

第三，正确把握资本主义这个整体和它所包含部分之间的关系。如前一章所述，整体与部分的关系问题在内在关系辩证法中是不容忽视的，主要体现在两个方面：一是整体通过部分表现出来，部分是整体的一种表现形式；二是各个部分之间的内在联系构成了整体的结构和含义，使整体成为一个不断发展的体系，拥有着自己的历史、结果和影响。也就是说，一方面可以从资本主义的各部分和要素之中看到资本主义这个整体内部的相互依存和运动；另一方面，资本主义作为一个内在结构相互依存的系统也相应地包含在其每一个部分或要素之中。由此可见，当代资本主义呈现在其包含的每个部分之中，各个部分都能够作为当代资本主义的一种形式来表现这个整体。因此，通过内在关系辩证法，在当代资本主义每一个部分中都能看到起作用的整个系统。通过内在关系辩证法，奥尔曼批判了资产阶级意识形态“碎片化”的错误倾向，树立了一种整体观念，从当代资本主义社会的整体层面上来认识资本主义，帮助人们达到对当代资本主义社会全面而深刻的认识。

二、对资本主义“历史暂时性”的揭示

关于人类社会发展到资本主义以后是否还会继续向前发展这个问题，马克思的回答是肯定的。这是关于资本主义作为一种存在到底具有永恒性还是历史性的问题。奥尔曼指出，在当今这种“一球两制，资强社弱”的现实背景下，要人们承认当代资本主义的永久性是一件十分容易的事情，反而要人们相信当代资本主义具有暂时性已不再是一件容易的事情。他运用内在关系辩证法再次论证了当代资本主义依然是一个历史性的存在。

20 世纪 80 年代末 90 年代初东欧剧变、苏联解体，使世界格局发生剧烈变动。日裔美国学者福山提出“历史终结论”，引起广泛的争议。他认为，东欧剧变和苏联解体不仅仅标志着冷战的结束，更是标志着社会主义和共产主义的结束，这表明历史的发展只有一条道路，即西方资本主义的市场经济和民主政治。“历史终结论”的核心观点就是：人类社会的发展历史就是一部以自由民主制为方向的人类普遍史，20 世纪社会主义制度实践的大规模失败标志着作为“人类意识形态发展的终点”和“人类最后一种统治形式”[①]的自由民主制在全球范围内取得了统治地位，因此构成历史的最基本的原则和制度不会再进步了，历史

① [美]弗朗西斯·福山：《历史的终结及最后之人》，黄胜强等译，中国社会科学出版社 2003 年版，第 153 页。

已经终结。福山从以下两方面论证了他的"历史终结论"。

第一,他认为人类政治制度发展的最高阶段就是当代西方资本主义的自由民主制。福山指出,考察人类社会发展史是否终结于当代西方资本主义的自由民主制,主要是探寻"在当代自由民主秩序中是否存在一种能让我们看到历史进程将继续并且会产生一个新的、更高级的秩序的内在矛盾"[①]。对于这一点,福山的回答是否定的。在他看来,尽管当代资本主义国家的自由民主制存在着一些问题,但这些问题既没严重到无法在制度内部予以解决,也没严重到侵蚀制度本身存在的合法性,所以自由民主制不会像以往的政体和制度那样走向消亡,因为它不存在根本性的内在矛盾。

第二,他认为迄今为止还不存在一种可以取代自由民主制的新社会形态。福山认为,自由民主制"即使理论上称不上为最正义的社会制度,也可以算作实际上的最正义的社会制度"[②]。从历史角度看,人类社会在经历了两次世界大战、冷战等一系列漫长的意识形态斗争之后,当代资本主义自由民主的意识形态获得了全世界的认同。当今的社会实践表明,当代资本主义的自由民主战胜了与之竞争的法西斯主义和共产主义等意识形态,因为过去许多右翼政权的民主化标志着法西斯主义的失败,东欧剧变和苏联解体标志着共产主义的失败。所以福山认为,迄今为止人类还找不到比自由民主制更好的社会制度,因此它是人类所面临的唯一选择。福山的"历史终结论"将自由民主制定格为人类意识形态进化的终结点,其实质上是黑格尔唯心史观在当代的新发展,试图用历史的观念掩盖住社会主义和资本主义两种意识形态之间的争论。这一理论不是为了某种未形成的新事物作辩护,而是为了在现实中已经出现但并不完美的资本主义现状寻找合理化的基础。英国前首相撒切尔夫人也提出了"别无选择"的口号,即除了西方资本主义的市场经济和民主政治别无选择,以此来进一步宣扬资本主义的优越性和永久性。这两者无疑都是当代资本主义强调自身永恒性的反映。

奥尔曼通过对资本主义"历史性"的揭示批判"历史终结论"。在奥尔曼看来,尽管福山的"历史终结论"是荒谬的,但它的讨论与剖析同时为冷战结束后人们如何看待资本主义和社会主义提供了契机。奥尔曼运用内在关系辩证法来认识这一问题,在他看来,资本主义不过是人类历史发展的一个站点而不是

---

① [美]弗朗西斯·福山:《历史的终结及最后之人》,黄胜强等译,中国社会科学出版社 2003 年版,第 380 页。

② [美]伯特尔·奥尔曼:《辩证法的舞蹈:马克思方法的步骤》,田世锭等译,高等教育出版社 2006 年版,第 88 页。

终点，当代资本主义只是一个历史性的存在。

第一，从内在关系哲学出发，奥尔曼将当代资本主义看作是一个历史性的存在。内在关系辩证法的过程观把任何事物过去的历史和可能的未来当作它现在是什么所必要的一部分，也就是把事物当成一个历史发展的过程；事物的过去、现在和未来只是其发展过程的一环节，因此具有暂时性的特征。按照内在关系哲学，当代资本主义也从属于一个正在发展变化的过程之中，这个过程是人类社会发展的历史过程，当代资本主义只是这个过程中一个相对暂时稳定的阶段，因此它必然随着人类社会的发展而走向结束。

第二，从历史唯物主义方法出发，奥尔曼进一步指出，当代资本主义是随着一定历史条件的产生而产生的，也必然会随着这些历史条件的消失而消失。根据辩证法的观点，奥尔曼分析为什么出现资本主义是永恒的、不会灭亡的观点，根源于资产阶级意识形态不能正确认识当代资本主义的历史性，原因就在于抽象的范围过于狭窄导致包含时间太短和相互作用太少。抽象的范围过于狭窄，使资产阶级意识形态排除了当代资本主义过去的来源和向未来发展的趋势及其周围环境，只看到了资本主义的当前表现，所以资本主义成了一种永恒存在的东西。相反，奥尔曼强调只有抽象的范围足够宽广，才能把当代资本主义过去的来源和向未来发展的趋势及其周围环境考虑进来，从而看到当代资本主义不断发展的历史趋势。所以在奥尔曼看来，资本主义只是人类历史发展的一个站点，而不是终点。

三、对资本主义“超阶级性”的批判

奥尔曼认为，“阶级”是马克思主义的核心范畴之一，因为马克思正是通过对阶级的经济解释上升到了政治分析，在此基础上预见和描述了未来的人类社会。自二战结束以来，当代资本主义国家的生产力在新科技革命的影响下取得了前所未有的迅猛发展，当代资本主义社会结构也随之出现了一些重大变化和调整。马克思主义的阶级理论在这一变化和调整中遭遇到了前所未有的危机，西方理论界对马克思主义阶级理论的质疑之声层出不穷。

（一）阶级问题在当代面临的挑战

当代资本主义社会结构的新变化主要是指工人阶级的新变化，主要表现在三个方面：一是在传统产业中就业的工人人数下降，在以服务业为主的第三产业中就业的人数大幅度增加；二是体力劳动者与非体力劳动者的比例发生了变化；三是工人阶级的生活条件和社会地位有了明显的改善。[①] 这使马克思主义

① 参见臧秀玲《当代资本主义新发展问题研究》，山东大学出版社2004年版，第215～224页。

关于阶级的理论和阶级分析的方法在当代西方社会面临着极大的挑战。

针对当代发达资本主义国家社会结构发生的这些新变化，西方理论界在世纪之交围绕阶级问题展开了广泛而深刻的讨论，讨论主要集中在阶级的定义、阶级结构、阶级划分等问题上。其中比较有影响力的就是后马克思主义学者拉克劳和墨菲提出的“阶级消失论”。拉克劳和墨菲认为：“按照当代的问题重新阅读马克思主义理论，必然包含对它的理论核心范畴的解构。”[①]当他们开始对马克思主义的核心范畴进行解构时，首选的便是“阶级”范畴。拉克劳和墨菲大致从两方面论证了他们的“阶级消失论”。

第一，拉克劳和墨菲认为，阶级出现了与经济或生产力的发展状况相偏离的特征，这使“阶级”概念在当代社会已经失去了价值。他们认为，马克思主义在当前面临危机和挑战的原因来自于马克思主义理论本身，而不是来自于资本主义统治的强化。自1968年以来，当代资本主义社会形成了一种新型的政治和社会模式，直观地表现在当代资本主义社会的各种政治运动中，诸如妇女、学生、年轻人、种族以及地区性少数派等新的政治主体开始发挥着越来越重要的作用。由于无法简单地从生产关系上对这些政治运动的新主体进行定位，所以传统马克思主义的阶级理论无法对这些政治主体加以分析。据此，拉克劳和墨菲认为马克思主义的“阶级”概念只能应对于19世纪的资本主义社会，而难以解释当代资本主义社会中各种新的矛盾和冲突，从而失去了其原有的价值，因此在当代不应继续坚持马克思主义的阶级理论。

第二，在拉克劳和墨菲看来，用“阶级反对阶级”指导政治运动已不具备可能性。他们认为，当前资本主义社会产业结构的升级对工人阶级产生了深远的影响，使马克思语境下的传统工人阶级趋向消失。同时，马克思曾预测工人阶级将在经济领域里展示出自己的本质力量，但当前工人阶级的斗争涉及社会生活的诸多领域，并没有只局限在经济领域。因此，在其他政治运动的主体面前，当今的工人阶级逐渐丧失了其优先性，也不再是整个人类解放的决定性力量。所以说，在今天用“阶级反对阶级”指导政治运动已不具备可能性。

通过上述两方面的论证，拉克劳和墨菲得出的结论就是：马克思语境下的工人阶级在当今资本主义国家中正在迅速地消失。他们还进一步指出，既然传统马克思主义语境下的阶级正在消失，那么马克思主义所揭示的“无产阶级是资本主义社会的掘墓人”这个观点就不能成立，“阶级反对阶级”在当代资本主

---

① [英]欧内斯特·拉克劳、尚塔尔·墨菲：《后马克思主义的理论和实践》，尹树广译，载《马克思主义与现实》2003年第2期。

义国家已不可能再发生。[①]

此外,当代西方学者还提出了一系列形形色色的理论来否定和歪曲马克思主义的阶级理论。有一种观点认为,一种"新阶级"正在逐渐取代传统意义上的无产阶级和资产阶级。持这种观点的学者普遍以当代资本主义产业结构的巨大变化为出发点,认为阶级解体和社会分层多样化是当代社会的重要标志,因为随着当代资本主义社会进入后工业时代,一种打破传统阶级划分界限的"新阶级"逐渐发展起来。还有一种观点认为"新政治"和"新社会运动"取代了传统意义上的阶级斗争和工人运动。20 世纪 70 年代以来,诸如反战和平运动、生态运动、女权运动和反种族主义运动等一系列社会运动广泛地出现在当代西方资本主义国家,与传统基于阶级的政治运动相比,这些社会运动在价值观、主题、内容和方式上有着新的特点。鉴于这种情况,一些学者指出,阶级成员不再是在当代资本主义社会中社会运动的主体,反映的问题也不再是阶级问题,因此,马克思的阶级术语和阶级分析方法都不再适用了。

总之,阶级问题在当代西方社会遭遇的挑战是相互交叉、相互渗透的,而不是孤立的现象。西方学者关于阶级问题的新讨论共同反映了当代资本主义经济、政治、文化和社会方面发生的巨大变化,有着一定的积极意义,但本质上他们都是在试图掩盖当代资本主义社会关系和阶级关系的真实面貌,从而弱化当代工人阶级的斗争意识,以达到对当代资本主义辩护的目的。

(二)奥尔曼对资本主义"阶级消失论"的揭露和批判

奥尔曼认为,从严格意义上来讲,阶级是一个政治经济学范畴,它关注的是生产关系,体现的是人们在生产中的地位和相互关系。"阶级"与"商品"、"资本"、"价值"等范畴一样,是一种抽象的规定,反映的是资本主义生产关系的实质。西方学者歪曲和否定"阶级"这个范畴实质上是用一个特定时期的资本主义社会结构变化的表面现象代替资本主义阶级关系的本质。运用内在关系辩证法中方法的抽象,奥尔曼捍卫了马克思主义的阶级理论和阶级分析方法的当代性。

1. 阶级问题依然存在

奥尔曼认为,非马克思主义者之所以看不到阶级的存在,是因为他们在考察"阶级"这个范畴时采用了不恰当的概括层次的抽象。关于概括层次的抽象,奥尔曼曾按照从具体到一般的方法区分出七个层次[②],认为非马克思主义者在

---

① 参见卢春雷、丁耀《对"阶级"解构的历史向度分析》,载《南京政治学院学报》2010 年第 1 期。

② 奥尔曼曾经区分出七个从具体到一般的层次,即独一无二属性的层次、现代资本主义的层次、资本主义的层次、阶级社会的层次、人类社会的层次、动物世界的层次和自然界的层次。

考察人及其活动和结果时主要运用了第一个层次和第五个层次，即独一无二属性的层次和人类社会的层次。从独一无二属性的层次来看，每个人都是完全不同的，因为每个人都有自己特有的名称，他的活动和结果具有不同于其他人的性质。而从人类社会的层次来看，人都是完全相同的，因为每个人作为人类社会的一员具有普遍的共性。如此一来，从第一层次直接过渡到第五层次的思考过程中，非马克思主义者甚至可能从未认识到阶级的存在，因此对他们来说，否定阶级的存在也就毫无困难了。而奥尔曼则主张从现代资本主义、资本主义和阶级社会这三个层次来抽象人及其活动和结果来考察阶级，认为阶级依然存在于当代社会。在现代资本主义层次，考察的是人及其活动和结果在现代资本主义社会中存在和发挥作用的一般性质，也就是他的职业性质。在资本主义层次，考察的是人及其活动和结果在整个资本主义历史中的一般性质，任何一个人都不可避免地属于一个阶级。阶级社会层次，这是一个社会以劳动分工为基础分裂为不同阶级的人类历史时期。在这一层次中，可以看到资本主义、封建主义和奴隶制作为阶级社会的形式所共有的性质。奥尔曼认为，马克思主义正是在阶级社会层次上，得出了“至今一切社会的历史都是阶级斗争的历史”[①]这个结论。

2.无产阶级没有解体消失

奥尔曼指出，有一种观点认为现在的工人阶级比马克思所处时代相比要小，甚至认为当代已经没有工人阶级了。奥尔曼以美国的工人阶级现状为例驳斥了这种观点，指出无产阶级不仅没有消失，反而呈现出扩大的趋势。在奥尔曼看来，当前的工人占人口总数的比重要远远大于马克思所处时代，这是因为许多在马克思时代不是工人的人现在都成为工人。比如，马克思时代存在着许多农民，而在当今美国农民仅占总人口的2%左右；在马克思时代，为自己工作的工程师、医生等等现在都是在公司、医院为资本家工作。[②] 需要格外说明的是，随着当代西方工人阶级生活状况和社会地位的极大改善，一些高收入的专业人员不再认为自己是工人阶级的一员。奥尔曼认为，这是由于通常情况下人们是依靠自身的主观认识和偏好来判断自身的阶级属性，而忽视了自身在资本主义经济关系中的客观地位以及在资本主义社会权力关系中所处的位置，因此人们不会自觉意识到自己的阶级属性。所以，无论工人阶级的生活和工作条件得到多大改善，社会地位和收入得到多大提高，只要他不占有生产资料，只能依

① 《马克思恩格斯选集》第1卷，人民出版社1995年版，第272页。

② 参见田世锭《透过“抽象”见本质——奥尔曼对当代资本主义本质的揭示》，载《武汉理工大学学报(社会科学版)》2008年第6期。

靠出卖劳动力为生，那么他依旧是资本家的雇佣工人，改变不了劳动从属于资本这个事实。

3.无产阶级依然受剥削压迫

根据内在关系辩证法，奥尔曼认为国家是统治阶级显示其政治本质的一系列组织形式，两者之间的关系是内在的，也就是说国家是统治阶级本身的一个基本方面。具体来讲，国家的基本职能及其实现职能的具体形式与统治阶级及其利益要求有着内在联系。因此，当代资本主义国家作为资产阶级的一个方面，无论它在形式上实现了多高程度的民主，它的决策给资产阶级带来的利益远远超过其他阶级得到的利益。

同时，奥尔曼还指出，在以劳动的社会分工为基础的社会里，控制着剩余产品的阶级或阶级集团需要全社会的帮助，以便其获取剩余产品的手段合法化，并对反对者进行镇压。所以说，所有的国家都是以这样或那样的方法从事着镇压与合法化的事务。在资本主义时代财富的生产方式和分配方式下，资本主义统治阶级还要从国家那里获取资本积累和价值实现两个方面的帮助。第一方面涉及如何保障对工人阶级进行剥削的条件，包括社会、法律等方面的条件；同时也涉及如何保障剩余产品的生产以及有利可图的投资机会。第二方面主要是发现、建立和保护市场，以确保所生产的产品销售出去。因此，每个资本主义国家必然包含四种基本职能：镇压、合法化、积累和实现。而且，在当代资本主义社会里，工人阶级为自己争取的利益以及实际得到的利益与资产阶级攫取的利益相比始终是极其微小的。由此可以看出，当代资本主义社会结构方面的新变化表面上看是对工人阶级有利的，但实质上仍然是资本主义国家从资产阶级的内在利益要求出发而采取的一系列具体手段，工人阶级受剥削受压迫的地位不会得到真正的改变。

综上所述，奥尔曼运用内在关系辩证法对资产阶级意识形态“碎片化”进行了批判，回应了20世纪80年代末期以来一些质疑和歪曲马克思主义的错误思潮和各种理论观点，以此来捍卫马克思主义的当代性，并为对社会主义历史必然性的辩护奠定了基础。

第三节　奥尔曼应用内在关系辩证法为社会主义的辩护

冷战结束后，发达资本主义国家通过两次新技术革命进入了知识经济时代，经济发展速度大幅度提高。其中美国更出现了连续了一百多个月的经济增长，创造了战后经济持续增长的新纪录。在这些资本主义繁荣发展的景象下，一些人开始质疑马克思关于资本主义基本矛盾以及经济危机的论述。

一、从当代资本主义内在矛盾激化看社会主义的必然性

根据内在关系辩证法，奥尔曼将一切发展变化的根源归结于系统内部的矛盾。也就是说，当代资本主义所取得的发展和成就源自于其自身固有的、内在的矛盾。同是辩证法研究领域的学者塞耶斯也指出："社会过程有其自己内在的动力和内部的矛盾。社会的不同方面——生产力和生产关系、经济基础和上层建筑——是一个单一整体的不同方面，它们有着内在的、有机的联系，处在辩证的相互作用和斗争之中，导致历史变化的正是这些相互作用、斗争和矛盾——它们是社会固有的。"[①]从这样的观念出发，奥尔曼认为当代资本主义社会仍然充满了各种错综复杂的矛盾，这些矛盾推动着资本主义继续向前发展。其中比较重要的矛盾主要有："使用价值与交换价值的矛盾、生产过程中资本与劳动的矛盾（以及阶级斗争中资产阶级与无产阶级的矛盾）、资本主义生产力与生产关系的矛盾、竞争与合作的矛盾、科学与意识形态的矛盾、政治民主与经济奴役的矛盾，以及资本主义社会生产与私人占有之间的矛盾。"[②]其中最有决定意义的是资本主义社会生产与私人占有之间矛盾的日益激化，这些矛盾的激化蕴含着社会主义的必然性。

有人也许会说，当今的资本主义在借助新科技革命和经济全球化大力发展的同时在各个领域自我调节的步伐从未停止，这在很大程度上消除了资本主义的内在矛盾，避免了经济危机的频繁爆发。然而，1998 年东南亚经济危机和 2008 年美国次贷危机则再次表明，当今的资本主义并没有经过自我调节成为人类最美好的制度，相反，资本主义的基本矛盾不但没有消除，而且随着经济全球化在全世界范围内扩展开来。奥尔曼认为，资本主义内在矛盾是推动其向前发展的推动力，这些矛盾构成了资本主义成就本身的某些方面，并随着这些成就的增大和普及而不断恶化。

经济全球化实质上是资本主义的全球化。一方面，经济全球化推动了全球经济的交流与合作，促进了全球经济的繁荣与发展，为各国的发展创造了前所未有的良机；另一方面，经济全球化又使资本主义的各种矛盾扩展到全球，在全球范围内引发了各种更为广泛复杂的矛盾和危机。资本主义基本矛盾在全球范围内有了新的表现：从经济领域看，资本主义社会化生产与资本私人占有之

① Sean Sayers, "Marxism and the Dialectical Method," *Radical Philosophy*, Vol. 36(Spring 1984), p. 4.

② [美]伯特尔·奥尔曼：《辩证法的舞蹈：马克思方法的步骤》，田世锭等译，高等教育出版社 2006 年版，第 213 页。

间的矛盾在全球范围内表现为跨国公司与世界市场的矛盾;从政治领域看,原来发生在资本主义一国范围内资产阶级和无产阶级的矛盾在全球范围内表现为发达国家与发展中国家之间的矛盾,等等。同时,原本局限于一国或几国范围内的经济危机也随之扩展到全球范围,从而影响了更多的地区、更多的人,而且危机的形式也发生了很大的变化。这不仅加剧了全球范围内的贫富两极分化和全球经济、政治秩序的不稳定性,还带来一系列全球性的问题,最为突出的是生态问题和资源问题。

总之,不承认、不正视资本主义的新发展、新变化是不可取的,但把这种发展和变化视为资本主义基本矛盾的根本消除从而达到否定社会主义的历史必然性同样是不可取的。资本主义的内在矛盾犹如一件充满破洞的破旧衣服,经过修补或许还能延长一点使用寿命,但总有一天这种修补是难以为继的,因为破旧衣服总归是破旧衣服,抛弃它更换新衣服是迟早要发生的。

二、当今资本主义深刻危机被掩盖的原因

奥尔曼指出,当今资本主义社会表现出如此之多的问题,比如过剩人口失业、贫富悬殊、经济危机、道德危机、生态危机、环境恶化等等,一些人却总是看不到资本主义的深刻危机和矛盾所在,这既有认识的问题,更有立场的问题。

1.苏东剧变导致人们认识资本主义危机出现偏差

奥尔曼认为,在苏联垮台之后,作为资本主义的一种不同替代——社会主义突然失去可信性,而几乎同一时期的西方发达资本主义国家却呈现出欣欣向荣的景象,这是导致人们认识出现偏差的直接原因。以美国为首的发达资本主义国家充分利用了苏东社会主义国家失败的现实扩大了自己的影响,同时也掩盖了自身存在的矛盾和危机。在苏东剧变之后,以美国为首的资本主义国家大肆鼓吹这些苏东国家社会主义实践的失败代表着资本主义的胜利,将资本主义制度的优越性充分地展示在世人面前。一些人正是在这种对比中丧失了正确认识资本主义深刻危机的洞察力。然而,只要把剧变后的前苏东社会主义国家经济社会发展现状与之前作对比,不难看出资本主义制度的丑恶本质。以苏东剧变前后的俄罗斯为例,尽管前苏联在社会主义实践中出现过这样或那样的失误,但它在经济社会领域取得的成就是有目共睹的。相比之下,在发生剧变之后,俄罗斯从社会主义制度转轨到资本主义制度,在 20 世纪 90 年代初期它的经济社会发展不但没有取得资本主义所烘托的那种美好发展,反而整个社会的发展一落千丈,呈现出一派萧条、破败的景象。可见,导致苏东剧变的根本原因在于这些苏东社会主义国家没能探索出一条适合本国国情的社会主义道路,而不是资本主义制度如何优越,不存在任何矛盾和问题。

2. 西方新闻媒体舆论宣传的误导

奥尔曼认为，为了使人们不再专注于资本主义的种种弊端和问题，二战后的资本主义各国采取了一系列措施，并进行了种种舆论宣传。其中新闻媒体发挥了极其重要的作用。近年来，美国虽在经济发展领域遭遇种种挫折，例如失业率高居不下，债务问题严重，等等，但美国的主流新闻媒体却始终如一地对其歌功颂德。法国学者阿尔贝尔在其著作《资本主义反对资本主义》中也指出："美国资本主义在记者笔下的这种胜利也不是像经济学家可能认为不值一提的次要现象。恰恰相反，这在很大程度上说明了它的传播力量。"[①]德里达则把当代发达资本主义国家通过新闻媒体的"睁着眼睛说瞎话"来"否定资本主义的死亡威胁"的伎俩称为"频道干扰"[②]。

奥尔曼指出，正是在这种舆论宣传的攻势和误导下，使资产阶级意识形态有效地阻碍了人们对当代资本主义社会里正在发生的各类社会现象的理解和认识。新闻媒体在当代资本主义国家的政治、经济、社会生活中发挥着极大的误导作用，在这样的宣传攻势下，人们的双眼必然要被蒙蔽，无法正视当代资本主义现存的矛盾和危机，对社会主义历史必然性的认识更是无从谈起。

3. 从非辩证的立场审视当代资本主义

在奥尔曼看来，资本主义总是并且完全是辩证的，所以马克思主义的辩证法对于理解资本主义也总是必要的。因为从非辩证的观念来审视当代资本主义，不可避免地将资本主义的社会现实分割成一个个单独的、孤立的部分来考察，而无法从总体性的角度出发把当代资本主义作为一个关系整体来考察。因此，他们无法关注一种矛盾的不同方面，只能顺次去考察这些方面，往往给予某个方面比其他方面更多的关注，结果错误地把这些方面之间的相互关系当成一种因果关系。所以，他们不仅看不到矛盾，还总是排除矛盾，把现实的矛盾理解成为差别、悖论、敌对、紧张、压力、失调、混乱、不均衡或者冲突，等等。

三、资本主义的深刻危机预示了社会主义的必然性

马克思曾说："在资本主义条件下，一切看来都是对抗的，而事实上也是这样。"[③]奥尔曼十分赞同马克思的这一论断，认为只有用矛盾的形式来概括当代资本主义社会发展过程中产生的问题和弊端，才能帮助人们清晰地看到这些问

---

① [法]米歇尔·阿尔贝尔：《资本主义反对资本主义》，杨祖功、杨齐等译，社会科学文献出版社1999年版，第173页。

② [法]雅克·德里达：《马克思的幽灵》，何一译，中国人民大学出版社1999年版，第98页。

③ 《马克思恩格斯全集》第26卷(一)，人民出版社1972年版，第219页。

题和弊端的解决方式，而这些解决方式所带有的特征和性质帮助人们看到了社会主义取代资本主义的必然趋势。① 这表明，当代资本主义必然灭亡的命运仍然是由其自身矛盾所决定的，资本主义矛盾的解决方式预示了社会主义的历史必然性。

1. 当代资本主义正在走向崩溃

奥尔曼认为，当代资本主义正在全球范围内逐渐失去它赖以存在的条件，因此在不可避免地走向崩溃。同时，他还指出，要分析当代资本主义如何走向崩溃，应当从三个"过多"展开研究，即资本主义国家为什么会有过多的资本、过多的商品和过多的失业工人，以及三者之间的关系。

当代资本主义在促进生产力发展方面的成就是显著的，但资本家的首要原则是尽可能地使利润最大化，这使资本主义在发展生产时总处于这样一种尴尬的境地。为了获取更多的利润，一方面，资本家为了尽可能生产出更多的商品，就要提高劳动生产率；为了提高劳动生产率，就要尽可能提高生产的技术水平，生产自动化程度必然在高科技发展的推动下日益提高；这使资本家在固定资本上的投入越来越高，也就是资本的有机构成也日益提高，这导致越来越多的人加入产业后备军队伍中来。另一方面，资本家还要尽可能缩短工人的必要劳动时间从而降低劳动力的价值，达到节约成本的目的，进一步实现利润最大化。这最终导致资本家生产的商品越来越多与工人的消费能力日益相对下降的矛盾，这种矛盾会随着当代资本主义的发展日益恶化。周期性相对过剩的经济危机就是这种矛盾爆发的表现形式，而且随着当代资本主义的发展，这种危机会愈演愈烈。正如马克思所说的，生产力越发展，资本主义生产关系所固有的"使用价值和交换价值、商品和货币、买和卖、生产和消费、资本和雇佣劳动等等之间的矛盾就愈扩大"②。当代资本主义日益严重和恶化的各种矛盾表明，资本主义赖以生存的条件的再创造在今天已经变得越来越困难了，它正在走向崩溃。

2. 资本主义的自我调节充满矛盾

有一种观点认为，当前发达资本主义国家国内政局稳定，经济发达，生活水平高，社会福利好，贫困人口少，表明资本主义社会通过自我调整能够解决自身矛盾和危机。但奥尔曼指出，一种矛盾的解决可以有两种方式：暂时的和局部的，或永久的和全部的。当代资本主义国家的自我调节只是对资本主义制度框架中某一个或几个方面进行的局部调整，在某种程度上缓解了资本主义日益尖

① 参见[美]伯特尔·奥尔曼《辩证法的舞蹈：马克思方法的步骤》，田世锭等译，高等教育出版社 2006 年版，第 212 页。

② 《马克思恩格斯全集》第 26 卷(三)，人民出版社 1974 年版，第 55 页。

锐化的内在矛盾，但是随着资本主义生产力的发展，资本主义内在的、固有的矛盾依然在不断积累和恶化，总有一天会爆发。所以说，资本主义自我调节是解决其矛盾的暂时的、局部的方式，不可能完全永久地解决资本主义的内在矛盾。

根据内在关系辩证法，系统的内在要素之间是相互渗透、相互破坏的，当这些要素相互作用发展到一定阶段时，会有一个局部的爆发，这种爆发打破了先前系统内部存在的平衡，为了维持这种平衡，一种新的、类似的因素被添加了进来，这就是矛盾的部分解决。矛盾的部分解决目的在于调和系统内部各要素之间的关系，推动旧的矛盾发展到新的更高阶段，而不是改变系统的性质。资本主义国家的宏观调控和经济全球化便是典型的例子。

在资本主义发展的早期，即自由竞争资本主义阶段，市场机制在资本主义国家经济运行中起着决定作用。然而随着生产社会化程度的不断提高，这种经济的自我调节机制的固有缺点日益显现，资本主义经济危机不断周期性地爆发。之后，随着自由竞争资本主义向私人垄断资本主义过渡，再到国家垄断资本主义的形成，资本主义经济制度一直在不断地自我调整、自我进化。虽然市场机制依旧是基础调节工具，但它已不具有决定性地位，国家对经济的干预正在经济的调节机制中占据越来越多的比重。国家调控与市场机制相辅相成，共同推动当代资本主义经济的发展。随着国家干预的加强，经济危机发生的频率降低，破坏力变小，社会承受经济危机的能力因为国家干预的影响而增强。但经济危机本质上是资本主义内在矛盾的广泛的、定期的根本爆发。它打破了资本主义现有制度下的一种平衡，促使资本主义不断对其内部关系进行调整，促使资本主义制度不断地作出自我调整来避免资本主义根本矛盾的爆发。但是，这种调整是资本主义框架内的调整，并没有涉及矛盾的根源，不可能从根本上消除资本主义固有的、内在的矛盾。

当今经济全球化可以说是资本主义对外扩张统治全球的过程。一方面，全球化是发达资本主义国家受资本扩张的本性驱使，凭借其优势向全球输出资本，不断攫取全球利润的过程；另一个方面，全球化是发达资本主义国家为了缓和国内日益尖锐的矛盾，向国外转嫁危机的一种手段。然而，随着经济全球化的不断深化，原本属于资本主义一国或几国范围内的矛盾扩展成全球性的矛盾，比如，生产社会化和私人占有之间的矛盾扩展成为跨国公司与世界市场之间的矛盾，等等。当矛盾积累到一定程度，全球性的危机最终会爆发。

所以说，当代资本主义在其制度框架内进行自我调整是一种局部调整，随着资本主义继续向前发展，终究不能永久地解决资本主义固有的、内在的矛盾。

3.资本主义的深刻危机显示了社会主义的前途

根据内在关系辩证法，奥尔曼通过将当代资本主义各构成要素之间内在联系的发展趋势概括为各种各样的矛盾,并思考了工人阶级取代资产阶级作为社会新的统治阶级将会如何以其阶级利益为指导来改造社会,指出未来的社会主义是永久地消除资本主义所有矛盾和危机的根本途径,以此来揭示出社会主义的历史必然性。

首先,奥尔曼认为,资本主义制度的内在否定是资本主义基本矛盾和危机发展的必然结果,随着资本主义制度不断地内在否定,社会主义取代资本主义的条件将越来越成熟。正如马克思指出:"一种历史生产形式的矛盾的发展,是这种形式瓦解和改造的唯一的历史道路。"[①]以资本社会化为例,资本社会化是在资本主义社会生产力和生产关系的矛盾运动中发展起来的,是对资本主义私人所有制形式的内在否定。在资本主义早期阶段,资本所有制形式是较为单一的个人所有制,随着生产力的发展,单个资本无力驾驭规模日益扩大的企业,在客观上导致了资本社会化趋势的发展,股份资本、法人资本、国家资本等一系列社会化资本应运而生。此外,资本主义的生产、管理等过程中也呈现出社会化的趋势。生产社会化、资本社会化和管理社会化的趋势共同构成了对资本主义制度的内在否定。某种程度上讲,资本主义内在否定的趋势就是资本主义在当代继续发展的动力,同时也不断增加社会主义取代资本主义的可能性,并为此不断创造着条件。

其次,奥尔曼还认为工人阶级是解决资本主义内在矛盾的关键力量和决定性因素。在他看来,资本主义所有重要矛盾的解决有赖于从新的统治阶级那里寻求可能的解决方式。奥尔曼认为,马克思的矛盾理论在组织资本主义中所有要素时包括人的因素,不同的阶级在过去、现在与未来中发挥的作用是在不断变化的。从资本主义的发展历程来看,随着资本主义经济的迅猛发展,生产的社会化程度不断提高,资产阶级由生产力的解放者变成了阻碍者,资本主义的上层建筑从促进生产力的发展变成了阻碍生产力的发展。同时,资本主义社会化大生产造就了与先进生产力紧密联系的工人阶级,工人阶级由于在经济上被剥削和在政治上被压迫而具有彻底的革命斗争精神。工人阶级要改变自身被剥削被压迫的处境,就必须废除为这些剥削和压迫提供条件的基础,因此工人阶级在其阶级利益指导下,必然会以社会主义取代资本主义的方式来永久地解决资本主义的基本矛盾。因为在未来的社会主义阶段,随着社会发展到一定程度,自阶级产生之初就产生的矛盾会逐步得到解决。奥尔曼对此持一种乐观的态度,并指出:"如果说工人阶级对政权的掌握,与其从资本主义中继承的物质条件一起,使我们看到了社会主义的可能性,那么,工人阶级特殊的阶级利益,

---

① 《马克思恩格斯全集》第23卷,人民出版社1972年版,第535页。

与资本主义条件下阻碍我们认识这些利益的障碍的废除一起，使我们看到了多数的社会主义必然性。”①

需要注意的是，资本主义矛盾的解决方式虽然预示了社会主义的历史必然性，但我们需要清醒地认识到，社会主义取代资本主义是一个漫长曲折而且可能存在反复的过程。正如马克思所得出的“两个必然”结论，当前资本主义制度在全球范围里还能通过自我调整为生产力的发展提供一些空间，虽然它必然会被社会主义代替，但决不会在短期内自行消亡。

四、对社会主义潜在性的揭示

在奥尔曼看来，马克思看到了隐藏在资本主义之中的社会主义因素，只有通过对资本主义旧世界的批判才能发现，才能把社会主义新世界的潜在性揭示出来。与马克思所处的资本主义时代相比，当代资本主义在各个方面发生了许多重大的变化。那么，当代资本主义中是否还潜在社会主义的因素呢？按照不同的方法会得到不同的答案。

1. 对忽视社会主义潜在性的理论反思

奥尔曼坚持马克思主义的辩证法，形成了以内在关系为核心的辩证分析方法，他通过内在关系辩证法看到了内在于资本主义与社会主义的联系，从而看到了当代资本主义中潜在的社会主义因素。科亨作为分析的马克思主义的代表人物之一，用分析哲学的方法代替马克思主义的辩证法，对马克思的历史唯物主义进行了重构，通过功能解释割裂了生产力和生产关系的相互关系，进而割裂了资本主义与社会主义的内在联系，因此他看不到当代资本主义中潜在的社会主义因素。

首先，科亨用一事物依存于另一事物的外在关系来解释生产力和生产关系的相互关系。② 马克思把生产力和生产关系看作社会生产的两个方面，生产力是以一定生产关系为其社会形态服务的生产力，生产关系是以一定生产力为其物质内容的生产关系，所以二者是相互依存的关系。而科亨却把生产力和生产关系看成两种截然不同的事物，并把两者的关系类比为生物物种与自然环境的关系。生物物种必须适合自然环境的要求才能生存，但自然环境的存在并不依赖于生物物种。依此类推，一种生产关系只有适合生产力的发展才能得以流行，是生产力选择的结果。也就是说，一种生产关系能否得以存在依赖于生产

---

① ［美］伯特尔·奥尔曼：《辩证法的舞蹈：马克思方法的步骤》，田世锭等译，高等教育出版社 2006 年版，第 214 页。

② 参见段忠桥《谈谈科亨对生产力和生产关系相互关系的功能解释》，载《哲学研究》2005 年第 5 期。

力的选择。但反过来，生产力的发展却不依赖于生产关系。所以在科亨那里，生产力与生产关系相互依存的关系被割裂开来，成了一种外在关系。

其次，在生产力与生产关系相互作用的问题上，科亨用生产力对生产关系的选择来解释生产力对生产关系的决定作用。马克思认为，生产力和生产关系的相互作用表现为生产力决定生产关系，有什么样的生产力就会有相适应的生产关系，生产关系必然随着生产力的发展发生相应的变革。而科亨认为，某个阶段生产力的发展水平决定了现阶段流行的生产关系，生产关系不由自身决定，它只是适应现有的生产力发展水平。就类似于达尔文的物种起源学说中"物竞天择"的原则，只有适应环境的生物才能生存，自然环境决定何种生物可以生存，生物本身只有被选择权，没有选择权。如此一来，在科亨的学说里，生产力就如同自然环境，生产关系如同生物物种，只有生产力可以决定生产关系，当生产关系不符合生产力时，它就不会被选择，从而消失。[①]

再次，科亨虽然也强调生产关系对生产力发展的反作用，但他把这种作用看成是能否使生产关系自身得以流行的作用。马克思认为，生产关系对生产力的发展有着重要作用，表现在它们既可以促进生产力的发展，也可以阻碍生产力的发展。而科亨则认为，一种生产关系能否会流行，在于它是否具有促进生产力发展的作用。如果具有促进生产力发展的作用，它就能流行；反之，它就会消失。这样一来，生产关系对生产力的作用就成了一种外在的、可有可无的作用。因为无论生产关系对生产力起什么作用，都不会对生产力的发展产生任何实质性的影响。

通过科亨对生产力与生产关系的功能解释，生产力对生产关系的决定作用成了一种选择。由于只有被生产力所选择的那种生产关系才得以存在和流行，其他未被选中的则会消失。这使备选的各生产关系之间是一种非此即彼的关系，因此它们之间不可能有任何联系，从而以不同的生产关系为基础的资本主义和社会主义之间也不可能有任何联系了。正如塞耶斯所指出的，在科亨那里"不同的生产方式是完全孤立和自主的系统，彼此之间只有区别没有联系。资本主义和社会主义被一堵形而上的高墙彼此分开"[②]。正是由于科亨将资本主义和社会主义之间的内在联系看成了外在的关系，将资本主义的现在与它的将来完全隔离开来，所以他不可能看到当代资本主义之中潜在社会主义因素。

---

① 参见段忠桥《谈谈科亨对生产力和生产关系相互关系的功能解释》，载《哲学研究》2005 年第 5 期。

② [加]罗布特·韦尔等主编：《分析马克思主义新论》，鲁克俭等译，中国人民大学出版社 2002 年版，第 79 页。

2. 如何认识社会主义的“潜在性”

奥尔曼认为，把握社会主义“潜在性”的重要方法是辩证法，辩证法思想的核心是把握事物联系与发展中的内在关系。在内在关系哲学中，将来是现在演变而成的东西，从而构成现在的一个基本时期，而且将来会发生的变化都是以潜在的形式存在于现在的所有形式之中。也就是说，根据内在关系辩证法，可以看到社会主义正在以一种尚未开发的形式潜在于当代资本主义之中，这是因为社会主义作为资本主义的未来构成了当代资本主义的一部分。[①]

首先，资本主义不是凭空产生的，它产生和发展于封建社会的母体之中。从人类社会的概括层次来看，内在联系的各个阶段构成人类历史发展的过程，每一次社会形态的变革都是一个阶段对前一个阶段的进步，同时，每个阶段必然会被更高级的阶段代替。由此可见，每个阶段都是在相对低级的阶段内部形成的。同时，按照内在关系辩证法，资本主义同其他事物一样，作为一种特定的社会形态必然有着自己的过去、现在和未来，也就是说，资本主义必然有着产生、发展和消亡的过程。马克思曾说：“当资本——不是某种特定的资本，而是一般资本——刚一开始形成，它的形成过程就是在它之前的生产方式的解体过程和这一生产方式瓦解的产物。”[②]从人类社会历史发展过程中考察资本主义，可以清楚地看到资本主义最初产生于封建社会末期，而不是凭空出现的。资本主义的因素在封建社会内部从萌芽到逐步壮大，最终这些因素的不断发展导致了封建社会的解体和资本主义的最终形成。

其次，既然封建社会内部产生和发展了资本主义，那么资本主义内部也必然会产生和发展新的社会因素，即社会主义因素已经潜在于资本主义社会之中。马克思曾说：“我们这里所说的是这样的共产主义社会，它不是在它自身基础上已经发展了的，恰好相反，是刚刚从资本主义社会中产生出来的，因此它在各个方面，在经济、道德和精神方面都还带着它脱胎出来的那个旧社会的痕迹。”[③]奥尔曼认为，马克思正是通过批判资本主义旧世界，发现了社会主义新世界以一种巨大而又尚未被开发的潜在形式存在于资本主义旧世界中。通过对资本主义的批判会发现，资本主义在再生产自身存在的必要条件过程中正在面临着越来越多的困难，同时这一过程中也为其后的新社会创造越来越多的条件。

最后，奥尔曼还指出，人们在认识资本主义内部潜在的社会主义因素时看

---

① 参见田世锭《奥尔曼论马克思在资本主义中揭示社会主义的路径》，载《兰州学刊》2006年第9期。

② 《马克思恩格斯全集》第26卷(三)，人民出版社1974年版，第545页。

③ 《马克思恩格斯全集》第19卷，人民出版社1963年版，第21页。

不到这种潜在的趋势是由于他们所使用的“现在观”。这些人反对任何把未来视作现在的有机产物的观念，因此他们眼中的现在是与未来完全隔绝的现在。一方面，由于他们没有抽象资本主义的因素并想象这些因素在别处将如何发挥作用，所以他们会轻易承认现存的任何事物都有着过去和未来，但在理解现存的任何事物时又将两者忽略掉。另一方面，他们否认自身周围的环境（包含着政治、经济、文化等领域的环境因素）属于任何社会有机体，所以他们认为没必要把任何事物当作一个系统来研究。即便他们承认存在这样一个系统，也无法看到这个系统中的要素或部分与其他事物的内在联系。因此，这些人无法从他们周围的环境中看到社会主义因素的存在，完全忽略了社会主义与资本主义中存在的内在联系。

奥尔曼这一观念得到了同是辩证法研究领域的学者詹姆斯·劳勒（James Lawler）的支持。劳勒指出：“共产主义新世界的母体是资本主义自身。成长于资本主义母体中的婴儿是共产主义，它是逐渐在其母体中形成的并从其母体中获取力量的。”[①]

3.社会主义因素在当代资本主义的表现

在奥尔曼看来，马克思通过研究当时的资本主义社会，看到了隐藏在其中的社会主义因素。他认为，当前的资本主义社会中有着越来越多的社会主义因素，这些因素“在四面八方包围着我们，而且能够被每一个人所看见”[②]。奥尔曼从以下三方面为人们揭示了当代资本主义中潜在的社会主义因素。

第一，社会主义因素包含在当代资本主义社会里一些社会主义边缘的社会条件之中。在奥尔曼看来，社会主义因素已经包含在这些边缘化的条件之中。以国有化企业为例，集中表现为在当代资本主义国家经济结构中国有经济的比重开始增加。二战以后，各发达资本主义国家为适应生产社会化的要求，开始采取国家预算拨款、投资、国家控股等方式来建立和发展国有企业。国有企业多集中在国民经济的命脉产业，具体表现在西欧各国的邮、电、煤以及交通等命脉行业都实行了国有化。20世纪末，国有经济的产值在发达资本主义国家国民生产总值的所占比例达到10%左右，可见国有经济在当代资本主义国家经济运行中发挥着举足轻重的作用。然而，当代资本主义国家中的国有企业并不是我们所理解的“公有制”，它实质上只是在资本主义制度框架内对资本主义生产关

① [美]詹姆斯·劳勒：《马克思的共产主义阶段理论》，段忠桥等译，载《中国特色社会主义研究》2004年第6期。

② [美]伯特尔·奥尔曼：《辩证法的舞蹈：马克思方法的步骤》，田世锭等译，高等教育出版社2006年版，第206页。

系进行的重大调整之一，并没有改变资本主义生产关系的本质。但在客观上，国有企业在某种意义上具备了社会主义的性质，这无疑是以私人占有为基础的资本主义生产关系的一种进步，为未来社会主义的到来奠定了一定的物质基础。对国有企业在资本主义社会里的出现，马克思曾讲道："国有化——即使是由目前的国家实行的——才意味着经济上的进步，才意味着在由社会本身占有一切生产力方面达到了一个新的准备阶段。"[①]此外，这些社会主义因素在政治领域表现为资本主义国家建立了法制化的民主制度，还在公共服务领域表现为建立了较为完善的公共医疗、社会保障以及公共教育体系等等。

第二，社会主义因素也包含在当代资本主义中那些看似与社会主义没有丝毫联系的条件之中。比如，大规模的企业结构、日益完善的工业体系、大量积累的社会物质财富、日益高超的科技水平，等等。奥尔曼认为，这些条件与社会主义之间看似无关，但两者之间实际上存在着一定的内在联系。一方面，资本主义制度的确立大大地解放和发展了生产力。这不仅创造了巨大的物质财富，而且促进了科学技术的日益革新。另一方面，社会生产力的大幅度提高又反过来影响资本主义制度。因为生产力的大幅度提高使生产社会化的程度也越来越高，必然要求当代资本主义强化政府对国民经济的宏观调控。政府要改变整个社会的无秩序状态，就要对经济发展实行强有力的宏观调控，而只有在涉及国家经济命脉的产业推行国有化，政府才能拥有对整个国民经济进行宏观调控的基础。此外，生产社会化程度的提高还在客观上要求工人掌握先进技能和专业技术知识。战后发达资本主义国家经济高速发展带动了教育事业的发展，公民受教育程度大大提高，工人队伍中接受过高等教育的人越来越多。这一方面使得工人阶级和先进生产力紧紧地联系在一起，另一方面工人阶级受教育程度的提高对工人自我意识的觉醒无疑是最有利的。总之，从客观角度来讲，这些看似与社会主义因素无关的条件无形中促进了社会主义因素在当代资本主义中的成长。

第三，当代资本主义社会的一些严重问题中也包含着社会主义因素。比如，当今发达资本主义国家的失业率始终高居不下，社会财富分配不均，等等。针对当代西方资本主义社会的弊端，德里达在其著作《马克思的幽灵》一书中列举了十个祸害：失业、民主生活权利的大量剥夺、无情的经济战争、社会权益得不到保障、外债和相关机制的恶化、军火工业及其贸易、核武器的扩散、种族间的战争、幽灵般的国家（如黑手党、贩毒集团等）、国际法以及相关机构的非正义状态。其中失业是首要问题，当代资本主义国家普遍面临高失业率，失业人数

① 《马克思恩格斯全集》第20卷，人民出版社1979年版，第302页。

空前增长。此外，当代资本主义国家里的不平等现象也是愈演愈烈，种族歧视、性别歧视、收入分配不公平、贫富差距加剧，等等。当代资本主义的这些严重问题有助于工人阶级清楚地认识到自身的处境，从而不断争取自身的阶级利益，这无疑是从主观上促进了社会主义因素在当代资本主义中的成长。

奥尔曼指出："马克思主义者很容易看到我们的巨大财富和创造更多财富的能力并预见到物质欲望的终结，或者看到我们有限的和运转不灵的政治民主并预见到每个人都民主地管理全社会，或者看到不断增加的失业并预见到这样的可能性，人们共同负担所要完成的工作、工作更少的时间和享受更多的自由时间等等。"[①]通过内在关系辩证法可以看到，当代资本主义中存在着如此巨大的社会主义潜在可能性，从而帮助人们更加清楚地认识到资本主义被社会主义取代的历史必然性。

第四节　奥尔曼内在关系辩证法的当代意义

奥尔曼的内在关系辩证法与传统马克思主义的唯物史观之间具有本质上的一致性，都论证了资本主义终将被社会主义取代的必然命运，然而这两者之间的着眼点却不尽相同。

一、提供认识当代资本主义的新视角

传统马克思主义的唯物史观着眼于生产力的发展，强调社会生产力是推动社会历史前进的根本推动力。生产力总是要向前发展的，生产关系一定要适合生产力的发展状况，这是一个人类历史发展的客观规律。生产的社会化程度会随着生产力不断发展而越来越高，以生产资料私人占有为基础的资本主义生产关系和高度社会化的生产力之间的内在矛盾就会越来越尖锐。虽然资本主义对其生产关系不断进行调整，从自由竞争阶段发展到私人垄断阶段，由私人垄断阶段又发展到国家垄断阶段乃至国际垄断阶段，但这仍然无法从根本上解决资本主义生产关系与生产力的矛盾。终有一天，资本主义生产关系不再适合生产力的发展状况，必将被以生产资料公有制为基础的社会主义生产关系所取代。由此可见，从唯物史观的角度来考察资本主义，资本主义之所以必然要被社会主义和共产主义所取代，归根结底是由于生产力的发展。

① ［美］伯特尔·奥尔曼：《辩证法的舞蹈：马克思方法的步骤》，田世锭等译，高等教育出版社 2006 年版，第 206 页。

奥尔曼则是着眼于马克思主义的辩证法，将内在关系作为辩证法的核心，强调从内在关系来考察当代资本主义。在内在关系辩证法中，当代资本主义是一个复杂的关系整体，包含着政治、经济、社会以及人等诸多要素以及诸要素之间的相互关系。同时，当代资本主义还处在内在关系中，它的过去（即封建社会和资本主义早期阶段）与可能的未来（即未来的社会主义）都是当代资本主义的组成部分。任何事物都必然要发展到未来，因为那实际上就是它内在的一部分。所以，当代资本主义只能是一种历史性的存在。正是资本主义包含的诸要素自身的发展以及相互之间的内在联系推动了当代资本主义不断向前发展，其中某个要素或某种关系发生了根本性的变化时，那么包含它们在其中的当代资本主义的性质也必然发生根本变化。到那时，资本主义就变成了一种需要用新的名称加以概括的东西，即社会主义和共产主义。

在内在关系辩证法的视角下，所谓的"规律"就是具体要素或者事物所固有的关系更有可能导致的一种发展趋势，社会主义和共产主义取代资本主义就是这样一种发展趋势。所以说，奥尔曼通过对马克思主义辩证法的重新解读，运用内在关系辩证法再次论证了资本主义被社会主义取代的历史必然性。

二、对西方马克思主义批判方法的超越

文化批判的视角是指，二战以后西方马克思主义者对资本主义进行批判和反思的方向出现了变化，开始从传统阶级分析和政治革命的角度转向了文化领域。20 世纪 50 年代以后，随着发达资本主义经济的繁荣发展，人们开始面临物质丰富、精神荒芜的文化困境，可见当代资本主义社会中的冲突焦点不再是单纯的经济利益和政治权力的矛盾和冲突，还扩展到了人们的精神文化领域。正是基于这种文化层面的困境和危机，西方马克思主义者深入到发达资本主义社会的文化领域，对其价值观和各种文化现象展开了批判。从总体上看，西方马克思主义文化批判的重要精力集中在发达资本主义的意识形态、工具理性、大众文化和心理机制等层面，扩展了马克思主义的理论范畴，从某种意义上讲，发展了马克思主义。其中最有影响的是法兰克福学派的霍克海默、阿多诺、马尔库塞、弗洛姆、哈贝马斯，存在主义的马克思主义的萨特、列斐伏尔，结构主义的马克思主义的阿尔都塞等。

然而西方马克思主义的文化批判只是对发达资本主义社会中文化现象的外在批判，缺乏辩证的眼光。同时，西方马克思主义者在批判资本主义各种文化现象时也提出了一些改变现实的想法，但这些设想大多是资本主义内部的改良性措施，而实现真正的社会主义对他们来说只是乌托邦。

与之相反，奥尔曼立足于马克思主义的辩证法，超越了西方马克思主义者

对发达资本主义国家文化现象的外在批判，深入到这些文化表面现象背后的内在原因进行具体分析，认识到这种文化危机和困境的根源依然是由经济利益和政治权力的冲突引起的阶级统治和压迫，只是形式发生了重大的转变，变得更为隐蔽，不为人轻易察觉。同时，奥尔曼对当代资本主义重重问题和危机不是一味否定，而是通过内在关系看到了社会主义的因素正在以一种巨大而又尚未被开发的潜在形式存在于当代资本主义之中，从而论证出社会主义根源于当代资本主义的现存结构，既不是凭空产生的，也不是一种乌托邦，社会主义作为当代资本主义本身内在的一部分是必然要走向现实的。所以，从某种意义上来讲，内在关系辩证法是对西方马克思主义文化批判视角的一种超越。

三、推动了马克思主义辩证法理论的新发展

1. 内在关系辩证法是总体性辩证法的新发展

卢卡奇是西方马克思主义发展史上第一个对马克思主义辩证法进行解读的人，他的总体性辩证法对后世产生了深远的影响。内在关系辩证法则是西方马克思主义辩证法领域中的最新理论成果之一。从某种程度上讲，内在关系辩证法和总体性辩证法有一定的共同特点，但内在关系辩证法又构成了对总体性辩证法的超越。

第一，内在关系辩证法发展了总体性辩证法的总体观。卢卡奇认为能否总体性地看问题是马克思主义同资产阶级意识形态的根本区别，所以他把总体性作为自己辩证法思想的核心，因此他的辩证法思想也被称为“总体性辩证法”。奥尔曼虽然也是从整体角度来看问题的，但他的整体观与卢卡奇的总体观并不是完全一致的。卢卡奇的总体性范畴就是整体完全优于各部分，体现的是整体对各部分拥有全面的、决定性的统治地位。而奥尔曼用“整体——部分——整体”的方法来描述整体与部分的关系。在内在关系辩证法中，尽管整体塑造了部分，确定了部分的含义和作用，但整体的含义和结构也是由各部分之间的内在联系造就的。所以说，与总体性辩证法相比，奥尔曼的内在关系辩证法不仅强调了整体的重要性，而且重新认识了部分在整体的重要作用，而不是贬低部分的作用。

第二，内在关系辩证法丰富了总体性辩证法的历史观。在社会历史领域，卢卡奇的总体性辩证法表现为总体性的统一性，强调历史过程中主客体的相互作用，尤其强调实践和阶级意识的能动作用。奥尔曼虽然也强调无产阶级在历史发展过程中的重要作用，但他对客观因素也给予了同样的重视。逆向历史研究的方法是内在关系和抽象在社会历史领域的综合运用。通过将资本主义社会抽象到整个人类社会的概括层次来考察它，从中可以看到资本主义社会只是

人类历史发展这个动态过程中一个相对静止的阶段，具有暂时性。同时，通过考察资本主义社会中人和其他要素的相互作用，看到了资本主义必然在这些主、客观因素相互作用的推动下向前发展。可见，奥尔曼内在关系辩证法看到了主、客观因素共同在历史发展中发挥，而不是单独强调人的能动作用。

2. 内在关系辩证法是批判实在论自由辩证法的有益补充

巴斯卡为辩证法当代辩护，建构了自由辩证法，受到奥尔曼的肯定，认为这是批判实在论走向马克思主义的重要步骤。但是，奥尔曼认为，由于巴斯卡的批判实在论中缺乏内在关系和抽象方法，巴斯卡在重释马克思主义辩证法时导致了三个问题：一是无法确定作为总体的那些事物四周的界限；二是在给每一个总体内部的那些要素或要素的集合确定暂时界限的过程中，无法确定抽象方法的作用；三是无法确定每一个总体与其所属现实的整体之间的关系。奥尔曼认为，如果把内在关系辩证法和巴斯卡的批判实在论的自由辩证法结合起来，可以推动与完善马克思的自由辩证法。

首先，内在关系辩证法丰富了批判实在论的认识论。一方面，内在关系辩证法中的内在关系有助于巴斯卡的批判实在论的辩证法寻找到更多可扩展的关系，从而成为认识和理解任何事物的恰当方法；另一方面，内在关系辩证法中的抽象方法则使批判实在论通过把变化和相互作用看成是既定的东西，从而更容易集中于考察它们运动过程的规律性。同时，在把稳定性和独立性作为要求专门解释事物运动过程中必然性和偶然性时，抽象方法可以使批判实在论更好地对辩证运动作出解释。对抽象方法的重视，还可以为批判实在论的意识形态批判理论提供更充足的框架。总之，内在关系和抽象辩证法能够使批判实在论在原因出现时能够辨认出它们，因为对被说成“原因”东西的抽象比被说成“影响”的东西的抽象包括更多过去的内容，而且又不会忽略或贬低持续不断的相互影响、相互制约和相互作用。

其次，内在关系辩证法可以使批判实在论哲学表述更为清晰。在任何特定的分析中抽象方法可以使批判实在论所适用的范围、概括的层次和分析的角度明晰化。同时，巴斯卡在哲学分析中有时会把过去的东西与现在的东西混在一起讨论，奥尔曼认为这需要纠正，抽象方法会极大地帮助批判实在论把正在讨论的东西同那些此时没有被讨论的东西区分开来，从而使批判实在论不再像它们通常表现的那样含糊不清。而且，明确地运用内在关系辩证法则可以使批判实在论同马克思主义一样，能够把日常语言表达的概念的内涵进行扩大或者缩小，以便与它当时的抽象相一致。同时，巴斯卡的批判实在论哲学理论使用了太多的新概念，这些新概念阻碍了人们对其哲学思想的理解。奥尔曼说，内在关系辩证法可以使批判实在论改造原有术语，使其含义具有更大的灵活性，从而使它在表达自己观点的时候减少使用新术语，为读者带来诸多便利。奥尔曼批评道，巴斯卡花费了相当大的精力来重新定义原来的术语，并介绍大量新的术语，这使读者的阅读活动在某种程度上成为新术语的学习，而重构世界的思维活动却完全被弱化或忽略了。

最后，内在关系辩证法可以使批判实在论避免陷入乌托邦主义之中。巴斯卡试图根据资本主义对人的需要、欲望、物质利益的限制，根据对资本主义社会的构成规则的分析来思考共产主义的实现问题。然而，正如马克思所表明的，我们对共产主义所知道的和能够知道的多数来源于对资本主义这一具体社会形态中的矛盾所作的分析。正是对这些矛盾的抽象分析，特别是工人阶级和资产阶级之间的阶级斗争，不仅显示了共产主义如何产生，而且大量显示了它可能是什么样的。因此，要避免人类解放话语的乌托邦，只有在批判实在论的分析中确立抽象的中心地位，它对共产主义的思考才不会具有乌托邦的性质。同时，抽象方法可以使批判实在论认识到资本主义的概括层次对于它所涉及的一些问题的关键作用，也会引导批判实在论更充分地利用阶级、阶级利益和阶级斗争的分析。只有这样，才能把批判实在论的分析植根于资本主义不断显露出来的矛盾方面以及现实的可能性之中，从而使工人阶级的阶级利益取代批判实在论使用的那种没有说服力的道德规范，从而更吸引人们加入到为更为美好的世界而进行斗争的行列。

第四章　巴斯卡对辩证法当代价值的新阐释

辩证法当代价值的研究逻辑，是对后马克思主义解构和否定辩证法的理论回应，是批判实在论辩证法理论的出场语境。辩证法的解读模式在当代发生深刻变化，英美马克思主义者从多种新角度阐释辩证法的当代价值，这些研究趋势表明，辩证法理论本身也处于辩证发展过程中。批判实在论明确主张，辩证法仍然是认识世界最有效的分析工具，是批判当代资本主义霸权的有力思想武器，在批判地解读全球化以及文化多元化历史变迁中，辩证法的分析方法是不可或缺的。批判实在论辩证法的当代价值是坚持自由解放仍然是人类追求的目标，是马克思主义政治规划的核心，强调发展马克思主义理论首要任务是推进自由辩证法的创新与发展。

批判实在论(Critical Realism)是一个迅速崛起的哲学学派，在国际上的影响日益扩大，成立了批判实在论学派的研究中心，创立了批判实在论的研究刊物，每年定期召开批判实在论国际学术研讨会。出版了一系列重要的著作，其中《实在论的科学理论》、《批判的自然主义》、《辩证法：自由的脉搏》、《批判实在论选集》和《批判实在论与马克思主义》等著作的影响非常大。批判实在论的创始人英国哲学家罗依·巴斯卡(Roy Bhaskar)被誉为发动了"哥白尼式的革命"，因为，巴斯卡断言，整个西方哲学，无论是现代主义还是后现代主义，无论是解释学还是实证主义，无论是后结构主义还是后马克思主义，他们都拥有一个共同错误，那就是把本体论还原为认识论。他说："西方哲学的整个传统，就是试图把存在还原为知识，把本体论还原为认识论。"[①]这些致命错误的根源就是抛弃了本体论，背离了亚里士多德、黑格尔、马克思开创的伟大的辩证法传统。

本章以英美马克思主义辩证法理论研究为背景，借助批判实在论对辩证法

① Roy Bhaskar, *Dialectic: The Pulse of Freedom*, London: Verso, 1993, p. 11.

理论的研究成果，主要表达四个基本的观点：(1)辩证法当代价值的研究逻辑是对后马克思主义批判与否定辩证法的理论回应，是批判实在论辩证法理论的出场语境。(2)辩证法的解读模式在当代发生深刻变化，英美马克思主义者从多角度阐释辩证法的当代价值[①]，这些研究趋势表明，辩证法理论本身也处于辩证发展过程中。(3)辩证法仍然是认识世界最有效的分析工具，是批判各种思潮的有力思想武器，在批判地解读全球化以文化多元化历史变迁中，辩证法的分析方法是不可或缺的。(4)批判实在论辩证法表明，自由解放仍然是人类追求的目标，是马克思主义政治规划的核心，发展马克思主义理论首要任务是推进自由辩证法的创新与发展。

第一节　批判实在论辩证法理论的出场语境

经过三十年的发展，批判实在论已经成长为一个具有世界性意义的哲学流派，批判实在论的哲学方法已经扩展到了人文社会科学的各个领域，批判实在论的创始人巴斯卡被其追随者称为"当代在世的最杰出的哲学家"，巴斯卡撰写了一系列阐述批判实在论哲学思想的重要著作，其中《辩证法：自由的脉搏》被誉为"20世纪最重要的哲学著作"[②]。批判实在论的辩证法理论的出场语境是20世纪末"突如其来的历史剧变"，随着苏东剧变与柏林墙的倒塌，"马克思主义终结论"甚嚣尘上，右翼学者福山认为历史已经终结了，所谓"历史的终结"就是社会主义资本主义竞争历史的终结，自由民主和资本主义在竞争中胜出。

西方左派为了回击新自由主义的挑战，捍卫马克思主义，反思时代新变化，提出摆脱教条主义束缚、重建马克思主义的理论任务。重建马克思主义面临的首要任务是方法论的选择，当代可供选择的方法有以下几种：新实证主义的方法、新康德主义的方法、新尼采主义的方法。分析的马克思主义学派选择了新实证主义方法，以哈贝马斯为代表的批判理论学派选择了新康德主义的方法，以拉克劳、墨菲为代表的后马克思主义选择了新尼采主义方法。这些方法虽然理论主张各异，但是都具有一个共同的特征，就是反对辩证法，主张把辩证法从马克思主义理论中排除出去。实证主义方法为了追求"科学"排斥了社会，解释

---

① 美国《科学与社会》杂志1998年秋季号推出"辩证法新前沿"专刊。奥尔曼的《辩证法的舞蹈》(2004年出版)、阿瑟的《新辩证法与马克思的〈资本论〉》(2004年出版)、奥尔曼与史密斯主编的《新世纪的辩证法》(2007年出版)、詹姆逊的《辩证法的多维性》(2009年出版)、诺瑞尔的《辩证法与差异》(2010年出版)等著作(参见本书参考文献)都是对这种新趋势的理论反映。

② Hans G. Ehrbar, *Marxism and Critical Realism*, www.econ.utah.edu/ehrbar/marxre.pdf.

学为了维护“社会”排斥科学，二者都坚持科学与社会的对立与分离。[①] 因此，巴斯卡挺身而出，对当代各种哲学思潮展开全面批判，提出了第四种方法论选择方案——重建辩证法理论，认为马克思主义的辩证法理论传统只能弘扬，不能抛弃。巴斯卡对辩证法的哲学传统、理论原则、构造逻辑作了全面的批判性考察，提出了批判实在论的辩证方法，其理论体宏大，理论视野开阔，开创了反思辩证法当代价值的新范式。

2007年，英美马克思主义学者推出了反思辩证法的新成果《新世纪的辩证法》，紧接着著名马克思主义学者詹姆逊于2009年也推出了自己反思辩证法的巨著《辩证法的多维性》。这些都是反思辩证法当代性的逻辑延伸。詹姆逊认为，辩证法是一种思维方式，是思考未来的、尚未完成的现代性思维规划，黑格尔的辩证法是法国大革命的产物，马克思的辩证法是劳动力商品化的产物。[②] 根据詹姆逊的推论逻辑，可以说巴斯卡的辩证法是经济全球化的产物。20世纪的思想史见证了辩证法的曲折发展历程，卢卡奇、阿多诺、萨特、列斐伏尔、哈维和索亚，他们都从各个方面对辩证法作出了新解释，多角度阐述辩证法的当代意义，回击各种反辩证法思潮的挑战，开创了辩证法解释的多样性模式。有些论者认为，辩证法的当代发展已经不属于马克思主义的传统了。列斐伏尔对此有不同的看法，他在提出空间辩证法时这样评价辩证法解释的多样性：“让辩证法回归自己的议程，但是空间辩证法已经不是马克思主义的辩证法，正如马克思的辩证法不再是黑格尔的辩证法一样。”[③]巴斯卡认为，辩证法的形态是多样性的，也是辩证发展的，在辩证法理论体系的多样性中也存在着统一性，在多样性的辩证法体系中拥有着一个共同的核心，共同的辩证法构造逻辑是自由的逻辑，巴斯卡把自由的逻辑叫作“辩证法的硬核”。[④]

在后结构主义和后现代主义反哲学体系主张流行的今天，巴斯卡提出重建辩证法当代价值问题，提出一大批新概念和范畴，格外引人注目。巴斯卡公开宣布建构一个新的辩证法理论体系，是为了完成马克思想写一本关于辩证法的书的遗愿。为了弘扬辩证法的伟大传统，巴斯卡对从巴门尼德、柏拉图到黑格尔、马克思的自由辩证法传统进行了全新的阐释。

为什么巴斯卡把辩证法看作是“自由的逻辑”、“自由的脉搏”？这一命题吸

---

① Roy Bhaskar , *The Possibility of Naturalism: A Philosophical Critique of the Contemporary Human Sciences*, London and New York:Routledge,1998, p. 123.

② Fredric Jameson,*Valences of the Dialectic*, London: Verso, 2009, p. 280.

③ Rob Shields, *Lefebvre, Love and Struggle:Spatial Dialectics*, London and New York:Routledge, 1999, p. 119.

④ Roy Bhaskar, *Dialectic:The Pulse of Freedom*, London:Verso,1993, p. 374.

引了许多研究者的目光。巴斯卡的著作结构复杂，概念繁多，涉及的理论史从古希腊到后现代，从巴门尼德到马克思，给人们对它的理解造成了很大的困难。而且，国际批判实在论学会前主席阿兰·诺瑞尔认为，很难从整体上把握巴斯卡的《辩证法：自由的脉搏》一书①，奥尔曼也认为巴斯卡著作中的新概念如"茂密的热带花园的花朵一样繁多"②，阻碍了对其理论的理解。但是，如果我们抽象出巴斯卡辩证法理论的核心命题，就可以比较容易地找到巴斯卡建构新辩证法的理论框架。

第二节　批判实在论辩证哲学的思想渊源

巴斯卡的批判实在论是一种元哲学，并且通过批判其他哲学而发展，因而它批判性地融入了多种哲学观念。任何一种科学理论都不是孤立存在、发展的，都需要汲取他人的思想成果来丰富自己，巴斯卡的批判实在论思想也不例外，具体来说它具有以下思想渊源。

1. 康德主义哲学遗产

在康德哲学产生之前，人们普遍接受经验主义哲学，认为经验主义哲学才真正指出了人获得知识的正确途径，经验主义代表人物休谟和洛克甚至认为人只能被动地接受外界图像对人的作用，也就是说人只能获得外在世界所直接呈现给我们的那部分知识。但是，康德提出，理性是我们获得关于世界知识的重要工具，这就反驳了当时可以说作为权威的盛行哲学思想——经验主义哲学。康德进一步在《启蒙是什么?》中提出："理性是'人'得以摆脱由自己强加上去的不成熟性，从而突现的必要先决条件。"③由此，按照康德的理解，理性的发展使人走上了通向先验批判性判断的道路。康德哲学中的理性是怎样产生的呢?对此，康德说，理性是人类本身所应具有的主动的和富有创造性的能力。也就是说，康德假定人先天就拥有这种理性，认为理性是人先验地拥有的。并且，与经验主义截然相反，康德认为是理性使复杂的、不规则的物质世界变得有秩序，便于统一。因此，从康德哲学体系来看，理性一定要拥有先验的组织能力。塞耶斯对康德的理性观作了全面评价，他认为"这些先验的能力就是人的大脑天

---

① Alan Norrie, *Dialectic and Difference: Dialectical Critical Realism and Grounds of Justice*, New York: Routledge, 2010, p. xii.

② [美]奥尔曼：《辩证法的舞蹈》，田世锭、何霜梅译，高等教育出版社 2006 年版，第 225 页。

③ I. Kant, "An Answer to the Question: What is the Enlightenment?" in H. Reiss (ed.), *Kant's Political Writings*, Cambridge University Press, 1991, p. 47.

生就有的能力"①。凭借于此,康德哲学最终形成体系,并试图阐释人是怎样批判性地理解世界。

批判实在论深受康德哲学的影响,主要表现在对康德哲学"超越论证"的继承和改造。巴斯卡批判实在论的"超越论证"与康德的"超越论证"的根本区别是:强调"实在是客观的,是可以认识的"。巴斯卡的"超越论证"就是要证明存在于事物深层结构之中的"机制与因果力",论证的途径是通过"逆推法"完成的,即通过"具体→抽象"和"抽象→具体"的方法取得的。这种方法就是根据已有的具体认识材料,先建立一种抽象的生成机制模式,"去收集生成机制的相关材料,因为假如生成机制真的存在的话,那么它就很有可能去说明那些可怀疑的现象的原因了"②。紧接着,巴斯卡很明晰地解释了这个包含三个步骤的"逆推法"过程:(1)建构可以解释现象的方法,以及依据实验去检验这种解释;(2)辨识产生这些现象的生成机制;(3)"一旦认清了这种机制,那么现象就可以得到很好的解释"③。

由此可见,巴斯卡的批判实在论不仅继承了康德哲学思想,更重要的是它突破了康德的哲学思想。康德哲学那种近于理想状态的实验环境在实际生活中是不存在的,社会科学由于有不可预测的人类活动参与其中,更是没有与之相适应和相接近的实验体系。所以,生成机制和因果力的存在环境不能是封闭的、真空的,而只能处在开放的体系里。因此,创新意义是巴斯卡突破了康德的科学哲学局限性,因为"在某些条件下,关于世界的模式可以更深层次地去探索实在"④。

2. 对实证主义的哲学批判

巴斯卡的批判实在论在产生和发展过程中"批判"的哲学特征伴随其始终,它就是通过批判其他哲学而发展起来的,具体说来,其批判实在论思想的发展壮大以及引发了20世纪末科学哲学界"哥白尼式的革命"的意义,都深深植根于对实证主义科学观的整体批判过程中。实证主义关于科学总体观念的基本构成是演绎主义,巴斯卡批判实在论哲学突破取得的成就既汲取了罗姆·哈瑞(Rorm Harrer)的反演绎主义的思想,又得益于对休谟学派因果律理论的批判。

---

① S. Sayers, *Reality and Reason*, Oxford: Basil Blackwell, 1985, p. 21.

② Roy Bhaskar, *The Possibility of Naturalism: A Philosophical Critique of Contemporary Human Sciences*, 2nd edition, New York and London: Harvester-Wheatsheaf, 1989, p. 19.

③ Roy Bhaskar, *The Possibility of Naturalism: A Philosophical Critique of Contemporary Human Sciences*, 2nd edition, New York and London: Harvester-Wheatsheaf, 1989, p. 20.

④ Roy Bhaskar and A. Norrie, "Introduction," in M. Archer, Roy Bhaskar, A. Ckllier, T. Lawson and A. Norrie(eds.), *Critical Realism: Essential Readings*, London: Routledge, 1998, p. 11.

首先,巴斯卡从思想家波普尔(Karl Popper)及其后的拉卡托斯(Imre Lakatos)和费耶阿本德(Paul Feyeabend)那里汲取了批判的灵感,在他们"科学是可证伪的而非可证实的"思想的启发下,巴斯卡提出了非预测性解释理论,代替了作为实证主义经验认识论核心的覆盖律模型,覆盖律模型是以休谟因果律为基础建立的认识论。至此,巴斯卡的先验实在论思想已经蕴含于其中,呼之欲出了。

其次,实在论者罗姆·哈瑞(Rom Harry)和迈克尔·斯克里文(Michael Scriven)等反对演绎主义,强调模型和类比方法在科学中的作用,提出了科学结构和认识中的"层化"概念,这些思想都对巴斯卡产生了重大影响。巴斯卡进而把"层化"概念深化为分层理论,在此基础上构造成了其深度本体论理论。

巴斯卡在上论述理论进展的基础上,通过划分可及性与不可及性维度来阐述自己的本体论和认识论,克服了本体论的谬论和认识论的谬论。可及性王国是人类关于客观世界的知识和认识;不可及性王国是指客观世界,即存在。巴斯卡认为,实在(reality)是预先存在的,"不可及性维度"不依赖于"可及性维度"而存在,但是"可及性维度"依赖于"不可及性维度"而存在。

巴斯卡反对话语理论的代表人物拉克劳把存在置于话语之内的哲学立场,主张客观事物不依赖话语而存在,也就是说存在不是话语(知识)的建构,这样巴斯卡"又一次站在坚实的大地上,他驳斥了认识论谬误,把认识论的基础安置在本体论基础之上"①。这样,巴斯卡主张本体论的实在论和认识论的相对论,也许正因为如此,巴斯卡的哲学被乌斯怀特概括为"本体论的大胆和认识论的小心"②。

巴斯卡的哲学变革就这样在本体论内引起了一场关注点的转向,就是从关注各种事件及状态转换到关注产生这些事件的深层次生成机制,从关注事物的表层现象转向关注事物的深层结构。巴斯卡进而在哲学界引发了一场从认识论到本体论的转换,因此巴斯卡的哲学被描绘成为"哥白尼式的革命",因为巴斯卡重新"召唤回实在",并消除了实在对人的依赖性。现实世界(不可及性领域)不断发展变化,永远不会停滞不前,它是一个多层次的极其复杂的开放系统。

3. 马克思主义传统的影响

巴斯卡在发展他的批判实在论的各个阶段中都自觉不自觉地受马克思主义传统思想的影响,并向着马克思主义传统靠拢,他试图在马克思主义的传统内发展他自己的学说,以不同于传统马克思主义的方式重新表达马克思主义,

---

① Roy Bhaskar, *Dialectic: The Pulse of Freedom*, London: Verso, 1993, p. 299.

② W. Outhwaite, *New Philosophies of Social Science*, London: Macmillan, 1987, p. 34.

继续推动马克思主义的传统，更重要的是超越马克思主义传统。所以，巴斯卡的批判实在论自始至终都与马克思主义存在着密切关系，甚至有人认为“批判实在论扮演了一个比传统马克思主义更好更为亲密的伙伴”[①]，这使得巴斯卡被视为“当代最重要和最具原创力的马克思主义哲学家之一，是正统的马克思主义捍卫者以及离马克思主义最近的哲学家”[②]。

巴斯卡的批判实在论具有马克思主义的思想渊源，最突出的表现就是强调客观物质因素在批判实在论中的重要地位。具体来说，巴斯卡的批判实在论在以下四个方面深受马克思主义思想的影响：首先，阿尔都塞的结构马克思主义思想的影响。阿尔都塞认为结构和物质始终处于基础性地位，这对巴斯卡产生了重大影响，也是其深度本体论形成的直接思想渊源。巴斯卡非常重视本体论的基础地位，把实证主义的本体论称为“平面本体论”，即以事件表面现象、以经验（即凭感官就可以观察到的事实）性认识为基础形成的本体论，实证主义本体论的错误是没有看到引起这些事件产生的深层结构和发展机制。巴斯卡的深度本体论思想是他的重大贡献之一，是他思想大厦的哲学前提、理论基石，而其形成深受马克思主义哲学强调结构和物质基础地位思想的影响。其次，马克思主义的社会理论对巴斯卡批判实在论的认识论维度的形成和发展有重大影响，例如巴斯卡批判实在论重视历史认识，重新追求历史解释，并且强调真理和知识存在的历史性和历时性。巴斯卡批判实在论认识论的核心精神是崇尚解放和自由，他的解放和自由产生于对资本主义高度结构化社会的转变之中，而不是那种在毫无限制状态下产生的自由，即所谓的“自发性的解放”，这与马克思主义关于共产主义社会理论中人的自由发展理论如出一辙，并深受其影响。马克思主义认为，在未来共产主义社会中消除了私有制及其各种束缚，人类可以达到全面而自由的发展状态。再次，在本体论上，巴斯卡的批判实在论对马克思历史唯物主义思想选择地汲取了不少东西，历史唯物主义的思想取向确实使批判实在论在社会发展规律问题上深受影响。当然，巴斯卡强调物质客体的存在，然而他也强调我们的真理、知识（可及性维度）也具有解释、反思的特质与精神。最后，在方法论上，“批判实在论更在一般对实证主义与唯心主义者认识论的分析和批判上，运用了马克思主义的类比”[③]。还有，更为重要的是，巴斯卡将

---

① J. Isaac,“Realism and Reality: Some Realistic Reconsiderations,”*Journal for the Theory of Social Behaviour*, Vol. 20, No. 1, 1990, p. 21.

② Neville Speneer,“The Rediscover of Reality”, Http://www. reggedelaws. com/criticalrealism/archive/ nspeneer-rr. html, 1995-06-07.

③ Roy Bhaskar, *Philosophy and the Idea of Freedom*, Oxford, UK and Cambridge, Mass., USA: B. Blackwell, 1991, p. 143.

马克思主义辩证法思想选择性、创造性地引入,形成了其独特而丰富的辩证法思想,将他的批判实在论推至辩证批判实在论阶段。

巴斯卡正是从实在论哲学传统中成长出来的,并对其进行批判性继承,广泛汲取其他反实证主义的思想观点,并且对自己实在论哲学进行深刻反思,同时继承了马克思主义的一些哲学思想,在对这些理论消化融合基础上,巴斯卡创立了其独特的批判实在论思想。

第三节　巴斯卡批判实在论的基本哲学立场

巴斯卡批判实在论哲学思想不断发展完善中形成了一个理论体系,从总体上可以分为先验实在论、批判自然主义、解释性批判、辩证法四个主要部分,或者说是批判实在论思想发展的四个阶段。从某种意义上说,这四个方面分别是从本体论、社会理论、认识论、方法论四个层面展开的。以下就分别对其前三部分思想进行概括性介绍,其辩证法部分会在后面的章节中详细讨论。

1. 超验实在论

早在 1975 年,巴斯卡就在《实在论的科学理论》中提出了其超验实在论思想。超验实在论是巴斯卡批判实在论的立论基础,它是在对西方科学中占统治地位的实证主义进行强烈批判的过程中形成的,它是巴斯卡批判实在论的初步思想,旨在解决自然科学中科学知识的认知问题。

巴斯卡超验实在论中的"超验"哲学指的是康德哲学分析方式,巴斯卡批判实在论的基本出发点就是:"在什么条件下科学实验是可能的?"这也表现了巴斯卡思想对康德哲学一定程度上的继承性。但是,更具意义的是巴斯卡与康德哲学的不同之处,即对康德哲学的突破和发展。巴斯卡对此有过很清晰的论述:"先验实在论认为科学知识的对象是产生那些现象背后的结构和机制,及科学所需的社会活动中产生的知识。这些对象既不是实证主义认为的单纯现象,也不是唯心主义者认为的是我们理性所建构出来并强加在现象之上的,而是一种更为持久的实在的结构,它不但独立于我们的认识、经验之外而存在,同时也独立于我们获得它的条件之外。"①

随后,巴斯卡用可及性和不可及性两个维度划分实在来论证他的上述观点。不可及维度是我们科学研究的对象,无论是自然科学研究还是社会科学研究,就是巴斯卡批判实在论所指的本体、客体,就是结构、关系、过程以及生产性

① Roy Bhaskar, *A Realist Theory of Science*, Brighton: Harvester, 1987, p. 24.

机制，它们以一种相对稳定的状态独立于我们而存在。可及性层面是我们关于客观世界的认识，包括知识、理论或规律，它们可以被我们所引用、修改。不可及性世界是知识的可能性客体，是向科学研究开放的，可以说不可及性是可及性知识的一种可知状态。我们总是试图利用可及性知识去认识不可及性世界。巴斯卡理论中非同一的本体论和这两个层面的划分并不冲突，这是因为巴斯卡的本体论不是被他批判的“扁平的本体论”（实证主义的本体论）而是深度本体论，即本体的分层。

深度本体论也是巴斯卡一个重要的理论贡献。在此，巴斯卡将实在由浅至深分为三个层次：经验域、实际域、实在域。其中经验域层次最浅，是我们凭感官就可以观察到的事实。实际域层次是事件出现的层次，不管我们是否能够感觉到事件的发生，这些事件指的是当那些（实在域）的结构和力发生作用时可能会发生的事实，如当政府机构的力量发生作用时，它会引起财政支出、失业人员再就业等活动。最后是实在域层次，它指的是客体的结构和力，巴斯卡统称之为“机制”。实证主义忽略了实在域，认为经验域和实际域构成了经验世界（即他们所谓的“整个世界”），这被巴斯卡批评为“认识论的谬误”，是一种以人为万物尺度的概念，“完全以直接或间接经验来界定真实，不能体现出人类的观察力是随着科学进步而不断提升的历史事实”[①]。

巴斯卡认为事物本体的这三个不同层次是靠因果力而实现突现的，因果力是本体分层和突现的桥梁，实在论的一个显著特点就是对因果关系的分析，巴斯卡反对那种关于事件序列之间因果规则解释的休谟观点。巴斯卡的深度本体论不但强调本体分层，而且也强调各层次之间的联系，在解释本体的实在、经验、事实三个层次之间的联系时，巴斯卡引入了“因果力”的概念。因果力可以说是动力系统，人们认识事物的过程就是遵照本体的三个层次由浅至深的，透过误导性的表象来认识潜于其下的深层实在的，于是“巴斯卡哲学的本体论证实了一个有等级秩序的世界所属的不同层面及其相伴随的生产机制是由垂直约束的因果关系所操纵的”[②]。

2. 批判的自然主义

批判自然主义是巴斯卡批判实在论的人文路向，是先验实在论在社会科学中的应用。自然科学和社会科学的研究对象不同，所采用的研究方法也有所不同。但社会科学是否可以仿效自然科学的研究方法？长久以来这是一个争论

---

① Roy Bhaskar, *A Realist Theory of Science*, London and New York: Verso, 1997, p. 16.

② ［英］安德鲁·布朗等：《批判实在论与马克思主义》，陈静等译，广西师范大学出版社2007年版，第191页。

不休的议题。巴斯卡的批判自然主义的目的就是要把对社会的研究提升到类似于自然及自然现象的层面上，进而可以采用自然科学研究的模式来进行"科学的"研究。

自然世界和社会世界都处于错综复杂的开发系统中，各种事物以及事物和事物之间的机制彼此相互影响和干涉，使事件之间不存在规律性的联系。而在自然科学中，科学研究者可以通过人为力量在实验室中创造出封闭系统，在封闭系统里反复进行实验活动，得到的机制可以不受其他机制的影响，所以这一机制在事件中的作用就是可预测的，进而得出在封闭系统里事件的发生之间存在必然的联系和规律性。但是，在社会研究领域中，很难人为地制造封闭系统，巴斯卡的批判自然主义引入"分层"与"突现"的概念来解释社会科学在开放系统下如何应用先验实在论。

分层指整体的真实是分层的，分层和突现密不可分，没有分层就不可能有突现，没有突现分层也没有意义，二者靠因果力实现结合，即真实的各个层次靠因果力的作用实现突现。各层面之间的关系是微妙、复杂的：较高级的突现层面必然与它的根源层面（较低层面）相联系，因为实体的高级现象（或者说层面）总是从低级层面中突现，它来自低级层面的特性，要依靠根源层面为它提供存在条件，但是"这特性是不能由更低层面的特性所预测的，并且不能够还原成那些更低层次的特性"①。"我们不再通过水的成分所具有的能力去解释水能灭火的原因，因为氧和氢都是高度易燃的……整体的能力或责任义务并不能降低到他们的构成成分的水平上。"②正如社会由人组成，但是社会结构和机制所拥有的突现特性不能还原为个人的特性。另一方面，较低层面却可以没有较高层面而存在，较低层面产生较高层面的突现并不是必然、必要的，它只是偶然地、外在地与较高层面联系着，也就是说突现是自发的、偶然的，例如氢和氧的结合在一起并不是必然会产生水。

巴斯卡把他在自然科学先验实在论中提出的真实的分层、突现、结构以及生成机制等概念引入到对社会及社会现象的研究中，进而形成了作为批判自然主义理论核心的社会行为转换模式，即对结构与能动性辩证关系的详细论证。批判自然主义将自然科学中的先验实在论成功地应用在社会科学中，从而对处在开放系统中的纷繁复杂的社会科学进行类似于自然科学研究的那种更为全

① Roy Bhaskar, *The Possibility of Naturalism: A Philosophical Critique of the Contemporary Human Science*, 3rd edition, London and New York: Routledge, 1998, p. 97.

② S. Sayers, *A Method in Social Science: A Realist Approach*, 2nd edition, London: Routledge, 1992, p. 119.

面而准确的研究，这也为巴斯卡的认识论提供了必要的理论基础。

3. 解释性批判

巴斯卡的“解释性批判”(explanatory critique)是批判实在论对哲学批判的重构，是对解放话语的哲学论证。巴斯卡的论证可概括如下：(1)科学性是马克思主义的生命关键之所在，社会主义理论从空想变为科学离不开科学性。科学活动的本质就是发现事物背后隐藏的本质规律和运行机制，掌握了科学性知识就可以对非科学的理论进行批判，特别是对错误的自由理论进行批判。(2)批判性是批判实在论的显著特征，哲学批判包括两个方面，不但批判这些错误理论的缺陷与不足，而且还要追溯产生这些错误的社会历史根源，这样就涉及变革社会的政治实践。(3)实践性就是要付诸实际的政治行动，这是争取自由的必由之路。在实现自由的过程中会遇到一系列限制，解放的目标就是不屈不挠地清除与取消这些限制。这既是巴斯卡解放论证的逻辑结构，也是解释性批判的基本路径。

解释性批判是以批判社会的方式来达到解释社会的目的。巴斯卡批判实在论哲学的核心部分解释性批判中的“批判”是一种内在的批判，是社会理论的反思性批判。它主要存在于它的科学哲学和社会科学哲学之中，对社会认识论的关注远超过一般认识论。这主要是因为：一方面，巴斯卡批判实在论的认识论基础主要是社会本体论，因为“社会拥有何种性质使得它们成为我们知识的对象”，这一问题的回答取决于“社会拥有何种性质”这个本体论问题[①]；另一方面，“批判实在论的认识论，尽管也涉及科学哲学，但主要存在于社会科学哲学(主要形态是批判自然主义)当中”[②]。

首先，解释性批判为处在开放系统中的社会世界提供了社会科学解释模型，它由下列四个阶段的因果序列组成：“分解(resolution)，即因果分析将一个复杂事件分析成为其组成部分。重述(redescription)，即通过在开放系统中运作的不同机制的理论背景，重新描述这些机制的因果组成部分。预先推论(retrodiction)这些组成部分可能的先前因素。最后排除(elimination)，由于处于开放系统中，这些事件可能由众多因素共同决定，因此必须根据先前事件的独立证据，从众多的因素中进行筛选。”[③]

其次，巴斯卡的解释性批判思想是以社会的深度本体论和开放系统两个角

---

① Margaret Archer, Roy Bhaskar, et al. (eds.), *Critical Realism: Essential Readings*, London and New York: Routledge, 1998, p. 205.

② 吴畏：《批判实在论与马克思主义哲学的主要区别》，载《北京行政学院学报》2009年第2期。

③ Andrew Collier, *Critical Realism: An Introduction to Roy Bhaskar's Philosophy*, London and New York: Verso, 1994, p. 162.

度为基础的。社会处在一个高度开放的系统，解释性批判力图寻求事物的内部机制，认为科学的任务在于挖掘经验现象背后的结构与生成机制，并且完善了传统的休谟式因果律，把科学规律理解为实在在因果力作用下的一种趋势。在分析各种机制的作用时，综合考虑各种机制在开放系统下相互之间的关联，分析产生事态的多种机制及影响趋势实现的各种条件，最后据此对社会现实作出解释性批判，即通过解释、揭露各种导致错误观念的机制、结构和趋势，正如马克思主义的揭露表现与实在的不一致，"为某些批判性的价值判断提供客观基础，并据此提出社会变革的可能性"①。

最后，因为巴斯卡的社会认识是对开放系统中经分层后的社会实在的认识，是关于事件的深层生成机制的认识，所以更深刻。由此，巴斯卡提出了其批判实在论的核心精神：解放与自由。巴斯卡的解放不是自发性的解放，而是在高度结构及阶层化的实在之中产生的，即"自发性解放的必要前提是结构化、层化的实在，并以科学工作的理性为基础，凭借突现力量自发地产生出来。因而解放所引来的是突现以及解释和结构的变化，而并非事件状况的变化和改善"②。巴斯卡把解放与自由作为其哲学的核心精神源于"他相信人的内心有一个完美的无需改变的或者说是已启蒙的基本状态；人们通过追求解放来不断完善自我"③。解放与自由是进步的推动力量，为我们的社会科学研究提供其发展空间和独特思维方式。

第四节　批判实在论辩证法的三个核心命题

笔者认为巴斯卡辩证法体系的构造逻辑并没有想象的那样复杂，感觉复杂难懂的原因是巴斯卡密布逻辑符号，命题高度抽象造成的。其实巴斯卡的辩证法理论是由三个核心命题组成的，把握这三个命题必须从巴斯卡对辩证法的定义入手。巴斯卡说："到目前为止，辩证法只赋予我们理解与改变现实的能力。"那么，什么是辩证法呢？"辩证法的真正定义是缺失之缺失。"(the real defini-

---

① 殷杰、安篪：《巴斯卡的批判实在论思想——兼议哲学社会科学研究之第三条进路》，载《哲学研究》2007 年第 9 期。

② Roy Bhaskar, *Philosophy and the Idea of Freedom*, Oxford, UK and Cambridge, Mass., USA: B. Blackwell, 1991, p. 160.

③ 殷杰、安篪：《巴斯卡的批判实在论思想——兼议哲学社会科学研究之第三条进路》，载《哲学研究》2007 年第 9 期。

tion of dialectic as absenting absence)[①]要理解巴斯卡对辩证法的新定义、新阐释，首先考察批判实在论辩证法理论的三个核心命题：(1)缺失是辩证法理论的合理内核；(2)辩证法是自由的逻辑；(3)“辩证法的真理就是人类的普遍解放”。

1. 缺失是辩证法的合理内核

巴斯卡对辩证法的重构从探索马克思的“辩证法合理内核”之谜开始，马克思曾经说他发现了被神秘外壳掩盖着的黑格尔辩证法的合理内核，但是马克思没有时间写出来。这样马克思视域中的辩证法的合理内核就成为一个哲学之谜。百年来许多学者提出各种各样的解释，但是没有形成定论。直到今天，人们仍然在为破解这一辩证法之谜而争论。

鉴于此，有学者认为辩证法也许并没有什么合理内核与神秘外壳，辩证法之谜也许是一种误导。也有一些学者认为合理内核存在，而且也不神秘，合理内核就是三个要素：辩证矛盾、变化过程、相互联系。辩证矛盾是核心，矛盾引起变化，变化是过程，过程就是联系，变化是矛盾的结果，矛盾是变化的原因，变化与矛盾紧密联系。[②]

但是，巴斯卡认为，辩证矛盾不是辩证法的合理内核，缺失才是辩证法的合理内核。什么是缺失？巴斯卡说的“缺失”是“absence”（名词）和“absenting”（动词）。名词“absence”是显示一种东西不在场，动词“absenting”是让不在场的东西出场，让在场的东西退场。“缺失”包括否定、过程、矛盾、冲突、弊端等，其中矛盾是缺失范畴中的一个概念。巴斯卡指出：“马克思谈论过辩证法的合理内核，而且是被黑格尔神秘化了的合理内核。那么，这个合理内核是什么呢？实际上，这个合理内核就是由缺失推动的发展过程。”[③]为什么说缺失就是马克思说的辩证法的合理内核？根据是什么？巴斯卡的论证如下：

当代社会实践与社会理论肯定不会尽善尽美，存在着不完善，不完善就是完善的缺失，完善的缺失引发了矛盾与分裂，这些矛盾与分裂的深化引发危机，危机的解决推动发展过程。

这个发展过程可以概括为四个阶段：首先，由于完善的缺失引发了这个过程；其次，矛盾蕴含的否定性引发危机；再次，在超越危机过程中，创造出新的东西；最后，一个新的总体化过程又开始了。

缺失是推动事物发展的动力，因此巴斯卡把缺失称为“决定性的缺失”。什么是决定性的缺失呢？在《辩证法》出版7年后的一次哲学演讲中，巴斯卡对这

---

① Roy Bhaskar, *Dialectic: The Pulse of Freedom*, London: Verso, 1993, p. 374.

② David Walker, *Marx, Methodology and Science*, England: Ashgate, 2001, pp. 78-79.

③ Roy Bhaskar, *Reflections on Meta-reality*, New Delhi: Sage Publication, 2002, p. 42.

个抽象范畴作了通俗解释，他说："批判实在论关注的缺失，是关于人们胃里食物的缺失，是关于人们头顶上房屋的缺失。"[①]在社会领域，根据巴斯卡解释，也可以把缺失概念具体化。如失业就是工作的缺失，歧视是尊严的缺失。也就是说，缺失是社会的不平等，个人的不自由。可见，消除这些缺失就成为社会进步与发展的动力。

巴斯卡还宣布他不仅发现了辩证法的合理内核，而且还发现了掩盖"合理内核"的"神秘外壳"，黑格尔的神秘外壳不是人们所说的唯心主义哲学体系，"黑格尔辩证法的神秘外壳，其实也是西方思想史中的神秘外壳，正是缺失概念的缺失"[②]。因此，重建辩证法理论，批判解读黑格尔辩证法，批判西方思想史的缺陷，"显然缺失是一个关键范畴"。

2.辩证法是自由的逻辑

巴斯卡一语惊人："辩证法就是对自由的追求，对限制追求自由的转化性否定。"[③]辩证法为什么蕴含着对自由的追求和对限制自由的否定呢？巴斯卡认为这是他的理论发现，在哲学史上辩证法有多种形态，本体论辩证法、认识论辩证法、关系辩证法、实践辩证法等这些辩证法差异非常大，但是所有的辩证法都有一个共同的特征：以自由价值观为核心。"辩证法是一个灵活的工具，但是它的建构围绕着一个硬核：自由的逻辑。"[④]"辩证法是自由的逻辑"命题是巴斯卡对辩证法理论的新阐释，也是理解批判实在论辩证法理论核心思想的主线。辩证法为什么是自由的逻辑？自由为什么是辩证法理论的核心？自由价值观如何在辩证法理论中生成，许多巴斯卡的研究者感觉不能理解。阿兰·诺瑞尔在其研究巴斯卡辩证法的著作中说："《辩证法》是一本很难读的书，读懂很不容易。我变得很沮丧，因为无法从整体上理解这本书，我感到某些方面被神秘化了，特别是我不能把握巴斯卡的伦理学是如何成为社会历史辩证法的基础。"[⑤]

理解"辩证法是自由的逻辑"，"缺失"范畴仍然是关键，因为自由的逻辑就是"缺失的逻辑"。比如社会不平等就是平等的缺失，争取社会平等就是缺失社会不平等。争取社会平等肯定会遇到许多限制，缺失这些限制就是争取自由，

---

① Roy Bhaskar, *Reflections on Meta-reality*, New Delhi: Sage Publication, 2002, p. 44.

② Roy Bhaskar, *Reflections on Meta-reality*, New Delhi: Sage Publication, 2002, p. 131. 巴斯卡在分析黑格尔辩证法的根本缺陷时指出，黑格尔的辩证法体系有缺失思想，却没有相应的概念，"黑格尔丢失的并不是缺失——他的体系不缺失这些，而是丢失了缺失的概念"(Roy Bhaskar, *Reflections on Meta-reality*, New Delhi: Sage Publication, 2002, p. 131)。

③ Roy Bhaskar, *Dialectic: The Pulse of Freedom*, London: Verso, 1993, p. 374.

④ Roy Bhaskar, *Dialectic: The Pulse of Freedom*, London: Verso, 1993, p. 374.

⑤ Alan Norrie, *Dialectic and Difference: Dialectical Critical Realism and Grounds of Justice*, New York: Routledge, 2010, p. xii.

"这也给我们开辟了一条通向自由辩证法的道路"。巴斯卡把这个过程称为"缺失之缺失"(absenting absence),"缺失之缺失就是辩证法的定义"。辩证法就是对自由的追求,对限制追求自由的转化性否定。"任何弊病都是限制,限制就是自由的缺失。"[①]资本主义总体性的主人与奴隶关系是最大限制,也是批判实在论要清除的对象。巴斯卡说,批判实在论自由辩证法是在继承了亚里士多德、黑格尔和马克思三大自由辩证法传统基础上发展起来的。

3."辩证法的真理就是人类的普遍解放"

后马克思主义认为传统社会主义陷入危机,马克思主义的传统已经终结。巴斯卡不同意这些主张,他认为对自由的追求没有停止,自由的脉搏仍在跳动。

为什么"辩证法的真理就是人类的普遍解放"?巴斯卡赞同马克思的解放观,"一旦我们开始考察自由问题、价值问题,我们自然走向人类自由与解放的整个问题。现在是考察马克思主义的时候了,马克思主义今天仍然是强大的思想体系,因为马克思主义努力抽取出当代世界的基本特征。没有人否认资本主义仍然是我们社会存在的主要事实"[②]。巴斯卡认为,人类的普遍解放就是马克思说的共产主义社会,解放的标志就是"每个人的自由发展是一切人的自由发展的条件"[③]。

辩证法是人类普遍解放的真理的命题,可以从"缺失的逻辑"展开来理解。巴斯卡后来把辩证法进一步定义为"缺失对缺失之缺失的限制"(absenting constraints on absenting absences)[④],一些人不理解新定义的根据。其实,巴斯卡把辩证法的定义从"缺失之缺失"发展为"缺失对缺失之缺失的限制",就是为了说明"缺失的行动已经设定了人类的普遍解放"[⑤]。辩证法如何设定解放规划的理论逻辑?"缺失对缺失之缺失的限制"作为辩证法的新定义在逻辑上是一个四重否定展开过程:(1)资本主义的压迫性的统治关系就是自由的缺失;(2)争取人类的普遍解放就是缺失之缺失;(3)资本主义国家机器就是对这种缺失之缺失的限制;(4)打碎资本主义国家机器就是缺失这些限制。[⑥]

因此,批判实在论的自由辩证法是强调社会变革实践的辩证法,"是对限制

---

① Roy Bhaskar, *Dialectic: The Pulse of Freedom*, London: Verso, 1993, p. 182.

② Roy Bhaskar, *Reflections on Meta-reality*, New Delhi: Sage Publication, 2002, p. 129.

③ 《马克思恩格斯文集》第2卷,人民出版社2009年版,第53页。

④ Roy Bhaskar, *Dialectic: The Pulse of Freedom*, London: Verso, 1993, p. 233.

⑤ Roy Bhaskar, *Dialectic: The Pulse of Freedom*, London: Verso, 1993, p. 372.

⑥ 批判实在论辩证法强调缺失逻辑(absence),是用四段论的辩证法取代黑格尔的三段论辩证法。黑格尔的三段论辩证法是:(1)肯定(从某物开始);(2)否定(发现了自身的缺陷);(3)否定之否定(克服这些缺陷)。巴斯卡的四段论辩证法是:(1)缺失(开始于不完善);(2)缺失之缺失(清除这些不完善);(3)缺失之缺失的限制(清除过程遇到障碍);(4)缺失这种限制(克服这些障碍)。

争取自由行动的转化性否定”的辩证法,也是把哲学与解放规划联系起来的辩证法。

第五节　批判实在论辩证法理论的四个维度解读

批判实在论辩证法的哲学基础是强调两个区别:其一,思想与存在的区别,强调存在先于思想;其二,本体论与认识论的区别,强调本体论先于认识论。

巴斯卡在吸取马克思对黑格尔辩证法研究成果的基础上,结合当代哲学新发展,提出了超越黑格尔的辩证法体系。黑格尔的辩证法是由同一性、否定性与总体性三个部分构成,批判实在论的新辩证法体系由四个部分组成:非同一性、真正的否定性、开放的总体性、转变社会的能动实践性。巴斯卡把这四个方面简称为:1M,2E,3L,4D。[①]

1.“非同一性”

批判实在论辩证法的第一个维度是“非同一性”,强调本体论的非同一性。非同一性首先强调本体论与认识论的非同一性、肯定与否定的非同一性、结构与事件的非同一性。根源于巴斯卡对可及性与不可及性的区别理论。

本体论对批判实在论非常重要,是新辩证法的基石,本体论强调客观性,巴斯卡叫作“自然必然性”。所谓“自然必然性”就是强调客观事物的结构、规律、发展机制,不依赖主体的认识而存在。“现代主义与后现代主义两者都认为本体论是不可能的”[②],认为本体论问题是不真实的。巴斯卡说,事实上,每一个事物都包含在本体论之中,每一个事物都是真实的事物。这并不意味着在实际中没有区别,例如,实在与关于实在的知识有区别,全球变暖的事实不依赖全球变暖的话语而存在,全球变暖的话语不等于全球变暖的事实,这就是本体论辩证法的非同一性。

非同一性另一含义是分层本体论。无论自然领域还是社会领域,存在都是

---

① 巴斯卡的《辩证法:自由的脉搏》2008年由Routledge再版时,《批判实在论词典》的主编哈特维希(Mervyn Hartwig)代写了新序言。他介绍说,批判实在论辩证法理论已经发展为七个维度,这七个维度的辩证法体系是在原来四个维度的基础上发展起来的,其发展顺序是:1M→2E→3L→4D→5A→6R→7A。1M代表非同一性,2E是否定性,3L是总体性,4D是实践性。新增加的5A代表精神解放的反思性,6R代表脱出祛魅领域的复魅,7A代表非二元性的存在之存在。其实,从5A开始,巴斯卡的“精神哲学转向”已经使他偏离了批判实在论哲学传统。关于这个问题,柯林尼克斯(Alex Callinnicos)曾评论说:“巴斯卡已经不再和我们同行,他选择了另外一条道路。”(Alex Callinnicos, *Critical Companion to Contemporary Marxism*, edited by Jacques Bidet and Stathis Kouvelakis, Boston: Brill, 2008, p. 585)

② Roy Bhaskar, *Dialectic: The Pulse of Freedom*, London: Verso, 1993, p. 37.

由实在、现实、现象三个层次构成，例如社会实在是由社会结构、人的活动、人的意识三个层次构成，不能把社会结构的性质还原为主体的行动、意图与意识，三者之间不具有同一性。如果把对社会结构解释还原为对主体行动与意识的解释，就犯了"平面本体论"(flat ontologising)的错误。

2. 否定性

批判实在论辩证法的第二个维度是否定性。巴斯卡的否定性范畴通过缺失来定义，否定性是辩证法的变化逻辑，巴斯卡认为缺失(不在场)是辩证法的实质与核心。缺失(不在场)是一个非常广泛的范畴，包括矛盾、变化、过程等，都属于否定性。批判实在论认为变化就是缺失，缺失优于在场，这是批判实在论辩证法的一个显著特征。不完整性就是缺失。这些不完整性引发了矛盾，这些矛盾必然走向更大的总体性，用新的超越性概念、理论和实践描述、解释和改造社会。这是科学发展的基本过程，也是所有生命形式和自然界的发展过程。事物的一切发展都依赖于缺失，它们被缺失所推动，被缺失所修正。

缺失与突现(emergence)手拉手，突现是缺失肯定的一级。突破性的新事物与新概念是一种突现，来源于缺失。巴斯卡指出，西方哲学也讨论否定性，黑格尔就是著名的一位，黑格尔的否定概念是无，事物发展从存在到无，从无到突现，然后随着这些肯定的展开，每一个事物出现了。所以，缺失性否定在黑格尔那里是非决定性的，然而在批判实在论辩证法中缺失是决定性的，这就是"决定性的缺失"。"决定性的缺失"是推动世界发展和科学发现的辩证法，这是缺失的理论逻辑和实践意义。

3. 开放的总体性

开放的总体性是辩证法的第三个维度。在辩证法发展史中，最重要的概念是总体性，因为普遍性、客观性、因果性等概念都离不开总体性。总体性强调联系，把分散的现象看成是统一性总体的组成部分。批判实在论辩证法的总体性是开放的总体性，开放的原因是由于不在场东西的存在，总体性永远是开放的尚未完成的总体性。开放的总体性也是复杂的总体性，总体性可以包括多种层面：简单的总体性、亚总体性、部分总体性。

总体性强调相互联系和相互作用。以社会认同为例，拉克劳认为，当代认同方式发生深刻转型，从普遍性和确定性转向差异性和不确定性。[①] 巴斯卡不这样认为，根据总体性辩证法逻辑社会认同可以分为四个层面：第一个层面是普遍性。要理解一个具体的认同，不得不去理解全部认同中的每一个认同。这

---

① Ernesto Laclau, *New Reflections on the Revolution of Our Time*, London and New York: Verso, 1990, p. 190.

样不得不去考虑第二个层面——具体性。认同的差异是什么，把握妇女、青少年、物理系学生、篮球运动员这些身份认同的差异。然后考虑第三个层面——地理历史轨迹。这些认同是从哪里来的，要到哪里去，他们从哪里获得了认同，也就是考察社会认同的来龙去脉。第四个层面就是认同的独特性，世界上的每一个事物，无论实际的还是潜在的，都是独一无二的，所有的认同既具有共同性，包括他们的差异、踪迹、地理历史轨迹，同时又存在着不可还原的独特性和唯一性。这就是总体性的普遍性辩证法，普遍与具体的辩证关系。这种普遍性辩证法意味着每一个普遍性一般性总是在具体形态上是独特的，每一个具体的个体性在辩证法上能被普遍化。

4.改造社会的实践性

第四个维度是实践的辩证法，改造社会实践就是对社会的再总体化，实践辩证法主要作用是确保历史永远不会终结。巴斯卡对第四维度的定义是："在实践中的理论与实践的统一性。"①改造社会的实践是有意识的能动性活动，体现在对社会总体性的修复。批判实在论的能动性由以下几个方面构成：第一是行动的意向性。在人类的行动中包含着思想与情感，思想与意识能发挥作用，但本身不是人类行动。第二是行动的强制性。巴斯卡说，你没有选择，只能行动，不得不行动。"假如你躲避行动，这本身也是行动，不行动也是行动。"②第三是行动的自发性。许多行动是无意识的，这是行动的自发性。第四是行动的物质性。如果只是想象将要做的事，但并不打算行动，事件就不会发生。

改造社会的实践性可以从四个方面来理解：第一个是改造自然活动的层面，第二个是社会成员之间相互作用的层面，第三个是社会结构层面，第四个是人的发展层面。巴斯卡认为，所有的人类活动都是在这四个层面上展开的。

如何改造社会？马克思的著名论断是"每个人的自由发展是一切人的自由发展的条件"，这说明自觉性是能动性的重要方面，自觉性就是主体的自我改造，自我改造具有本体论性质，自我改造是社会改造的基础，只有行动才能塑造自我。当人改变了自己，也同时改变了社会，因为每一个人都是社会的组成部分。③ 辩证法的四个维度不是孤立的，而是一个相互联系的整体。辩证法体系中每一个层面都是相互依赖、相互作用的。也就是 1M 产生了 2E，2E 产生了 3L，3L 产生了 4D。反过来，4D 以 3L 的存在为条件，3L 以 2E 的存在为条件，

① Roy Bhaskar, *Dialectic: The Pulse of Freedom*, London: Verso, 1993, p. 9.

② Roy Bhaskar, *Reflections on Meta-reality*, New Delhi: Sage Publication, 2002, p. 50.

③ Roy Bhaskar, *Reflections on Meta-reality*, New Delhi: Sage Publication, 2002, p. 51.

2E 以 1M 的存在为条件。[①]

辩证法四个维度的逻辑关系：1M 的非同一性是同一性的不在场；同一不在场就是对同一性的否定，由此引出 2E 的否定性。2E 的否定性强调缺失、变化、发展，这样就提出了 3L 的总体性要求，3L 的总体性要求是各种关系的整合。但是由于缺失的存在，3L 的总体性是开放的总体性、不完整的总体性、未完成的总体性。总体性的不完善性、开放性引出了 4D。4D 是一种再总体化的社会实践，人类为了完善社会的社会改造活动本质上就是对自由的追求，追求自由的社会实践彻底拆除了黑格尔的历史终点站。

第六节　批判实在论辩证法理论的批判向度

批判实在论的显著特征是继承了康德、黑格尔和马克思的批判传统，对当代哲学发展中存在的普遍性问题进行批判与反思。批判实在论对当代哲学的批判并不针对具体学派和思潮的具体理论命题，而是对当代哲学和社会思潮的哲学基础进行批判。批判实在论根据辩证法理论的研究成果指出新的批判取向：当代哲学存在三种严重的错误，即"认识论谬误"(the epistemic fallacy)、"本体单价论"(the ontological monovalence)、"原初困境"(the primal squeeze)。

"认识论谬误"是把本体论还原为认识论，不能区分客体的可及性与不可及性，把思想客体等同于客体，把关于实在的知识等同于实在，用我们熟悉的话语说，就是取消存在与思维的区别，否认存在先于思维，客体的知识依赖于主体而存在，客体不依赖于观察它的主体而存在。这就是巴斯卡非常强调的不可及性(intransitive)与可及性(transitive)的著名区别。

"本体单价论"是指对存在的理解是单边主义的，存在包括在场与不在场、肯定与否定，批判实在论认为，不在场优于在场，否定优于肯定，但是当代哲学排除了否定，对实在只作肯定性的理解，完全排除了否定性，这就是"本体单价论"。在提出辩证法理论之前，巴斯卡把否定"本体分层论"看作本体单边论。本体分层是主张存在由实在(real)、实际(actual)与经验(experience)构成，平面本体论就是不承认本体论的分层。

"原初困境"是指"自然必然性"概念的缺失。实证主义和解释学共同的错误是都否定"自然必然性"，实证主义把经验与逻辑误认为自然必然性，解释学用哲学思辨取代自然必然性。什么是"自然必然性"？所谓"自然必然性"，就是

① Roy Bhaskar, *Dialectic: The Pulse of Freedom*, London: Verso, 1993, p. 9.

作为客观实在的自然与社会的结构、本质、发展规律、生成机制。因此，“原初困境”就是用经验幻象、逻辑幻象和思辨幻象取代自然必然性。

这三个批判原则是巴斯卡通过研读马克思对黑格尔辩证法的批判概括总结出来的。巴斯卡说：“马克思对黑格尔的批判可以用辩证批判实在论的术语组织，(1)认识论谬误的批判；(2)思辨幻象；(3)本体单价论；(4)原初困境。”[①]思辨幻象包括在原初困境之中。巴斯卡应用批判实在论哲学重建辩证法批判传统，对当代流行的哲学思潮展开批判。巴斯卡的批判虽不系统，但是根据批判实在论的哲学原则，我们可以重建辩证法的批判向度。

1. 对分析的马克思主义否定辩证法的批判

辩证法自从诞生以来就一直受到各种各样的围攻与批判，“在马克思主义中，还有哪一个部分比辩证法遭到的攻击更多的吗？不仅有马克思主义和社会主义的敌人，而且有对两者都友好的学者”[②]。分析的马克思主义学派就对辩证法怀有偏见。

埃尔斯特认为，重建马克思主义不是复兴辩证法，而是应该把辩证法从马克思的理论中彻底清除出去。他说：“在许多场合，马克思都把‘辩证方法’当作分析社会现象的一种主要方法”，并且把这种方法看作是黑格尔辩证法的合理内核，但是“在科学实践中辩证法导致了灾难性的后果”，“马克思和后来的马克思主义者的许多失误在很大程度上源于这种使人误入歧途的框架”。[③] 罗默也认为，辩证法是为懒惰的目的论作辩护。埃尔斯特尤其反对“矛盾”概念，他认为黑格尔的“矛盾”概念是引起混乱的源头，这同波普的观点同出一辙。波普认为，一个人如果接受了辩证法的矛盾概念，就得放弃科学活动。埃尔斯特甚至认为，马克思的成就同马克思的社会矛盾理论没有关系，相反，马克思在社会研究中不用辩证法就有深刻洞见，一用辩证法就会出现矛盾与混乱。

马克思认为，如果现象与本质一致，科学研究就是多余的。“透过现象看本质”是马克思常用的辩证分析方法，埃尔斯特却认为马克思的这种分析方法是错误的，应该彻底放弃，因为“这是一种糟糕的黑格尔主义”[④]。如何避免“糟糕的黑格尔主义”错误呢？埃尔斯特认为正确的选择是用个人主义方法论取代辩证法，个人主义方法论主张“全部社会现象其结构与变化——在原则上是可以以各种只涉及个人(它们的性质、目标、信念和活动)的方式来解释的”[⑤]。埃尔

① Roy Bhaskar, *Dialectic: The Pulse of Freedom*, London: Verso, 1993, p. 87.

② [美]奥尔曼：《辩证法的舞蹈》，田世锭、何霜梅译，高等教育出版社 2007 年版，第 71 页。

③ [美]埃尔斯特：《理解马克思》，何怀远等译，中国人民大学出版社 2008 年版，第 4 页。

④ [美]埃尔斯特：《理解马克思》，何怀远等译，中国人民大学出版社 2008 年版，第 123 页。

⑤ [美]埃尔斯特：《理解马克思》，何怀远等译，中国人民大学出版社 2008 年版，第 42 页。

斯特的《理解马克思》一书存在许多对马克思的误读，这本书与其说是“理解马克思”，不如说是误解了马克思。埃尔斯特对马克思的批判已经超出了“理解”的范围，完全是一种后马克思主义的立场。埃尔斯特认为，马克思的理论体系是漏洞百出，方法笨拙，概念混乱，逻辑矛盾比比皆是。“艾尔斯特对体系辩证法理论的敌视，导致了他对马克思的误解。”[①]我非常赞同史密斯的看法，在辩证法问题上，分析的马克思主义学派存在理论盲视。

如何回应埃尔斯特对辩证法的当代挑战？巴斯卡虽然没有专门讨论分析学派马克思主义对辩证法的否定，但是，巴斯卡对实证主义进行了系统批判。同时，他认为分析的马克思主义学派属于新实证主义，实证主义存在的主要问题是方法论个人主义。

根据巴斯卡的辩证法批判的基本立场，埃尔斯特方法论错误是“认识论谬误”。方法论个人主义的问题是把对社会结构性质的研究还原为个人的活动、信念、目标等。根据巴斯卡的立场，方法论个人主义就是典型的“否定本体论”，把客观性的社会结构、机制、规律还原为个人的信念与活动。批判实在论认为，不能把关于社会的研究还原为个人的研究，社会结构与主体能动性属于不同的范畴，社会科学研究社会关系而不是个人活动。巴斯卡说：“社会科学关注的不是群体或者群体中个人的行为，而是关注个人之间、群体之间持久性的关系，这些关系间的关系，这些关系与自然的关系，还有这些关系生成的关系。”[②]而方法论个人主义认为，如波普主张的那样，所有的社会现象，特别是社会结构的作用，应该通过个人的决定等方面来解释。无论埃尔斯特方法论个人主义还是杜克海默集体主义都不正确，都缺失了社会的概念，是方法论原子主义，社会实在具有不依赖于人而存在的结构和规律。分析的马克思主义在研究社会时割裂了科学与社会的辩证关系，为了科学性排除了社会性，也就是说丢失了研究对象。

2. 对福山“历史终结论”的批判

巴斯卡认为，福山“历史终结论”的错误是本体单价论。“本体单价论”是巴斯卡提出的新概念，这一哲学新概念批判对现实世界进行纯粹的肯定性解释。福山所谓“历史的终结”就是主张社会主义与资本主义竞争史的终结，自由民主和资本主义是当代世界的唯一选择。巴斯卡应用辩证法理论批判福山这种新

---

① Tony Smith, *Dialectical Social Theory and Its Critics: From Hegel to Analytical Marxism and Postmodernism*, State University of New York Press, 1993, p. 108.

② Roy Bhaskar, *The Possibility of Naturalism: A Philosophical Critique of the Contemporary Human Sciences*, London and New York: Routledge, 1998, p. 29.

自由主义方法论，巴斯卡指出："没有缺失、没有不完善、没有匮乏、没有错误、没有否定、没有矛盾、没有二分、没有分裂，它是一个美好的世界。"[①]福山"历史终结论"逻辑是把资本主义社会理论化为一个"美好的世界"，资本主义的所有否定因素都被排除，历史终结论变成否定社会主义、肯定资本主义的意识形态。福山的这个"美好的世界"是一个别无选择的世界，是一个无法改变的世界，因为历史已经终结。如何去改变历史呢？巴斯卡认为这种排除变化、否定和矛盾的话语是与辩证法的精神背道而驰的，是一种为资本主义现实辩护的意识形态。德里达也指出，福山这样做是想遮蔽马克思辩证法的批判精神，阻止对资本主义的批判，掩盖资本主义各种矛盾和问题。福山的"历史终结论"是想通过资本主义的胜利说明，马克思对资本主义的批判是错误的。德里达反对"历史终结论"，认为福山的"历史终结论"是在想象与事件之间耍花招，"隐瞒马克思主义的批判精神，而且还摆出一副讽刺的姿态"[②]，庆祝胜利其实只是为了掩盖失败。

笔者认为，巴斯卡对福山的批评与德里达的批判一样有分量。巴斯卡从辩证法的角度揭示了"历史终结论"的哲学错误是形而上学的肯定观，对于我们维护马克思主义的当代性、探索马克思主义辩证法的当代价值具有借鉴意义。

3. 对后现代主义的批判

后现代主义否定辩证法是从否定现代性的哲学话语入手的，因为辩证法是一种现代性的思维规划（詹姆逊）。"大多数后现代理论家断然拒绝了辩证法和总体性的宏观理论。他们强调差异性、片段性、多元性和异质性，倾向于把理性、总体性、共识、社会关系等范畴视为本质上是压迫性的，并且予以拒斥。"[③]后现代主义流派繁多，话语异质多元，构成成分复杂，但巴斯卡却概括出一条清晰的线索，他认为后现代主义的鲜明特征是反对现代性哲学话语中抽象的普遍性逻辑，现代哲学把一切都统一于一个抽象的普遍性之内。巴斯卡在对待后现代主义态度上，既没有像哈贝马斯那样全盘否定，也没有像拉克劳那样完全接受，而是提出要辩证分析。批判抽象的普遍性，有合理的一面，也有错误的一面。巴斯卡认为，现代性的哲学话语确实存在忽视差异与特殊性的倾向，以"工人阶级"概念为例，只要你是工人阶级的一员，无论你是白人还是黑人，男性还是女性，从事什么职业，都没有关系，都不会影响你是工人阶级队伍中的一员，不会影响你对工人阶级的认同。从这一角度看，后现代主义呼吁重视差异、多元和

① Roy Bhaskar, *Reflections on Meta-reality*, New Delhi: Sage Publication, 2002, p. 123.

② [法]德里达：《马克思的幽灵》，何一译，中国人民大学出版社 1999 年版，第 98 页。

③ [美]贝斯特、凯尔纳：《后现代理论：批判性质疑》，张志斌译，中央编译出版社 1999 年版，第 287 页。

特殊性，批评现代哲学的抽象的普遍性逻辑，有其合理的地方。但是，后现代主义用差异性否定普遍性、用多元性否定总体性、用偶然性否定必然性却是错误的，陷入了相对主义和怀疑主义的泥潭。后现代主义“在倒掉抽象普遍性的洗澡水时，把统一性、普遍性的婴儿也一同倒掉了”[①]。

巴斯卡认为，后现代主义在反对普遍性的同时自身被普遍化了，后现代主义成为当代世界重要的世界观，成为全球化时代流行的意识形态。“后现代主义是一种异化、碎片、分裂的意识形态，它是当代世界普遍的意识形态。”[②]巴斯卡通过对现代性哲学话语的“重要修正”，回应后现代主义的挑战。他认为，后现代主义修正现代性哲学话语失败，问题出在反对辩证法上面。应该用“辩证的普遍性”代替“抽象的普遍性”，“辩证的普遍性意味着每一个一般都是具体的个体，每一个具体个体的存在能够被辩证法普遍化”。[③] 辩证法的普遍性是尊重差异与包容多元的普遍性。总之，批判实在论对后现代主义持鲜明的批判态度，把后现代主义看作是资本主义的意识形态。巴斯卡认为后现代主义存在的主要问题是：认识论上的相对主义，语言中心主义，本体论问题上反实在论立场，价值判断上的非理性主义。

4. 对后马克思主义的批判

詹姆逊在《辩证法的多维性》一书中，反思辩证法的历史命运，评估了德勒兹、拉克劳和墨菲对辩证法的破坏程度，并且批判后马克思主义对辩证法的解构。德勒兹说：“我最憎恨的莫过于黑格尔主义和辩证法。”[④]德勒兹认为，辩证法是一种总体化、还原主义的思维方式。辩证法是一种对差异本身的永久误解、一种被混乱所颠倒的系谱学，辩证法迷失于科学抽象之中，深陷于同一性逻辑的泥潭。辩证法声称现象是从对立两极建构，但这是一种神学观点。“这种观点中，差异总是从属于一个潜在的统一体，矛盾的各方总是在寻找一种更高级别的综合，运动最终将导致静止与死亡。”[⑤]

德勒兹推崇尼采的反辩证法的立场，强调差异、多元、碎片。后马克思主义的代表人物拉克劳和墨菲也同样否定辩证法，辩证法的哲学基础——普遍性、同一性、总体性、必然性概念都被解构。他们认为，辩证法是一种本质主义哲学方法，迷信透过现象看本质，把本质描述为事物内部的必然性联系，本质是对偶

---

① Roy Bhaskar, *Reflections on Meta-reality*, New Delhi: Sage Publication, 2002, p. 121.

② Roy Bhaskar, *Reflections on Meta-reality*, New Delhi: Sage Publication, 2002, p. 34.

③ Roy Bhaskar, *Reflections on Meta-reality*, New Delhi: Sage Publication, 2002, p. 47.

④ 转引自[美]贝斯特、凯尔纳《后现代理论：批判性质疑》，张志斌译，中央编译出版社 1999 年版，第 105 页。

⑤ [美]贝斯特、凯尔纳：《后现代理论：批判性质疑》，张志斌译，中央编译出版社 1999 年版，第 106 页。

然性、多样性的排斥。因此，辩证运动只以一种方式进行，任何偶然性都被排除。拉克劳和墨菲认为，全能全智的辩证法承担了太多的任务，理论体系由于不堪负重而垮塌，为了摆脱马克思主义的“危机”，唯一的出路是后马克思主义。在方法论上，应该用话语理论的逻辑置换辩证法的逻辑，也就是用偶然性逻辑取代必然性逻辑，用差异性取代普遍性，用建构性取代客观性。“否定不是内在于社会，而是外在的对抗与否定，这种否定性显示了所有客观性的偶然性特征。否定性是构成性的，不能通过扬弃来获得，并且不能被辩证化。”①

在拉克劳解构辩证法时，巴斯卡重建了辩证法。巴斯卡对后马克思主义否定辩证法进行了批判，并且于1998年亲赴埃塞克斯大学与拉克劳进行面对面的哲学交锋。巴斯卡指出，后马克思主义的话语理论最严重的问题是“认识论谬误”，否定本体论问题，把存在还原为知识，把关于存在的话语等同于存在。批判实在论认为，实在并不依赖于话语而存在，实在优先于话语，全球变暖的事实先于关于全球变暖的话语，坚持“实在是话语的建构”的观点是对本体论的否定。如果把社会实在看作是话语的建构，这种观点是“后现代的唯心主义”。拉克劳的“话语之外无有意义之物”，其实是德里达“文本之外无一物”的翻版。话语理论把“改变世界转变为改变我们对世界的描述”②。因此，后马克思主义的话语理论是在哲学上取消了本体论与认识论的区别，在方法论上完全抛弃了辩证法。

第七节　批判实在论辩证法理论的当代价值

批判实在论的辩证法理论，体系宏大，构造复杂，内容丰富，一扫当代哲学舞台上流行的差异、碎片、分裂性的后现代主义哲学话语。巴斯卡认为现在一般学者不敢使用“唯心主义”一词，害怕被嘲笑为固守19世纪的陈旧术语，使用泛黄的思维方式。因此，主张唯心主义的人理直气壮，批评唯心主义者反而理屈词穷。这种现象应该是一个需要反思的哲学倾向。坚持本体论与认识论的严格区别，这其实是用实在论术语重写哲学基本问题，坚持唯物主义反对唯心主义，符合马克思主义的立场。

批判实在论的辩证法理论，坚持马克思主义的本体论立场，坚持辩证法是关

---

① Ernesto Laclau, *New Reflections on the Revolution of Our Time*, London and New York: Verso, 1990, p. 26.

② Jonathan Joseph, *Hegemony: A Realist Analysis*, New York: Routledge, 2002, p. 108.

于本体论的辩证法，是关于自然存在和社会存在的辩证法，坚持存在先于认识，坚持客观实在性不依赖于人类的认识而存在。这些哲学立场具有重要理论意义。

一、批判实在论与马克思主义的关系

批判实在论以鲜明的哲学立场和巨大的理论影响，在当代哲学舞台上占据一席之地，吸引了一大批拥护者和追随者。随着批判实在论影响的日益扩大，特别是辩证法理论的出场，批判实在论与马克思主义的关系也成为人们关注的焦点。伴随着《批判实在论与马克思主义》[①]、《马克思主义与实在论》[②]、《马克思主义和社会理论》[③]等书的出版，这些问题热度更加升温，批判实在论与马克思主义多方面的联系被热烈讨论。根据英国马克思主义学者约瑟夫(Jonathan Joseph)的观点，讨论马克思主义与批判实在论的关系，首先要突破对马克思主义理论特征的一些常见的误读。马克思主义的强大生命力，首先表现在其科学性上，科学性是马克思主义影响力的源泉。什么是马克思主义的科学性呢？传统教科书并没有把这个重要问题说清楚。批判实在论认为，马克思主义的科学性源于马克思主义是一门社会科学，是对社会的科学研究。因此，维护马克思主义的科学性，必须纠正对马克思主义的哲学化倾向。

马克思主义和哲学的区别，是两者生产的知识类型不同。马克思主义生产关于社会的第一序列的知识，哲学生产第二序列的知识。“事实上，马克思主义直接研究社会，然而，哲学是对社会研究(马克思主义)的研究，这意味着哲学不可能是马克思主义，即使哲学必须贯穿于马克思主义之中。”[④]约瑟夫认为，批判实在论就是哲学，尽管还不完善，但是可以为马克思主义提供最好的最方便的理论工具，帮助马克思主义研究社会。用巴斯卡的话说，批判实在论为马克思主义服务，扮演打工者的角色(an underlabour)，其任务是对社会理论的方法、基础、实践进行分析和研究。对马克思主义的社会研究结果进行分析，在哲学上提供最新的本体论方法，如批判实在论的辩证方法。

哲学不对事实进行判断，对事实判断是科学的任务。只有马克思主义能够提供当代世界的基本特征，这是科学的任务，而不是哲学的任务。维护马克思

---

① Andrew Brown, Steve Fleetwood, John Michael(eds.), *Critical Realism and Marxism*, London: Routledge, 2002. 这是一本多角度深入讨论马克思主义与批判实在论关系的论文集。

② Sean Creaven, *Marxism and Realism: A Materialistic Application of Realism in the Social Sciences*, London: Routledge, 2000. 这本书应用批判实在论的方法重建历史唯物主义的理论探索。

③ Jonathan Joseph, *Marxism and Social Theory*, London: Palgrave Macmillan, 2006. 这本书基于批判实在论哲学立场，通过把马克思主义定位为社会科学的途径，捍卫马克思主义的科学性。

④ Jonathan Joseph, *Marxism and Social Theory*, London: Palgrave Macmillan, 2006, p. 156.

主义的科学性，必须防止把马克思主义哲学化，这也是批判实在论和马克思主义结合的重要原因。

批判实在论明确批评西方马克思主义把马克思主义哲学化的倾向，如卢卡奇、葛兰西等实践学派的马克思主义者都把马克思主义看作哲学或世界观，而不是社会科学。对实践的马克思主义者来说，理论与哲学不可分，因为它们是历史主体与客体的统一体。巴斯卡对实践的马克思主义者进行了严厉的批评，他认为，实践学派的理论家把马克思主义看作是主体（工人阶级）的理论表达，而不是客观的理论知识（资本主义社会），结果是作为社会理论的马克思主义遭到拒绝，以便迎合作为哲学的马克思主义。巴斯卡认为，实践的马克思主义坚持主体辩证法，拒绝社会结构的客观性，最终导致脱离实在论的哲学立场。[①]

二、批判实在论资本主义观的意义

批判实在论的辩证法转向，或曰"辩证的批判实在论"，并不提出具体的政治实践方案，因为巴斯卡认为，批判实在论是社会科学哲学体系，关注社会实在的辩证性质和辩证运动。巴斯卡的理论创新是，提出辩证法具有解放价值取向，辩证法是自由的逻辑。批判实在论采用这一哲学伦理逻辑对当代资本主义进行价值评价，显示了其鲜明的批判锋芒。

巴斯卡认为，资本主义仍然存在着剥削和压迫，当代资本主义的新变化并没有改变剥削压迫关系。批判实在论学派的重要成员约瑟夫在其《霸权：实在论的分析》一书中阐释了批判实在论的反对资本主义霸权的斗争策略。巴斯卡《辩证法：自由的脉搏》一书中讨论了资本主义的统治关系，巴斯卡称社会结构形成的压迫关系为"权力 1"关系，统治与被统治关系为"权力 2"关系。压迫性的权力关系，也是主人与奴隶的关系，压迫者把自己的自由置于被压迫者的基础上。

巴斯卡认为，资本主义霸权的存在是因为反对资本主义霸权斗争的缺失，通过改造性社会实践消除资本主义的霸权关系，资本主义在获取剩余价值的过程中造成严重的社会不平等。关于经济全球化，巴斯卡和约瑟夫都不认同新自由主义的观点。新自由主义认为全球化是不可避免的客观趋势，约瑟夫分析说，全球化的理论是一种霸权意识形态，新自由主义鼓吹的"别无选择"是一种霸权话语。[②]"在这个意义上，全球化是真实的，但是，在全球化话语的背后是新自由主义。"[③]在世界范围，美国试图把新自由主义强加给其他国家，新自由主义

① Roy Bhaskar, *Reclaiming Reality*, London: Verso, 1989, p. 138.

② Jonathan Joseph, *Hegemony: A Realist Analysis*, New York: Routledge, 2002, p. 199.

③ Jonathan Joseph, *Hegemony: A Realist Analysis*, New York: Routledge, 2002, p. 203.

在帮助资本主义获得巨大利益的同时转嫁经济危机，导致许多发展中国家陷入贫穷落后。

批判实在论的分析几年后被证实。今天我们看到美国爆发金融危机，危及整个世界经济，更加暴露了资本主义的不合理性和矛盾性，证明了批判实在论如下论断的正确性：马克思对资本主义的分析在当代仍然具有价值。

三、批判实在论自由辩证法的当代价值

在《科学实在论与人类解放》一书中，巴斯卡把"解放"定义为自由的获得。从哲学角度看，"解放包括自我解放与社会解放，自我自由是转化，从不想要、不需要到想要、需要的决定性转化，这种转化不是知识而是实践。社会领域的转变，不是改变或修正事物状态，要获得自由必须获得解放政治理论与实践，这些解放理论应该建立在科学与革命的客观目标之上"①。

拉克劳认为，自由不是结构的产物，而是社会结构错位的产物，自由是社会结构与主体能动性相互颠覆的产物，自由既不是萨特的脱离结构的绝对自由，也不是结构主义用必然性支配的自由，"自由是必然性的不在场"，是确定性的缺失，自由是政治认同的错位，是社会不能成功构造客观性的社会秩序。② 巴斯卡反对后马克思主义的自由观，反对后马克思主义对辩证法的否定。巴斯卡强调："辩证法就是对自由的追求，对限制自由的否定性转化"③，辩证法就是清除实现自由的障碍。因此，巴斯卡的自由辩证法是实践的辩证法，改造社会实践的主要历史任务就是要把限制自由的东西清除出历史舞台。社会的不完善、不平等就是不自由，清除这些不完善、不平等就是追求自由，就是辩证法的核心价值观，这就是"缺失之缺失"。巴斯卡认为，资本主义压迫性的统治关系的总体性是对人类自由发展的最大限制，要实现马克思向往的"每个人的自由发展是一切人的自由发展的条件"，必须消除资本主义的总体性的压迫性统治关系，"它是把辩证法理解为自由逻辑的关键所在"④。因此，在这个意义上说，辩证法就是"自由的脉搏"，批判实在论的自由辩证法与马克思主义自由辩证法传统一脉相承。

---

① Andrew Brown, Steve Fleetwood, John Michael(eds.), *Critical Realism and Marxism*, London: Routledge, 2002, p.236.

② Ernesto Laclau, *New Reflections on the Revolution of Our Time*, London and New York: Verso, 1990, p.43.

③ Roy Bhaskar, *Dialectic: The Pulse of Freedom*, London: Verso, 1993, p.374.

④ Roy Bhaskar, *Dialectic: The Pulse of Freedom*, London: Verso, 1993, p.42.

四、批判实在论解放观的当代价值

批判实在论最重要的贡献是重申人类解放新规划，认为马克思主义的共产主义社会理想没有过时，追求自由是解放的途径。巴斯卡认为，马克思的著名论断“每个人的自由发展是一切人的自由发展的条件”是衡量理想社会的标准和尺度，消除压迫性的统治关系是批判实在论和马克思主义共同追求的解放目标。批判实在论应该为推进这一解放规划做出贡献。

根据巴斯卡的理论逻辑，马克思主义的当代价值就是其自由解放观，因为马克思主义的“每个人的自由发展是一切人的自由发展的条件”的思想给人类社会指出了明确的价值标准和发展目标。巴斯卡说：如果马克思主义没有详尽的自由解放规划理论，马克思主义就是空洞的；如果一个社会历史理论的解放规划没有马克思主义，就是盲目的。[①] 巴斯卡的这一思想有三层含义：(1)任何社会理论都有价值取向和价值选择；(2)有价值的社会理论必须与马克思主义结合；(3)坚持自由解放规划是马克思主义的当代价值。

巴斯卡认为，共产主义社会是一个以人为本的社会，关注人自由发展的社会。人类社会进入这样一个社会，每一个人的发展都是平等的，是别人发展的条件，“你的发展对我非常重要，我的发展对你也非常重要”。巴斯卡把这一观点称为“普遍性共存哲学”(copresence)，人类解放就意味着进入这样一个社会，一个摆脱和消除了压迫性统治关系的社会。什么是压迫性统治关系呢？巴斯卡认为非常容易判断和辨认，在一个社会中，如果一部分人的幸福和发展问题比其他人的幸福和发展问题重要，那么这个社会就存在压迫性统治关系。[②] 巴斯卡把这些关系称为“黑格尔的主人与奴隶关系”。根据这样的标准，巴斯卡认为，马克思设想的人类解放就是扬弃主人与奴隶关系，就是每一个人都获得了自由发展的平等机会，“马克思的共产主义社会理想，实际上，就是假设了一种没有主人与奴隶关系社会的可能性”[③]。

后现代主义认为，马克思主义的解放叙事是乌托邦的宏大叙事，在后现代已经没有任何价值，应该完全抛弃。巴斯卡对否定马克思的解放观进行了鲜明的理论批判，为解放规划辩护，努力通过辩证法寻找哲学与解放规划连接的途径，体现了批判实在论的重要理论价值。为解放规划辩护，自然涉及为马克思

---

① Roy Bhaskar, *The Possibility of Naturalism: A Philosophical Critique of the Contemporary Human Sciences*, London and New York: Routledge, 1998, p. 44.

② Roy Bhaskar, *Reflections on Meta-reality*, New Delhi: Sage Publication, 2002, p. 132.

③ Roy Bhaskar, *Reflections on Meta-reality*, New Delhi: Sage Publication, 2002, p. 132.

主义辩护。"马克思主义今天仍然是强大的思想体系"[①]，把握当代资本主义的基本特征和深刻变化离不开马克思主义。马克思主义是关于资本主义的科学，这和詹姆逊的看法一致，只要资本主义存在，马克思主义就具有强大生命力，只要资本主义不终结，马克思主义就不会终结。认识和把握当代资本主义的新特征，仍然需要借助马克思主义，尽管资本主义发生了深刻变化，但是资本主义的压迫性统治关系的本质特征并没有改变，马克思提出的解放规划仍然是尚未完成的现代性规划。批判实在论与马克思主义的结合，既推动了马克思主义的发展，也扩大了批判实在论的影响。

批评实在论的辩证法理论承接了从柏拉图、亚里士多德到德国古典哲学精神，继承了黑格尔、马克思的伟大辩证哲学传统，巴斯卡旗帜鲜明地为辩证法当代价值辩护，认为辩证法具有强大的生命力和理论说服力，辩证法是把握当代世界基本特征不可或缺的方法论。批判实在论对后结构主义、后现代主义、后马克思主义否定辩证法给予严厉批判。巴斯卡认为，辩证法是把哲学与马克思的解放规划连接起来的桥梁，批判实在论是对马克思主义的新发展。

五、批判实在论自由辩证法的评价

笔者认为巴斯卡的辩证法理论有几点值得肯定：

首先是超前性。巴斯卡的辩证法理论提出后，在引来一片赞扬的同时也遭到许多激烈的批评，尤其是批判实在论学派的一些重要成员也批评巴斯卡的辩证法理论，认为巴斯卡用缺失逻辑取代马克思的矛盾逻辑的辩证法，既脱离了批判实在论的哲学立场，也偏离了马克思主义的辩证法传统。同时，如克林斯所说，现在哲学界公认没有必要尝试建立哲学体系，巴斯卡却提出了辩证法的体系。[②] 笔者认为，巴斯卡的辩证法具有深刻的理论价值和实践意义，人们的不理解是暂时的。一方面，由于巴斯卡对辩证法的理论角度非常新，非常超前，一些人跟不上也不奇怪，人们对这个辩证法体系的理解和接受有一个过程，慢慢地拥护的人就会多起来；另一方面，巴斯卡的辩证法体系非常难理解，造成一些误读，随着理论界对他的辩证法认识的深入，这种现象就会逐渐改变。我们也注意到，批判实在论学会前主席阿兰·诺瑞尔 2010 年出版的《差异与辩证法》对巴斯卡的辩证法进行了系统解读，经过十多年研读，他发现巴斯卡的辩证法

---

① Roy Bhaskar, *Reflections on Meta-reality*, New Delhi: Sage Publication, 2002, p. 129.

② Alex Callinicos, "Critical Realism and Beyond: Roy Bhaskar's Dialectic," in Jacques Bidet and Stathis Kouvelakis(eds.), *Critical Companion to Contemporary Marxism*, Brill Academic Publishers, 2009, p. 584.

理论博大精深，以前对巴斯卡辩证法理论的批评是对巴斯卡的误读，原因就是巴斯卡的书太难把握了，开始没有完全理解。现在情况变了，研究巴斯卡辩证法的学者越来越多。

其二是创新性。批判实在论突出特征是辩证法理论的创新性，巴斯卡从马克思对黑格尔辩证法批判中发现辩证法的创新和发展的多种可能性，辩证法的理论形态不是固定不变的，而是不断发展变化的，世界的辩证发展包括辩证法理论体系自身的发展。因此，巴斯卡对辩证法的理论创新应该给予肯定性的评价。巴斯卡的自由辩证法与马克思的历史辩证法是一种互补关系，而不是推翻与取代的关系。巴斯卡从新的角度发展了辩证法，阐释了辩证法的当代价值，是对否定辩证法的后马克思主义的理论回应。批判实在论辩证法理论的四个维度体现了辩证法的多样性及开放性，当代英美马克思主义对辩证法理论研究形成了好几个有影响的流派，增强了马克思主义研究的理论活力和理论竞争力。

其三是当代性。奥尔曼先生追问："今天我们谈论辩证法有何意义？今天我们还需要辩证法吗？"[①]巴斯卡对这个问题作了明确回答。面对当代世界的新变化、新特征，需要新的理论话语和方法，面对后现代主义思潮在世界各地蔓延，辩证法遭到否定和抛弃，各种取代辩证法的学派和理论纷纷登场，捍卫辩证法的当代性是重要的理论任务。马克思主义的传统就是辩证法的传统，用辩证法发展马克思主义，用辩证法解释当代世界，卢卡奇、萨特、阿多诺、巴斯卡都属于这个传统。维护辩证法的当代价值，仍然是当代英美马克思主义最具活力的研究热点。

关于辩证法的当代价值，詹姆逊认为马克思主义的辩证法仍然在三个领域具有价值：一是意识形态批判领域，在把握意识形态多样性与主体身份多重化方面辩证法具有价值；二是历史叙事学批判需要辩证法，认识当代世界的深刻变迁，辩证法是不可或缺的；三是当代世界充满了矛盾和冲突，当代思想理论也是充满矛盾和冲突，正确认识和把握当代世界和当代思想理论的深刻矛盾性，需要辩证法的矛盾分析理论。[②] 正如布洛赫所说，哪里充满矛盾，哪里就需要辩证法。德里达说，辩证法就是发现矛盾，思考对立东西的统一性。巴斯卡说，辩证法是自由的宣言、解放的号角。因此可以说，辩证法不是对世界的简单预测，而是对当代世界矛盾的深入思考和剖析。面对全球化与当代资本主义霸权，辩证法仍然是认识世界和改变世界锐利的思想武器。

---

① [美]奥尔曼：《辩证法的舞蹈》，田世锭、何霜梅译，高等教育出版社2006年版，第200页。

② Fredric Jameson, *Valences of the Dialectic*, London: Verso, 2009, p. 279.

其四是反思性。巴斯卡开创了对马克思主义辩证法形态的新反思。关于马克思主义辩证法体系的构成存在激烈争论，概括地讲三种解释影响非常大：(1)马克思的辩证法是体系辩证法；(2)马克思的辩证法是历史辩证法；(3)马克思的辩证法是自由辩证法。[①] 这样问题就出现了：马克思主义的辩证法有三种形态，哪一个解释是正确的？这是当代辩证法研究的难点和重点问题。巴斯卡对辩证法的研究成果，给我们解决争论、深化认识，探索马克思辩证法之谜、辩证法的性质，提供了新解释的可能性。笔者在这里做一个大胆假设：马克思的辩证法应该具有三种形态，三种形态之间的关系不是排斥关系，而是相互联系、相互补充的整体。如果把马克思的辩证法看成是一个完整体系，可以结束持续多年的争论，三形态都具有丰富的成果和深入的研究。套用巴斯卡辩证法的术语，三形态缺失(absence)的是总体性统一工作，深入研究辩证法三形态的内在统一性，也许为马克思主义辩证法当代创新研究提供了新的理论空间。

巴斯卡的《辩证法：自由的脉搏》是一部专论辩证法的巨著，结构宏大，论题广泛，论证详细，新意迭出。他突出的理论贡献是开创了阐释辩证法的新角度，他把辩证法视为对自由的追求，把自由解放价值看成是辩证法的核心。辩证法的价值取向就是让缺失的自由出场，去除对自由的限制，在现实社会领域，就是消除当代资本主义的主人与奴隶总体性关系，即压迫性的统治关系，这无疑对我们研究马克思主义辩证法的当代价值具有重要启发意义。

---

① 体系辩证法学派与历史辩证法学派存在激烈争论，参见 Bertell Ollman and Tony Smith (eds.), *Dialectics for the New Century*, New York: Palgrave, 2007; Fredric Jameson, *Valences of the Dialectic*, London: Verso, 2009。

第五章 后马克思主义错位辩证法的理论取向剖析

错位理论是拉克劳为解构辩证法而提出的，所谓“错位”是指特定的政治认同、意识形态话语、社会建构规则等方面被社会冲突和政治对抗所颠覆。社会错位引发了一系列政治后果，其中最主要的表现是：社会结构的话语构造特征越来越明显，社会实践活动的重复性越来越少，社会结构的去中心化趋势越来越严重。对错位及其后果的反思，是后马克思主义重要的政治议程。错位理论是对当代政治认同方式全面转型深入思考的产物，社会身份的多样化与政治认同的多元化是后马克思主义认同政治学着重探索的主题，错位理论的哲学取向是为了进一步阐释政治认同不需要依赖传统马克思主义的辩证法建构逻辑。

错位理论是后马克思主义话语逻辑代替辩证逻辑的产物，拉克劳和墨菲把错位理论应用于分析认同政治的建构逻辑，在《霸权与社会主义策略》一书中，拉克劳和墨菲用领导权理论阐释政治认同的构造过程，提出了一种政治本体论的政治理论，强调社会本体论的不可能性。[①] 但这一认同政治学的理论规划被一些学者批评为社会概念的缺失，其原因是拉克劳在分析政治现象时忽视了对社会结构的分析。特别是在经济全球化和后工业社会来临的背景下，当代社会发生深刻转型，伴随着新社会运动的兴起，新的社会身份不断涌现，社会结构日趋复杂化，多元政治认同逐渐取代了传统的二元政治认同（左与右、无产阶级与资产阶级），这些新变化都急需得到理论上的解释。但是，拉克劳却主张“社会的不可能性”、“社会不是话语的有效客体”、“社会并不先于话语而存在”等观

① Ernesto Laclau and Chantal Mouffe, *Hegemony and Socialist Strategy: Towards a Radical Democratic Politics*, London: Verso, 1985, p. 192.

点[①]，排除了对社会结构变化的分析，所以招致了一系列批评。为了回应这些批评，消除话语理论认同政治学的不完善之处，拉克劳开始转向思考社会结构复杂性与政治认同多元性的关系问题，为了能用新的话语阐释这些新问题，拉克劳在《我们时代革命的新反思》一书中提出了新的分析范畴——错位理论（dislocation）。

第一节　错位辩证法的三个维度

那么，什么是错位呢？德里达的解构主义用"他者"概念来解释差异，拉克劳和墨菲把"他者"概念借用过来解释政治认同建构的条件和可能性，后马克思主义认同政治学理论把"他者"概念称为"外在构成性"（constitution outside），这种"外在构成性"常常会颠覆社会结构，使社会关系发生断裂。因此，"外在构成性"对认同、结构、话语、系统、社会、公共领域等方面造成颠覆，这种现象就是拉克劳所说的"错位"。托福因在《新话语理论：拉克劳、墨菲和齐泽克》一书中对拉克劳"错位"概念的解释是："一个事件的出现，导致了话语去确定化，使话语的意义链断裂，就是错位。"[②]他举例说，经济危机导致凯恩斯的话语发生错位，造成"短缺并不存在"的信条发生断裂；全球化使"民族国家是经济活动的主体"的话语错位。可见，错位既是对原有认同的否定，又是对新认同的肯定，错位造成社会关系发生断裂，既有认同陷入危机，社会结构秩序面临着新认同的挑战。

为了更好地理解"错位"概念蕴含着的"可能性与不可能性的辩证法"，我们需要考察拉克劳认同政治学视域中错位关系的三个基本维度。拉克劳提出社会错位有三个维度：时间性、可能性与自由形态。

1. 错位辩证法的时间维度

错位辩证法是强调社会错位的历史性和偶然性。当代国际学术界都不回避空间概念，自从列弗伏尔提出空间生产理论后，西方人文社会科学对空间问题的理论兴趣日渐浓厚，哈维把空间引入马克思主义研究，对历史唯物主义进行新解释，使他名声大振，拉克劳自然不会免于这些影响。因此，在《我们时代

① [美]巴斯特、拉克劳、齐泽克：《偶然性、霸权和普遍性——当代左派的对话》，胡大平等译，江苏人民出版社2004年版，第100页。

② Jacob Torfing, *New Theories of Discourse: Laclau, Mouffe and Zizek*, Oxford, UK: Blackwell, 1999, p. 301.

革命的新反思》一书中,拉克劳就把时间与空间概念引入对错位关系的分析中,他把错位的第一个特征锁定在时间性上。所谓社会错位的时间性,就是强调变化,突出历史性。空间化是对变化的排斥,“结构的空间化就是对时间的消除”①,这种空间化是通过重复来确立的结构,任何结构只要存在客观规律支配,就具有重复性,就是空间性的,重复性体现了规律的客观稳定性。在空间化的结构中没有错位的位置,时间化导致了重复性的失灵,才是一个事件,时间不能支配空间,时间是错位的结果。任何错位都是时间性的,因此,具有历史性和偶然性。

2. 错位辩证法的可能性维度

错位辩证法认为,错位就是变化,变化就蕴含着可能性。但是,这种可能性不受结构支配,也就是说,变化的方向是不确定的,错位的可能性是多样性的可能性。这种可能性和亚里士多德的“可能性”概念不同,亚里士多德的可能性是把变化看作发展,从可能性向现实性的转化受目的支配,因此,亚里士多德的可能性是单一的可能性。但是“错位的可能性是开放的可能性”②,在错位的结构中,变化不受目的支配,可能性变成了真正的可能性。拉克劳其实是在强调错位是对客观性的解构,他说的“开放的可能性”实际是人的能动性,因为结构的错位是构成性的,错位的结构不能提供转化的原则,错位性的结构打开了多样性的可能性。结构错位摆脱了结构规律的支配,错位的可能性是重新面对众多不确定性的可能性。但是,社会结构错位并不意味着一切都是可能的,所有的限制都消失了,只是强调多样性变化的可能性。

3. 错位辩证法的自由维度

错位是一种自由形态,拉克劳认为,所谓“自由就是确定性的缺失”,自由并不是主体摆脱了结构的压制,或者因为结构错位使主体获得了自由,自由是结构不确定性建构的产物。结构主义排除了选择的可能性,人的行动完全受结构必然性的支配,结构主义的自由观是:“不是我在说话,而是结构通过我在说话。”③存在主义又走向另外一个极端,排除了结构的决定性,人天生就是自由的。存在主义的自由观完全抛弃了必然性,人就转化为绝对的选择者,脱离必然性的自由是绝对的自由,绝对的自由就不再是理性化的自由。拉克劳认为结

---

① Ernesto Laclau, *New Reflections on the Revolution of Our Time*, London and New York: Verso,1990, p.32.

② Ernesto Laclau, *New Reflections on the Revolution of Our Time*, London and New York: Verso,1990, p.42.

③ Ernesto Laclau, *New Reflections on the Revolution of Our Time*, London and New York: Verso,1990, p.43.

构与自由的辩证关系是:“结构不能决定我,并不是因为我的本质独立于结构,而是因为结构并不能完全建构自身,因而也不能把我建构为一个主体。”[①]错位的自由并不是说社会行动者没有对社会结构的认同,而是对社会结构认同的失败。自由是对确定性不在场的表达,结构的非决定性越大,社会的自由也就越高。

总之,错位关系三个纬度的哲学取向是对结构的解构。错位的时间性说明“事件”(event)在本质上外在于结构,不能把事件描述为结构的内在要素;可能性是源自结构错位出现的可能性,而不是结构本身的可能性;自由是确定性的缺失,强调社会不能成功地构造结构的客观秩序。

错位理论表达了一种可能性与不可能性的辩证法,这种辩证法是对主体能动性与结构客观性关系的新阐释,社会错位导致新的社会对抗出现,造成既有的政治认同出现危机;同时,由于新的社会对抗的出现,导致社会走向错位,社会错位又促使新的认同出现,引发社会主体不断地重塑自己的社会认同形式,错位理论的理论取向是为了进一步阐释政治认同的建构逻辑。

第二节　社会错位与社会转型

拉克劳与墨菲认为,冲突与对抗是当代政治的本质,忽视冲突与对抗就是忽视政治[②],忽视错位辩证法。当代社会的深刻转型引发了一系列的冲突与对抗,冲突与对抗导致了社会错位,社会错位引发了一系列政治后果,其中最主要的表现是:社会结构的话语构造特征越来越明显,重复性的社会实践活动越来越少,社会结构的去中心化趋势越来越严重。

1. 社会结构的话语建构性特征越来越明显

社会结构与主体能动性的关系问题是一个争议非常大的理论问题,围绕这一问题当代主要哲学流派展开了激烈争论,拉克劳从认同政治学错位理论的视角出发分析错位结构,自然也介入了这一重要理论问题的争论中,试图对这一理论难题作出新的解释。

经典马克思主义认为,社会结构与主体能动性存在区别:一个是物质性的、一个是意识性的;二者的关系有先后,社会结构第一性,主体能动性第二性,社

---

① Ernesto Laclau, *New Reflections on the Revolution of Our Time*, London and New York: Verso,1990, p. 44.

② 参见[美]查特尔·墨菲《政治的回归》,王恒、臧佩洪译,江苏人民出版社 2001 年版,第 126 页。

会结构决定主体能动性,主体能动性反作用于社会结构。拉克劳把这种观点称为"本质主义决定论"。话语理论强调结构并不拥有优先性和客观性,结构与能动性也没有严格的区分界限。拉克劳坚持认为,能动性来源于结构的错位,即结构决定性的失灵,而不是对结构规律的尊重和认识。错位理论揭示了结构的话语构造特征,揭示了结构可能性与不可能性的辩证关系,同时,结构错位否定了原有的认同,同时为新的认同提供了可能性。

全球化导致社会变革节奏的加快,使社会结构错位发生的可能性增大,这样就导致了更多的"历史意识"的出现。拉克劳所说的"历史意识"是什么意识呢?肯定不是社会结构受客观规律支配发展变化的历史意识,在拉克劳看来,历史意识恰恰是对这种客观性机械历史观的突破。在话语理论的视域中,社会是话语建构的产物,所谓"历史意识"就是对社会结构变化所显示出来的社会话语建构性特征更加明确的认识。可见,历史意识强调新话语认同力量的出现不具有必然性,"在这样的意义上,偶然的政治结构的范围被大大地扩展了"①。例如,资本主义的兴起导致传统社会商品化,传统社会关系遭到解体,市场逻辑日益支配了社会生活,资本控制的大众传媒操纵着社会舆论和人们的意见。拉克劳认为,商品化现象导致传统社会关系处于多重错位中。一方面,"资本主义的扩张打破了世界"封闭性,是许多从属关系产生的源头;另一方面,社会关系的错位激起了新的社会行动者登上历史舞台,加入到反抗社会不平等的队伍中。因此,正是由于新的行动者走向错位领域,他们就必须持续不断地重塑自己的社会认同形式。

2. 重复性的社会实践活动越来越少

社会结构历史性就是错位逻辑的不确定性。结构错位的位置,其实也是主体能动性的位置,这个位置同时也是新历史行动的起点。错位辩证法意味着偶然性开始把必然性排挤出理论舞台。"历史行动新的可能性是结构错位的直接后果。"②总之,错位逻辑所展示的是社会客观性的建构性和结构规律性的不确定性。历史规律的重复性越来越少,意味着主体能动性越来越大。传统哲学认为,规律之所以是规律,就是因为其具有稳定性和重复性;后马克思主义错位理论则认为,规律只是一种话语建构,传统规律观是本质主义决定论的规律观。

由于社会错位越来越多,社会实践的重复性就越来越少,为了应对社会错

① [美]巴斯特、拉克劳、齐泽克:《偶然性、霸权和普遍性——当代左派的对话》,胡大平等译,江苏人民出版社2004年版,第308页。

② Ernesto Laclau, *New Reflections on the Revolution of Our Time*, London and New York: Verso, 1990, p. 40.

位，导致主体能动性的作用越来越大。拉克劳指出："一个结构错位得越多，其不受结构决定的决策领域就扩展得越广。"[①]这种不受结构控制的行动领域的扩大削弱了历史重复性，其结果是导致了主体作用的增大。拉克劳不喜欢传统哲学的"主体"概念，认为这是一个本质主义术语，他使用时要打引号。从拉克劳的后结构主义立场看，主体只是错位结构与能动性之间的一个间距，也就是说，主体是一个话语位置，主体的位置就是结构错位的位置。主体的认同"总是处在形成过程中，从未完全结束"[②]。

前面我们提到，结构与能动性的关系问题一直是哲学和社会科学许多学派之间一个争论非常激烈的问题，特别是结构主义与后结构主义在这个问题上尖锐对立。拉克劳通过"错位"概念介入了争论，其路径是解构这一问题。错位理论认为：被结构决定的东西越少，需要被建构的东西就越多，但是，这不是社会结构的建构，"而是社会行动主体的建构，后果是他们改变了自己，并且形成了新的认同"[③]。错位逻辑表现了解构与建构的辩证法，反映了结构与能动性相互转化和相互颠覆的关系，宣布了结构与能动性不存在明确的区分界限。

当代社会的政治认同具有更多的不确定性，人们有更多的自由去选择自己的身份和认同，当代社会也是一个不确定性和差异性增大的社会，其中社会关系的再生产对重复性实践经验的依赖性越来越少。

3. 社会结构的去中心化趋势越来越严重

社会错位理论揭示了社会结构的去中心化的趋势和逻辑，其逻辑就是社会反抗不断颠覆结构的中心，一个结构要维护自己的稳定和秩序需要一个确定的中心，通过中心支配自己的结构关系。社会对抗力量的存在是结构非中心化的根源，对抗破坏了结构的稳定和秩序，结构去中心化趋势就是错位。因此，错位反映的并不是结构的崩溃，而是结构的去中心化趋势越来越严重。

这里有一个问题：什么是结构的中心呢？简单地讲，应该是对结构性质起支配和决定作用的要素和部分。在政治领域，社会权威就是社会的中心，社会权威在维护社会结构秩序的稳定性方面起举足轻重的作用。但是，社会对抗力量的存在对社会权威形成挑战，使社会权威不能成为完整的权威，不能成为绝

---

① Ernesto Laclau, *New Reflections on the Revolution of Our Time*, London and New York: Verso, 1990, p. 39.

② [英]乔治·拉仑：《意识形态与文化身份：现代性和第三世界的在场》，戴从容译，上海教育出版社2005年版，第215页。

③ Ernesto Laclau, *New Reflections on the Revolution of Our Time*, London and New York: Verso, 1990, p. 40.

对的权威,"这就是所谓的去中心化结构"①。也就是说,去中心化结构不是中心的不在场,而是揭示了通过社会对抗消解社会中心实践的存在。中心在错位中出场,同时又被错位解构,没有错位就无所谓"中心",如果结构是封闭的,错位也就不可能发生,所以错位是中心可能性与不可能性的条件。一个没有错位的结构其内部各要素之间具有同一性关系,那样任何成分都不具备成为中心的资格;相反,如果结构发生了错位,中心就有可能出现。为什么会这样呢?因为错位是由于社会对抗和冲突引起的,为了应对社会错位,修复社会关系的破裂,需要围绕特定的节点、特定的话语,提出特定的社会想象,重新塑造社会秩序。

因此,缝合社会裂口行动的出现也就是社会结构中心的出现了,可以这样概括这个观点:拉克劳的错位理论不再是对结构的简单放弃和否定,而是想证明结构的不完整性、开放性和中心的不稳定性。在拉克劳看来,结构主义的错误是否定能动性,但是结构主义也有理论贡献,就是证明了社会结构的关系性特征,在此基础上,错位理论则进一步强调社会结构的关系特征其实是话语构造特征。因此拉克劳说,错位是结构确立中心的可能性与不可能性的条件。

第三节　社会错位与社会革命

社会错位理论与马克思主义政治哲学是什么关系?有人认为错位理论是对马克思主义政治哲学的解构,已经偏离了马克思主义的基本立场。但是,拉克劳却认为,对错位及其政治后果的反思就存在于马克思主义的传统中,也就是说它并没有外在于马克思主义理论的发展历程。拉克劳举例说,恩格斯1895年对马克思的《法兰西内战》序言的总结中就体现出这样的思想:如果资产阶级革命呈现出与民主越来越少的联系,那么,民主革命所具有的资产阶级特征就会越来越少。② 在马克思的著作中也表达了相同的错位思想:发生在德国的资产阶级革命将会是即将到来的无产阶级革命的一个序曲。③

一、社会结构错位的政治后果

社会结构错位的政治后果是创造了"革命的契机"。拉克劳认为,马克思恩

① Ernesto Laclau, *New Reflections on the Revolution of Our Time*, London and New York: Verso,1990, p.39.

② Ernesto Laclau, *New Reflections on the Revolution of Our Time*, London and New York: Verso,1990, p.45.

③ 参见《马克思恩格斯全集》第22卷,人民出版社1965年版,第602页。

格斯关于无产阶级与资产阶级革命发生错位的思想表明:结构的错位创造了主体发挥能动性的机会,社会的错位为新的政治可能性提供了条件。错位不是用一种社会结构规律取代另一种社会结构规律,相反,它是反映出结构规律发生了错位,也就是规律出现了失灵。拉克劳认为,马克思在其著作中探讨了资本主义社会结构的不平衡性问题,不平衡加深和发展的后果会引起错位,不平衡性是社会结构发生错位的原因。在后马克思主义看来,历史的发展不受必然性的客观规律支配,而是在不平衡基础上受错位创造的可能性的支配。拉克劳强调,话语理论描述的"社会结构错位"概念与马克思主义的"社会矛盾"概念不是同一个范畴,不平衡引起的"错位"和马克思主义辩证法语境中的"矛盾"概念完全不同。二者的区别是:矛盾是结构的必然要素,矛盾存在于结构之内,因而由于矛盾内在于结构,矛盾具有表达自己的理论空间;错位并不是社会结构自身转化的一个必然要素,而是反映建构社会结构完整性的失败,错位是社会结构不能成功建构自身的表现。因此,错位"打开了不同的可能性,并拓宽了历史主体的自由领域"①。

拉克劳指出,在马克思主义传统中就有把社会结构错位转化为政治策略的理论设想,列宁的"社会主义一国胜利论"使这一设想成为现实,并且得到了进一步的丰富和发展。对于列宁来说,革命行动的可能性是建立在结构不平衡的基础之上,结构不平衡就是结构错位。资产阶级与无产阶级之间结构上的不平衡,是资产阶级不能领导民主革命的根本原因。因为资产阶级软弱无力,无法完成民主革命的历史任务,需要无产阶级来完成,这就超越了民主革命的任务,提出走向社会主义的要求。列宁的"社会主义一国胜利论"的成功就建立在四重错位关系之上:(1)经济基础与上层建筑关系的错位,在东方经济落后国家可以实现先进的社会主义;(2)国家与市民社会关系的错位,沙皇专制制度颠倒了国家与市民的正常关系;(3)民主革命和作为完成这一革命代表的阶级发生了错位,资产阶级革命由无产阶级来领导;(4)民主与社会主义关系的错位,本应是继承关系,而现在却变成了链接关系。② 由此,四重错位关系奠定了把结构错位转化为社会主义革命实践的可能性。

二、社会错位理论和可能性与不可能性的辩证法

革命的可能性并不是产生于支配整个历史发展的客观规律中,而是产生于

① Ernesto Laclau, *New Reflections on the Revolution of Our Time*, London and New York: Verso, 1990, p. 46.

② 参见[美]查特尔·墨菲《政治的回归》,王恒等译,江苏人民出版社 2001 年版,第 115 页。

不被任何结构所把握的不平衡结构的错位中,规律依赖客观必然性,不平衡性显示了错位的偶然性。为什么不平衡就是错位的结果呢?拉克劳认为有以下几个原因:第一,不平衡性结构不具有客观性的运动规律,而是客观规律运行的失败,是证明客观规律不客观,结构的偶然性大于必然性。第二,不平衡性是由于结构之外的因素导致了结构断裂,也就是所谓的"错位",这是外在构成性,发展的不平衡性不是由社会结构的客观因素造成的,不平衡性是由结构之外的因素导致的结果,也就是说不平衡是错位的结果。第三,不平衡性所引起的结构错位丧失了本质统一性,这意味着错位结构是一个开放的结构,危机可以通过多种方式加以解决,社会断裂导致结构出现许多需要修理的裂缝,缝合这些社会裂缝就是政治行为。拉克劳说:"结构的重新链接是一种明显的政治链接,严格地说,不平衡领域就是政治领域,而且结构的错位越多,政治领域的扩展就越大。"[①]第四,结构的错位引起主体认同的变化。拉克劳一直强调,错位的出现就是主体的出现,错位结构的重新链接必然包括主体认同的建构。主体的链接就是主体新认同的建构,社会的建构就是主体的建构,由于错位的发生,新的政治主体走上政治舞台,原来的政治认同随之发生了改变。第五,结构的错位越大,从中产生出的政治建构的不确定性就越大。

拉克劳热情地赞扬了列宁的政治实践。他认为,政治就是在不确定中展开的,政治是一个真正受主体能动性支配的领域,而不是受客观结构支配的领域,第二国际批判列宁的"唯意志论"和"冒险主义",认为列宁忽视了历史的客观性、必然性和规律性,拉克劳认为这些批判没有道理。在拉克劳看来,列宁突出的理论贡献就是在确定性中开辟出了不确定性这样一个新方向,只有通过这一不确定性的激进化才能突破决定论的束缚,新政治领域才可能得到拓展,新的政治可能性才会出现,这就是社会错位理论中蕴含的可能性与不可能性的辩证法。

三、社会错位理论的几点简评

社会错位理论是对全球化条件下当代政治认同方式全面转型进行深入思考的产物,社会身份的多样化和政治认同的多元化是后马克思主义认同政治学着重探索的主题。错位理论试图阐释在差异性社会的多元化变迁过程中特定政治认同方式建构的可能性条件。社会错位理论是对当代政治认同建构基础的新审视,是对社会关系分化和重组的新反思。社会错位理论突出了政治认同

---

① Ernesto Laclau, *New Reflections on the Revolution of Our Time*, London and New York: Verso,1990, p.50.

的不确定性和多元性，强调正是社会错位破坏了政治认同的确定性和完整性。① 社会错位理论阐释了外在性的对抗和冲突对内在性的政治认同的深刻影响，分析了当代政治认同发生深刻变化的根源。后马克思主义错位理论的几个观点值得关注：

首先，错位具有突发性，错位常常在没有准备的情况下发生，具有出乎意料的性质，而且新认同力量的突然介入也不仅仅是已经存在的现实矛盾激化的结果。在错位理论看来，美国金融危机对其他国家来说就是一个突发事件，出乎经济学的预测和政治学的防备。同时，金融危机导致了新自由主义"市场万能论"话语认同发生错位，也使"美国是最完善的市场经济"神话动摇。可以预料这些社会错位将会在全球范围内引发一系列新的政治后果。

其次，我们应该审视错位理论对当代社会身份基本特征的描述，认同政治学强调当代政治身份具有流动性和易变性，强调政治认同形式的多元性和建构性，提出了探索统领多样性政治认同的方式和途径。后马克思主义把社会看作是一种话语，而话语是一种差异规则系统，所以社会的政治认同就是多样性和差异性话语的链接。话语理论表明了认同的关系性特征，从葛兰西到拉克劳和墨菲，都非常重视对认同理论的研究，探索领导权与政治认同的密切联系。

再次，错位理论以下观点值得重视：当代社会的政治认同具有更多的不确定性，人们有更多的自由去选择自己的身份和认同。当代社会也是一个不确定性和差异性增大的社会，其中社会关系的再生产对重复性实践经验的依赖性越来越少，因此，要求不断生产社会神话，以应对越来越多的社会错位。

最后，错位理论从新的角度反思当代政治的新变化，错位出现的地方也就是政治出现的地方，结构的错位引起主体认同的变化。拉克劳反复强调，政治认同领域不是一个完整的认同领域，而是最终没有被建构起来的领域。政治不是上层建筑，也不是经济基础的功能，"'政治'是一个本体论范畴：政治的存在是因为有社会的颠覆和错位"②。结构的错位越大，从中产生出的政治可能性就越大，这是后马克思主义认同政治学的理论落脚点。

通过上面的讨论可以肯定，拉克劳的错位理论是话语理论的新发展，是后马克思主义认同政治学重要的理论基础。错位理论存在的主要问题是对话语与世界关系的颠倒，主张话语决定社会，而不是社会决定话语。国外学者在分

① 参见[美]巴斯特、拉克劳、齐泽克《偶然性、霸权和普遍性——当代左派的对话》，胡大平等译，江苏人民出版社2004年版，第77页。

② Ernesto Laclau, *New Reflections on the Revolution of Our Time*, London and New York: Verso, 1990, p. 60.

析包德里亚的“超真实”概念时指出,包德里亚的后现代主义文化观是:“把电视放大为世界,把世界缩小为电视。”①我们套用这一表达格式,可以这样形容拉克劳:“把话语扩大为世界,把世界缩小为话语。”后马克思主义错位理论具有矛盾性,过分夸大政治认同建构的话语特征和不确定性,过分低估了政治认同依赖的社会客观性和结构必然性,这种矛盾制约了后马克思主义对当代政治认同方式新变化的全面阐释。虽然错位理论具有原创性,对当代政治认同建构方式转型及其构造逻辑的揭示具有一定的合理性,但是话语理论持有反实在论立场,坚持建构主义哲学,偏离了历史唯物主义基本立场和辩证法的主要原则,这是后马克思主义认同政治学错位辩证法出现错位的方法论根源。

① Madan Sarup, *An Introductory Guide to Post-structuralism and Postmodernism*, London: Harvester Wheatsheaf, 1993, p. 163.

第六章　伊格尔顿对"马克思主义是乌托邦"的辩证批判

后马克思主义认为,马克思主义的解放叙事是乌托邦的宏大叙事,在后现代已经没有任何价值,这种乌托邦的辩证法应该完全抛弃。所谓"乌托邦的辩证法"并没有确切的界定,有的学者认为,乌托邦的辩证法就是一种社会理想的颠倒逻辑,乌托邦具有积极与消极两个方面的价值。积极方面给社会认同提供社会想象,确立人类社会的历史走向;消极方面是消解社会认同,把社会理想转变为社会神话,促使人类社会在历史的十字路口徘徊。也有学者认为,乌托邦的辩证法就是表达"马克思主义既是乌托邦的,又是反乌托邦的",马克思主义是"一种反乌托邦的乌托邦主义,这是马克思主义的特色"。[①] 鲍曼在《从立法者到解释者》一书中说,伴随着后现代的到来和知识分子地位的边缘化,启蒙运动的进步历史观已经被抛弃,启蒙辩证法揭示理性规划的美好社会是乌托邦的辩证法。就是说,在现代人们把乌托邦看作是可以实现的真实理想,而在后现代人们把真实的理想看作是虚幻的乌托邦,因为后现代主义已经把建立社会理想的基础破坏了,后现代主义宣布不再相信人类社会存在解放与进步的宏大叙事。那么,马克思主义是不是乌托邦?马克思的解放话语是不是乌托邦话语?特里·伊格尔顿对这些问题进行了思考。

第一节　马克思主义是乌托邦吗?

英国著名马克思主义学者特里·伊格尔顿在其《马克思为什么是对的?》一书中指出,今天人们经常听到这样的发问:马克思主义的社会理想是乌托邦之

① [英]史蒂文·卢克斯:《马克思主义与道德》,袁聚录译,高等教育出版社 2009 年版,第 46 页。

梦吗?“现在经常听到一些人说共产主义理想好是好,但是非常遥远,被证明是一个乌托邦之梦,不切实际。”[①]确实,这些否定马克思主义的论调从马克思主义诞生之日起就一直存在,现在更是经常可以听到。西方左翼学者也在不同场合、以各种方式反驳这些奇谈怪论;但是,伊格尔顿认为,这些驳斥并没有把“马克思是乌托邦主义”的观点彻底击退。

为了回应这些挑战,伊格尔顿推出《马克思为什么是对的?》一书,在新的历史条件下对这些否定马克思主义的观点给予了新的批判,而且非常有说服力地批驳了“马克思是乌托邦主义”的观点。这本书2010年一出版就在世界范围内引起极大关注和热烈的评论;由于这本书文字平实,深入浅出,通俗易懂,举重若轻,所以这本书在互联网上迅速传播,赞扬声和批判声一起涌来。美国亚马逊网站出现大量评论,其中的读者“五星”评论指出:“面对当前已经如行尸走肉般的资本主义,这本书回归到马克思的基本思想,并发掘出其哲学理论中的本质力量。他没有回避马克思思想中的不足,但又充分阐述了马克思对当今社会强大的影响力。”[②]

自2008年全球金融危机爆发以来,资本主义制度受到了广泛质疑,资本主义内部的各种痼疾纷纷显露,从城乡差距、贫富不均到经济掠夺问题,加上资本主义霸权在金融海啸中显露的腐败和贪婪,提供了一个让整个世界重新认识资本主义、重新认识马克思主义的契机。作为一位坚定的马克思主义者,伊格尔顿挺身而出,为马克思主义辩护,总结出10个常见的否定马克思主义的观点,并逐一进行了反驳。他反驳的这10个观点是:(1)“马克思主义的时代过去了”;(2)“马克思主义的实践导致了独裁和暴政”;(3)“马克思主义是一种宿命论”;(4)“马克思主义是乌托邦梦想”;(5)“马克思主义是经济决定论”;(6)“马克思见物不见人,对人类精神世界毫无兴趣”;(7“马克思主义的阶级学说无用过时”;(8)“马克思主义者倡导暴力政治”;(9)“马克思主义相信国家万能”;(10)“过去40年中,所有引人注目的激进运动都源自马克思主义以外的思想”。

在对这10个挑战的回应中,伊格尔顿对“马克思主义是乌托邦”问题的回应特别值得关注,因为伊格尔顿有力地批判了“马克思主义是乌托邦”的错误观点。下面是对“马克思主义是乌托邦”观点的概括:

马克思主义不过是乌托邦之梦。它将希望寄托于一个完美的社会,那

① [英]特里·伊格尔顿:《马克思为什么是对的?》,李杨、任文科、郑义译,新星出版社2011年版,第87页。

② 网易读书,http://data.book.163.com/book/home/009200190002/000BHdWE.html,2012-9-19。

里没有艰难，没有痛苦，没有暴力，也没有冲突。在共产主义的世界里，没有对抗、私利、占有、竞争或者不平等。人人平等，毫无贵贱之分。人不再需要工作，人与人之间和睦相处，物质财富源源不断。这种出奇幼稚的想法来源于对人性的轻信。它完全无视人性的险恶，忽略了这样一个基本的事实：人生来就是自私、贪婪、好斗而富于竞争性的动物，而且任何社会变革都不能改变这一点。马克思对未来的天真想法反映了他整体政治思想的荒谬与不切实际。[①]

伊格尔顿从三个方面回应这些指责，并且对这些奇谈怪论给予了有力批驳。

第二节　马克思对乌托邦概念的理解

“你们那个马克思主义的乌托邦里也有交通事故吗？”这是西方马克思主义者经常听到的冷嘲热讽。特里·伊格尔顿认为，这种评论往往更多地反映出问话者自身的无知，而不是马克思主义者的幻想。因为，如果乌托邦意味着一个完美无瑕的社会，那么“马克思主义是乌托邦”本身就是一个自相矛盾的概念。

威廉·莫里斯是英国最伟大的马克思主义革命者之一，他创作的《乌有之乡的消息》是关于乌托邦的不朽之作，这本书详细展示了政治的变革是如何进行的。伊格尔顿指出，虽然马克思对空想社会主义者的批判精神给予了高度评价，大力推崇他们向往美好社会的激情；但是，马克思对那个没有痛苦、死亡、损坏、失败、崩溃、冲突、悲剧，甚至没有劳动的“乌托邦”未来根本不感兴趣。众所周知，马克思根本没有具体描述社会主义社会或者共产主义社会究竟是什么样子，他的批评者可能会因此而批评他的理论过于暧昧不明。伊格尔顿认为，那些批评马克思社会理想“过于暧昧不明”，正好说明那些指责马克思“勾勒乌托邦蓝图”的论调是站不住脚的。

伊格尔顿说，马克思对未来社会的细节往往只字不提，马克思坚信共产主义社会必然会实现，但马克思很少详细描绘这个必然到来的未来社会到底会是什么样子。马克思的这种沉默是有原因的：因为未来还并未到来，因此设想的未来景象只不过是一种预测。马克思认为未来是不可避免的，但不可避免的事

---

① 参见[英]特里·伊格尔顿：《马克思为什么是对的？》，李杨、任文科、郑义译，新星出版社 2011 年版，第 88 页；腾讯读书《马克思为什么是对的？》，“当前西方反马克思主义观点之四”，网址 http://book.qq.com/s/book/0/24/24888/。

物并不一定就是人们喜欢的，生命的有限性就是不可避免的，而对于大多数人来说，他们不希望看到生命的终点。伊格尔顿认为，从辩证法的立场看，不可避免的事物有好有坏，不一定都是好的事物，马克思虽然对这一点没有详细展开，但也似乎作了比较充分的考虑。

伊格尔顿指出，马克思不但反对乌托邦观念，而且也拒绝对未来进行预测。因为在马克思看来，预测未来不仅是毫无意义的，而且也是有害的。那种认为自己有能力影响未来的观点会给人们造成一种错觉，它把充满偶然性和不确定性的未来变成似乎可以预知的事物。伊格尔顿说，马克思对预测未来非常警惕，还有另外一个原因。在马克思的时代，理论界充满了各种对未来的预测，一大批理想主义和激进分子提出各种各样的预测，纷纷推断历史发展的主要趋向。这种进步历史观兴起于18世纪启蒙运动，伊格尔顿认为："启蒙运动与社会主义革命风马牛不相及。"[①]为何这样说呢？启蒙运动的进步历史观缺乏历史辩证法的高度，不了解历史发展的曲折性，对于历史发展的估计过于乐观。这也反映了早期生机勃勃的欧洲中产阶级的自信，在他们眼中，理性将推翻暴政，科学将战胜迷信，和平将驱除战争，全人类都将进入一个个人自由、社会和谐、商业繁荣的新时代。

马克思主义当然不会认同这样自大自满的乐观主义幻觉。诚然，马克思相信人类的文明和进步；但在他看来，文明和进步总是与同愚昧和野蛮的斗争密不可分的。

我们认为伊格尔顿以下的观点非常有价值：对马克思来说，乌托邦主义描绘出的社会蓝图分散了人们对现实生活中政治任务的注意力。那些投入畅想美好未来中的精力，如果用在政治斗争中将会更有成效。作为历史唯物主义的创立者，马克思对那些脱离了历史现实的观点都保持审慎的态度，并且认为这种观点的产生可以在历史中找到原因。任何有闲暇时间的人都可以设计出一个更美好的未来，就像有些人一生都在构思一部伟大的小说，却从来没有动笔写过一个字。马克思认为，重要的不是对于理想未来的美好憧憬，而是解决那些会阻碍这种理想实现的现实矛盾。改变世界就是要为人们指出解决问题的合理方向，这正是马克思和所有马克思主义者的历史使命。[②] 综上所述：马克思不但不拥护乌托邦构想，相反，马克思旗帜鲜明地反对乌托邦的政治构想。

---

① ［英］特里·伊格尔顿：《马克思为什么是对的？》，李杨、任文科、郑义译，新星出版社2011年版，第92页。

② 参见［英］特里·伊格尔顿《马克思为什么是对的？》，李杨、任文科、郑义译，新星出版社2011年版，第94页。

第三节　马克思是否因为忽略人性而陷入空想

反对马克思的批评者认为，马克思的共产主义社会之所以是错误的，不切实际，陷于空想，就是因为“马克思主义对人性的看法过于理想化”了。许多马克思主义的批评者认为，马克思的共产主义理想是一个梦想，梦想着能建设一个人人都能像亲兄弟一般携手共进的未来社会，幻想着敌对、嫉妒、不平等、暴力、攻击性行为和竞争都将从这个星球上彻底消失。他们认为，马克思期待实现一种叫作“共产主义”的最高道德，这种共产主义道德“恐怕连天使也难以达到”。马克思坚信共产主义，就是彻底忽略了那些有缺陷的、扭曲的、永不满足的“人性”。[①] 这些对马克思的指责有没有根据呢？伊格尔顿认为，事实上，这些抨击在马克思的著作中几乎找不到任何依据，是那些马克思的批评者强加到马克思头上的。

一些英美的马克思主义学者试图对这种指责作出新的回应，但由于对这些理论问题思考得不全面，给出的回答没有说服力。伊格尔顿指出，这些英美马克思主义学者的基本观点是：如果马克思忽略了人性，那是“因为马克思根本不相信人性”。还有一些马克思主义者认为，所谓“人性”论不过是政治上毫无作为的借口，人性的观念是资产阶级利己主义意识形态。这种错误的意识形态反复地强调人类的软弱、腐败、自私自利，不断地向人们强调“自私自利”人类本性有史以来都没有一丝改变，而任何试图实现激烈的社会变革的努力最终都将因此而失败。

伊格尔顿指出，“自私自利的人性不可能改变”的观点成为否定马克思的共产主义理想的主要论据。伊格尔顿抓住了问题要害，他针对以上挑战提出了新的批判性论证：首先，他坚持认为人性具有历史性，并没有什么无法改变的核心的内容，塑造了人类社会的阶段因素是历史，而不是所谓“人性”。人类的历史就是不断变革的历史，所以人类一定可以通过改变历史环境而改变人类自身。其次，因为人类是会劳动、有欲望、会说话的生物，人类就有能力在那个称作“历史”的过程中改变自己的状况。而在这一过程中，人类也同时改变着我们自己，换句话说，历史变革与人性并不矛盾，而是辩证统一的。再次，到目前为止，剥削和不平等一直都是人类创造物质生活方式的一部分，因此就需要一种政治制度

① 参见[英]特里·伊格尔顿《马克思为什么是对的?》，李杨、任文科、郑义译，新星出版社2011年版，第108页。

来控制剥削和不平等带来的冲突。当然，人类还通过其他象征性的方式表达这种秩序，无论是艺术、神话还是意识形态。最后，在马克思看来，人类自然的天性赋予人类某些权利和能力。人类只有在自由地实现这些权利，并以此作为目的，而不是单纯地为了某种功利目的实现这些权利时，才是最符合人类天性的。[①]

第四节　真正的历史过程是否可以预测

“真正的历史能不能预测?”伊格尔顿提出追问。他的回答是“史前阶段”可以预测，“真正的历史”不容易预测。“史前阶段”也就前资本主义史，比马克思所说的“真正的历史”更容易预测；如果把前资本主义的某一段历史剖开，然后检视它的横切面，不用费什么劲就可以看得清清楚楚，就能够知道那里发生什么事了。但是，资本主义的“真正历史”就不容易预测了。“真正的历史”不容易预测的理由如下：

第一，即便人类最终摆脱了阻碍进步的枷锁，预言未来也只能变得更加复杂。因为到那时，每个人都有更多的自由在合理的范围内做他们想做的事情。如果他们能花更多时间追求“业余爱好”，而不是把大多数时间花在工作上，那么他们的行为将变得更加难以预测。

第二，伊格尔顿以监狱里囚犯的行为做了个比喻，他说预测出囚犯一天的行动很容易，因为他们的活动是被严格限定的，“典狱长可以很有信心地说，囚犯们周三五点起床，即便他们自己起不来也会被狱卒揪起来”[②]。但是，囚犯们一旦被释放出来，要掌控他们的行踪就没那么容易了，除非你能在他们身上安装定位系统。伊格尔顿分析道，释放前的囚犯处于“史前阶段”，释放后的囚犯就从他们被囚禁的“史前阶段”进入了“真正的历史”，这也就意味着他们现在有权利决定他们自己的生活方式，而不需要由外力为他们决定了。

第三，对于马克思而言，社会主义是这样的一个“进入了真正的历史”的起点，从这一起点开始，全人类都有权决定自身的命运。由此，社会主义成为实实在在、认认真真的民主，而不是仅仅打着“民主”幌子的政治迷局。在社会主义社会，人们生活更加自由，这样的事实也就意味着很难准确地预测他们的具体

① 参见[英]特里·伊格尔顿《马克思为什么是对的?》，李杨、任文科、郑义译，新星出版社 2011 年版，第 123 页。

② 参见[英]特里·伊格尔顿《马克思为什么是对的?》，李杨、任文科、郑义译，新星出版社 2011 年版，第 103 页。

活动，也不可能预测周三早晨五点他们会做什么。

第四，一种真正的未来局面不是现在情形的单纯延续，也不是与现在局面的彻底决裂。如果未来与现在彻底决裂，我们又怎能分清它到底是不是未来呢？过去、现在与未来的关系如奥尔曼所描述的那样是一个辩证发展过程，相互渗透和交织在一起。而且，如果可以简单地用现在的语言描述未来，那未来与现在又有什么区别呢？马克思对人类解放的认识，既反对平稳的延续，也反对彻底的割裂；这是历史的辩证法，也是未来的辩证法。[①]

因此，伊格尔顿得出结论：马克思主义乌托邦的辩证法恰恰是对乌托邦的扬弃，是对未来社会科学性的追求。他高度评价马克思“是那种世间少有的奇才，一个能保持清醒现实主义头脑的理想主义者，他将注意力从未来的美好幻想转移到枯燥的现实工作中。但正是在这里，马克思找到了真正丰富多彩的未来，他对过去的看法比很多思想家都更为阴郁，但他对未来的憧憬与很多思想家相比都更具希望”[②]。也就是说，乌托邦的辩证法是否定之否定，是对过去的批判和对未来的憧憬，是对启蒙运动奠定的进步历史观的确认和肯定。伊格尔顿对马克思的这个评价是比较准确的，具有很高的理论深度。

第五节　关于马克思对未来的科学预测

伊格尔顿的乌托邦辩证法也存在一些缺陷，主要表现在对马克思未来观的误读，认为马克思反对预测未来，不作预测，这是笔者不能同意的观点。下面谈谈对特里·伊格尔顿的一些不同看法。

特里·伊格尔顿强调马克思不仅不预测未来，而且还反对预测未来，因为马克思认为未来无法预测。我们认为他的这些观点不符合马克思的原意，如果全面考察马克思的整体思想会发现，情况正好相反，马克思不但不反对预测未来，而且根据历史唯物主义的基本原理、根据社会历史的客观发展规律对未来共产主义社会作了科学预测。

根据阅读马克思的相关著作和查阅有关资料，获得了许多支持我们观点的论据。马克思主义对未来的描述可以概括为：两大理论基石、“两个必然”、“两

① 参见[英]特里·伊格尔顿《马克思为什么是对的？》，李杨、任文科、郑义译，新星出版社2011年版，第102页。

② [英]特里·伊格尔顿：《马克思为什么是对的？》，李杨、任文科、郑义译，新星出版社2011年版，第136页。

个决不会”和一个科学预测。

两大理论基石:第一个理论基石是唯物史观,唯物史观的发现标志着唯物主义的最后完成。第二个理论基石是剩余价值学说。为了彻底批判资本主义,马克思运用唯物史观去研究资本主义社会的特殊规律,进而发现了剩余价值学说。

“两个必然”:资本主义必然灭亡,社会主义必然胜利。资产阶级的灭亡和无产阶级的胜利是同样不可避免的。

“两个决不会”:“无论哪一个社会形态,在它所能容纳的全部生产力发挥出来以前,是决不会灭亡的;而新的更高的生产关系,在它的物质存在条件在旧社会的胎胞里成熟以前,是决不会出现的。”①“两个必然”是一种新的社会形态代替另一种社会形态的必然规律,“两个决不会”则是从历史唯物主义的一般原理出发阐发一种新的社会形态代替另一种社会形态的制约性物质条件。“两个必然”和“两个决不会”在唯物论的基础上具有本质上的一致性。

一个科学预测:共产主义社会的到来。“这样一来,根据共产主义原则组织起来的社会,将使自己的成员能够全面发挥他们的得到全面发展的才能。于是各个不同的阶级也必然消灭。因此,根据共产主义原则组织起来的社会一方面不容许阶级继续存在,另一方面这个社会的建立本身为消灭阶级差别提供了手段。”②

马克思主义对未来共产主义社会的描述是:“由此可见,城市和乡村之间的对立也将消失,从事农业和工业的将是同一些人,而不再是两个不同的阶级,单从纯粹物质方面的原因来看,这也是共产主义联合体的必要条件。”③城市和乡村的对立消失非常重要,因为农业人口的分散和大城市工业人口的集中仅仅适应于工农业发展水平还不够高的阶段,这种城市和乡村的对立状态是一切进步和发展的障碍,马克思已经深深地感觉到了这一点。“由社会全体成员组成的共同联合体来共同地和有计划地利用生产力;把生产发展到能够满足所有人的需要的规模;结束牺牲一些人的利益来满足另一些人的需要的状况;彻底消灭阶级和阶级对立;通过消除旧的分工,通过产业教育、变换工种、所有人共同享受大家创造出来的福利,通过城乡的融合,使社会全体成员的才能得到全面发展——这就是废除私有制的主要结果。”④这是马克思根据历史发展规律作出的

---

① 《马克思恩格斯文集》第2卷,人民出版社2009年版,第592页。
② 《马克思恩格斯文集》第1卷,人民出版社2009年版,第689页。
③ 《马克思恩格斯文集》第1卷,人民出版社2009年版,第689页。
④ 《马克思恩格斯文集》第1卷,人民出版社2009年版,第689页。

科学预测，也是科学社会主义的必然结论。

马克思指出："在共产主义社会高级阶段，在迫使个人奴隶般地服从分工的情形已经消失，从而脑力劳动和体力劳动的对立也随之消失之后；在劳动已经不仅仅是谋生的手段，而且本身成了生活的第一需要之后；在随着个人的全面发展，他们的生产力也增长起来，而集体财富的一切源泉都充分涌流之后——只有在那个时候，才能完全超出资产阶级权利的狭隘眼界，社会才能在自己的旗帜上写上：各尽所能，按需分配！"①

从上面所引用的文献可以看出：马克思并没有拒绝预测，马克思拒绝的是脱离实际、没有任何科学根据的预测。也就是说，在马克思看来，乌托邦的辩证法和历史辩证法是两个不同的概念。乌托邦的辩证法把未来建立在想象的基础之上，缺乏科学预测的可能性条件；历史辩证法建立在对历史必然性逻辑深刻理解基础之上，唯物史观和剩余价值理论的发现使马克思的科学预测从空想变为科学，彻底摆脱了对未来社会形态构想的乌托邦色彩。因此，断言马克思没有科学预测的观点是不科学的。

詹姆逊对伊格尔顿的观点持批判态度。他认为，在当代发展马克思主义主要任务不是避免乌托邦，恰恰相反，而是需要重构乌托邦；因为马克思主义包含有科学性，但它也需要意识形态，需要重新发明一种适当的马克思主义意识形态，"一种《共产党宣言》中的预言式的话语，或者詹姆逊所定义的'乌托邦'"②。詹姆逊认为马克思主义需要一个意识形态理论，而不是像阿尔都塞那样用科学性的概念排斥意识形态的作用。詹姆逊强调说，意识形态在本质上就是乌托邦，马克思主义需要一个全新的乌托邦思想。我们认为，詹姆逊夸大了乌托邦的作用，把意识形态归结为乌托邦，这些观点是不正确的。

我们非常佩服伊格尔顿为马克思主义辩护的理论勇气和哲学说服力，特别是关于马克思主义具有强大生命力的精湛论证，环环相扣，层层推进，思路清晰，逻辑严密，令人印象深刻。但是，在关于马克思对未来预测的观点上，我们认为伊格尔顿对马克思关于未来预测的解读值得再考察，因为不符合马克思文本所提供的文献证据，在这个问题上我们持保留态度。但是，这丝毫不影响我们对伊格尔顿的敬佩之情。我们认为，他是当今在世的最杰出的马克思主义学者之一，他观点鲜明，信仰坚定，在强大的资本主义世界，他以理论批判为武器，为捍卫马克思主义的当代价值而英勇战斗。

---

① 《马克思恩格斯文集》第3卷，人民出版社2009年，第435～436页。

② ［英］肖恩·霍默：《弗雷德里克·詹姆森》，孙斌等译，上海人民出版社2004年版，第121页。

第七章　后现代马克思主义空间辩证法的当代价值

后现代马克思主义是 20 世纪 80 年代在英美马克思主义阵营中出现的一个新思潮，这一思潮的主要代表人物有詹姆逊、哈维、索亚等。这一思潮是在晚期资本主义发生深刻变化和后现代主义思潮席卷整个西方学术领域的背景下产生的。后现代主义认为，马克思主义在现代资本主义也许是正确的，但是在后现代资本主义却过时了。后现代马克思主义对这种观点持否定态度，认为，马克思主义是关于资本主义的科学，是对资本主义的批判，只要资本主义存在，马克思主义就不会过时。在后现代，马克思主义也仍然是认识和批判资本主义最有力的理论武器。后现代马克思主义承认当代资本主义发生了深刻变化，他们应用马克思的基本立场分析当代资本主义出现的新特点、新变化，发展出一种"新马克思主义观"，这一思想对我们认识马克思主义与后现代资本主义的关系具有启发意义。

第一节　后现代马克思主义的基本主张

什么是后现代马克思主义呢？学术界还没有一个公认的定义。一般认为，后现代马克思主义与对待后现代主义的态度有关联。后现代主义认为，当代资本主义社会已经从现代转入后现代，资本主义的社会结构发生了根本性断裂，传统理论已经过时。后现代主义认为，启蒙理性确立的关于历史进步的宏大叙事已经崩溃，"在后现代世界，根据利奥塔，这些叙事不再具有可靠性和合法性。这样，后现代状况便标志马克思主义传统历史叙事的完结"①。面对后现代主义

① ［英］肖恩·霍默：《弗雷德里克·詹姆森》，孙斌等译，上海人民出版社 2004 年版，第 131 页。

的挑战，英美一些正统的马克思主义学者选择了对后现代主义彻底拒绝，不承认资本主义发生了结构性的断裂或者是根本性转变；相反，英美的后马克思主义者却完全拥护后现代主义，认为马克思主义对资本主义的批判以及它的解放叙事确实失去了政治和解释力量。

后现代马克思主义者与上述两种理论态度不同：一方面，承认“后现代”的概念，承认资本主义的结构性转变已经发生；另一方面，又强调这一转变并未使马克思主义的宏大叙事失败，马克思主义仍然是认识资本主义最有效的武器。这一立场是后现代马克思主义者区别于英美传统马克思主义者和后马克思主义者的重要方面。这些区别具有以下几个特征：

首先，传统马克思主义者，如英国的马克思主义学者伊格尔顿、诺里斯、戴维斯等人都反对后现代主义，指出后现代主义并没有给马克思主义的发展提供什么有价值的东西。伊格尔顿认为：后现代主义只是一种理论幻象，它的解构方法存在严重缺陷，它本身是颓废的，政治上是倒退的，甚至是反动的。[①] 这些正统的马克思主义学者认为，后现代主义在本质上迎合了新保守主义的文化和意识形态，后现代主义不过是“用颓废的语言转述了一体化的现代主义，是对里根主义的一种调情”[②]，是对资本主义的一种文化护卫。这些马克思主义者优先考虑经济的变化，后现代主义的分析强调语言、交谈和文化。马克思主义者否认语言是自主的，因为语言是与意识形态、阶级、背景和历史纠缠在一起的。他们认为，后现代主义局限于语言的狭隘性，把任何事物归结为话语，如把社会看成是话语，这使得后现代主义成为轻浮的反政治的流派。

其次，后马克思主义者对后现代主义采取了完全接受的态度，“拉克劳、墨菲、阿罗诺维茨和拉希的著作都是后马克思主义的”[③]。后马克思主义者放弃了马克思主义的许多重要原理，他们修正了他们的马克思主义的观点以适应后现代的参照框架。他们中的有些人把后现代主义理解为一种激进的、批判的思潮，理解为继续寻求推动社会和政治的进步。而拉克劳和墨菲的后马克思主义是应用后现代主义来表达对他们对现代性和正统的马克思主义的不满。后马克思主义左派像后现代主义者一样，是反国家、反等级制度和反中央集权的。他们中的一些人认为，解构可以担当修正马克思主义的任务，能够为建立平均主义的、没有等级差别的社会主义社会的经济制度和政治制度提供保证。后马

---

① 参见[美]波林·罗斯诺《后现代主义与社会科学》，张国清译，上海译文出版社 1998 年版，第 236 页。

② Mike Davis, "Urban Renaissance and the Spirit of Postmodernism," *New Left Review*, Vol. 151, No. 5-6, 1985, p. 114.

③ [美]波林·罗斯诺：《后现代主义与社会科学》，张国清译，上海译文出版社 1998 年版，第 240 页。

克思主义者把后现代主义放在首位并且为此进行了一系列的辩解。他们断定马克思本人是开放的、理智的、灵活的，他反对真理性和终极性，后现代主义差不多也是这样。不过，有些后马克思主义者声称，二者的关系已经走到了另一个方面，如拉克劳和墨菲提出要解构马克思主义，并且明确表示挽救马克思主义的唯一办法是放弃传统马克思主义。

再次，后现代马克思主义和后马克思主义完全不同，后现代马克思主义仍然保持与马克思主义的本质同一和基本联系，他们仍然保持马克思主义的基本术语。不同的是，他们指望后现代主义为振兴、复兴和发展马克思主义提供灵感。后现代马克思主义者认为，后现代主义是建设性的，因为它提醒左派注意自身的假定所具有的弱点，他们仍然坚持马克思主义的辩证法，坚持历史唯物主义的基本原理。后现代马克思主义的一个重要理论目标是：为马克思主义在后现代社会、后工业社会、在晚期资本主义社会、在当代文化和政治领域中仍然具有重要意义，提供一种最牢靠和明确的论证。后现代马克思主义的成就"再一次提醒我们，关于'马克思主义之死'的预言大多是不怎么成熟的"①。

最后，需要注意的是，我们不能把后现代马克思主义与后马克思主义相混淆。后马克思主义的社会政治理论错误地认为，马克思主义理论诉诸政治和阶级决定，是先天的经济决定论，强调经济基础决定上层建筑是本质主义和还原论，这种意识形态必然会遇到困难。后马克思主义认为，在今天的后现代与后资本主义社会，经济已经不存在什么决定作用了，因此传统马克思主义的经济分析方法过时了，失去了理论批判意义。但是，后现代马克思主义不同意后马克思主义对马克思主义的解构，在理论上回应了后马克思主义的挑战，坚持认为马克思主义在后现代仍然具有非常重要的理论和现实意义。当然，也不能像正统马克思主义学者那样简单地把后现代主义和后马克思主义的批判完全抛开。也就是说，后现代马克思主义所面临的重要理论任务是：既不能像后马克思主义要求的那样割裂文化和经济的关系，也不能像正统马克思主义者那样乏味地再次宣称经济决定的重要作用。后现代马克思主义认为，马克思主义不会因为后现代主义和后马克思主义的解构和批判而无效，马克思主义的历史观和解放叙事并没有失去信誉。正确的选择应该是，马克思主义面对资本主义的新变化，面对剧烈变化的政治和理论环境，必须重新思考马克思主义的基本理论，必须进行理论创新，一方面要考虑全球经济化的发展，另一方面要考虑文化多样性的后现代趋势，对经济、文化和政治之间的复杂关系作出新的解释，重新建立马克思主义的批判传统和解放叙事的威信。

① ［英］肖恩·霍默：《弗雷德里克·詹姆森》，孙斌等译，上海人民出版社2004年版，第7页。

第二节　后现代资本主义的文化逻辑

美国学者詹姆逊被公认为后现代马克思主义的重要代表人物，“詹姆森发展出了一种开放的、非教条主义的马克思主义，它能够应付形式主义、结构主义、后结构主义、后现代主义在哲学上老练的圈内语言的挑战。他驶上了一条穿越当代马克思主义批判的困难的小径，却又力图保有其政治解放的核心宗旨”[①]。詹姆逊被称为当今用英语写作的最重要的后现代马克思主义的文化批评家，“他被公认为是以西方马克思主义而著称的那个批判理论传统的最前卫的辩护者”[②]。詹姆逊著述颇丰，其中最有影响的代表作有《马克思主义与形式》(1971)、《政治无意识》(1981)，还有为他赢得世界性声誉的巨著《后现代主义，或晚期资本主义的文化逻辑》。詹姆逊最大的理论贡献是：他坚持认为，后结构主义、后现代主义和后马克思主义对马克思主义的解构和批判是片面的，他们认为马克思主义已经过时的观点是错误的。詹姆逊严格而又雄辩地寻求一种精致的、非还原主义的、非机械论的马克思主义形式，以此来回应后结构主义、后现代主义和后马克思主义对马克思主义的解构和批判，力求通过对马克思主义新的理论发展，适应当代资本主义政治文化和经济结构的巨大变化作出解释的理论要求，重新确立马克思主义的解放叙事和理论批判能力，他近十年来的理论目标是致力于建构一种适应后现代环境的后现代马克思主义。他的理论成就得到广泛的重视和讨论。

1.考察资本主义新变化

在全球化的背景下，詹姆逊思考资本主义的新变化，提出了“后现代主义是晚期资本主义的文化逻辑”的著名论断，坚持全球化的文化维度将来导致后现代对差异和多元的高扬，世界上的所有文化将进入一个包容一切的多元空间，不同群体、种族、性别、弱势民族等将通过自身结构的消解达到一种全球化的大众民主化。另一方面，坚持全球化的经济维度，出现的是一幅前所未有的标准化图画，民族市场和生产区域将被同化为一个单一的地区，以前的民族生活必需品将在新的地球村里销声匿迹，世界上所有的国家也将服从新的全球劳动分工。全球化既是解中心和差异的生产，又是千篇一律的标准化。詹姆逊认为，当代世界巨大的文化政治冲突就根源于，同一性和差异性的对立中蕴含着同一

① [英]肖恩·霍默：《弗雷德里克·詹姆森》，孙斌等译，上海人民出版社2004年版，第241页。

② [英]肖恩·霍默：《弗雷德里克·詹姆森》，孙斌等译，上海人民出版社2004年版，第1页。

性和多元性的深刻矛盾。

2.重新定义马克思主义

正是基于对全球化和晚期资本主义这种固有矛盾的新思考，詹姆逊着手建立所谓“适应后现代的马克思主义”。在《现存马克思主义的五条论纲》中，他首先依据新时期资本主义的变化重新定义马克思主义。他认为，马克思主义是关于资本主义的科学，也就是说，马克思主义是关于资本主义固有矛盾的科学。

他说：“只有那些认为马克思主义已经‘死亡’，或者以为马克思主义只是以一种蜕化的形式残存于世的人，才会对这种现象感到吃惊。但是庆贺马克思主义死亡正像庆贺资本主义取得最终胜利一样是不能自圆其说的。因为马克思主义是关于资本主义的唯一科学；其认识论方面的使命在于它具有描述资本主义起源的无限能力。这就是为什么后现代的资本主义必然导致与自身相对立的后现代马克思主义的原因所在。”①也就是说，只要后现代的资本主义存在，与之相对立的后现代的马克思主义就必然存在，这就是詹姆逊在后现代坚持马克思主义的根据所在。

3.重新定义资本主义

詹姆逊认为，要发展马克思主义必须首先修正关于资本主义的定义。詹姆逊把资本主义定义为一种制度或生产方式，而且“是人类历史上迄今为止出现的最有弹性、最具有适应性的生产方式”②。资本主义采取两个基本策略克服历史上屡次出现的危机，即制度的扩张和全新商品的生产。詹姆逊以曼德尔的资本的分期理论为依据，把资本主义分为三个时期：民族资本主义、垄断资本主义、跨国资本主义。历史地看，资本主义的发展趋势是不断地扩张，资本在全球范围内扩张和商品化的覆盖面一直在急速地发展和增加。资本主义急速扩张的手段是技术革命：民族资本主义的流水线技术、垄断资本主义的电力和内燃机、跨国资本主义的原子能和电脑。这些新技术在生产新产品的同时又开拓了世界的空间，并依据新的规模重新组织了资本主义。资本主义每一次大的扩张和重建时，马克思主义便面临着“危机”甚至“死亡”，形形色色的“后马克思主义”就会出现。在后现代，社会主义在两个意识形态的层面上受到威胁：一个是关于全球市场体系的“话语斗争”，另一个是反乌托邦的焦虑和对变化的恐惧。

---

① [美]詹姆逊：《论现实存在的马克思主义》，载俞可平主编《全球化时代的“马克思主义”》，中央编译出版社1998年版，第84～85页。

② [美]詹姆逊：《论现实存在的马克思主义》，载俞可平主编《全球化时代的“马克思主义”》，中央编译出版社1998年版，第87页。

4.概括后现代主义的本质

詹姆逊最有影响的理论创新是对后现代主义概念的解读。他认为,后现代主义是晚期资本主义的文化逻辑,是对现代资本主义向后现代资本主义转变的文化反映。“詹姆森强调,后现代主义是全球资本主义的深层结构性驱动力的文化表现,更确切地说,是第三次机器化时代的文化表现。”[①]但是,后现代主义无法从总体上把握晚期资本主义的新特征。他认为,后现代的资本主义有三个重要特征:其一是商品异化;其二是消费主义;其三是全球化和信息化。詹姆逊力图应用马克思主义的生产方式理论对晚期资本主义的商品文化化和文化商品化的逻辑作出解释,恢复马克思主义在全球化过程中文化批判能力和理论解释作用。他认为,晚期资本主义的马克思主义应该不同于前两个阶段的马克思主义,应该对晚期资本主义的特征和性质有一个总体的把握,重新确立马克思解放规划的历史地位与作用。

第三节　后现代马克思主义空间辩证法的兴起

爱德华·索亚(Edward Soja)的《后现代地理学》和戴维·哈维(David Harvey)的《后现代的状况》、《正义、自然和差异地理学》奠定了他们在后现代马克思主义地理学派中的理论地位,他们重要的理论创新是把空间问题引入历史唯物主义,开拓了马克思主义的历史唯物主义研究的新方向。尽管他们的理论创新引来了许多争议,但是他们关于后现代资本主义的空间结构和社会结构的建构理论、关于后现代主义是对后现代资本主义时空变化引起的政治经济变化的文化体验的观点受到国外马克思主义学者高度重视,他们的理论成就受到国外理论界的高度评价。

在《后现代主义,或晚期资本主义的文化逻辑》中,詹姆逊说:“后现代主义或后期资本主义的经济准备便始于50年代,在消费品和备用品的战时短缺得到弥补之后,新产品和新技术(相当重要的是媒体的产品和技术)能够被开拓了。另一方面,新时代的心理习惯要求,由于世代的断裂而加强的绝对破裂在60年代得以更正当地完成。”[②]詹姆逊对后现代主义的这种解读对其他后现代马克思主义学者影响很大。

---

① [英]肖恩·霍默:《弗雷德里克·詹姆森》,孙斌等译,上海人民出版社2004年版,第143页。

② F. Jameson, *Postmodernism, or the Cultural Logic of Late Capitalism*, London: Verso, 1991, p. xx.

索亚的《后现代地理学》和哈维的《后现代的状况》对现代主义向后现代主义过渡的解释与詹姆逊的解释非常接近，即最近几十年资本主义在经济领域发生了重大的结构性转变，但是这些变化并没有构成与资本主义生产方式的最终断裂。哈维把后现代状况归因于资本积累方式的本质性转变，即从福特主义的相当稳定的资本积累体制向20世纪70～80年代的后福特主义的"灵活积累体制"转变，资本积累的方式变化引起空间和时间结构的变化。因此，哈维指出："因而我将对社会生活中的空间和时间加以描述，以便突出政治—经济与文化过程之间的物质联系。这将使我探索后现代主义与经过空间和时间体验的中介从福特主义向更为灵活的资本主义积累方式转变之间的联系。"①

哈维把后现代主义看成是对资本主义政治经济结构性重大变化的文化体验，从时间和空间结构的变化这个中介出发，应用马克思主义历史唯物主义的观点分析后现代资本主义的新变化。索亚在《后现代地理学》中考察了西方思想史上关于空间问题的新探索和争论，并且最后提出了自己的后现代空间变化的理论分析，提出了从空间维度发展马克思主义理论的一些探索性看法。与哈维一样，索亚也将经济领域的转变定义为后福特式的，认为后现代状况起源于"漫长的社会空间重构的最近阶段，它是随着战后经济繁荣的结束而来的"②。以詹姆逊、哈维和索亚为代表的后现代马克思主义者都非常注重空间问题的研究，他们认为社会空间的生产和特定的社会生产方式的生产有密切关系。他们对后现代资本主义空间的研究有许多重要的理论发展。

西方马克思主义学者列斐伏尔的巨著《空间的生产》对后现代马克思主义学者产生了非常重要的影响，使国外的马克思主义学者认识到，"空间"概念在历史唯物主义中是不充分的，是以前被忽视的研究领域。以前对空间的认识是片面的，重视时间（历史）而忽视了空间。把空间看作是静止的、给定的、客观的，是一个非辩证的中立范畴；而时间则是动态的、分裂的、可变的，时间是历史进步与变化的领域，"时间和历史便得以保持在理论和政治兴趣的主要范围之内，而空间和地理作为边缘性的东西而被忽视"③。以哈维和索亚为代表的马克思主义学者，开始对传统社会理论把空间问题置于附属地位的立场提出挑战。

他们的研究重心集中于空间和社会关系上。根据列斐伏尔的作品，空间并非是简单给定的，而是被生产出来的。社会生产出的空间，或者说空间性，既非

---

① [美]戴维·哈维：《后现代的状况》，阎嘉译，商务印书馆2003年版，第251页。

② Edward Soja, *Postmodern Geographies: The Reassertion of Space in Critical Theory*, London: Verso, 1989, p.61.

③ [英]肖恩·霍默：《弗雷德里克·詹姆森》，孙斌等译，上海人民出版社2004年版，第166页。

呆滞也非静态，而是构成着的社会关系。“一切所谓的空间关系和空间进程实际上都是采取特定地理形式的社会关系。”[①]后现代马克思主义者发展和应用列斐伏尔的观点研究晚期资本主义的空间生产和空间结构问题，把列斐伏尔的“空间的实践”、“空间的表现”和“表现的空间”理论应用于理论研究中。所谓“空间的实践”就是既定社会构成中生产、再生产、特定场所和整套空间特征；“空间的表现”涉及生产关系以及这些关系所强加的秩序，也就是说，这涉及既定构成中所使用的意义、符号、代码和知识的体制。

哈维在对空间问题的研究中提出了“时—空压缩”概念，这与吉登斯的“时空延伸”概念不同。吉登斯是分析资本主义现代化过程中时间和空间的延伸特征，而哈维是发现了20世纪资本主义的“时—空压缩”问题，通过对时间和空间压缩现象的分析维度，他描绘20世纪晚期资本主义在政治和经济上的巨大变化，以及这些变化所展示的出的理论意义。他深入马克思的政治经济学领域，应用马克思主义资本理论的基本立场，努力揭示资本积累的新形式，以及由此引起的空间关系变化和社会关系的变化，并且分析了晚期资本主义空间结构和社会结构之间的辩证关系及其对马克思历史唯物主义理论发展的意义。他认为后现代主义是对晚期资本主义时间空间压缩问题的文化反应。

哈维对如何在后现代发展历史唯物主义的理论思考：

1. 不能把后现代的“差异”和“他者”概念当作某种附加于马克思主义基本范畴的东西来对待，而应该把握社会变化辩证法时从一开始就应当无所不在的某种东西。在历史唯物主义的探究与（对资本的流通和货币力量的强调）阶级政治（对解放斗争统一性的强调）的总体框架重构中，恢复种族、性别、宗教这些方面的社会组织的重要性，但是不能把这些因素估计过高。

2. 美学实践与文化实践有关系，他们的生产状况值得密切关注。必须把形象生产和话语生产当作象征秩序的再生产及其转变的组成部分来分析。

3. 历史唯物主义必须认真对待它的地理学。要认识到时间维度和空间维度有关系，存在着社会行动的现实的地理学，存在着现实的与隐喻的权力领域和空间，他们在把资本主义地理政治的各种势力组织起来时变得非常重要，应该在资本主义发展逻辑内对这些重要斗争场所进行理解。

4. 历史—地理唯物主义是一种无限制的和辩证的探究方法，而不是一种封闭的和固定的解释体系。元理论并不是对总体真理的一种陈述，而是与历史和

① Mark E. Byrnes, *Politics and Space: Image Making by NASA*, Greenwood Publishing Group, 1994, p. 70.

地理真理达成协议的一种努力，那些真理在总体上和现阶段赋予了资本主义以自身特征。[①]

第四节 后现代马克思主义空间辩证法的基本特征

在《空间的生产》中，列斐伏尔开始重构一种新辩证法，或者说推动辩证法的新发展。辩证法的新发展是什么呢？新在哪里呢？辩证法不再和时间性有关系了，黑格尔的历史性概念已经不能承担辩证法批判的任务了。列斐伏尔非常不满意黑格尔的辩证法，认为黑格尔哲学最大的问题是"贬斥空间的意义和价值"[②]，马克思的辩证法也没有完全克服这一问题，马克思的辩证法仍然是历史辩证法，按照卢卡奇的说法，马克思的辩证法已经把历史问题推向到极致。

列斐伏尔认为应该把辩证法的基础从时间概念转向空间概念："今天辩证法不再坚持历史性和历史时间，或时间机制，如正题—反题—合题，然后是什么是新的矛盾：辩证不再留恋时间性。因此，反驳……黑格尔的历史性，不能看作是对辩证法的批判。认识空间，认识空间'发生'了什么，认识空间的用途，认识空间是被用来做什么的，就是重返辩证法。"[③]列斐伏尔说这是全新的辩证法，他认为，正如马克思的唯物主义辩证法不同于黑格尔的唯心主义辩证法，后现代马克思主义的空间辩证法也不同于马克思的现代历史辩证法。

这种空间辩证法具有三个特征：(1)空间辩证法与历史辩证法性质完全不同，按照列斐伏尔的看法，"让辩证法回归其本真，但是这种辩证法已经不再是马克思的辩证法了，正如马克思的辩证法不再是黑格尔的辩证法一样"[④]。(2)空间辩证法关注新空间的产生，关注空间的变化，"没有变化的辩证法，不可能是马克思的辩证法"[⑤]。同样，没有空间变化的辩证法，也不可能是真正的空间辩证法。(3)空间辩证法不是对辩证法的否定，而是对辩证法的发展和重构。认识空间，就是认识空间的矛盾与变化，认识空间的用途，这就是重构辩证法。

---

① 参见[美]戴维·哈维《后现代的状况》，阎嘉译，商务印书馆2003年版，第441页。

② [美]马歇尔·迪尔：《后现代都市状况》，李小科等译，上海教育出版社2004年版，第58页。

③ Rob Shields, *Lefebvre, Love and Struggle: Spatial Dialectics*, London: Routledge, 1999, p. 119.

④ Rob Shields, *Lefebvre, Love and Struggle: Spatial Dialectics*, London: Routledge, 1999, p. 119.

⑤ Rob Shields, *Lefebvre, Love and Struggle: Spatial Dialectics*, London: Routledge, 1999, p. 117.

列斐伏尔认为，生产方式生产社会空间，从一种生产方式到另外一种生产方式的过渡，必然伴随新空间的产生。反过来说，“社会空间也是被使用或被消费的产品，它同时也是一种生产方式”[①]。社会空间不是诸多事物中的一种事物，也不是诸多产品中的一种产品，社会空间是对已经生产出来的产品进行分类和排序的一连串活动的产物。因此，社会空间既是行动的场所，也是行动的基础。

资本主义的生产方式蕴含着差异，导致社会空间的控制过程中充满矛盾，空间辩证法任务就是要把握资本主义的空间逻辑，资本主义土地—劳动者—资本三者的关系不再是抽象的，在空间中这种三位一体被具体化了。这种三位一体的空间包括三个方面：(1)这种空间是全球性的；(2)这种空间是割裂的、分离的、不连续的；(3)这种空间是等级化的，“从最卑贱者到最高贵者，从马前卒到统治者”[②]。

社会空间辩证法包括三个部分(three-part dialectics)：物理空间、精神空间、文化空间。三者是辩证统一的，每一个部分的空间化又包括三个方面：空间实践、空间表达、空间话语。空间实践是社会关系再生产的实践；表达的空间是空间生产的理论表达和分析；空间话语是对可能的空间的表达，是对新空间的想象。三个部分的三个方面的辩证法相互制约、相互作用、相互影响，构成社会空间化的辩证法。

詹姆逊也认识到建构空间辩证法的意义。他认为，后现代就是文化的空间化，从时间到空间的逻辑转换就是从现代到后现代的转换，“特定的空间转换是正确区分现代主义与后现代主义的更为有效的途径之一”[③]。詹姆逊明言深受列斐伏尔的影响，关注不同生产方式之间的变化，强调现代主义对时间的迷恋已经被后现代对空间的重视所取代。詹姆逊把后现代的空间变化看成是资本主义普遍化的结果，把空间辩证法看成是空间生产的逻辑和图绘空间变化的方法。把握全球性与地方性、主体与全球网络的位置关系，后现代空间是超空间，主体没有能力定位自己的位置。

詹姆逊的空间辩证法包括三个新概念：超空间、文化逻辑、转符码。所谓“超空间”就是詹姆逊所说的“后现代的多维空间”，其特征是“当代世界时空坐标的彻底崩溃”[④]。在这种空间中，场所原本具有的定位能力突然失灵了，传统

---

① [美]马歇尔·迪尔：《后现代都市状况》，李小科等译，上海教育出版社 2004 年版，第 70 页。

② Rob Shields, *Lefebvre, Love and Struggle: Spatial Dialectics*, London: Routledge, 1999, p. 117.

③ [美]马歇尔·迪尔：《后现代都市状况》，李小科等译，上海教育出版社 2004 年版，第 73 页。

④ [美]马歇尔·迪尔：《后现代都市状况》，李小科等译，上海教育出版社 2004 年版，第 84 页。

的认知地图没用，空间完全变化了，全球与地方的联系也模糊不清，认知地图已经无法提供明晰的方向。文化逻辑，是对以前强调生产领域而忽视再生产领域的一种必然反拨，就像鲍德里亚说的那样，现代是生产决定消费，后现代是消费决定生产，文化的作用突然强大了，文化的重要作用就是生产消费空间，推动空间再生产。转符码就是一种新的辩证分析方法，一种创新理论话语的方法，转符码的具体途径就是“在每一种符码或语型中衡量可言说内容和可思想内容，并与其替代者的概念可能性相比较”①。新理论话语就是新符码。从符码或者话语系统的角度看，多元主义和反基础正义或者说后现代主义强调没有哪一种理论话语或者意识形态是决定一切的；认为理论争论也没有完结的一天，也不要有完结争论的想法；认为不存在追根溯源的根本性陈述，不存在概念的源头和基础。这些方法被詹姆逊用于分析后现代空间的碎片化和多重符码化。空间辩证法造就了一个新的理论追求：对空间的正确认识，可以使马克思主义重新焕发活力。

总之，后现代马克思主义思潮及其代表人物的理论活动是批判后现代主义、后结构主义和后马克思主义的“马克思主义过时论”和“马克思主义终结论”的产物，他们既要维护马克思主义的核心范畴和基本立场，也要对“受到后现代威胁”的马克思主义原理进行调整和发展，力图对当代资本主义的新变化和新发展作出理论解释，努力重建马克思主义的解放规划当代价值，因此他们对辩证法理论的当代探索应该引起我们的重视。

---

① [美]马歇尔·迪尔：《后现代都市状况》，李小科等译，上海教育出版社2004年版，第68页。

第八章　后马克思主义话语本体论的辩证法批判

批判实在论强调本体论与认识论的区别、客体与关于客体思想的区别，也就是可及性与不可及性的区别，巴斯卡认为，混淆这些区别就会陷入“认识论谬误”(the epistemic fallacy)。拉克劳话语理论的核心观点是：客观世界是一种话语构造，本体论只是一种话语实践，话语之外无本体论；而批判实在论强调实在不依赖于话语而存在是本体论的根本主旨。批判实在论与话语理论围绕着话语与非话语的区别、话语可及性与不可及性的区别等哲学基本问题展开了面对面的哲学交锋。

埃尔斯托·拉克劳和罗依·巴斯卡是两位具有原创性的当代哲学家，拉克劳提出了话语理论，巴斯卡开创了批判实在论学派，两人都被其追随者誉为发动了“哥白尼式革命”。话语理论既是一种后马克思主义的哲学理论，也是进行政治与意识形态分析的方法论原则；而批判实在论则是重建哲学本体论尊严，主张彻底清算西方哲学的认识论谬误，澄清本体论与认识论原则性区别。根据话语理论的逻辑，本体论只是一种话语实践，话语之外无本体论。因此，两种哲学思潮在本体论问题上尖锐对立。1998 年，巴斯卡亲赴话语理论大本营埃塞克斯大学与拉克劳进行对话，围绕一系列重要哲学基本问题展开争论。批判实在论与话语理论的哲学交锋引起国际哲学界极大关注，本章试图对这次哲学交锋作出解读。

第一节　批判实在论与话语理论的基本哲学立场

一、批判实在论的三个哲学命题

批判实在论第一个命题是强调本体论与认识论的区别，也就是所谓可及性(transitive)与不可及性(intransitive)的区别、客体与关于客体思想的区别。第二个命题是分层本体论，认为本体论由三个层次组成：实在、实际、经验。主张实在与现象的区别，取消本体论分层，就会犯扁平本体论的错误。第三个命题是关于哲学与科学的区别，批判实在论认为，哲学生产第二序列知识，科学生产第一序列知识。科学包括社会科学生产关于自然与社会的知识，哲学不生产知识，哲学对科学知识的方法和原则进行研究。

批判实在论继承了阿尔都塞关于思想与思想客体区别的理论立场，巴斯卡认为阿尔都塞在哲学上的突出贡献是恢复了本体论的重要地位。"那么什么是本体论？一言以概之，本体论是关于存在的理论"，本体论就是存在论，"而西方哲学却习惯于将存在还原为知识，本体论还原为认识论"。[①] 巴斯卡强调，如果本体论与认识论不作区分，就会产生"认识论谬误"。

二、话语理论的四个基本原则

第一，话语理论认为存在着一种构造客体实在的基本语法，这些基本语法也是和实在建立联系的中介。哲学客体的构造语法，话语理论称之为"话语"(discourse)。因此，语法学家的任务就是找出构成语言的内在语法结构，而话语分析的任务则是探索隐藏在全部有意义行动后面的语法规则。

第二，根据话语理论，话语不应该简单地理解为口头语或书面语，也就是说不能仅从语言学角度去理解话语。维特根斯坦的"语言游戏"观念就不仅仅涉及语言学维度，它是语言要素和语言所引起的行动的整体。因此，话语和行动的总体构成的语言游戏就是话语理论所说的"话语"。[②] 从这个意义上说，话语是一种可以应用到任何客体的规则系统。

---

① Ernesto Laclau, Roy Bhaskar, "Discourse Theory vs. Critical Realism," *Journal of Critical Realism*, Alethia 1, No. 2, 1998, p. 9.

② Ernesto Laclau, *New Reflections on the Revolution of Our Time*, London and New York: Verso, 1990, p. 102.

第三，话语理论坚持话语实践对象的多元化，这就意味着不能把话语仅仅理解为一种纯粹的表述，因为在任何话语操作过程中都内在地含有行事维度，活动也是内含于话语过程中的，这种话语的观念也可以用实践的观念来代替，因此，话语和实践是同义词。

第四，在话语与实在的关系上，话语理论主张话语决定客体存在，而不是客体存在决定话语。因此，话语理论并不否定话语之外客观客体的存在，只是认为话语之外存在的客观客体毫无意义，只有话语建构起来的客体、进入话语的客体才有意义，这种已建立起来的话语客体具有不同的结构，这些结构随着时间而变化，因而是历史的、多元的。

话语理论的核心观点是：客观世界是一种话语构造，实在存在于话语之内，也存在于话语之外，但是，话语之内的实在有意义，话语之外的存在无意义。由此可见，批判实在论与话语理论的冲突是建构论与实在论的哲学冲突。

第二节　关于哲学本体论的争论

巴斯卡与拉克劳两人的对话首先围绕本体论概念展开。拉克劳首先亮明观点："我完全同意我们需要一种哲学本体论。问题是，什么是哲学本体论？对我而言，本体论就是在话语之内建构的所有事物，它是任何客观性的建构平台。"①拉克劳的意思很清楚，任何科学都需要阐明其可能性的条件，这就涉及了一种更为基础的本体论，拉克劳称之为"话语"，科学家把其叫作"科学实践"。话语在各种规则的基础上能够构建其客体，这些规则依赖于沉淀性的社会实践和一系列的话语建构，客体的建构离不开话语提供的可能性条件。

拉克劳和墨菲在本体论问题上曾经说过一段引起巨大争议的话："假如社会与话语之间严格相等，那么，我们关于自然领域能说什么，物理学、生物学、天文学的事实是不是人类在意义总体性中的一种整合性建构呢？答案是自然事实也是话语事实。如此说的理由非常简单，自然观并不是某种已经存在的东西、等待解读的事物现象，而是一种缓慢复杂的历史与社会建构。"②也就是说，自然科学的研究对象就是一种话语构造。可见，话语理论在本体论问题上观点

---

① Ernesto Laclau, Roy Bhaskar, "Discourse Theory vs. Critical Realism," *Journal of Critical Realism*, Alethia 1, No. 2, 1998, p. 11.

② Ernesto Laclau, *New Reflections on the Revolution of Our Time*, London and New York: Verso, 1990, p. 103.

与批判实在论尖锐对立：自然事实其实就是话语事实，“本体论就是在话语之内建构的所有事物”[①]，哲学本体论是一种话语，话语之外无本体论。

巴斯卡当然不能同意取消本体论，对拉克劳关于“哲学本体论是一种话语建构”的观点给予了批判。巴斯卡的回应从四个方面展开：

1. 话语与话语对象的区别

巴斯卡的本体论范畴包括哲学本体论和科学本体论，批判实在论的本体论范围发展得越来越宽，包括不在场与在场、总体性与内部关联性、原因与结果等等。批判实在论的本体论反对建构论哲学立场，明确强调事物的存在并不依赖于科学话语或哲学话语的建构，客观事物与他们的理论话语两者必须区别开来，不能混淆，不能取消存在的差异。巴斯卡进一步分析道：取消本体论就是取消话语的“参照性客体”(referential detachment)。为了描述世界的某种东西，必须把话语与所参照的实体进行分离，这是所有本体论的根本要求。巴斯卡对拉克劳的“话语之外无本体论”、“话语之外无有意义之物”的立场提出质疑。巴斯卡追问：“在话语建构之外不存在独立的参照实体吗？如果是这样的话，我不会同意你。1500 万年前的世界或 1500 万年以前的地球显然是独立于话语构建的。”[②]

2. 本体论的非话语特征

批判实在论认为“超话语的实在”世界有如下普遍特征：结构性、开放性、规律性和实践性。批判实在论认为，在人类产生以前客观世界存在的可能性和真实性不容怀疑，当然人类没出现也就不会有话语的存在，这说明客观世界不依赖人类话语而存在。批判实在论认为话语之外的实在具有特定的结构、规律、运行机制，因此正确的认识实在这些性质就显得非常重要了，如果弄错了，知识论和认识论就会出问题。巴斯卡多次批评哈贝马斯否定本体论问题，他说：“哈贝马斯一点也不相信本体论，他也不相信人文科学中的实证主义。”[③]但是，在他的有关工具理性的论述中，他假定自然世界是由事件的持续性连接所结构化的，因果规律可以归纳为经验规律。巴斯卡认为，哈贝马斯所描述的这一切都是错误的，这实际上是关于世界本质的本体论错误，因为对解释学来说，社会依赖于思想，所以社会研究就是思想研究。

---

① Ernesto Laclau, Roy Bhaskar, "Discourse Theory vs. Critical Realism," *Journal of Critical Realism*, Alethia 1, No. 2, 1998, p. 11.

② Ernesto Laclau, Roy Bhaskar, "Discourse Theory vs. Critical Realism," *Journal of Critical Realism*, Alethia 1, No. 2, 1998, p. 13.

③ Roy Bhaskar, *Reflections on Meta-reality*, New Delhi: Sage Publication, 2002, p. 42.

3. 本体论问题上反对实证主义

巴斯卡认为，社会科学同自然科学一样都需要本体论，实证主义在社会理论领域为了坚持所谓的“科学性”把社会抛弃了。批判实在论的本体论坚持认为世界不依赖描述他们的话语而存在，反对贝克莱的主观唯心主义，坚持认为世界的基本特征是可以认识的，坚持主张世界是结构化的开放系统，它由一系列客观规律所支配，社会存在着内在关联的运行机制和结构，而话语则是世界的一个组成部分，世界影响着话语。

4. 话语理论与唯心主义

巴斯卡认为话语理论具有唯心主义倾向。针对这一批评，拉克劳强调：“话语理论反对各种形式的本体论和认识论，但是最主要的是反对唯心论。”①在历史上唯心主义表现出了很多特征，拉克劳认为唯心主义的主要特征是把实在归入思想之中，相信事物和思维之间存在同一性，把物质性的东西最终还原为某种普遍性形式的概念之中，这是所有唯心主义的本质。话语理论不具备这些特征，因此不是唯心主义。

巴斯卡当然不同意拉克劳的说法，认为话语理论没有坚持从实在到话语的不可还原性，同时也没有在这一问题上作出同唯心论传统划清界限的努力。话语理论对经验主义把本体论还原为认识论也没有提出反对意见。因此，一些人指责话语理论是唯心主义并不是完全没有根据的。

由此可见，巴斯卡与拉克劳的本体论概念明显不同。巴斯卡想恢复客观性，拉克劳想解构客观性；巴斯卡强调实在独立于认识，实在是认识的参照物；而拉克劳认为本体论是一种话语建构，无需客观性的保证，话语理论恰恰强调一切理论的客观性都是话语实践的沉淀。巴斯卡指出，话语理论描述的本体论是人类中心主义，这种西方哲学传统是以人作为宇宙中心而产生的，为了远离这种把人作为宇宙中心的哲学传统，批判实在论试图确立超话语的实在(extra-discursive reality)本体论。

第三节　话语与非话语的区分

巴斯卡对话语与话语之外的实在作了严格区分，强调不能把话语的对象等同于话语。拉克劳却不同意“话语”和“非话语”的这种区分。早在《霸权与社会

① Ernesto Laclau, Roy Bhaskar, “Discourse Theory vs. Critical Realism,” *Journal of Critical Realism*, Alethia 1, No. 2, 1998, p. 11.

主义策略》中拉克劳就反对福柯关于话语与非话语的区分以及话语与实在的区分。拉克劳取消话语与非话语区分的理由如下：

1. 话语与非话语的区分没有必要

关于话语对外在世界的影响，拉克劳的观点是，外在世界也是话语构建的，这不是说世界是由人们的思想建构的，而真正的意思是说任何实践都在话语领域之内被阐释。这同时也涉及主体和客体的相互作用。拉克劳举例说，一个人打算从房间里出去，一方面他想着要打开门，另一方面这一愿望促使他采取了某种物质行动，于是他把门打开出去了。拉克劳总结道：话语理论把这种活动过程称为"话语"，不是话语产生出某种物质效果，而是物质行动的产生过程也就是话语过程。在这个问题上话语理论与批判实在论不同，话语理论非常强调内在于话语活动的述行维度(the performative dimension)，这也是拉克劳强调话语和实践是同一个范畴的主要原因。"话语与非话语之间的区分同有意义与无意义之间的区分并不重叠，因为前者是在意义总体性之内发生的隶属区分。"[①]因此，话语与非话语的区分没有必要。

2. 批判实在论也是通过话语构建实在

拉克劳指出，话语理论不同意巴斯卡关于话语与非话语的区别，并不是完全反对批判实在论，而是将批判实在论视为通过话语构建实在的另一种可能性。话语理论认为，通过话语建构实在的可能性比批判实在论所谈到的本体论的范围要广。如果转到社会领域，批判实在论强调"自然主义的局限性问题"，这个问题一直是批判实在论理论研究的核心问题，但是话语理论就没有将其视为一个问题，因为自然主义的客体也是一种话语构造，这就涉及一种意义的可能性，即由话语构建的基本语法规则。

3. 总体性是一个现象学意义上的视域

批判实在论和话语理论对方法论个人主义和集体主义问题有不同的处理方法。拉克劳赞赏批判实在论反对社会研究中的方法论个人主义和方法论集体主义，但是，拉克劳认为社会的总体性、构造社会的结构性整体是通过社会的不完整性来定义的，这种不完整性给一系列社会实践提供了活动场所，这些社会实践无法在结构层面上建构社会的完整性，就只能从想象的层面上对社会完整性进行重构。话语理论的一个基本观点是：总体性不是一个基础，而是一个

---

① Ernesto Laclau, *New Reflections on the Revolution of Our Time*, London and New York: Verso, 1990, p. 102.

现象学意义上的视域[①]，这一视域强调社会总体的必然的不完整性，其理论作用是解构能动性与社会结构关系的哲学难题。话语理论不是通过将这两个范畴普遍化来解决这一问题，也不是通过把概念和事物联合在一起的结构化方式来解决这一问题。话语理论认为，只要认识到结构和能动性之间的矛盾性不是理论问题，而是社会实践本身的问题，这个哲学难题就得到解决了。

巴斯卡当然不能同意拉克劳的以上观点，对拉克劳取消话语与非话语的区分展开批评，提出与话语理论截然不同的观点：

其一，客观事物不是一种话语构建。针对拉克劳关于客体仅存在于话语之内、话语与非话语没有区别的观点，巴斯卡作出回应，他说拉克劳是想把本体论问题带回到“所指”(signified)和“能指”(signifier)的层面，企图把客观事物话语化。断言事物是一种话语构建，只能在“能指”和“所指”的层面上才成立；在“实在”的层面上就不能成立。巴斯卡认为可以赋予话语任何认识论的价值，但是认识论与本体论不能混淆。

其二，实在不由能指和所指来决定。批判实在论非常重视“不可及”维度，重视话语与非话语的区别。巴斯卡认为，最重要的事就是要清晰地界定“符号三角”(semiotic triangle)，也就是说准确地区分词汇、能指(或语句)、所指(或意义)三者之间的关系；另一方面，关于实在是否存在的问题，这并不是由能指或所指所能决定的。

其三，话语理论陷入了二元论。巴斯卡批评道：主张世界存在于话语建构之中，这种哲学立场是自相矛盾的，因为话语理论否定了外在的“参照性实体”，把话语之外的“参照性实体”安置到了“可及性”话语之中，退回到了话语构建论，这样就否定了事物具有独立于思维而存在的客观性。巴斯卡质问：“全球变暖是不是先于话语构建而存在呢？癌症在它被识别和发现之前是不是就以某种疾病形式而存在呢？”[②]巴斯卡分析说，在话语理论的视域里，哲学能告诉人们什么呢？如果认为话语和非话语没有区别，关于实在的知识与实在本身没有区别，原因和结果没有明确界限，这实际上正是批判实在论所反对的哲学上的二元论。巴斯卡说：“有一种感觉——也许是错的——我们不得不说：话语理论陷入了二元论。”[③]

---

① Ernesto Laclau, Roy Bhaskar, “Discourse Theory vs. Critical Realism,” *Journal of Critical Realism*, Alethia 1, No. 2, 1998, p. 13.

② Ernesto Laclau, Roy Bhaskar, “Discourse Theory vs. Critical Realism,” *Journal of Critical Realism*, Alethia 1, No. 2, 1998, p. 13.

③ Ernesto Laclau, Roy Bhaskar, “Discourse Theory vs. Critical Realism,” *Journal of Critical Realism*, Alethia 1, No. 2, 1998, p. 13.

其四，话语不具备本体论地位。话语实践与物质世界处于连续的因果关系中。话语对世界具有因果有效性，世界本身对话语实践也存在相互作用和相互影响。但是，巴斯卡强调，因果关系不能颠倒，世界先于话语，而不是话语先于世界，否则在话语与世界关系问题上会陷入一种错误的哲学二元论。巴斯卡再次强调：人类需要了解世界的普遍特征，因此需要哲学的本体论，这种本体论对社会实践和社会理论来说都是至关重要的。

巴斯卡强调，拉克劳主张所有的话语之外的实在都是在话语实践内建构的，从因果作用的角度来看，根本就不是这么回事。全球变暖在主体获得关于它的概念之前一直在进行，这也是话语之外的事实，没有被话语认知的事物可以独立于话语实践而存在，话语并不具备本体论地位。因此，拉克劳的话语理论在本体论问题上存在严重问题，也就是说，话语实践和客观世界的因果关系被颠倒了。

第四节　实在的可及性与不可及性

话语理论和批判实在论最主要的争议问题体现在对实在的“可及性”(transitive)和“不可及性”(intransitive)的区分上。拉克劳认为“不可及性”概念有问题，因为巴斯卡所谈的实在的“不可及性”表现为关于生成机制、因果力量、结构和发展规律的本体论阐释，而“可及性”是对“不可及性”的认识、描述和知识，属于认识论范畴。但是很显然，像生成机制、因果力量、结构与规律等范畴都具有多义性，每一个范畴都有其独特的理论后果。实在的“可及性”和“不可及性”之间区分非常困难，而且也没有必要。因为拉克劳认为实在的话语特征是毋庸置疑的，问题是主体如何创造条件使这种实在显露出来。但是本质主义的实在观引发了一系列哲学问题：

首先，在没有多样性的科学对话的情况下，关于实在的科学是不可能作为一个整体而存在的，而且这种总体性的科学观念也无法理解。

其次，科学的可能性条件就是科学话语的可能性条件，科学话语的可能性与客体本身没有关联。胡塞尔就是通过将整个生活世界置入先验主体的整个经验范围内设置科学实践的可能性条件，并指出，在一定程度上科学的可能性条件在一开始就存在了。

再次，巴斯卡追问：占星术话语存在的可能性条件是什么？有现实性吗？拉克劳说，话语理论之所以不接受这种话语，不是因为它的内在不一致性，主要是因为主体的经验组合跟这种本体论假设不一致。同样的，科学话语在当前的意义上之所以可信,因为它涵盖了比占星术的话语更大的经验范围。

最后,批判实在论认为科学话语一直处于发展变化中,但是话语理论认为科学话语发展变化的原因就存在于多样性话语领域之中,不能将这种发展变化归到多样性话语领域之外的某种东西上,这是话语理论与批判实在论的重要区别。

拉克劳认为,话语构造的多样性或者组织主体经验的多样性仅仅是对主体与世界关系的阐释。话语不是头脑里的产物,话语只是一系列经验的组织化的沉淀,在一定程度上,话语的意义可以从话语实践的物质性维度来理解。

因此,拉克劳作出结论:构成主体经验的话语多元性就是主体与世界关系描述的多元性。当然,以这种方式构成的世界只是世界多种可能性的一种,科学领域是在消除客体的不同维度过程中构成的,而以经验为基础的客体的"不可及性"其实也是一种话语,它在性质上与"可及性"并无区别。①

客体的"可及性"和"不可及性"的严格区别是批判实在论的哲学基石,巴斯卡当然不会同意拉克劳推翻这块基石。巴斯卡批评说,话语理论把客体"不可及性"的概念视为一种话语要素,这就使得客体"不可及性"本身成为"可及性"的了,批判实在论完全不赞同话语理论的这种混淆。"话语是一种实践活动"的观点是拉克劳取消可及与不可及的区别的哲学根据,任何形式的话语实践,不管是否是科学活动,必须在其他实践活动前面证明自己的可信性。主体可以很容易地建构一个关于世界本体论假设的完美和谐的话语,但是这种话语之所以不能被接受,是因为它只能在自己的概念体系内保持和谐一致,但是它与话语之外的实在是相互冲突的。因此,在这种意义上,任何科学实践都需要证明自己的真理性,也就是说,它必须要由其话语实践之外的实在所构成的法庭进行审判。② 拉克劳对客体的"不可及性"概念的拒绝,意味着完全否定了"不可及性"观念在组织主体话语实践活动中的重要性。

在讨论本体论的基本类型、特征和内容问题上,批判实在论坚持"实在存在于话语之外"的观点。巴斯卡对康德的看法与拉克劳不同。巴斯卡认为,康德通过主体建构了一个现象世界,但是康德还是承认其背后有一个本体性的实在世界。话语理论主张话语构成了现象世界,但是完全否认了在话语之外存在的东西,这些东西是话语最终要参照的实在。话语理论的问题恰恰是否认实在存在于话语之外,取消现象世界与客观实在的区别。批判实在论一直认为话语是

① Ernesto Laclau, Roy Bhaskar,"Discourse Theory vs. Critical Realism,"*Journal of Critical Realism*, Alethia 1, No. 2, 1998, p. 12.

② Roy Bhaskar, *Reflections on Meta-reality*, New Delhi: Sage Publication, 2002, p. 42.

对客观世界的描述和反映，客观实在的结构和规律不依赖于话语而存在。巴斯卡反复强调，在话语和世界的关系问题上不能主张二元论，话语是实在的反映，不是实在的本原。

第五节　关于辩证法概念对抗性和否定性的争论

对话语理论来说否定性和对抗两个问题特别重要，话语理论并不认为对抗是某种自我否定的东西，这些否定性不能被任何肯定性所修正，冲突和对抗是使社会得以运转的条件。

拉克劳认为，黑格尔的辩证法是一种取消否定性和分裂性的辩证法，是取消差异性走向统一性的辩证法。黑格尔的辩证运动只以一种必然性的方式进行，在这个过程中任何偶然性都被清除了。因此，对话语理论而言，对抗是一种社会建构，冲突和对抗是政治的本质。在这个意义上拉克劳提出的基本论证是，对抗并不是内在于社会的东西，而是导致社会客观性最终不能完整建构的东西。拉克劳认为批判实在论没有发展出对抗性和否定性的概念。

首先，巴斯卡不同意拉克劳的批评，指出“否定性”在批判实在论理论中是非常重要的概念，批判实在论对“否定性”概念进行了深入思考。巴斯卡说，在否定性问题上，拉克劳对实在论的指责是错误的。巴斯卡这样说原因是他在《辩证法：自由的脉搏》一书中深入讨论了“否定性”概念，批判了西方哲学在否定性问题上的主要错误，即表现为仅对存在的实证层面进行了描述，作肯定性理解，巴斯卡把其称为“本体单价论”错误。批判实在论强调“否定性”(negativity)和“不在场”(absence)这两个概念具有同样重要的优先性。巴斯卡在《辩证法：自由的脉搏》一书中通过“不在场”来定义辩证法，建构辩证批判实在论，这是批判实在论在过去十几年里最为重要的发展，标志着批判实在论对辩证法理论的新理解。巴斯卡认为，辩证法的理论维度应该包含开放的总体、否定性以及主体对自由的追求与解放的渴望。①

其次，在“否定性”和“不在场”问题方面，批判实在论与话语理论之间存在严重分歧。关于“否定性”概念，巴斯卡认为社会领域是围绕着“矛盾”、“不在

---

① Roy Bhaskar, *Dialectic: The Pulse of Freedom*, London: Verso, 1993. p. 3. 巴斯卡的批判实在论辩证法与阿多诺的否定性辩证法具有一定的相似性。巴斯卡在《辩证法：自由的脉搏》中这样说：“这种辩证法以非同一性为开端，以开放的没有终结的总体为结点。”但是阿多诺却不赞成这种总体性，因为这种辩证法含有目的论的意涵，但是“开放的没有终结的”总体却已经把目的论排斥在外了。（参见[英]布朗等《批判实在论与马克思主义》，陈静等译，广西师范大学出版社 2007 年版）

场”等辩证概念来建构的，黑格尔在为辩证法做出重要贡献的同时，在某种程度上也给辩证法带来许多问题，因为黑格尔主张唯心主义的本体一元论。在这个问题上，批判实在论同意马克思对黑格尔的批判。

再次，话语理论完全放弃了辩证法，而批判实在论拥护辩证法，试图通过超越黑格尔重建辩证法。黑格尔辩证法体系由“同一性”、“否定性”和“总体性”三个主要部分构成，而在批判实在论辩证法则由“非同一性”、“否定性”、“开放总体性”、“能动性”四个部分构成。巴斯卡认为“不在场”具有本体性力量，这也是否定性的本质，批判实在论强调的能动性则是转化性的实践，巴斯卡说：“这是黑格尔辩证法所缺乏的，转化性实践可以保证历史不会终结，即使被地球摧毁了，还会有另外的过程在继续。”①

最后，巴斯卡基本同意拉克劳对总体性问题的看法，批判实在论强调总体必须具有开放性，批判实在论与话语理论都反对任何形式的社会实在的封闭观。社会总体、所有的总体都是开放的。封闭的体系是唯心主义的意识形态，而且根本不存在封闭的总体。巴斯卡说他欣赏拉克劳将总体性定义为“视域”而不是“基础”的看法，但是批判实在论也需要作为基础存在的总体性。关于“总体性”的问题，巴斯卡认为他与拉克劳的观点分歧不大。其实，在总体性问题上，批判实在论与话语理论存在许多差异，并不完全一致，这些区别体现在总体性的政治规划方面：总体性问题再次与马克思主义的政治解放规划联系在一起，批判实在论关于解放的政治规划是“总体性的”，主张消除资本主义的主人与奴隶压迫性的总体性关系；而话语理论关于解放的阐释是碎片性的，认为解放话语是视域，没有确定性的基础，真正的解放永远不会到来，总体性解放永远是远方的地平线。

综上所述，话语理论是以后结构主义方法为后盾，依靠后现代主义思潮的支撑，解构客观性，否定真实性，取消哲学基本问题；而批判实在论想穿越后现代主义的急流险滩②，维护客观性，捍卫真实性和哲学本体论。批判实在论与话语理论在以下几个方面尖锐对立：本体论和认识论区别问题上的对立、可及性与不可及性问题上的对立、话语与非话语区别问题上的对立、辩证否定观问题的对立。造成这些重要对立的根本原因是建构论与实在论的对立。巴斯卡与拉克劳哲学争论的意义是哲学基本问题在后现代的突显，在当代哲学舞台上被遗忘的本体论问题被重新审视，唯心主义又重新受到猛烈批判，主张世界是一

---

① Ernesto Laclau, Roy Bhaskar, “Discourse Theory vs. Critical Realism,” *Journal of Critical Realism*, Alethia 1, No. 2, 1998, p. 12.

② 参见[美]奥尔曼《辩证法的舞蹈》，田世锭、何霜梅译，高等教育出版社 2005 年版，第 173 页。

种话语建构的话语理论被明确指认为唯心主义建构论。可见，批判实在论的贡献是：强调客观性仍然是捍卫唯物主义的重要概念[①]，批判对实在性的否定并不是肤浅的哲学行为。时至今天，马克思主义辩证法仍然是捍卫真理客观性的理论武器。

① Ellen Wood, *In Defense of History. Marxism and the Postmodern Agenda*, Monthly Review Press, 1997, p. 5.

第九章　新批判的马克思主义论辩证法的当代价值

新批判的马克思主义近年来开始引起人们的重视。它是继分析马克思主义之后又一个具有理论创新精神的马克思主义学派。舍曼是新批判的马克思主义的开拓者之一。他的《重建马克思主义》一书是对新批判的马克思主义理论观点的总结和系统化。新批判的马克思主义是在苏东剧变后反思马克思主义的历史命运和现实性、在批判前苏联教条主义的马克思主义和反对西方正统社会科学的理论斗争中发展起来的。新批判的马克思主义所自称的"新"是为了与前苏联的"旧"马克思主义相区别,他们宣称的"批判"是对前苏联教条式的马克思主义的批判和对西方正统社会科学的批判。他们认为,马克思主义仍然是批判当代资本主义的有力武器,是指导社会科学研究的方法论,是一种提出问题的方式,而不是提供现成答案和普遍规律的理论。

辩证法是当代国外马克思主义研究的一个热点问题,美国马克思主义学者舍曼在讨论中提出了自己的观点。他认为,辩证法既不是本体论,也不是认识论;既不宣布真理,也不提出规律,而是提出问题的方法。作为批判方法的辩证法,只适合于社会领域,苏联马克思主义把马克思主义的辩证法解释为规律和真理体系是不正确的,给反马克思主义学者留下了攻击马克思主义辩证法的借口。尽管舍曼有许多有益的理论提醒,但他对辩证法的反普遍性解释,我们认为是需要商榷的。新批判的马克思主义的发展引起了国际学术界的关注,认为这一学派在重建马克思主义的理论探索中提出了许多有实际价值的思想,为一种新马克思主义提出了令人信服的论证。现对该学派的主要观点作一简介。

第一节　历史唯物主义的重建

新批判的马克思主义致力于从方法论上对马克思主义进行重建，提出了"联系—历史"方法，并运用该方法对社会政治经济进行分析。在对历史唯物主义的理论分析中，他们首先提出了分析社会的理论框架。这一理论框架反对传统的经济基础和上层建筑范畴，认为这一术语是一种隐喻，是一种经济还原论的理论立场，在方法上是一种二分法，经济基础决定上层建筑的观点是不正确的，因为这种观点认为二者的作用是单向的，而不是双向作用。为克服这种还原论和经济决定论的立场，新批判的马克思主义用"经济过程"的概念取代"经济基础"，用"社会过程"概念取代"上层建筑"。[①]

1. 联系的方法

新批判的马克思主义反对把对社会的解释还原为任何孤立的因素，如个人心理因素或经济因素。新批判的马克思主义认为，社会是一个相互联系的有机整体，任何部分都和整体不可分割地联系在一起，相互作用，相互影响。如经济基础和上层建筑的关系是相互作用和相互影响的关系。新批判的马克思主义的联系方法的基本观点是：(1)经济过程（经济基础）影响、作用、决定社会过程（上层建筑）。(2)社会过程（上层建筑）影响、作用、决定经济过程（经济基础）。二者的关系是相互作用、相互影响，而不是单向的因果关系。舍曼指出，联系方法克服了旧的、苏联教条主义的马克思主义的经济决定论和传统社会科学的还原论错误。联系的方法有两个方面的内容：第一，强调联系的普遍性，反对孤立地看问题；第二，强调联系的方法是一种提出问题的方法、指导研究的方法，而不是提出规律和给出答案的方法。

2. 历史的方法

新批判的马克思主义认为，历史方法和联系方法在性质上是相同的。历史方法的主要作用是提出研究社会历史的问题，而不是发现社会历史的规律。如果把历史方法看成是发现社会历史规律的方法，就会陷入两难境地。新批判马克思主义在方法论上持有后现代主义的立场，重视和强调特殊性的差异性，反对共性和普遍性。舍曼也不回避这一后现代主义的立场，他公开承认："本书并不提出确定可靠的规则，只是提出一系列对政治经济学家可能有用的问题。在

---

① Howard Sherman, *Reinventing Marxism*, The Johns Hopkins University Press, 1995, p. 13.

这个意义上讲，这本书的主题可能是后现代主义的。”[①]由于联系是具体的特殊的，因而社会历史的政治经济规律也都是具体的特殊的，一个社会的历史规律和政治经济规律只能适用于一种具体的生产方式。如果把这种具体的特殊的规律普遍化，看成是在任何时间和地点都适用的规律，这些规律就会含糊不清，毫无意义。舍曼指出，分析的马克思主义的代表人物科亨就在毫无意义地把独特规律普遍化，试图通过普遍化把历史规律精确化，这种煞费苦心的努力注定是毫无成效的。因此，批判的马克思主义的历史方法既不陈述含糊不清、毫无价值的普遍规律，也不陈述范围狭窄的没有指导意义的特殊规律。它只提出问题，而不给出答案；只指导研究，而不提出规律。舍曼指出，新批判的马克思主义的历史唯物主义并不拥护任何普遍的历史规律，它仅仅是阐述在特定社会历史阶段的发展趋势。

3.联系方法和历史方法的统一

舍曼指出，在物理学中，是用完整的时空理论对宇宙的时空问题从两个方面加以研究。在社会科学中，对特定时期的社会关系和历史变化也要用完整的“联系—历史”方法从两个方面加以研究。新批判的马克思主义认为，联系方法和历史方法是对同一个问题从两个方面加以研究的方法，二者相互补充，相互说明。一方面，对过去变化过程的理解是对现在各种关系理解的必要基础；另一方面，对在具体时期中各关系的正确理解(包括冲突性关系)应导向对未来发展变化过程的理解。因此，两种方法之间不存在矛盾，而是一种相互促进、相互联系的关系。在方法论上，“二分法”(dichotomy)错误的产生，一方面是因为把各种关系看成是静止的、非历史的，另一方面是把历史看成是可还原的、非联系的。这种二分法的错误方法会把社会科学研究引入歧途。因为各种关系是处在特定历史环境中的关系，同时历史变化也必须放在各种关系的冲突和斗争中加以解释。

4.阶级分析方法

新批判的马克思主义阶级分析方法有两个特征：一是用联系的历史的社会分析方法取代心理的经济的还原论方法，二是用进化的历史的方法取代静止的均衡论的方法。新批判的马克思主义的分析方法就是“联系—历史”的方法，在复杂的社会关系中最重要的关系、位于核心地位的关系是阶级关系。把“联系—历史”方法应用于对阶级关系的分析就是阶级分析方法。阶级分析方法，而不是个人心理，是研究所有社会的政治经济问题的切入点。

一旦社会的阶级关系被理解，那么我们就可以在此基础上继续探索种族间

---

① Howard Sherman, *Reinventing Marxism*, The Johns Hopkins University Press, 1995, p. 250.

题、性别问题、环境问题和其他别的问题。从新批判的马克思主义的观点看，阶级关系分析是社会历史研究逻辑的起点，离开特定的社会关系和历史背景去追问什么是最重要的关系是毫无意义的。阶级关系随着历史时代的变化而变化，而不是静止不变的。为了克服教条主义的错误，防止忽视阶级关系的具体历史特性，必须注意联系的方法、历史的方法、阶级分析的方法的基本观点，这三种方法的每一种都是作为设置问题而不是为给出具体答案提出的。

第二节　马克思主义辩证方法论的重建

新批判的马克思主义应用"联系—历史"方法对经典马克思主义的几个重要理论问题进行了探讨，这些问题是：辩证法问题、认识论问题、决定论问题和人道主义伦理学问题。

1. 辩证法问题

新批判的马克思主义认为，辩证法是一种重要的方法，不能抛弃。但苏联马克思主义认为辩证法是关于宇宙普遍规律的科学则是错误的，必须予以抛弃。对马克思主义辩证法要用"联系—历史"的方法加以改造。舍曼指出："我们必须抛弃把辩证法看成是以某种神秘方式提供现成答案或普遍规律的观点。相反，人们应该把辩证法看成是为我们提供问题的方法，这些问题是我们理解社会和改造社会所必须要问的问题。"[①]

"联系—历史"方法是社会科学的研究工具，在自然科学中不起任何作用。新批判的马克思主义认为辩证法仅仅适用于社会科学。坚持这种观点的理由是，一个完善的方法是从一个特定领域的实践中发展起来的，因此一个社会科学家仅有权讨论社会科学。相反，苏联的马克思主义把辩证法看成是世界如何进化的一系列规律，而批判的马克思主义把辩证法看成是一种提出问题的方法。舍曼指出，新批判的马克思主义所理解的辩证法并不陈述规律，也不提供答案，更不作出预言，仅仅是提出问题。由于辩证法仅仅涉及社会，新批判的马克思主义理解的辩证法仅被看成是政治经济学或社会科学的一种批判方法。

2. 知识论问题

舍曼指出，对社会的研究从一开始就面临着一个二难选择：是不带任何理论偏见来观察事实，还是在观察事实之前设置一个理论框架。唯理论和经验论

① Howard Sherman, *Reinventing Marxism*, The Johns Hopkins University Press, 1995, p. 217.

各执一端，争论不休，都想证明自己立场的正确。舍曼说，要解决事实在先还是理论在先的争论，必须把科学研究看成是一个关系系列，在历史过程中进化。舍曼认为，库恩关于科学史的历史主义研究富有成果，可汲取的观点有两个。第一，库恩的理论是联系的。他并不把理论和事实看成是相互分离的东西，而是看成整体中的组成部分。这个包含着事实、理论、方法的整体被库恩称为“范式”。第二，库恩的理论是历史的。他的理论着眼于范式的进化和演变，并不是静止地比较两个不同的范式。舍曼认为，新批判的马克思主义对唯心主义、经验论、唯理论的批判立场与库恩的历史主义方法、麦克勒斯盖的后现代主义和杜威的工具主义方法在一些重要的命题上是一致的。库恩的范式理论告诉我们，这与批判的马克思主义的整体的联系的方法相一致。库恩同时也告诉我们，从一个范式向另一个范式转换根源于引起科学革命的冲突和斗争，这与马克思主义历史进化的方法相一致。

后现代主义经济学家麦克勒斯盖关于语词和意识形态对经济学研究影响的观点也与新批判的马克思主义的联系观点相一致，但在经济学的话语分析中要考虑阶级利益的重要性。舍曼指出，新批判的马克思主义也和杜威的工具主义有相通之处。杜威认为科学在任何时刻都是一个包含着研究者和外部世界、理论和实践的过程。杜威的工具主义告诉我们，要追回那些我们身边的具体问题，而不是建立一个可供应用的严格程序。杜威强调要把方法当作工具来使用，而不是把方法当成思辨的教条。舍曼认为“这一观点和本书的核心命题一致”。新批判的马克思主义认为，库恩的历史主义、麦克勒斯盖的后现代主义和杜威的工具主义为研究社会科学知识的发展变化提供了一个问题清单：

(1)占主导地位的范式是什么？哪些范式是对立的？

(2)每一范式中的事实、理论和方法是如何整合在一起的？

(3)哪一个阶级的利益是从范式中受益的？

(4)每一范式是如何在过去进化的？它未来进化的可能途径是什么？

(5)什么是范式变化的内在辩证法？社会经济对其有何影响？

(6)特定范式的具体观点是如何被普遍性的修辞话语所掩盖？

(7)试图解决的问题是什么？什么样的范式和范式的哪一部分是我们必需的？

3.决定论问题

新批判的马克思主义认为，决定论的这一概念不是关于宇宙的一幅图画，而是理解问题的非教条的方法。决定论不提出终极答案，而是指导我们追问那些至关重要的关键性问题：人们的观念和决定是如何影响社会和政治制度、阶级关系和生产力的？社会和政治制度、阶级关系和生产力是如何影响人们的观念和决定的？变革和革命性变化又是如何影响人们的观念和决定的？例如，在第一次世界大战前夕,一个学生刺杀了奥匈帝国的皇太子,追问"这一事件是如何影响战争爆发的"是合理的。但人们也要牢记:在这一时刻,其他千百万人也作出了决定,他们也对整个事件产生了不同的影响。因此,一个人的决定和行为是整个历史事件的一个极小部分。而且追问"哪些社会因素影响了那个学生的决定"也是合理的。总之,用"联系—历史"方法对历史变化提出可操作性的问题时,自由意志论和预先决定论的争论就消失了,从这一角度来看,"联系—历史"方法是决定论的。这是因为:第一,马克思主义决定论的方法是联系的方法,追问因果关系问题不是关于孤立事物影响其他事物的问题,而是追问这些关系的社会联系和社会根源问题。第二,马克思主义决定论的方法是历史的。当人们追问关于社会变化的问题时,并不假设存在着不可避免的普遍规律。马克思主义决定论关于历史变化的问题和生物学家关于生物进化的问题类型一样。第三,作为设置问题的决定论并不给出答案,只是指导如何正确提出问题。马克思主义的决定论在理解社会政治经济制度和发展变化问题时,就成为一个非常有用的方法。

4. 马克思主义的伦理观

伦理道德态度和行为是由什么造成的?根据新批判的马克思主义的观点,在理解和认识道德问题时必须追问:"这种道德观点是从哪里来的?""哪一个阶级持有这样的观点?""这种观点是为哪个阶级服务的?"新批判的马克思主义认为,不带伦理观点的社会科学是不存在的,从事社会科学研究必须要有伦理立场。

什么是马克思主义人道主义道德标准呢?抽象的绝对的道德标准是不存在的,并没有适用一切社会的道德标准。道德标准都是具体的历史的,它和社会的阶级划分相联系。舍曼认为,伦理问题的研究需要有效的方法,有效的方法就是告诉我们如何设置问题的方法、设置什么问题的方法,而不是追求抽象的永恒的道德标准的方法。

马克思主义的人道主义方法论就是要求社会科学家必须用批判的目光看待现状,对资本主义现状的批判要从被压迫的工人阶级、妇女、少数民族和其他被压迫群体出发,从长远的人类利益出发。马克思主义人道主义是一种被剥削者和被压迫者的伦理学。马克思主义伦理学家在对伦理问题进行考察时必须先回答以下问题:你要站在哪一边?剥削者一边还是被剥削者一边?压迫者一边还是被压迫者一边?舍曼强调,马克思主义人道主义并不提供任何答案,而是指导人们关注特定的伦理问题。马克思主义人道主义的方法对于那些想维护现状的人毫无用处,对于那些想改变现状的人将是非常有用的方法。[①]

---

① Howard Sherman, *Reinventing Marxism*, The Johns Hopkins University Press, 1995, p. 305.

5. 马克思主义的现实性

新批判的马克思主义的一个重要的理论特征是强调马克思主义的现实性。他们认为，前苏东社会主义的失败不是社会主义的失败，苏联教条式马克思主义的终结不是马克思主义的终结。苏联式的马克思主义是对马克思主义的歪曲，不是真正意义上的马克思主义。新批判的马克思主义认为，重建马克思主义不是确立马克思主义原来是什么样，而是探索在当代马克思主义应该是什么样。因此，他们认为，重建马克思主义不是向后退，回到马克思的原著，而是向前发展马克思主义，回应现当代对马克思主义的挑战。舍曼认为，重建马克思主义的根本目的是为了改变资本主义现状，探索在美国实现社会主义的道路。他认为，当代资本主义问题丛生，剥削、失业、贫困、歧视和环境问题的严重存在证明了资本主义的不合理性。转变人们对资本主义现状的麻木不仁，唤起人们推翻资本主义的革命意识，是新批判的马克思主义的理论目标，也是新批判的马克思主义最有价值的思想。

新批判的马克思主义提出的"联系—历史"方法具有理论创新，但同时也包含着理论矛盾，这一点体现在他们的核心观点中：马克思主义是一种批判方法，是一种提问方式，而不是给出答案和普遍规律的教条。因此，新批判的马克思主义拒绝唯物辩证法的三大规律，认为这是苏联马克思主义对辩证法的歪曲；反对提出社会发展的一般规律，认为这是对马克思主义的教条化。这一理论立场和理论矛盾无疑是受到了后现代主义反普遍性方法论的影响，割裂了普遍性和特殊性的关系，为突出具体性、差异性而放弃了普遍性。这种相对主义倾向是新批判的马克思主义需要克服的一个理论矛盾。

总之，新批判的马克思主义是国外马克思主义的新发展。他们认为，马克思主义不是僵死的教条，而是开放的理论体系，需要不断向前发展，这些观点是合理的。他们对前苏联教条式马克思主义的分析也有许多值得认真思考的地方。跟踪国外马克思主义的发展，有利于促进我们对马克思主义理论的认识，有利于提高我们的马克思主义研究水平。

第三节　新批判的马克思主义辩证法观评析

当代国外马克思主义最有活力的研究领域之一是对辩证法的研究。苏联解体后，对马克思主义历史命运的反思引起了对辩证法的再认识。美国的马克思主义经济学家霍华德·舍曼自称是"新批判的马克思主义"，他在《重建马克思主义》(1995)一书中对辩证法理论提出了一种新的解释，引起了国外学术界的重视。舍曼认为，作为一个马克思主义的理论家必须把马克思的方法放在重要和核心的地位上，辩证法是马克思主义重要的方法论，对马克思主义的反思必须从对辩证法开始。所有的社会科学的发展方向是受方法论支配的，忽视对方法论的思考会付出沉重的代价，那种认为对方法论的思考是在浪费时间的观念是完全错误的。作为新批判的马克思主义必须有批判的方法，舍曼指出，辩证法就是马克思主义的批判方法。但是对马克思的辩证法进行反思和重建，必须对教条主义关于辩证法的错误解释作出批判，对其他学者歪曲、否定辩证法的理论进行回击，以便恢复马克思辩证法的批判功能。在重建马克思主义的辩证法的问题中，"最困难的问题是哪些东西值得保留在辩证法中，哪些东西需要清除出去，哪些东西在辩证法体系中是重要的，哪些东西是无用的"①。

一、辩证法是一种提问的方法

舍曼的辩证法理论思考的基本点是考虑后马克思主义对辩证法的批评。后马克思主义认为，马克思主义具有本质主义、普遍主义、还原论和目的论的倾向。为了避免在重新解释辩证法思想时犯以上错误，舍曼接受了反普遍主义、反决定论、反还原论的后现代主义立场。他对辩证法的理解是：(1)辩证法不是本体论；(2)辩证法不是认识论；(3)辩证法不是真理和规律体系；(4)辩证法只适合社会科学领域；(5)辩证法是批判方法和提出问题的方法。

新批判的马克思主义反对把辩证法看成是过时的观点，特别是反对分析的马克思主义抛弃马克思主义辩证法错误。分析的马克思主义学派认为，重建马克思主义的批判本质应该放弃马克思主义的辩证法，因为辩证法是马克思主义理论中无用的成分。如分析的马克思主义的代表人物之一罗默说："辩证法是马克思主义的瑜伽"，"在马克思主义的社会科学中，辩证法常被用来为一种懒惰的目的论推理作辩护"。② 舍曼坚决反对这种错误的观点，他认为放弃了辩证法也就是放弃了马克思主义，就是放弃了对马克思主义的重建。

在强调辩证法是马克思主义最重要的方法的同时，舍曼也着重批判了对马克思主义辩证法作用的过分夸大。舍曼把辩证法看作是关于联系和发展的学说，联系和发展是辩证法的本质特征。他赞同美国著名的马克思主义学者奥尔曼的观点："辩证法的主要研究对象是'变化'和'相互作用'。"③舍曼说，对辩证法研究对象的这种规定和他的关于"辩证法是'联系—历史'方法"在本质上是

---

① Howard Sherman, *Reinventing Marxism*, The Johns Hopkins University Press, 1995, p. 215.
② Joan Roemer (ed.), *Analytic Marxism*, Cambridge: Cambridge University Press, 1986, p. 39.
③ [美]奥尔曼：《辩证法的舞蹈》，田世锭、何霜梅译，高等教育出版社 2005 年版，第 229 页。

一致的。辩证法既是一种联系的方法，又是一种历史的方法。从“联系—历史”方法的角度看，所谓“相互作用”是把所有的社会现象看成是一个有机整体，“变化”概念的含义是从历史发展的角度思考问题。因此，“联系—历史”方法把辩证法看成是核心问题的方法。

舍曼用批判的方法对马克思主义辩证法重新解释，第一步是要把绝对主义对辩证法重要性夸大的理论趋向扭转过来。绝对主义把辩证法阐述为关于宇宙运动变化的最一般规律，同时也是马克思主义社会科学的方法论。舍曼认为，把辩证法看成是马克思主义社会科学的研究方法，把辩证法看成是阐明了宇宙运动的一般规律是不正确的。辩证法作为一种方法，并不能对事实作出判断，也就是说，方法并不以宣布真理为目的，也不以对问题提供答案作为自己的基本任务和功能。舍曼从方法论的角度解释辩证法，他认为：“我们必须放弃把辩证法看成是提供答案和普遍规律的观点，而应该把它看成是提出一些人们需要提出的问题，以便更好地理解社会，改造社会。”[①]从舍曼的这一观点中我们可以看出：舍曼把辩证法解释成为一种纯粹的方法，它既不具有本体论的性质，也不具有认识的功能。作为批判方法的辩证法，拒绝提出一般规律，也不断言存在着真理，只是一种提问方式，而不是为问题提供答案。舍曼强调把辩证法看成是阐明了宇宙发展规律的观点是有问题的，因为这一观点夸大了辩证法的作用，使辩证法成为反马克思主义者攻击的目标。为了恢复马克思主义辩证法的批判功能，必须放弃绝对主义对辩证法的错误解释，必须放弃辩证法的本体论的承诺和认识论的假设。因为马克思主义经典作家明确指出，辩证法是关于联系和发展的学说，它认为一切事物都在发展变化，一切都是暂时的，没有永恒的、绝对的、一成不变的东西。辩证法对现成事物肯定的理解中包含了对其否定的理解，包含着它必然灭亡的理解，因而，辩证法在本质上是批判的、革命的。这是辩证法在方法论上的本质特征。现在，必须用批判的方法重建马克思主义辩证法的批判功能。

二、辩证法是研究社会历史的方法

新批判的马克思主义对马克思主义辩证法解释的另一个观点是：辩证法是社会科学研究的一个工具，辩证法和自然科学的研究方法有区别。舍曼强调，为了恢复辩证法的批判功能，必须明确辩证法的应用范围，纠正把辩证法方法绝对化的错误，辩证法存在于社会科学方法论的范围内。舍曼认为，恩格斯讨论过自然辩证法问题，但恩格斯并未把这一问题绝对化。在方法问题上确实存

① Howard Sherman, *Reinventing Marxism*, The Johns Hopkins University Press, 1995, p. 216.

在着一些普遍问题，例如理论和事实的关系问题，这些问题对自然科学和社会科学都是相同的。然而在大多数情况下，方法论问题却具有特殊性，方法论的特殊性质和特点决定了在自然科学和社会学领域的应用其后果是截然不同的。

舍曼认为，马克思对辩证法的应用主要是在社会领域，马克思把辩证法看成是社会科学的研究方法，把辩证法扩展到社会领域以外是不正确的。例如，可以把人类社会中阶级之间的冲突用"斗争"的术语来描述，但是，如果把"斗争"一词用于岩石和大树，"斗争"的含义就很难被人们所理解。因此，马克思和后来的马克思主义学者都把辩证法的方法限制在社会范围内。为什么辩证法的方法只适用于社会领域而不适用于自然领域呢？舍曼对辩证法应用范围作出限定的理由是：一个完善的方法是从一定领域的完善实践中发展起来的，因此，一个社会科学家仅有权谈论社会科学。在具体的领域中，社会科学和自然科学在方法上都具有特殊性，二者在性质上具有不可通约性。混淆二者的区别必定会削弱辩证法的作用，为反马克思主义者攻击马克思主义留下了缺口。令人遗憾的是，许多马克思主义者并不把辩证法作为一种科学方法的合理组成部分来看待，他们和黑格尔一样，乐于把辩证法看作是适于整个宇宙的万能体系，看作是宇宙最一般的规律的一种系统表述。在理论上，他们承认辩证法是一种方法，而不是一种体系或教条；但在实践上，他们却把它作为完美无缺的教条体系来使用。[①] 早在1987年，舍曼就在其《激进政治经济学基础》一书中讨论了作为方法论的辩证法问题，并用这一观点批评了绝对主义的辩证法观点。尽管那时他还没有明确提出"联系—历史"方法的主张，但他关于"联系—历史"方法的基本观点已经形成。他这一思想的形成，也深受法兰克福马克思主义学派的影响。法兰克福学派就把自己称为"新马克思主义"、"批判的马克思主义"。舍曼把自己理解的马克思主义称为"新批判的马克思主义"，也说明了他与法兰克福学派的联系。当然，他把自己的观点称为"新"批判的马克思主义，是为了表示与法兰克福的"旧"批判的马克思主义有区别。关于这一问题我们将另文专论，这里我们只分析他在辩证法问题上与法兰克福学派的联系。法兰克福学派的代表人物之一马尔库塞对绝对主义的辩证法观持批评态度："辩证法被从一种批判的思想方法变成一种万能的'世界观'……这样就破坏了辩证法。"[②]舍曼把辩证法解释成是一种批判方法，无疑是受到了马尔库塞思想的深刻影响。舍曼指出，绝对主义把辩证法看成是关于宇宙发展规律的观点，其主要问题是"它们包揽的问题太多了"，宣称任何人都对世界的过去和未来拥有全面的、无所不知

① 参见[美]舍曼《激进政治经济学基础》，云岭译，商务印书馆1993年版，第13页。

② Herbert Marcuse, *Soviet Marxism*, Columbia University Press, 1985, p. 122.

的能力，这是不可能的。如果不经过研究就对社会发展无所不知，那么社会科学就终结了。

对辩证法正确的解释和理解是什么呢？舍曼指出，从新批判的马克思主义观点看，作为批判方法的辩证法，既不陈述规律，也不给出答案，更不作出预言，仅仅是提出问题。由于是处理社会问题，辩证法的方法仅被看作是政治经济学或社会科学的批判方法。舍曼认为这一思想非常关键，如果人们同意这一解释或理解了这一解释，那么人们也就理解了什么是新批判的马克思主义辩证法。从新批判的马克思主义立场看，马克思的辩证法既可以称为批判的方法，也可以称为“联系—历史”的方法，因为它们在本质上都是相同的。舍曼指出，新批判的马克思主义所理解的辩证法对激进的社会科学和政治学研究来说都是一种有用的方法。

三、辩证法是一种有用的批判方法

辩证法作为一种批判的“有用的方法”，它的基本含义是什么呢？舍曼指出，一种方法不能用事实去证实或证伪，也不能用科学的方法来检验，因为方法并不对任何事实作出判断。那么，如何去检验一种方法呢？很简单，需要用实用主义的观点来回答，对一种方法的检验主要是看它是否“有用”，而不是看它是否在事实上是真实的，因为它不陈述事实。换句话说，看它在实际研究问题中是否产生任何实际的效果。对于激进的马克思主义社会科学家来说，如果有用它就是一个好方法，如果没用则应该放弃。那么更具体地讲，什么是“有用”的方法呢？具体的判断标准是什么？舍曼提出了三条判断标准：(1)帮助人们选择最重要的问题；(2)帮助人们挑选解决这些问题的最相关的事实；(3)为人们提供对这些事实进行解释的框架，能引发新理论的产生并导致更好的社会实践。符合上述三条标准就是最有用的方法。

一种方法本身并不能对任何事情给予解释和预测，评判其是否有用，主要看它能否产出用以对事物提出解释和预测的理论。如果辩证法能在上述几个方面是有用的方法，那么对所有政治经济学家和对社会科学感兴趣的人都是非常重要的，特别是对马克思主义者(包括激进主义者)，为了改变世界，必须了解世界。舍曼指出，当把辩证法当作政治经济学的一种方法时，平常反马克思主义者对辩证法的批判就不适用了。即便是与事实相矛盾，那么一种方法也不能说是无根据的，按通常的科学方法来说，只能说它经不起检验，因为它与事实不符。一种方法既可以有用，也可以无用，对所考察的事物来说，既可以适用，也可以不适用。舍曼的观点很明确，对辩证法进行检验，标准是看在实践中是否有用。它是关于社会科学家行为方法如何产生的实践知识，但它并不是对他们行为的表述,这种表述是科学史方面的工作。它只是试图告诉政治经济学家或其他人关于处理社会问题的最佳方法。然而,苏联的马克思主义认为上述观点太保守,没有涵盖辩证法的世界观功能,错误地认为辩证法不仅仅是方法论,而且是本体论,把辩证法看成是一个不需要实际研究就可以发布普遍真理的万能体系,这就无法抵挡来自反马克思主义学者对马克思主义的批判和攻击,反马克思主义的学者指责道:"作为全能体系的辩证法,试图做任何科学不能做的事。"①

舍曼的新批判的马克思主义对辩证法的重新解释引来了许多批评,除了来自当代国外马克思主义学者的一些批评以外(如分析马克思主义对辩证法的拒斥),也受到了一些反马克思主义学者的批评,他们认为"把辩证法看成是方法的观点"也无多少新意,因为"方法论告诉人们的东西与人们已经知道的东西一样多"。② 这些学者为什么这样认为呢? 我们知道这一观点来自分析哲学的思想,分析哲学继承了康德关于事实命题和逻辑命题的区别,事实命题要对事实作出判断,要由实践来检验,因此事实命题也可称为"经验命题"。逻辑命题是一种形式化的命题,它不对事实作出任何判断,它追求的是推理形式的有效性,用分析哲学的术语来说,叫作"真言式命题";关注的是形式上的正确有效,而不是内容的正确和有效。所以,舍曼强调这种攻击是无力的,作为批判方法的辩证法,从方法论的角度看,它与逻辑学、数学、统计学在本质上是一致的,都不提供新信息、新内容,都是形式化的推理体系。这些方法,如逻辑学、数学的方法为人们提供了一种更容易的、更有准备的学习和认识事物的方法。

舍曼指出,辩证法只是把人们的共识确定化,是对人们认识事物方法的概括。人们可以在不知道准确的逻辑规则和辩证法的情况下思考和从事科学活动,也可以在不自觉中应用一些逻辑方法和辩证法,也可以与逻辑方法和辩证法方法背道而驰。但是,有一点可以肯定:在拥有逻辑方法、数学方法后可以使科学活动更加有效,可以更自觉地避免犯错误,这样可以使科学活动更加容易和有效。同理,在营养学产生前的数千年里人类就一直在吃饭,但是现在人们在现代营养科学理论的指导下,饮食可以更科学,更有益人们的身体健康。同样,人们知道辩证法以前早已辩证地思考了。在政治经济学方面也是一样,人们早已在没有任何自觉的有意识的方法的情况下从事政治经济学的研究,但是在掌握了正确的方法以后,可以更容易、更有效地研究和解决政治经济学的一系列问题,即使这些方法并不陈述事实,也与研究问题无任何直接的联系。舍

① 付文忠:《新批判的马克思主义评析》,载《哲学动态》2002 年第 11 期。

② Howard Sherman, *Reinventing Marxism*, The Johns Hopkins University Press, 1995, p. 216.

曼的意思很明白：方法不是先验的教条，并不存在于研究事物之前，它来源于人们的社会实践中，是在实践中完善、丰富和发展起来的，作为批判方法的辩证法就是对实践中产生出来的方法的概括和总结，同时又把这些方法应用于社会科学研究，更好地指导实际研究和解决实际问题。

四、对辩证法绝对化解释的批评

从新批判马克思主义对辩证法的解释出发，舍曼考察了一些对马克思主义辩证法体系进行批判的观点，这些批判的矛头主要集中在辩证法的规律问题上，即认为辩证法规律是对自然、社会和思维的普遍规律的反映。这些批评辩证法规律观的学者认为，把辩证法看成是世界的普遍规律，在形式上是神秘的，而内容上是空洞的，在实践上也是无意义的。舍曼指出，马克思所理解的辩证法是从批判黑格尔的辩证法开始的，马克思的辩证法与黑格尔的辩证法有两个显著的区别。

首先，马克思的辩证法是唯物主义的，黑格尔的辩证法是唯心主义的。黑格尔的运动主体是绝对理念、绝对精神的辩证运动，而马克思的辩证法是关于在物质世界中人类的发展，这是辩证法运动的主体，也就是说马克思把辩证法植根于人类改造物质世界和社会的实践基础之上。把马克思的辩证法与黑格尔辩证法混为一谈是不正确的，一个是唯物主义的辩证法，另一个是唯心主义的辩证法。正如马克思所指出的那样："我的辩证方法，从根本上来说，不仅和黑格尔的辩证方法不同，而且和它截然相反。"①

其次，黑格尔把辩证法看成是一个规律体系，是关于宇宙运动变化的整体画面，尽管黑格尔也认为在某种意义上辩证法是一种变化，逻辑是一种方法，但他对辩证法的解释重点不在方法上，而是在本体论上，是一种世界观。而马克思的辩证法不是一个完全的、封闭的体系，不是关于本体论的陈述，不是关于宇宙运动规律的陈述，不是僵硬的教条，也不是关于世界的总体性画面。马克思把辩证法看成是一种非教条的研究社会政治和经济问题的分析方法。马克思的辩证法强调提出问题的重要性，以指导新的、开放的理论研究，而不是给出答案。舍曼对马克思辩证法观的解释，一个重要的理论基点是非常清楚的，那就是努力在方法论和世界观上作出区别，认为辩证法只是一种有用的研究方法，而不是教条式的理论体系，不是阐述世界运动规律的本体论。

从这一立场出发，舍曼批判对辩证法的绝对主义的解释。他认为，对辩证法的绝对主义解释的错误恰恰是没有注意到马克思所作出的区别，他们不仅仅

---

① 《马克思恩格斯文集》第5卷，人民出版社2009年版，第22页。

把辩证法看成是方法,而且把辩证法看成是本体论,理解为一个全能全知的体系,对世界上的一切事物和过程都能作出解释。这种理解退回到了黑格尔的辩证法思想中,远离了马克思的辩证法思想。如此绝对地解释辩证法,给辩证法附加了过多的功能,这样的绝对主义立场不但不能增强辩证法的重要性,反而削弱了马克思主义的理论威力。舍曼认为,这样做的根本原因是没有认识到辩证法不可能成为一个万能的解释体系,不可能脱离具体科学而发现宇宙的普遍规律,因为马克思多次告诫人们,不要轻言发现了世界发展的普遍规律,这不符合辩证法的精神。在本体论的规律系统的意义上使用辩证法,不仅不会产生有意义的结果,而且只能导致一种教条主义立场和对辩证法精神的歪曲。

舍曼分析了对辩证法体系绝对主义理解产生的理论根源。他认为,对恩格斯关于辩证法的论述没有作全面正确的理解是绝对主义产生的一个重要原因。恩格斯在《反杜林中》确实描述了辩证法的规律,特别是《自然辩证法》一书以很大的篇幅分析辩证法规律在自然界的表现。但是从一般原则上讲,恩格斯还是把辩证法看成是方法论,他反复强调辩证法是研究的指南,而不是现成的教条,不能把辩证法的原则当作公式生搬硬套,不能贴标签式的应用辩证法。舍曼认为,绝对主义没有全面理解恩格斯对辩证法的解释,把恩格斯认为"辩证法是关于运动的普遍规律"的只言片语系统化了。因此,绝对主义把辩证法看成是典型的19世纪自然哲学的延续,在理论上仍停留在思辨哲学的基础之上,以为纯粹的哲学思辨就能够揭示出社会和生物进化的辩证法规律。这种观点就是一种先验论,这一观点与真正的马克思主义哲学立场不兼容。恩格斯反复告诫,要想了解世界,必须重视对自然科学的研究,要理解自然科学的研究成果,不能以先验哲学的观点来解释世界。但绝对主义根本没有注意到恩格斯的观点,还是把辩证法看成是关于宇宙运动普遍规律的科学,这种绝对主义的解释完全不符合马克思关于"辩证法是研究社会历史的方法,而不是规律体系"的思想。由此,舍曼得出结论:绝对主义歪曲和误读了马克思的辩证法。

舍曼的辩证法理论主要存在四个问题:(1)后现代主义立场的真理观和历史观。舍曼对辩证法作了后马克思主义的解读,为了"避免基础主义"和"本质主义"的"宏大叙事",否定了马克思主义辩证法的世界观和方法论功能,否认一般真理和历史发展规律的存在。(2)简单化了辩证法,缩小了其应用领域和批判功能。舍曼为了与苏联马克思主义的辩证法划清界限,把马克思复杂的辩证法简单化,强调辩证法只能提出问题而不能回答问题,只能指导研究而不能发现规律,只能适用于社会而不适用于自然。(3)取消了辩证法同一般科学方法的区别,辩证法既没有真假,也没有对错,判断辩证法的唯一标准是有用和无用,把马克思独特辩证方法与实用主义的方法论解释混为一谈。(4)对苏联马克思主义辩证法的批判存在着严重的问题。马克思的辩证法在本质上是批判的和革命的，在当代自然科学深入发展的今天，需要重新思考辩证法的规律是自然、社会和思维的普遍规律的解释，在这一问题上舍曼的提醒是有益的，苏联马克思主义教科书的教条主义立场不但没有增强马克思主义的科学性，反而削弱了马克思主义的威信。但是，舍曼的后马克思主义立场是我们反对的，对辩证法的研究不能背离马克思主义的基本原理、基本立场和基本观点。对当代资本主义的认识离不开马克思主义，而对马克思主义的正确理解离不开辩证法，资本主义在辩证地运动，马克思主义的辩证方法仍然是分析资本主义辩证运动最有效的理论。辩证法和马克思主义的关系并不像舍曼理解的那样简单，只有把马克思主义解读为关于资本主义的科学，才会把辩证法指认为中性的方法；如果把马克思主义理解为是对资本主义的批判，就会在辩证法中寻找其革命精神；如果把马克思主义理解为一种社会理想，就会用辩证法证明未来的逻辑必然性。

对马克思主义本质的不同理解造成了对辩证法解释的矛盾和冲突。美国的著名马克思主义哲学家奥尔曼在其《辩证法的舞蹈》中指出：辩证法既不是批判的、革命的，也不是科学的、理想的，而是对马克思主义这些特征的内在关系的整体阐述。[①] 辩证法正是解决事物之间的本质联系，这就是规律。舍曼在马克思主义和辩证法的关系问题上只强调了马克思主义的批判性，而排除了其他几个方面，否定普遍性，不承认普遍和特殊的辩证关系，不承认矛盾在认识中的地位和作用，就不可能正确地理解马克思的辩证法，这是我们与舍曼的后马克思主义理论立场的分歧所在。

① Bertell Ollman, *Dance of the Dialectic*: *Steps in Marx's Method*, New York: University of Illinois Press, 2003, p. 2.

第十章 马克思主义女性主义论辩证法的当代价值

南希·哈索克立足于女权主义重返马克思主义的探索，以内在关系辩证法为分析工具，建构了一种马克思主义的辩证女权主义，其理论探索包括：基于真理与实践、真理与权力辩证关系的女权主义真理观，基于主体从属性与能动性、集体主体与个人主体辩证关系的女权主义主体观，基于社会结构客观性与主体能动性辩证关系的女权主义社会历史观。这些辩证女权主义理论探索，开辟了马克思主义哲学阐释的女权主义视角，推动了马克思主义哲学的当代发展。

南希·哈索克(Nancy Hartsock)是当代美国马克思主义女权主义流派的主要代表人物，早年以创立女权主义立场论和女权主义历史唯物主义认识论而闻名。20世纪90年代以来，哈索克针对马克思主义女权主义理论及西方女权主义运动在全球化、后现代及马克思主义"终结"论语境下遭遇的重重危机和诸多难题，深入挖掘马克思主义辩证法的合理因素，以内在关系辩证法为分析工具，建构了一种马克思主义的辩证女权主义，不仅为驳斥西方学者对马克思主义辩证法的种种诘难、捍卫马克思主义合法性做出了重要贡献，而且为女权主义的马克思主义化开拓了新途径，为全球化背景下女性解放规划的实践提供了科学方法论。

第一节 马克思主义女权主义思想的出场语境

全球化背景下，当代世界发生了深刻变化，时代的新变化和女性解放运动的新问题呼唤着女权主义理论的新发展，呼唤着马克思主义的新阐释，这就是哈索克马克思主义的辩证女权主义思想的出场语境。

1. 认识女权主义运动新变化的需要

当代全球化浪潮的迅猛发展，对丰富各国女性生活带来了诸多好处，为全球女性的联合提供了新条件；但同时也要看到，全球化的资本主义扩张本性可能导致父权制政治法律体制扩张，加深对女性的性别歧视意识，导致两性之间权力、自由、机会、财富分配的更加不公平。正如哈索克所说："资本的全球化应该被重新理解为带有明显社会性别烙印的原始积累，它会给男女两性带来不同影响，会对他/她们的经济、政治参与带来不同的发展潜力。""当代资本积累过程并不是性别中立的，而是建立在女性支撑的基础之上——依赖对女性的剥削及其伤害，甚至可能会公开利用和剥削女性。"①全球化条件下的女性显然被置于国家、阶级、种族、性别等各种压迫的交汇处，成为遭遇各种不公平待遇最严重的群体。反全球化女权主义运动因而成为当前世界女权运动的主要形式之一。然而，这场运动却"存在着许多矛盾问题和多种发展可能性：一方面是女性正在被日益卷入全球资本主义而处于极其不平等地位，另一方面却是女性正在摆脱某些父权制压迫；一方面是女性意识到并被融入了全球/跨国进程，另一方面她们的抗议行动却多半是局部性的"②。而要科学分析全球化背景下女性解放运动变化的新特点、新趋向，准确理解和处理各区域女权主义运动的不同议题与全球性话题之间的关系以及不同国家、族裔女性主体同一性与差异性的关系等现实问题，"运用辩证法是非常必要的"③，因为哈索克认为马克思主义辩证法作为"关注世界上所发生的一切变化和相互作用的思维方式"④，一定会对思考全球化下女权主义运动的新发展提供重要的理论分析工具。

2. 发展马克思主义女权主义理论的需要

随着 20 世纪 80 年代以来后现代主义思潮迅速扩展，马克思主义女权主义遭到了来自后马克思主义、后现代主义及其影响下的女权主义各流派的联合非难、质疑和否定：马克思主义与女权主义的结合被斥为"不幸婚姻"，女权主义立

---

① Nancy Hartsock, "Globalization and Primitive Accumulation, the Contributions of David Harvey's Dialectical Marxism," in Noel Castree and Derek Gregory (eds.), *David Harvey: A Critical Reader*, Malden, MA: Blackwell Publishing, 2006, p. 170.

② Nancy Hartsock, "Globalization and Primitive Accumulation, the Contributions of David Harvey's Dialectical Marxism," in Noel Castree and Derek Gregory (eds.), *David Harvey: A Critical Reader*, Malden, MA: Blackwell Publishing, 2006, p. 168.

③ Nancy Hartsock, "Globalization and Primitive Accumulation, the Contributions of David Harvey's Dialectical Marxism," in Noel Castree and Derek Gregory (eds.), *David Harvey: A Critical Reader*, Malden, MA: Blackwell Publishing, 2006, p. 168.

④ [美]奥尔曼：《辩证法的舞蹈——马克思方法的步骤》，田世锭等译，高等教育出版社 2006 年版，第 13 页。

场论被认为忽视了女性身份多元性和差异性而具有本质主义倾向，马克思主义女权主义的家务劳动理论则被斥为经济决定论。尤其是，许多女权主义者彻底抛弃了历史唯物主义及其辩证法。她/他们抨击历史唯物主义将多种压迫体制简单归结为阶级剥削而忽视了性别、种族歧视；指责历史唯物主义强调的真理、理性和正义等观念太具普适性而忽略了差异；将马克思视为现代启蒙理性的最高代表——“启蒙运动之子”，极力宣称马克思主义作为解放话语的宏大叙事在后现代已经过时。总之，“在后现代主义主导话语的压力下，对当代女权主义者来讲，马克思主义和历史唯物主义正在越来越失去革命性”[①]。面对这些质疑与冲击，许多以前拥护马克思主义的女权主义学者，如琳达·尼切尔森、南希·弗雷泽、米歇尔·巴雷特等人纷纷脱离马克思主义，转向后现代主义、后结构主义或后马克思主义。到20世纪80年代末，马克思主义女权主义实际上已处于非常困难的境地。马克思主义女权主义如何应对来自“后”学的猛烈冲击？如何摆脱理论困境让女权主义重返马克思主义？哈索克对这些问题进行了深刻反思，指出：“马克思与启蒙运动及整个西方政治思想传统的关系，既是继承者又是叛逆者，但总体上是一个反对启蒙运动的人物。”[②]马克思从无产阶级立场出发，不仅深刻揭露了现代资本主义的社会弊端及其内在矛盾，而且对资产阶级启蒙理性及其机械唯物主义观点也进行了深入批判。辩证法作为马克思批判资本主义的理论武器和思想方法，既能为启蒙主张中真理与知识的区分以及理解真理与权力关系提供某些标准，又能为理解主体能动性与社会结构客观性辩证关系提供分析方法和借鉴资源，而这些却无法从当代自由主义或后现代、后结构主义理论中获取。因而，在哈索克看来，坚持并运用马克思的辩证法必将有助于解决目前女性所关注的现实问题，有益于突破后现代语境下马克思主义女权主义理论困境，从而推动女权主义理论及社会变革理论的创新。

3.捍卫马克思主义当代性的需要

辩证法是马克思主义的本质特征，但随着当代西方哲学的后现代转向及苏东剧变后各种马克思主义“终结”论的甚嚣尘上，马克思主义辩证法遭遇了前所未有的否定、质疑和挑战。后现代主义者提出“反宏大叙事”的多元差异策略，从“原则上拒斥辩证法”以解构马克思主义；后马克思主义者主张清除马克思主义辩证法导致的基础主义、还原论、经济决定论、历史目的论和总体论等本质主

① Nancy Hartsock,“Marxist Feminist Dialectics for the Twenty-first Century,”*Science and Society*,Vol. 62,No. 3,1998, p. 401.

② Nancy Hartsock,“Marxist Feminist Dialectics for the Twenty-first Century,”*Science and Society*,Vol. 62,No. 3,1998, p. 401.

义倾向，对其进行后现代范式转换和改造；解构主义者认为辩证法的三大规律犯了形式神秘化和内容空洞化的错误。为回击各种反辩证法论调，捍卫马克思主义辩证法的当代性，詹姆逊、奥尔曼、巴斯卡、舍曼等许多英美马克思主义学者掀起了捍卫思主义辩证法的保卫战，多维度地论述辩证法的当代意义，开创了诸多辩证法解释形式。哈索克则立足于马克思主义女权主义立场，旗帜鲜明地捍卫马克思主义辩证法的代价值。她明确表示，马克思主义仍然具有强大生命力，马克思主义辩证法仍是马克思历史唯物主义的基本方法，仍是认识当代资本主义最有力的理论武器。要把女权主义与马克思主义结合起来，辩证法是重要的纽带。与此同时，哈索克又积极借鉴当代英美马克思主义辩证法已有成果，尤其是赞同奥尔曼、哈维开创的内在关系辩证法解读模式，她说："我非常感激奥尔曼提出的马克思主义内部关系辩证法思想，也很赞同哈维对辩证法的类似理解。"[①]因此，哈索克把内在关系辩证法理解为：辩证法强调事物本质由关系构成，事物的本质随着这些关系的变化而变化。哈索克对辩证法的坚持是对后马克思主义"反本质主义"的拒绝，同时也是对马克思主义女权主义理论的发展。

正是以内在关系辩证法为分析工具，哈索克针对与当前西方女权主义运动密切相关的真理观、女性主体观及社会历史观等诸多争论激烈的关键问题进行了较为深入的剖析，提出了一系列马克思主义的辩证女权主义思想。

第二节　马克思主义真理观的辩证女权主义阐释

马克思主义哲学的真谛在于追求真理，对真理问题的理解会折射出对哲学持有的根本态度。因而，真理观问题往往成为各种否定马克思主义思潮借以攻击、解构马克思主义的着力点。波普尔的证伪主义认为，真理的主要特征是证伪而非证实，最根本的科学态度应该是追求真理的证伪而非追求真理的证实。这种真理观尽管有一定合理性，但过分强调证伪而抹杀了证实的作用，只看到了证伪与证实的对立，而忽视了二者相反相成的关系，否定了真理的辩证性。福柯提出权力就是真理，真理是建构而成的，因而是相对的，从而否定了真理的客观性。这些真理观虽各不相同，但都企图以否定真理的客观性和辩证性为途径，颠覆马克思主义的真理观。

① Nancy Hartsock, "Marxist Feminist Dialectics for the Twenty-first Century," *Science and Society*, Vol. 62, No. 3, 1998, p. 403.

捍卫马克思主义真理观对女权主义来说很重要,因为这是探索女权主义的哲学基础。哈索克积极参与马克思主义真理观的女权主义建构,她以真理与实践、真理与权力的内在联系为主线,对马克思主义真理观进行女权主义阐释,既思考了女性在认识真理过程中的作用,也强调了女性实践活动对真理的具体性、历史性影响。

1. 实践性是真理的本质属性,实践包括女性的实践

启蒙学者诉诸理性来理解自然、社会和思维而形成了启蒙真理观。女权主义要完成对启蒙理性的反思和批判,必须要重新评价启蒙真理观。哈索克认为,启蒙真理强调只要预先存在的外部某事物符合某些"标准",就会被称为"真理",而这些所谓的"标准"就是独立于自然、社会和人类而自我运动着的具有独立实体性、永恒合理性和绝对客观性的理性。启蒙真理还被认为具有永恒普遍性,"必须从任何地方都能发现它,才能使真理保持其原始特质"[①]。显然在哈索克看来,启蒙真理过于强调真理的绝对客观化、普适化而否认了真理的历史性、相对性,这恰恰就是启蒙真理观的缺陷所在。如何使真理定义更接近真理本质?真理的本质属性是什么?哈索克指出,马克思正是从实践角度来揭示真理的本质:"人应该在实践中证明自己思维的真理性,即自己思维的现实性和力量,自己思维的此岸性。"[②]换言之,马克思对启蒙真理的批判与重建改变了启蒙学者对知识的判断标准。对马克思而言,"拥有知识就要观察、品味、感受和思考",真理就是"行动中的观念实际和力量",就是"通过各种实践使之变得真实的关系"[③],亦即强调实践是真理形成和发展的前提和场所,是真理的目的,是检验真理的标准。真理决定于实践,实践就是真理内在的本质属性。这便决定了,真理作为实践中主观和客观相统一、相符合的范畴,只能表现为实践的主体与被主体实践中介过的客体之间的具体的、历史的过程。而马克思正是用实践真理的这种具体性和历史性,消解了启蒙理性真理那种普遍、永恒而又绝对的宏大真理。哈索克的这些观点实质上维护了马克思主义的实践真理观。

2. 获得真理的方法是历史的、具体的

哈索克认为,要获取真理性的知识,就必须用一种更加历史的、具体的方式来探讨知识。要达此目的,"最根本的是要理解存在于商品化的资本主义和人

---

① Nancy Hartsock,"Marxist Feminist Dialectics for the Twenty-first Century," *Science and Society*, Vol. 62, No. 3, 1998, p. 403.

② 《马克思恩格斯文集》第1卷,人民出版社2009年版,第500页。

③ Nancy Hartsock,"Marxist Feminist Dialectics for the Twenty-first Century," *Science and Society*, Vol. 62, No. 3, 1998, p. 403.

类生存领域中的权力关系”[①]。而权力关系具有历史的变动性和具体性，不同的社会实践活动为达到不同目的会生产出形态各异的权力关系。相应地，“真理”、“资本”等各种理论范畴也会随着不同时期权力关系形态的变动而历史地、具体地变动。因此，建构“真理”范畴必须“关注所有真理定义的社会的、历史的、传统的最终形式”[②]。这表明，哈索克是本着从现实世界出发的历史唯物主义认识论来研究“真理”范畴的。她在揭示出权力关系形态的变化必然影响对“真理”范畴的认识的基础上，尤其强调了建构“真理”范畴要用历史的、具体的研究方法来探讨“真理”具体的历史发展过程，实际上丰富了马克思主义认为真理具有相对性的观点。

3. 检验真理的标准不是权力，而是社会实践

如何确定检验真理的标准？这是任何真理观不能绕过的问题。哈索克指出：“马克思已经认识到，不管是对真理范畴的界定，还是获得真理的方法和真理的评价标准，都受到现存权力关系的深刻影响。”[③]这是否意味着马克思认为拥有权力就是获得了真理？哈索克进而指出：事实并非如此。马克思同时也强调，以遭受剥削管理过程的那些人的生活为起点的知识，对世界的理解会更真实、合理，检验真理的标准并非由占主导地位的群体来掌握和决定。哈索克的女权主义立场论充分体现了这一观点。她指出，尽管在男性为中心的父权制社会里，检验真理、知识的标准通常是由男性经验、思想和价值观决定的，但这并不表明，男权中心主义标榜的“真理”都是科学的、正确的。相反，在真理问题上女性比男性可能更有发言权，因为女性作为被压迫者，既熟悉压迫者又熟悉被压迫者的话语，她们会比男性视角提供更具批判性的见解和更真实客观的知识。因而要获取真理性的知识，还应从女性的实践活动及其经验出发，重新考察、检视男权中心主义支配下的真理和知识，并给予新的判断和阐释。

显然，哈索克认为，尽管真理会受到权力的制约，但权力不是检验真理的标准，任何具体的权力本身都不能说明其是否把握了真理。权力不能决定真理，真理也绝不屈服于权力，真理面前人人平等。检验认识真理性的最终标准只能是社会实践，包括女性的实践。可以说，哈索克对权力和真理关系的阐述，既抨击了福柯“权力就是真理”的微观权力观，捍卫了马克思主义实践真理观，又赋

① Nancy Hartsock, “Marxist Feminist Dialectics for the Twenty-first Century,” *Science and Society*, Vol. 62, No. 3, 1998, p. 404.

② Nancy Hartsock, “Marxist Feminist Dialectics for the Twenty-first Century,” *Science and Society*, Vol. 62, No. 3, 1998, p. 404.

③ Nancy Hartsock, “Marxist Feminist Dialectics for the Twenty-first Century,” *Science and Society*, Vol. 62, No. 3, 1998, p. 404.

予马克思主义实践真理观女权主义性别维度的色彩,丰富和拓展了马克思主义实践真理观的内涵。

第三节 马克思主义主体观的辩证女权主义阐释

近年来,随着人们对全球现代性危机问题的深刻反省,包括马克思主义主体性理论在内的现代主体性哲学几乎被后现代主义推向了哲学舞台的边缘。主体已经“死亡”、“碎片化”的呼声不绝于耳,“后”学理论家从不同角度对主体性理论进行了精心解构:福柯宣告了作为理性主体的“人的死亡”,他认为人已经失去根基,如同画在海滩上的人脸将被海浪轻易抹去,“必须取消主体(及其替代)的创造作用”[①];后马克思主义者拉克劳和墨菲则用话语理论解构主体范畴,将主体碎片化、多元化,否认持久单一主体的存在,反对主体是社会关系的本源。“后”学理论家对近代启蒙理性主体的全方位批判,从根本上改变了女权主义对女性主体性和能动性的认识。许多后现代女权主义者纷纷指责以往女权主义者所持有的女性群体拥有共同经验和统一立场的同质性女性主体观陷入了整体化和本质主义,同时强调女性主体意识和主体能动性是在语言和话语的实践中产生的,因而女性主体是多元的、碎片化的、动态的、充满差异的和不断变化的。

针对后现代女权主义学者对主体性理论的各种解构,哈索克认为这对当代女性解放运动的发展非常不利,因为有史以来女性从未成为过强有力的主体,后现代主义对主体性的抛弃实际上迎合了男性偏见,因而捍卫主体性理论对女权主义相当重要。正如她所说:“为什么一直沉默的我们刚开始作为历史的主体(而不是客体)去争取我们的权力的时候,主体性这个概念就要面临被解构的命运呢?”[②]女性和其他边缘群体需要作为历史主体来参与建构自己,而不是消解主体性。正是鉴于此,哈索克运用内在关系辩证法,从女权主义视角对马克思主义主体观进行了新的解读,并对女性主体内在规定性进行了探索,提出了主体从属性与能动性、集体主体与个人主体辩证统一的女性主体观,捍卫和丰富了马克思主义主体观。

---

① [法]福柯:《作者是什么?》,载王潮选编《后现代主义的突破》,敦煌文艺出版社 1996 年版,第 290 页。

② Nancy Hartsock,“Foucault on Power: A Theory for Women?”in Linda Nicholson (ed.), *Feminism/Postmodernism*, New York: Routledge, 1990, p. 163.

1. 女性主体从依附性到能动性的辩证转化

马克思主义主体观通常体现为两个命题：一是“人的本质不是单个人所固有的抽象物，在其现实性上，它是一切社会关系的总和”[①]；二是人是有意识的动物，其根本特征在于“自由自觉的活动”。前者强调人的被支配性、从属性及有限性，后者强调人的主体能动性、自主性及创造性。只有将二者联系起来考察，才能全面理解“主体”概念，哈索克对马克思主义女性主体观的建构充分体现了这一点。

无产阶级（包括妇女）作为资本主义社会中的从属性主体，是如何建构自己的主体地位的？哈索克认为，马克思的异化劳动或资本剩余价值理论清晰地解答了这一问题。在《1844年经济学哲学手稿》中，马克思将异化和劳动结合起来，深刻阐明了个人作为资本主义生产活动主体与其劳动产品、自身劳动、人的类本质以及其与他人的关系相异化的过程，并指出，人与人之间关系的异化最终造就了异化了的社会关系，形成了资本家和工人间的阶级对立。为更深入地揭示资本主义生产的剥削实质，马克思将异化劳动学说发展为剩余价值学说。《资本论》不仅揭示了资本家剥削工人的秘密在于凭借生产资料所有权无偿独占工人创造的剩余价值，而且指出，工人阶级不仅受产业资本家的剥削，而且受整个资本家集团的剥削。工人作为劳动者主体最终“把自己的生命源源不断地注入属于别人的对象”[②]之中，深受异己力量的奴役而被迫沦为了被剥削者的从属地位，造成了个性发展的扭曲。在此基础上，哈索克创造性地对女性主体的被剥削地位作了深入剖析：父权制社会中的女性家务劳动及其有酬性劳动，同样也是异化劳动。这种异化劳动使女性的时间通常是由男性而并非由她们自己来控制，这严重影响到了她们的业余生活，阻碍了她们与他人的真正交流，最终妨碍她们成为她们自己，使她们精疲力竭。此外，她们的工作能力和劳动成果与经济报酬经常遭到歧视和贬低。显然，在哈索克看来，父权制社会和资本主义社会中的女性如同无产阶级，也是因以从属主体身份嵌入整个社会结构之中而得不到自由、全面、充分的发展。

哈索克同时强调，既要看到无产阶级及女性等受压迫者的被迫屈从性，也要认识到他/她们的反抗意识以及改变世界、追求人类平等和解放的主体能动性。“不能认为这些群体是由其自身处于某种特定社会位置而运用特定方式去

① 《马克思恩格斯文集》第1卷，人民出版社2009年版，第505页。

② Nancy Hartsock, “Marxist Feminist Dialectics for the Twenty-first Century,” *Science and Society*, Vol. 62, No. 3, 1998, p. 406.

(被迫去)看待世界所形成的某种屈从塑造而成的。"[①]因为他/她们还承担着推翻让人受屈辱、被奴役的一切关系，并将人从异化社会中解放出来的任务。哈索克创立的女权主义立场理论就是基于马克思无产阶级立场观发展起来的以女性立场和生活经验为出发点，以强调女性认知特权为手段，以消灭包括性别压迫在内的一切压迫和等级制度为目标的历史唯物主义女权主义认识论。因而，女性正如同无产阶级，"一旦被支配的主体地位被自觉地认识到了，就会被改造成更有效的反抗平台"[②]，成为消灭父权制社会、实现两性平等进而实现人类解放的历史主体。可见，哈索克建构的女性主体首先体现了从属性与能动性的辩证统一，亦即被动性向能动性的转化，这也是女性争取解放的重要条件。

2. 对后现代主义颠覆女性主体性的批判

主体作为"现实的人"，蕴含着个人主体、集体主体等多种要素及其矛盾关系。为批判后现代主义者颠覆女性集体主体的倾向，哈索克着重剖析了女权主义视域下集体主体与个人主体的辩证关系。

她首先肯定了集体主体在社会历史发展中的主导地位，并且强调："至关重要的主体不是指作为人类的简单的单个主体，而是指按照关系定义的更大的集体主体或群体。"[③]换言之，集体主体并非指个人的简单组合，而是个人以社会关系的形式有机整合而成的超越个人有限性的团体力量。相比于势单力薄的个人主体，集体主体更能与客体势力相抗衡，更能推动人类社会历史的发展。因而，哈索克坚持认为，只有通过增强女性集体的主体性和团结意识，进行有意识的协调一致的努力，才能获得女权主义立场，发展女权主义事业。

哈索克尽管将集体主体视为最重要的社会主体，但并未完全排斥、否认个人主体的存在。在她看来，个人主体是一切社会活动和社会关系的物质实体和承担者，离开了活生生的、现实的个人也就无所谓"社会"、"社会活动"和"社会关系"。因而，哈索克对美国第三世界女权主义者桑多瓦尔的世界"地形学"观点表达了赞同，认为"个人和团体都应该作为反抗和对立主体，试图改变压制性权力来建构自己"[④]，这足以说明她充分肯定了个人主体在女权主义运动中发挥

---

① Nancy Hartsock, "Marxist Feminist Dialectics for the Twenty-first Century," *Science and Society*, Vol. 62, No. 3, 1998, p. 409.

② Nancy Hartsock, "Marxist Feminist Dialectics for the Twenty-first Century," *Science and Society*, Vol. 62, No. 3, 1998, p. 409.

③ Nancy Hartsock, "Marxist Feminist Dialectics for the Twenty-first Century," *Science and Society*, Vol. 62, No. 3, 1998, p. 410.

④ Nancy Hartsock, "Marxist Feminist Dialectics for the Twenty-first Century," *Science and Society*, Vol. 62, No. 3, 1998, p. 411.

的作用。与此同时，她更是毫不含糊地强调，我们必须革新关于“个人”的观念，应该把它视为“一系列积极的人际关系，个性过程也许很重要，但并不是唯一加以考虑的要素”[①]。个体性应该被理解为“这些关系的总和”，每个个体都是这些关系的综合体，也是这些关系的历史记录的一部分。

正是在上述基础上，哈索克最终明确了女性集体主体与个人主体的内在关系：“主体构造是‘个体’与较大规模的社会力量之间复杂的相互作用的结果”[②]，女性主体就是处于社会关系中的从事实践活动的个人与集体主体的辩证统一，既不能忽视女性个人主体的差异性和多元化，也不能因此遮蔽女性集体主体的统一性以及基于政治生活的共同利益而团结起来致力于女性解放运动所产生的更大推动力。显然，哈索克的女性主体观不仅坚决捍卫了马克思“主体是处于生产关系和社会关系中的历史性主体”的历史唯物主义主体辩证法，而且也从女权主义性别维度拓展了马克思主义主体观的内涵。

第四节 马克思主义社会历史观的辩证女权主义阐释

如何认识社会结构客观性与主体能动性的辩证关系直接关系到人们能否准确把握马克思主义社会历史观的精神实质。在西方马克思主义的演进过程中，对这个问题的认识大致存在着两种倾向：一是卢卡奇、葛兰西等实践学派强调人的主体能动性，否定社会结构客观性，这种主体性理论逐渐发展为马克思主义的人道主义思潮；二是结构主义学者为驳斥人道主义思潮，维护马克思主义的科学性，极力强调社会结构的客观性，否定人的主体能动性及其在历史发展中的作用。阿尔都塞认为，社会结构独立于人的活动和意志而存在并决定了人的行为；社会历史主体不是人，而是凌驾于人之上的“生产关系（以及政治的意识形态的社会关系）”；历史只是按照自身逻辑发展的纯粹自在的“无主体过程”。

哈索克认为，阿尔都塞的“历史是无主体过程”理论走向了为强调社会结构客观性而否定人类主体能动性的另一极端，具有片面性和不合理性。她指出，阿尔都塞之所以忽视人类活动本体论特征的重要性，将无人的“生产关系（以及

① Nancy Hartsock, “Marxist Feminist Dialectics for the Twenty-first Century,” *Science and Society*, Vol. 62, No. 3, 1998, p. 411.

② Nancy Hartsock, “Marxist Feminist Dialectics for the Twenty-first Century,” *Science and Society*, Vol. 62, No. 3, 1998, p. 412.

政治的意识形态的社会关系)”视为历史主体,原因在于阿尔都塞对马克思的“生产关系”概念的理解出现了偏差。马克思认为,生产关系既包括物质生产过程中人与人的社会关系,也包括人与物的关系,但归根结底生产关系不是存在于人类活动之外的超历史存在物,而是通过人与物的关系体现出来的人与人的社会关系。同样,经济基础、上层建筑也是由人们在经济、政治、法律和意识形态等领域结成的社会关系构成的。既定的生产关系及社会经济、政治、意识形态结构虽具客观性,但“随着新生产力的获得,人们改变自己的生产方式,随着生产方式即谋生方式的改变,人们也会改变自己的一切社会关系”[①]。社会历史的主体是人而不是无人的生产关系。相反,阿尔都塞却认为,生产关系既然涉及物,就不可能体现为人和人的关系。正是这种偏差,致使阿尔都塞否定了人的主观能动性,将人排除在生产关系及社会结构之外,将无人的生产关系视为历史主体,歪曲了马克思“社会历史过程是历史客观性和主体选择性内在统一”的思想。

可见,哈索克的基本观点是,人的主体能动性与社会结构客观性并非彼此孤立、相互排斥的,而是既相区别又相统一的。社会结构及其发展规律是通过人的活动形成并表现出来的,人的主体能动性的发挥必然反作用于社会结构及其发展规律;但是人的主体能动性不能随心所欲,而是有前提、界限和条件的,常受制于人与客观社会结构之间的互动。因而,既不能片面强调社会结构客观性,否定主体能动性,也不能只关注主体能动性,而忽视社会结构客观性的决定作用。

哈索克不仅坚决捍卫了马克思主义辩证历史观的合法性,而且还基于对以女权主义立场论为基础的女权主义历史唯物主义的探索,从性别维度对社会结构客观性与主体能动性的辩证关系问题进行了新阐释,充实和发展了马克思、恩格斯关于这个问题的认识。哈索克女权主义立场论的核心思想是:“(1)物质生活决定且限定了我们对社会关系的理解;(2)如果物质生活是由两个不同群体以根本对立的方式构建而成,那么人们会认为,在统治制度内,统治者的视野是偏颇且倒错的;(3)由统治阶级(或性别)的视野所结构化的物质生活迫使每个团体都必须参与其中,因此,这种视野不能简单地被视为虚假而不予考虑;(4)如此造成的结果是,被压迫群体的视野必须靠奋斗才能获得,而这既需要科学来透视隐藏在人们全部被迫参与的这种社会关系表面之下的深层结构,又需要在改变这些关系的斗争中提高人们的教育水平;(5)作为一个介入的视野,对被压迫者有所理解并采取特定的立场,暴露了人类社会中既存的不人道的社会

① 《马克思恩格斯文集》第1卷,人民出版社2009年版,第602页。

关系，使得立场论在历史上承担着人类解放的重任。”[①]

可以看出，哈索克创建女性主义立场论的目的在于建构一种“特有的女性主义历史唯物主义”，通过这种历史唯物主义，哈索克对社会结构客观性与主体能动性的辩证关系进行了性别维度的阐释，具体蕴含着两层含义：第一，从“女权主义立场论何以可能”的逻辑建构来看，女性立场概念根本上“依赖于这样一种假设，即认识论是以一种复杂和矛盾的方式从物质生活中形成的”[②]。亦即人们的认知活动和知识生产很大程度上受制于既定的物质生产方式和社会结构、社会制度，男女所处社会情境不同，也就决定了二者各自拥有不同的立场和经验。第二，从“女权主义立场论如何可能”的实现条件来看，哈索克认为，现实本身是由“感觉到的人类活动”构成的，任何人的身份认同都与其所作所为密切相连。因而，要完成对父权制社会结构的批判和改造，争取女性解放规划得以实现，既不能否认女性自身蕴含的力量和价值，也不能忽视或阻碍女性在社会实践和理论构建中主体能动性的充分发挥。哈索克对此作了两点阐释：

其一，充分肯定女性对历史创造的突出贡献。哈索克通过对劳动性别分工的系统阐述，凸显了女性对社会性生产和包含家务劳动、人类自身生产在内的家庭生产的特殊贡献。首先，女性在参与大机器生产中源源不断地出卖自己的劳动力、生产商品和剩余价值、为家庭获取报酬的同时，也为资本主义的发展贡献力量。其次，女性承担的无偿家务劳动虽未直接进入社会生产和商品交换，但具有重要的“使用价值”。因为家务劳动直接生产维持人之生命力量的生活必需品，只有经过家务劳动的照料，工人劳动力才能具备或恢复进入商品生产和资本市场的心智和体力，家务劳动无疑是维持和再生产工人劳动力为其服务的不可或缺的物质条件。另外，女性作为人类自身再生产的直接载体，承担着“生产/生育男性(和其她女性)”的重任，她们为人类社会的繁衍和新生命的哺育付出了体力、精力甚至是生命代价。女性的生命行为是构成女权主义历史唯物主义的哲学基础。

其二，女性解放规划的实现离不开女性主体能动性的发挥。基于女权主义立场论的历史唯物主义不只是要认识世界、了解世界，更重要的是通过改造不平等的性别结构来改变世界。正如哈索克所说：“女性已经认识到从她们的经

---

① Nancy C. M. Hartsock, "The Feminist Standpoint: Developing the Ground for a Specifically Historical Feminist Materialism," in Nancy C. M. Hartsock(ed.), *The Feminist Standpoint Revisited and Other Essays*, Boulder, CO: Westview Press, 1998, p. 107.

② Nancy C. M. Hartsock, "The Feminist Standpoint: Developing the Ground for a Specifically Historical Feminist Materialism," in Nancy C. M. Hartsock(ed.), *The Feminist Standpoint Revisited and Other Essays*, Boulder, CO: Westview Press, 1998, p. 108.

验出发建立她们的分析是很重要的。女性不仅要以思想家的方式检验她们的生活，并且要如马克思所建议的，用其所有的思维能力检验她们的生活。”[①]“要有能力深入在表层下真实而隐蔽的社会关系，则需要理论和政治行动的支持。女性主义理论家必须要求女性主义者的理论活动根植于女性的物质活动中，必须同时成为这样一种政治斗争的一部分，这就是对于发展以这种活动为模型的社会生活领域是必要的政治斗争。”[②]就女权主义立场论的斗争策略而言，关键在于解决“理论和行动”之间的关系。哈索克不仅认识到女权主义立场论为改造世界奠定了必要的认识论基础，而且强调“理论必须唤起行动”，只有理论分析和政治斗争相结合，才能实现女性解放规划。在她看来，促进女性意识觉醒和政治参与积极性的提高，这是女性解放运动的重要斗争形式。

为了推进马克思主义的当代发展，哈索克基于马克思主义女权主义视角，以内在关系辩证法为研究方法，针对当前后现代主义、后马克思主义对马克思主义辩证法、马克思主义女权主义的种种诘难，通过对真理观、女性主体观、社会历史观等问题的深入挖掘和对马克思主义的关键范畴及其内在关系的提炼而建构起来的这些马克思主义的辩证女权主义思想，具有重要的学术价值和现实意义。

第一，哈索克马克思主义的辩证女权主义思想的建构，代表了当前英美马克思主义辩证法研究的重要成果。哈索克奉马克思主义辩证法为圭臬，在回击和驳斥了各种反辩证法的论调时，将马克思主义矛盾、联系和发展的观点从女权主义进行多方面阐释，不仅捍卫了马克思主义辩证法的当代价值，而且创造性地将马克思主义辩证法和马克思主义女权主义的具体理论结合起来，开辟了辩证法应用的新领域，为重建马克思主义辩证法当代价值做出了贡献。

第二，哈索克马克思主义的辩证女权主义思想的建构，驳斥了后现代主义和后马克思主义对马克思主义女权主义的质疑和否定，提出了防止和避免女权主义理论陷入后现代主义泥潭的新思路，开拓了女权主义重返马克思主义的新途径，为重建马克思主义女权主义声誉做出重要贡献。哈索克以真理与权力关系为纽带对真理实践性、客观性等属性以及实践标准的强调，抨击了福柯的后现代真理观，为女权主义立场理论合法性进行了有力辩护；哈索克的女性主体

---

① Nancy C. M. Hartsock, “Feminist Theory and the Development of Revolutionary Strategy,” in Zillah Eisenstein (ed.), *Capitalist Patriarchy and the Case for Social Feminism*, New York: Monthly Review Press, 1978, p. 59.

② Nancy C. M. Hartsock, “The Feminist Standpoint: Developing the Ground for a Specifically Historical Feminist Materialism,” in Nancy C. M. Hartsock(ed.), *The Feminist Standpoint Revisited and Other Essays*, Boulder, CO: Westview Press, 1998, p. 126.

观则直接驳斥了“无主体论”或“主体碎片化论”，强调了捍卫女性主体性的重要性和迫切性。

第三，哈索克马克思主义的辩证女权主义思想的建构，有利于反思全球化背景下女权主义运动发展过程中遇到的诸多新问题。哈索克对集体主体与个人主体内在统一关系的论述，对女权主义运动处理好新形势下女性个人与女性集体甚至各地区女性团体之间的复杂关系及不同的利益要求而引发的各种矛盾，具有一定启发意义；对主体从属性与能动性、主体能动性与社会结构客观性之间的辩证关系的剖析，则为受压迫女性如何更加合理有效、细致入微地嵌入到社会结构中为女性解放事业的发展发挥应有的主动性、能动性提供了分析方法和锐利武器。

第四，哈索克马克思主义的辩证女权主义思想的建构着力点，是把辩证法视为马克思主义与女权主义的连接纽带，哈索克马克思主义的辩证女权主义研究新成果，引起了西方左翼学者的极大关注，这些新探索推动了对马克思主义辩证法当代价值的新阐释，很有价值。但是，我们同时也看到哈索克的辩证女权主义思想的建构还在发展过程中，缺乏系统化的概括和总结，有些理论观点还需要继续完善，特别是“妇女也是推动历史发展的重要动力”的思想需要进一步发展，有待于更系统的深入阐释。

总之，哈索克的辩证女权主义的理论贡献主要表现为：一方面是通过女权主义的立场理论对马克思主义哲学核心范畴进行新思考，另一方面是通过辩证法对历史唯物主义新发展进行了女权主义的阐释。我们认为，哈索克的辩证女权主义思想对探索马克思主义哲学的当代发展、推动女权主义理论的当代建构具有重要的启发意义。

第十一章　马克思主义女性主义社会认识论的辩证逻辑

马克思主义女性主义寻求从历史唯物论视域建构一种女性主义社会认识论。这一认识论以劳动性别分工为逻辑起点，强调女性劳动独特性对认识论建构的优先性；以女性认知优势论为核心载体，主张从性别维度对知识、政治和价值进行多元建构；以实现女性主义解放规划为根本指向，力促女性全面自由发展。马克思主义女性主义认识论对西方传统认识论的批判具有启发价值，对马克思主义认识论研究范式的多样化具有借鉴意义。

第一节　女性主义社会认识论的逻辑起点

性别分工是劳动分工的重要组成部分，劳动性别分工通常指"建立在社会性别基础上为完成人类有关物质产品的生产劳动和人类自身生产劳动的制度安排"[①]。女性主义立场论认为，"男主外，女主内"的等级制劳动性别分工模式是女性受压迫的重要源头，要消除传统认识论中的男性霸权和性别歧视，就要先行澄明劳动性别分工对于建构女性主义认识论的决定性意义和逻辑优先性，将女性经验的来源与劳动性别分工结合起来，对女性生活实际作出深层次诠释。

一、劳动性别分工在女性主义认识论中的出场

任何认识论都有特定的本体论基础，女性主义社会认识论深受马克思主义历史唯物论从物质生产活动出发分析社会结构的启发，将其本体论预设为基于

① 佟新、龙彦：《反思与重构：对中国劳动性别分工研究的回顾》，载《浙江学刊》2002年第4期。

劳动性别分工的女性劳动。女性主义认识论认为，劳动分工是物质生产方式的核心，是决定、制约人们生产过程中支配和被支配关系的关键因素，理应成为考察女性劳动、推动女性主义认识论建构的逻辑原点。马克思、恩格斯尽管提出了劳动分工初源于男女性别差异、性别分工对女性的压迫以及女性解放途径等观点，但对劳动性别分工只是附带提及，重点考察的仍是阶级劳动分工中的男性及其劳动，致使女性及其劳动特异性被遮蔽，家务劳动与人类再生产缺乏独立的理论地位，性别统治系统也未得到全面揭示。因而要让女性处于历史唯物论分析中心，就必须赋予劳动分工女性色彩，让女性在劳动分工中出场。鉴于此，女性主义社会认识论基于劳动性别分工剖析了女性劳动的特异性。

首先，女性劳动居于中心地位。女性主义立场论认为，尽管女性劳动在父权制体制中常遭歧视和排斥而被边缘化，但其在社会生产与再生产中居于中心地位的事实是不容抹杀的。女性既从事社会生产又承担家务劳动，总体上比男性负担更多劳动；女性主要从事包括家务劳动在内的生产使用价值的具体劳动，为满足人之生存和发展需要提供了最基础性物质条件；女性还是繁衍后代和哺育生命等生命活动的主要承担者。因而女性对社会生产及包含家务劳动和人类再生产的家庭生产的贡献独特而又重大。

其次，女性劳动是自然性与社会性的统一。西方传统观点认为，男性是掌管社会文化权力的负责征服自然的能动理性人，女性则是隶属于男性权力的既定自然存在，这种自然与社会的严格区分在劳动分工上表现为男性负责“智力”工作，女性承担“手工或情感工作”。因而女性被认为生来就归属于家庭，女性、生育及家务劳动也只囿于生理学视域的既定自然意义。女性主义立场论对这种二元对立论进行了居间调停，赋予女性、生育及家务劳动社会意义，将女性劳动视为自然性与社会性的统一。哈索克强调：“无论女性为工资进行的劳动，还是家庭生产，都包括精神和身体的统一，目的在于变自然物质为社会所定义的商品”[①]；罗斯(Hilary Rose)将女性再生产视为体力、脑力和情感融为一体的“爱的劳动”；史密斯(Dorothy E. Smith)则从女性实际生活出发诠释女性日常活动、情感体验及社会关系的深层次结合。

再次，女性劳动及其经验普遍异化。女性主义社会认识论借鉴马克思异化劳动理论指出，在资本主义和父权制双重支配下，女性异化程度比男性更普遍、更深刻。一是女性与其劳动、劳动产品相异化。女性不仅在资本主义生产中受到异化，而且家庭也是女性异化的重要领域，家务劳动实质是异化劳动；家务劳

---

① Nancy C. M. Hartsock, *The Feminist Standpoint Revisited and Other Essays*, Boulder, CO: Westview Press, 1998, p. 114.

动的琐碎性、重复性、孤立性使女性难以获取家庭及社会认同,当女性从事这项非自由选择的劳动时,就会产生与真实自我相疏离的无意义感和个体独立性的被剥夺感,自我实现严重受阻。二是女性观念意识与其实际经验相异化。充斥于社会各领域的男性观念对女性意识的侵略,使女性必须学习不承认女性劳动经验的思想观念和理论知识,导致她们无法通过参与社会活动得到符合人性的成长。归根结底,女性劳动及其经验的异化源于劳动性别分工。哈索克指出,男女劳动分工模式的固化造就了性别关系中的具体女性与抽象男性的对立。女性劳动正是男性投身抽象思考的可能条件,这便导致男性对女性劳动视而不见,女性经验因此被排除于男权社会文化之外,女性劳动及其经验与社会文化产生强烈分裂意识而异化。因此,必须重建一种扬弃了女性异化感的新劳动观。

二、劳动性别分工是女性主义社会认识论的理论基石

历史唯物论认为,物质生产活动相对于认识论建构,总是具有优先性;劳动分工作为决定物质生活生产方式的关键因素,通常被视为认识来源的基本原点。正是基于此,女性主义立场论将"认识论以一种复杂与矛盾的方式从物质生活中形成"[①]视为前提假设,指出根植于劳动性别分工的性别经验对建构女性主义认识论的决定性意义:"正是在有性别的劳动分工中,人们找到了要求建构更为充实的女性主义认识论理由,也发现了女性主义认识论之根"[②],并围绕劳动性别分工对社会条件与认识论建构之间的关联进行了多角度阐释。

哈索克聚焦于物质生产活动和母性活动,强调劳动性别分工使男女在不同生活境遇中形成了截然不同的性别经验、情感形式和认识立场:劳动性别分工使女性沉浸在具体繁琐的家务劳动及生殖、养育后代等母性活动中,女孩通过直接效仿母亲学会了女性角色及人际关系技巧,形成了"具体关系中的女性气质"[③];男孩则因父亲很少在场而必须仿效抽象的文化陈俗旧规,形成了以理性、客观、支配性为特征的"抽象男性气质"。

与哈索克不同,罗斯和史密斯转向科学研究领域探寻女性知识生产的物质条件,以示劳动性别分工对认识论的影响。他们认为,女性和男性从事的劳动

---

① Nancy C. M. Hartsock, *The Feminist Standpoint Revisited and Other Essays*, Boulder, CO: Westview Press, 1998, p. 114.

② Sandra Harding (ed.), *The Feminist Standpoint Theory Reader: Intellectual and Political Controversies*, Routledge, 2004, p. 24.

③ Nancy C. M. Hartsock, *The Feminist Standpoint Revisited and Other Essays*, Westview Press, 1998, p. 105.

形式有区别，男性从事工业劳动形式，而女性采用能够产生许多新见解的手工劳动形式，这会促使女性从真实经验出发，向真正的知识迈出最重要一步，从而为建构主动性知识提供可能手段。

哈丁(Sandra Harding)同样强调物质生活对认识论建构有首要因果联系，并从女性物质生活出发，总结了男女境遇的差异及由此形成的不同认识论，尤其是对女性"局内局外人"身份、女性视角源自日常生活、女性惯于从他者视角思考问题及反对男性压迫的斗争等方面的阐述[①]表明，男女正是受劳动性别分工制约才在生活形态、社会身份、思考视角、认知方式等方面产生差异。而这些观点正是女性主义立场论的立论基础。

总之，女性主义社会认识论立足于劳动性别分工对女性物质生产和生活实践及其经验进行考察，并坚持从历史唯物论角度理解社会事实，关注女性对有机体和社会环境之间关系的理解，力求解决主客体的统一问题，这都为女性主义立场论进一步批判男性认知霸权、建构女性认知优势论、争取女性认知公平权提供了重要理论基础，并成为女性主义立场论基于历史唯物论建构社会认识论的逻辑起点。

第二节　女性主义社会认识论的核心命题

祛除传统认识论的男性认知霸权，争取女性认知公平并建立完备的女性主义后续科学是女性主义立场论的坚定承诺。以何种标准批判传统认识论？如何证明女性知识及女性主义研究结果的正当性？女性主义立场论围绕着"知识客观性"这一基本论题，在颠覆传统认识论价值中立标准基础上，立足于对客观知识进行价值加载的根本立场，在性别视域下聚焦于知识、政治与价值之间的关联，对男权意识虚假性进行了批判，并创造性地提出了女性认知优越论这一核心观点。这些阐述是对马克思主义无产阶级立场论、知识权力观、意识形态论及真理与价值关系理论的运用、补充和发展，集中彰显了女性主义立场论基于历史唯物论建构社会认识论的内涵意蕴。

一、男性认知霸权的虚假性

虚假意识批判是历史唯物论意识形态理论的精髓。虚假意识的根本特征

---

① [美]桑德·哈丁：《从女性经验到女性主义立场的认识论》，胡向华译，载江怡主编《理性启蒙——后现代经典文选》，东方出版社2004年版，第548页。

是将社会存在与社会意识、现实生活与幻想观念之间的关系头足颠倒，用幻想联系取代并掩蔽人们现实生活和社会关系真相，以维护一种长治久安的统治。阶级社会中的主流认识论通常被视为为维护统治阶级利益而对现实进行歪曲表述的虚假意识。如哈索克所说："在统治制度中统治者的视野是偏颇且倒错的。"[①]资产阶级意识虚假性根源于资产阶级生活形态脱离了劳动者的物质生产过程。

基于资产阶级虚假意识理论，女性主义社会认识论认为男权意识作为一种隐蔽性的集体无意识同样具有虚假性，表现在认识论上就是以男性经验为根基的思想观念和知识体系由于对女性经验及其认知模式的忽视和排斥，遮蔽和歪曲了现实生活和社会关系真相而使男性认识具有不完全性、不公平性和倒错性。女性主义立场论对这种男权意识虚假性进行了批判。

一是对传统认识论中价值中立客观性理想的拒斥。价值中立客观性就是将价值中立视为衡量知识客观性的必要条件，要求认知者排除境遇性主观价值因素，以客观中立、普遍有效的方法探究世界和社会真相。女性主义立场论认为，这种客观性集中代表了男性利益、经验和价值观，是男权意识在传统认识论上的系统体现，因而必须对其进行解构。其一，这种客观性具有非实然性。认知者是特定社会历史情境中具体的人，必将个人偏见、社会利益和意识形态渗入认识过程，事实上根本不存在价值无涉的客观性以及超越历史文化情境的客观知识。其二，这种客观性具有非应然性。价值中立客观性最大化否定了价值因素而无法正确分辨推动或阻碍知识生产的价值因素，而且因贬斥女性认知模式而难以全面科学地反映世界和社会真相，因而只是用来掩饰知识生成与男性统治权力的结盟，不可能使知识客观性达到最大化，不值得追求。

二是对男权意识虚假性根源的揭露。史密斯运用社会存在决定社会意识原理指出，男权意识之所以有不正当性，是因为它用抽象代替具体现实而颠倒了事物的恰当顺序。即男权意识往往运用诸如"理性"、"价值"、"自由"、"精神"、"态度"等固定化的抽象概念去规范现实，而不从具体现实出发考察事物。结果是男权意识只能看到与其抽象精神世界相对应的东西，而对源于日常生活的女性经验却视而不见或有意贬抑，显然在其支配下形成的认识论不可能全面科学地揭示自然和社会真相。因而，男性意识虚假性本质上是由其自身固有的存在与意识相颠倒、抽象概念与社会根源相分离的本质特征决定的。

---

① Nancy C. M. Hartsock, *The Feminist Standpoint Revisited and Other Essays*, Westview Press, 1998, p. 109.

二、女性认知优势的理论建构

从性别视角阐释权力对知识生产的影响是女性主义社会认识论的核心旨趣。其基本主张是女性认知优越论，即女性等边缘群体在等级社会中比男性等特权群体更具认知优势和可信度。相对于传统认识论，这是一个颠倒性命题。其观念预设从追求价值中立客观性转向对客观知识进行价值加载，其目标宗旨从维护男性等特权群体的认知霸权转向争取女性等边缘群体的认知公平权，其讨论重心从否定权力、公平等价值因素对知识生产的有效影响转向因论证不公平而被贬抑的非主流经验的独特洞察力和解释资源。这一理论表达了等级社会中女性等边缘群体对知识生产平等权的正当诉求，是对历史唯物论的无产阶级立场论和知识权力观的女性主义拓展。

一是女性认知优势论的核心内容借鉴了马克思、恩格斯和卢卡奇的无产阶级立场论：代表全人类利益的无产阶级比资产阶级更接近真实的认知立场，基于无产阶级立场建立的社会结构更少错误、偏袒和歪曲，无产阶级是历史合理性的体现者。在将女性视为无产阶级的预设前提下，女性主义立场论提出了女性比男性更具有认知优势的观点：其一，女性知识来源更具全面性，可能会揭露从其他视角看不到的社会现实，提出传统认识论未曾发现的新问题，为科学研究提供用其他办法得不到的重要资源。其二，女性知识的论证更具深刻性。女性或女性主义者"通常采用'隐喻、模型、类比和叙事'等并非主流知识文化形式，考察男女对'自然规律'的不同选择，诠释与特权概念相矛盾的性别经验的差异"[①]，有助于揭示现象背后的深层规律。其三，女性知识的结论更具合理性。男性特权阶层惯于把社会不平等诠释为自然的和必要的，女性则将其视为社会的偶然，并指明克服不平等的途径，力求提供一种更正确的社会知识。

二是从物质生活实践中寻找女性认知优势的社会根源。其一，女性认知优势根源于女性劳动的自然与社会的统一性。女性对人与自然、人与人之间多样连通性的重视更能揭示社会结构之下的真实关系，并给予独特而客观的诠释。其二，女性认知优势的获得与其所处多重复杂的位置有关。父权制资本主义社会的女性虽被边缘化但在社会生产与再生产中居于中心，既是社会主体又是社会客体，这种"局中局外人"地位赋予她们更强的适应性和更宽阔的理解力，有

① Heidi E. Grasswick (ed.), *Feminist Epistemology and Philosophy of Science: Power in Knowledge*, Springer, 2011, p. 164.

利于通过发现“主流行为和信念与‘局外’出现的行动和信念之间的关系”[①]获取主流位置无法得到的更真实、客观、完整的知识，从而为科学研究带来“接近与远离、关怀与淡漠的结合体，而这正是扩大客观性的核心之所在”[②]。

三、女性主义社会认识论的价值加载

对客观性进行价值加载，将传统认识论奉行的价值中立客观性重塑为价值负载客观性，是女性主义立场论对知识客观性最大化问题的解决方案。如何基于女性主义立场重塑价值负载客观性并在此过程中避免相对主义？其中以哈丁的“强客观性”与哈拉维（Donna Haraway）的“具体化客观性”即“情境化知识”影响最大。尽管这两种方案带有某些后现代特征，但在许多方面与历史唯物论有千丝万缕的联系。

一是对马克思主义科学性与革命性相统一观点的吸纳。马克思主义认为，知识由社会建构而成，必然包含某种价值立场或价值取向，但价值实现须以客观真理为基础，不能放弃对知识客观性和客观真理的追求。女性主义立场论批判价值中立客观性也是要揭示：知识创造过程具有彻底的社会性，任何知识都是基于历史的人类特殊生活经验的境遇化知识，必定以主体价值选择为依据；理应通过价值加载把价值中立的“弱客观性”重建为价值负载的“强客观性”。可见，女性主义立场论也只是主张修改和重建知识客观性的标准，而不是要摒弃对知识客观性最大化理想的追求。

二是表现为对“认识论或评判性”相对主义的规避。卢卡奇认为客观知识的价值加载应表现为与全人类利益最为一致的阶级立场，并依托无产阶级认知优越论规避相对主义。哈丁和哈拉维借鉴了这种观点，指出：在价值负载中避免相对主义须以知识的政治表达和集体基础为根本，即以认知主体的集体视野为基准，对知识生产和评估进行批判性检验；立足于边缘人生活，最大限度地考察知识生产各要素、各环节的主观价值背景，并对认知主体和客体展开因果性批判；在各种视角的联结和批判中，以强反身性、负责任等手段对认知主体和客体加以规范并使之形成实事求是的科学态度。显然，这些主张是以边缘群体认知优势排斥那种主张立场和知识处处平等的认识论相对主义，但其目的不是对知识内容进行好坏之分，而是倡导人们站在各种立场去认识世界以实现认知公

① ［美］桑德拉·哈丁：《什么是女权主义认识论?》，载佩吉·麦克拉肯主编《女权主义理论读本》，广西师范大学出版社 2007 年版，第 530 页。

② ［美］桑德拉·哈丁：《什么是女权主义认识论?》，载佩吉·麦克拉肯主编《女权主义理论读本》，广西师范大学出版社 2007 年版，第 523 页。

平和客观知识最大化。[①]

总之,女性主义社会认识论以性别视域下知识、政治与价值之间多元勾连为主线并依托女性认知优越论对客观知识进行价值加载,很大程度上是对历史唯物论的许多思想精髓的承袭和发展。这些历史唯物论元素的加入,增强了女性主义社会认识论对男性认知霸权及价值中立客观性理想模式的批判力度,彰显了女性主义立场论基于历史唯物论建构社会认识论的深层逻辑,并为女性等边缘群体实现认知公平权及全面自由发展,推进科学规范发展、社会政治民主进程提供了必要的思想武器和精神动力。

第三节　女性主义社会认识论的实践旨归

女性主义社会认识论的建构目的是指导妇女争取解放的政治实践,这是马克思主义女性主义秉承的核心理念,也是女性主义认识和处理妇女解放问题所处立场和所抱态度。女性认识的本体论表现是,认识主体正占据着的社会位置及其在此位置所获取认识优势的条件;认识论表现是,不同社会位置的认识主体持有不同认识主张,女性等边缘群体更具认知优势;实践论表现是,通过各种途径提升女性等边缘群体觉悟,使女性确立创建更公平社会的理论远见和政治信仰,促其全面自由发展。究其目的,不仅要让女性在其客观位置上拥有认识论优势,更要让女性通过实践获得女性主义立场并全面自由发展。[②] 总之,女性主义立场的获得是女性获得解放并全面自由发展的重要条件,是女性主义立场论建构女性主义社会认识论的根本指向和实践旨归。女性主义社会认识论对女性解放问题的论述,同样蕴含着对历史唯物论的继承和发展。

一、女性主义社会认识论的解放立场

对女性主义解放立场内涵的理解,要澄清两点:一是女性主义立场不等同于现实日常生活中的女性意识,因为意识具有相对独立性,同处于被压迫地位的女性,可能反抗压迫,也可能认同压迫,还可能因认同压迫而引起女性对他人的压迫;二是女性主义立场不等同于女性立场,因为女性主义立场具有认知主

① Sandra Harding (ed.), *The Feminist Standpoint Theory Reader: Intellectual and Political Controversies*, Routledge, 2004, p. 127.

② Sandra Harding (ed.), *The Feminist Standpoint Theory Reader: Intellectual and Political Controversies*, Routledge, 2004, p. 74.

体的非完全排他性，不论是主流还是边缘、女性还是男性都可能具有女性主义立场。女性主义立场论者之所以采用女性主义立场而不是女性意识或女性立场，旨在表明女性主义立场承载着解放的潜能，但女性主义立场并非天然生成，而是必须发挥女性与女性主义者的主体能动性，通过后天努力才能获取。对此，女性主义立场论者运用历史唯物论的知识和政治关系理论进行剖析。

历史唯物论认为，掌握物质生产资料的统治者往往控制着精神生产领导权，这决定人们不可能摆脱既定权力场的影响而随心所欲地生产和分配知识。那些反映并维护统治者利益的知识成为被普遍接受的主导性知识，而被统治者的知识生产和分配只能受统治者支配并被边缘化。统治者通常还想方设法消除被统治者的颠覆性言论。因而被统治者要获得统治地位，必须夺取政权，确立自己的知识统治权。基于此，女性主义立场论将女性主义立场不会天然生成的原因归结为男性“权力的概念化实践”①。史密斯指出，隐含男性统治、种族主义和资本主义之间内在勾结的统治关系企图通过挪用针对女性工作学习及日常生活的局部性、概念性文本要求来控制女性的每日生产。这种涵盖各领域的权力概念化实践的共同核心特征就是知识充当着一种社会支配力量。因而当基于男性经验的知识取得科学地位，且广为社会机制采纳并用来组织日常运作时，不平等的性别关系就一再被复制和维持，而且男性群体不愿暴露其物质和概念实践的荒谬性，也不愿承担因不公正造成的政治后果。因此，要获取女性主义立场，必须同男性进行斗争并付出巨大努力。

二、女性主义解放立场的实现途径

马克思认为，要“跳出意识形态”，摆脱思想束缚，不仅要对意识形态进行理论批判，更要在实践中培养工人自觉的无产阶级意识，通过革命推翻资本主义制度。女性主义立场论承袭了这种理论和实践相结合的批判路向，极力倡导“理论必须唤起行动”，强调女性主义立场“只有通过科学的和政治的斗争才能获得”②，实践性是其显著特征。

其一，实现女性主义立场的科学斗争策略。所谓“科学斗争”就是力图基于女性主义立场论建构完备的后续科学。要达此目的，就要做到：以女性生活经验为认知来源，从局中局外人视角观察和思考问题，既要对男性认知霸权及男性虚假意识进行系统而深刻的反省和批判，又要树立女性认知优势意识，将传

---

① ［美］桑德拉·哈丁：《立场方法论如何影响社会科学哲学》，载斯蒂芬·P·特纳、保罗·A·罗思主编《社会科学哲学》，杨富斌译，中国人民大学出版社 2009 年版，第 331 页。

② ［美］阿莉森·贾格尔：《女性主义政治与人的本质》，高等教育出版社 2009 年版，第 581 页。

统认识论所掩蔽、贬抑及排除的女性经验纳入知识建构过程，凸显女性主义认识论的应有地位；秉承对客观知识进行价值加载的根本原则，以强客观性和情境化知识为主要手段，揭露政治权力对知识生产和分配的重要影响，实现科学知识的政治化。但要以负责任的态度对自身文化偏差或批判位置有所自觉，以强反身性提供更客观的知识。

其二，实现女性主义立场的新实践规划。马克思认为革命根植于善于自觉提高觉悟的群众。女性被压迫群体要获得女性主义立场，关键在于女性觉悟的提升，而"觉悟提升本身就是一种革命实践"[①]。其主要表现形式有：(1)与女性及其他解放运动密切结合的政治斗争。组建提高觉悟小组，有助于女性明确自身处境、承认自身价值、提高政治参与积极性，是提高女性觉悟最重要的实践形式；策略性地与其他解放运动结盟，有助于获得具有女性主义立场的男性或其他群体的支持。(2)教育实践。女性主义理论被纳入学校、社会等各类教育科研体系并得到广泛传播，对女性主义立场的获得及改善女性社会处境必定产生积极影响。(3)非异化劳动实践。获得女性主义立场还有赖于通过实践建立一种消除女性劳动异化的既能发展自我又能改造外部世界的新的劳动概念。因而要获得女性主义立场，就"必须为反对由主导群体使之成为'自然'而'明显'的实在而斗争，为反对仍在进行的政治上对受压迫群体的剥夺而斗争"[②]。

归根结底，女性主义立场的终极意义就在其"解放功能"，女性主义立场论的终极目标就是女性全面自由的发展，即：使女性成为"真正意义上的人的存在，在能动地改造社会、文化的过程中充分发展自己，使其社会价值和生命价值得到确认和伸张"[③]。显然，这是对马克思主义人的解放和全面自由发展理论的继承和发展。

综上所述，马克思主义女性主义者努力在历史唯物论视域下建构一种女性主义社会认识论，尽管这种论证路径因招致后现代主义冲击而没有系统化、明晰化，但不能因此忽视这种女性主义社会认识论建构的可能性及其对推进西方传统认识论批判的可能性。同时，应该重视女性主义社会认识论的发展及其对历史唯物论研究范式多样化产生的重要意义：其一，女性主义社会认识论者运用历史唯物论对传统认识论进行批判，如深入物质生产方式揭露传统认识论中

---

① [美]约瑟芬·多诺万：《女权主义的知识分子传统》，赵育春译，江苏人民出版社2003年版，第122页。

② [美]桑德拉·哈丁：《立场方法论如何影响社会科学哲学》，载斯蒂芬·P·特纳、保罗·A·罗思主编《社会科学哲学》，杨富斌译，中国人民大学出版社2009年版，第330页。

③ 董美珍：《马克思主义女性主义对马克思主义的继承发展》，载《山西大学学报（哲学社会科学版）》2009年第2期。

性别不平等根源、女性认知优势论对女性经验及其价值的彰显及打破传统认识论中主客二分认知模式和价值中立客观性神话并代之以对客观知识进行价值加载等观点，在对男性认知霸权造成不同程度的冲击的同时，对维护女性认知主体及其认知成果合法性极具启发性。其二，马克思主义女性主义基于历史唯物论建构社会认识论，为不同语境下对女性主义社会认识论展开多角度探索与争辩并使之形成内容丰富的研究论域提供了重要视域。其许多观点，如物质生活实践决定认识论差异、所有知识都是情境化知识等被运用于性别、阶级、种族、民族、文化、地域等多元交叉领域，对黑人及第三世界女性主义等新兴女性主义流派的发展及不同女性群体主体能动性和解放意识的提升产生了促进作用。其三，在当今马克思主义历史唯物论遭到后现代主义、后马克思主义质疑的语境下，马克思主义女性主义者秉承历史唯物论的实践性、批判性、革命性，从性别维度试图补充、发展历史唯物论观点，如社会存在决定社会意识、劳动分工、异化劳动、无产阶级立场、意识形态批判、妇女解放等，并力求对它们进行新的理论概括，一定程度上既利于纠正后现代脱离物质生活实践并容易滑向相对主义的缺陷，又利于弥补历史唯物论尚未系统阐述女性解放问题认识论的局限并推动历史唯物论研究范式多样化。

但我们要看到，马克思主义女性主义在历史唯物论视域下建构社会认识论的逻辑也有局限性，是需要进一步完善的基于“弱历史唯物论”的社会认识论。其一，对历史唯物论的借鉴有时过于简单化、机械化，有生搬硬套之嫌。如把无产阶级立场论性别化时，并未慎重思考性别关系能否完全等同于阶级关系这个问题，致使抹杀了性别与阶级两大范畴的区别而陷入诸多误区。其二，尽管承认“劳动性别分工”、“女性劳动”、“男性意识”、“女性认知经验”、“女性主义立场”、“情境化知识”等核心范畴是由社会建构而成，但有时却忽视了对它们进行真实的社会历史性分析，致使某些论证缺乏有效说服力。其三，尽管力图打破性别维度的二元对立论，但其许多观点仍囿于其中，如过于强调男女差异而忽视了彼此间的统一性，尤其过分贬低了男性群体的认知价值，未看到男女认知方式优势互补可能或许会更利于知识客观性最大化；过于强调女性群体的统一身份而忽视了女性主体间的特异性，尽管后来对此有所修正，但还是常被指责为本质主义而受到批评。

总之，马克思主义女性主义者基于历史唯物论建构社会认识论的努力，蕴含着当今许多女性主义者要求重建辩证唯物主义的愿望，同时又为如何科学运用历史唯物观建构女性主义社会认识论并促使历史唯物论研究范式多样化提供了借鉴和启迪。尽管这种建构路径还存在许多不足，但不能因此忽视或否认其未来发展的较大潜力。

第四节　马克思主义女性主义对后现代主义挑战的回应

在后现代女性主义“弃同求异”差异观审视下，女性主义立场论深陷“同一”与“差异”两难困境。女性主义立场论针对后现代女性主义对其主体身份认同观的责难、对其理论假设“逻辑悖论”的指认，进行了批判性应答：修正统一女性主体身份并探索有差异的女性群体主体和个人主体之间关系；坚持女性认知优越论，倡导重塑价值负载客观性，以实现知识客观性最大化并规避相对主义；呼吁女性主义抛却对抗，转向对话，努力达成主体间公共性。这些批判性应答立足于历史唯物主义认识论，辩证融合了现代与后现代的思想精髓，有助于女性主义立场论超越“差异”并获得继续发展。

随着后现代主义“弃同求异”理论范式影响的扩大，西方女性主义的平等主张逐渐从追求男女性别同质化转向既强调男女异质化又关注女性内部差异。运用“差异”消解任何形式的“同一”已成为信奉后现代主义的女性主义者们最为坚定的承诺。正是在这种后现代“差异观”的审视和批判下，女性主义立场论成为数十年来西方女性主义“最突出而又最有争议”的理论之一。这些后现代女性主义者是如何运用“差异”挑战女性主义立场论的呢？女性主义立场论者又是如何应对这一挑战的呢？厘清这些问题对于深入理解女性主义立场论的实质内涵和理论困境及其与后现代主义之间的离合关系具有重要理论价值，对于正确处理全球化下女性主义运动中女性群体间的认识与政治差异等现实问题具有启发意义。

一、后现代女性主义对女性主义立场论的审视与批判

女性主义立场论最初是由哈索克、史密斯(Dorothy E. Smith)、罗斯(Hilary Rose)、贾格尔(Alison M. Jaggar)、哈丁(Sandra Harding)等马克思主义女性主义者依据马克思主义无产阶级立场理论创建而成的一种彰显男女性别差异的历史唯物主义认识论，它以统一的女性经验和立场为出发点，以强调女性认知具有优于男性的认知特权为载体，力图建构女性主义“后续科学”以促进女性全面自由发展的实现。这一理论为解决父权制歪曲论题，消除西方传统哲学话语的男性霸权，推动女性解放运动发展，提供了有价值的认识论工具。但其“差异观”却遭到了后马克思主义女性主义、第三世界和黑人女性主义等许多既强调性别差异又关注女性身份差异的后现代女性主义者的批判和责难，并因此使女性主义立场论深陷多重复杂的“同一抑或差异”的两难困境。

（一）对女性主义立场论主体身份认同观的责难

“身份认同是主体存在、身份形成以及认知发生的基础。”[①]任何女性主义哲学都无法回避对女性主体进行身份认同的诠释和构筑。其中，如何理解女性主体的同一性与差异性及二者关系是后现代女性主义者最为关注的核心问题。为摧毁本质主义的统一女性主体，建构多重异质的碎片化女性主体，她/他们指责女性主义立场论生来就具有僵化、封闭、独断的本质主义倾向，具体表现如下：

1.女性主义立场论对性别经验和认知方式的普遍性和整体化预设

其一，“统一男性群体”与“统一女性群体”二元对立。以哈索克、哈丁为代表的立场论认为，物质生活实践的系统区分及劳动性别分工决定了男女性别经验及认知方式的差异，女性作为“局内局外人”，比远离自然和生活真相的男性更能揭示社会结构的真实关系并获取真理性的知识。后现代女性主义批评道，立场论将男女分别视为拥有共同经验与统一立场的同质化群体并将男女经验与认知方式对立化的假设，表明其仍囿于普遍主义和二元论架构之中，这不仅不利于性别平等的实现，反而进一步强化了二元等级制性别结构。其二，女性身份的差异性被遮蔽。后现代女性主义认为，女性身份是在各种话语中建构而成的“依赖于各种主体位置的多元体”，总是偶然、臆断和不稳定的，本质上完全相同的女性并不存在。然而女性主义立场论却以“统一女性群体”作为建构女性主义认识论的前提和基础，不仅没有充分考虑到不同族裔、阶级、能力、性取向等各种女性身份的差异性及其立场和经验的多样化，而且对不同身份女性之间相互矛盾的认知方式也缺乏更多包容性。如果依据这种统一女性身份建构女性认知优越论，维护的必然是占据优势的白人中产阶级女性的认知特权，这实则是一种从男权统治模式翻转过来的“女性沙文主义”，并不利于女性解放目标的实现。正如巴特勒所说：“这种以女性统一性压迫或统一性经验为理论基础的假定，在模糊和压制多样性的女性经验方面同样具有压迫性。”[②]因此，为了更好地理解社会关系的多样性，在社会关系中应用自由和平等原则，就必须对统一女性身份进行解构。

2.女性主义立场论对真实历史性分析的忽视

后现代女性主义认为，哈索克利用唯物主义心理学的客体关系理论描述女

① 陈李萍：《从同一到差异——女性身份认同理论话语的三重嬗变?》，载《妇女研究论丛》2012年第6期。

② ［英］迪马特·巴贝克：《政治哲学中的女性主义——女性的差异》，载［英］米兰达·费里克、詹妮弗·霍恩斯比编《女性主义哲学指南》，宋建丽、马晓燕译，北京大学出版社2010年版，第217页。

性主义立场论的过程中，将“男性气质”或“女性气质”的生成归因于母亲和孩子关系的结合或分离的内在动力学，并断言这种分类模式的有效性贯穿自古代雅典以来的整个西方历史，这些观点显然是要通过普遍宏伟叙事和绝对主体来建构一种超越历史的、普遍有效的女性主义认识论。尽管哈索克认为“性别是社会历史地建构起来的，但当她涉及性别身份的‘物质基础’时，社会环境却褪色了”[①]。正是哈索克对“通过先在自我和既定需求假设个体具有一种固定人性”[②]的追求，致使历史性诠释维度在其立场论中严重缺场，并由此遮蔽了不同社会关系中每种性别的内部差异而被指责为本质主义。

（二）对女性主义立场论“逻辑悖论”的指认

1. 情境知识观对女性认知优势论的解构

后现代女性主义学者苏珊·赫克曼运用后现代“差异”观对以哈索克为代表的女性主义立场论的最初阐述进行了审视和尖锐批判，指出这种立场论的核心思想建立在两个假设上：一是情境知识观，即“所有知识都是具体视域的并受情境制约”，所有科学都不可通约地具有社会性；二是女性认知优势论，即“一种视域即女性立场的视域，是享有特权的，因为它提供了一个揭示社会现实真相的有利基点”[③]。她尤其强调，这两个假设之间隐含着若干难以解决的有偏见的认识论悖论，定会使女性主义立场论陷入难以摆脱的理论困境。

具体而言，这些悖论及其造成的困境表现为：如果从性别差异的维度考察，哈索克的情境知识观和女性认知优势论就会陷入矛盾困境。正如赫克曼所说：“第一个假设隐含着对第二个假设的解构，随着该理论的发展，第二个假设的可疑本质就渐渐显现出来。”[④]换言之，“在第一种阐述中蕴藏着一种新的知识范式，这种范式被界定为情境化的和视角化或立场化的知识，但这些最初阐述却仍保留着正在替换的过时了的范式元素。”[⑤]哈索克基于历史唯物主义强调，所有知识都是社会建构的知识并受到社会情境的制约，物质生活实践及劳动的性

---

① Judith Van Allen, “Money, Sex and Power: Toward a Feminist Historical Materialism(Book Review),” *Signs*, Vol. 10, Issue 3, 1985, p. 577.

② Nancy C. M. Hartsock, “Comment on Hekman's ‘Truth and Method: Feminist Standpoint Theory Revisited’: Truth Or Justice?” in Sandra Harding (ed.), *The Feminist Standpoint Theory Reader: Intellectual and Political Controversies*, New York: Routledge, 2004, p. 243.

③ Sandra Harding (ed.), *The Feminist Standpoint Theory Reader: Intellectual and Political Controversies*, New York: Routledge, 2004, p. 227.

④ Sandra Harding (ed.), *The Feminist Standpoint Theory Reader: Intellectual and Political Controversies*, New York: Routledge, 2004, p. 227.

⑤ Olga Zaytseva, “Evolving Issues and Theoretical Tensions: A Revised Standpoint Theory for 21st Century”, http://citeseerx. ist. psu. edu/ Viewdoc/summary? doi= 10. 1. 1. 170. 3487.

的分工的差异决定着男女性别经验及认知方式的区别。如果按照后现代主义的逻辑，这种观点必然会推断出任何知识都是局部的、有限的和偏见的，谁都不可能拥有认知优势的结论来。也就是说，所有的知识必定来自某一视角，所有的看法与立场都是片面的和悖理的，被压迫者的看法本身也是另一种话语，而不是对"真实的"实在的理解。正如福柯所说，"尽管被压迫者的视野构成了追求摆脱支配性权力/知识话语的对抗性—话语，但它们正如其他任何视野一样仍是不完整的和曲解的"①。赫克曼分析道，哈索克虽然强调男女差异，后来也承认女性间差异的重要性，但她却力图对后现代意义上的那种无中心的差异观进行限定，并拒绝了对后现代主义力图排除社会变革具有必要性系统知识的主张，因而，哈索克始终坚守立足于性别经验与立场的差异赋予女性比男性更多认知可信度的认知优势论。在赫克曼看来，哈索克的这种从性别差异出发却又固守启蒙真理和知识客观性的矛盾主张导致了"令人奇怪的结果"。哈索克的解决方案是，我们必须创建一种政治学，让处于外围的异质性"他者"进入到统治群体所处的"中心"位置，也就是主张"那些被建构成'他者'的人，必须坚持处于世界中心而不是边缘"②。赫克曼认为，这种观点"假定了一个异质的而不是同质的中心，这就暗示它可能根本不是一个'中心'"。对此，"我们可能会问：如果'他者'进入中心，这种迁移是否会有效地消除边缘？我认为，我们能够假定，哈索克将不会赞同一种任何群体被边缘化的政治学。但是保留'中心'概念是很困难的，正如她所做的，没有一种相应的外围概念"③。赫克曼进而指出："哈索克已经正确地界定了问题，但是寻求解决方案的方向是错的。她试图信奉哈拉维和其他人已经理论化的'情境化知识'，但是她不能接受这种工作的逻辑结果：没有任何立场/视角在认识论上是有特权的。她试图保留一种能够容纳多样性和定位的特权知识的概念。但是她并未成功。"④对于这种逻辑悖论，赫克曼完全赞同后现代主义的观点，明确指出："只要通过放弃中心/边缘二元论就会很容易地消除，真理、知识与政治学离开一种绝对的基础都是可行的，某些后

① Sandra Harding (ed.), *The Feminist Standpoint Theory Reader: Intellectual and Political Controversies*, New York: Routledge, 2004, p. 228.

② Sandra Harding (ed.), *The Feminist Standpoint Theory Reader: Intellectual and Political Controversies*, New York: Routledge, 2004, p. 228.

③ Sandra Harding (ed.), *The Feminist Standpoint Theory Reader: Intellectual and Political Controversies*, New York: Routledge, 2004, p. 228.

④ Sandra Harding (ed.), *The Feminist Standpoint Theory Reader: Intellectual and Political Controversies*, New York: Routledge, 2004, p. 229.

现代作者已经对此进行了令人信服的论证。”[①]而哈索克却担忧，如果采用后现代差异观，就会产生“多样性的女性主义立场论，就会有多样性的真理和多样性的现实。这对那些试图根据一种新的图景改变世界的人来说，是一项困难的工作”[②]。赫克曼则认为哈索克对女性主义分析未来的这种担忧是缺乏事实根据的。

2.“有差异的女性主体”主张与女性认知优势论的矛盾

在当代西方女性主义的平等主张从追求男女同质到尊重男女差异再到强调女性间差异的历程中，哈索克的女性主义立场论被视为从强调社会建构而成的性别差异出发的解放规划，但后来受到本质主义批评后，她也开始强调女性间差异的重要性，并对立场论也作了补充。但是值得注意的是，她所强调的女性差异中的女性，并非指女性个人主体，而是女性群体。这与后现代女性主义截然不同。后现代女性主义一贯以颠覆女性集体主体及其同一性为己任，这便决定了其审视女性主义立场论的出发点是有差异的“女性个体”而不是“女性群体”。哈索克认为，按照后现代女性主义这种逻辑，如果从有差异的女性个人主体出发，就会有可能使各种女性立场不断增生扩散下去，每个人独一无二的社会条件决定了其独一无二的立场。如果只关注女性立场的复杂多样，不仅不会达成女性具有认知优势的共识，反而必然致使女性主义陷入相对主义，使其赖以存在的统一基础受到威胁，女性主体将被瓦解，无法达到女性解放目标，女性主义立场论也会因此陷入困境。因而，哈索克强调的是从有差异的女性群体出发建构女性主义立场论。也就是说，女性认知优势不可能由女性个体来承担，而只能由某个或某些女性群体来承担。那么，谁来承担呢？按照哈索克的逻辑，不同立场并不具有同等认识论有效性，只有那个遭受所有压迫体制压迫的最受压迫群体才应该拥有最优先认识论立场，并由此出发批判其他立场和理论。也就是，立场论不是一种相对主义的理论，而是现实主义的理论，因为受压迫者的立场被假定是能够导致社会现实有效概念化和理论化的唯一立场。按照哈索克的这种“只有受剥削群体才具有认知优势”的逻辑，可以推断：如果从有差异的女性群体出发，也会造成女性认知优势有效性陷于混乱的僵局。因为，这种从有差异的女性群体出发的女性主义立场论也可能会引发三个难题：第一，哪个群体最受压迫？身受多重压迫的最受压迫的群体成员如何断定她/他们的哪些经验应归于哪种压迫？第二，为什么最受压迫者就应该承担起理论

---

① Sandra Harding (ed.), *The Feminist Standpoint Theory Reader: Intellectual and Political Controversies*, New York: Routledge, 2004, p. 228.

② Sandra Harding (ed.), *The Feminist Standpoint Theory Reader: Intellectual and Political Controversies*, New York: Routledge, 2004, p. 228.

建构的重担呢？而那些具有较少认知优势的压迫者的立场和责任又是什么呢？第三，既然受压迫者才具认知优势，为什么还要使女性摆脱受压迫地位呢？立场论岂不是让女性瓦解自己的认知优势吗？

二、女性主义立场论对后现代主义挑战的批判性应答

针对后现代主义运用"差异观"审视女性主义立场论而造成的"同一"与"差异"两难命题，哈索克、哈丁、唐娜·哈拉维(Donna Haraway)、迪马特·巴贝克(Diemut Bubeck)等女性主义立场论者对"女性主体身份认同"以及"情境知识观与女性认知特权论之间的逻辑悖论"等问题从不同视角进行了积极回应和探索，力求促使女性主义立场论摆脱困境并获得进一步发展。

(一)对女性主体身份认同观的新诠释

在回应后现代女性主义对女性主义立场论"统一立场"的本质主义责难的过程中，女性主义立场论阵营由于与后现代主义离合关系的差异而分道扬镳，大致有两条进路：

哈拉维等学者不同程度地脱离了女性主义立场论的最初表达而转向后现代主义。哈拉维指出，视角是避开二元论的最好途径，一切视角都是具体的。所有知识宣称与认知主体都具有彻底的建构主义历史偶成性；认知主体从来都不是既定、完整的，而是局部定位的、部分的关联；"对抗历史"的单一主体并不存在，主体应是多样性的。哈拉维对部分性主体的强调实则表明"同一性，包括自我同一，不会产生科学"，"一个科学的认识者不是寻求同一性的主体的地位，而是客观性的主体的地位，也就是说，局部的联结"[①]。弗拉克斯也对统一女性主体进行了彻底消解："我们中没有人在为'女人'辩护，因为除非在一套与(已有性别区分的)男人和许多具体不同女人特殊的关系中，否则这样的女人是不存在的。"[②]总之，她们这种"局部视角"主体观的确有助于祛除统一女性主体的本质主义，但带有明显的消解主体同一性、一味向差异撤退的后现代意图，在迪马特·巴贝克看来，这是"一种不受欢迎的、自我挫败的对差异问题的回应"[③]。

与哈拉维、弗拉克斯不同，哈索克、哈丁等学者虽也利用了后现代主义想象潜力，某种程度上承认了立场论对差异的忽视及其本质主义化趋向，但仍立足

---

① Donna Haraway, *Simians, Cyborgs and Women: The Reinvention of Nature*, New York: Routledge, 1991, pp. 196, 193.

② [美]桑德·哈丁：《从女性经验主义到女性主义立场的认识论》，载江怡主编《理性与启蒙——后现代经典文选》，胡向华译，东方出版社2004年版，第557页。

③ [英]迪马特·巴贝克：《政治哲学中的女性主义——女性的差异》，载[英]米兰达·弗里克、詹妮弗·霍恩斯比编《女性主义哲学指南》，宋建丽、马晓燕译，北京大学出版社2010年版，第217页。

于历史唯物主义立场，坚守立场论与后现代主义之间的理论差异，力主“策略性的摇摆”。

为了既能应对后现代主义对立场论主体身份认同观的本质主义责难，又能避免后现代主义彻底摧毁女性主体性带来的消极后果，哈索克公开承认她在立场论的最初表述中忽视了女性之间差异和其他各种群体之间权力差异的重要性：“对于同一立场这个问题，我没有给予女性间差异适当关注。……正像马克思仅聚焦于资本家和工人之间的关系而堵塞了对其他关系（如性别）的关注一样，我聚焦于一种简化了的男权主义的和女性主义的立场模式而忽略了对其他重要社会关系的论述。”[①]同时，哈索克原则上也承认了女性之间多种视角及现实存在的事实，既认识到西方资本主义语境中不同种族、阶级、地域的女性生活状况的差异，又将注意力转向了致力于全球化背景下第三世界及黑人女性主义立场特征的探究。尽管哈索克对蕴含本质主义的统一女性主体身份有所修正，但并不表明她完全接纳了后现代主义主体观。因为哈索克此处所讲的女性主体，并非意指后现代意义上的易使女性丧失共同目标的碎片化“个人主体”，而是“按照关系界定”的存有差异的“集体主体”。她认为，只有通过增强女性集体主体性和团结意识，朝向共同政治目标努力，才有可能获得强大有效的女性主义立场。相反，若只是强调个体女性主体的无限差异性，就会陷入各种女性立场不断增生扩散直至摧毁女性主体性的后现代深渊。尽管哈索克强调女性集体主体是推动女性解放运动发展的最重要推动力，但并不完全排斥、否认女性个人主体的存在及其作用。女性主体是处于社会关系中的从事实践活动的集体主体与个人主体的辩证统一。关于哈索克对有差异的女性主体身份的探索，前一章已详细论证，此处不再赘述。

哈丁作为哈索克女性主义立场论的支持者和集大成者同样主张，女性内涵各种身处不同位置的女性群体，属于一种不同质的范畴，所谓“同质女性”只是一种“精英虚构”，因而以不同女性生活群体为出发点进行研究，将有益于深刻理解与她们生活相关的各种社会现象及其与自然的关系。哈丁尤其强调从贫穷者、有色人种等其他边缘者视角创造理论的重要性，力求把性别、阶级和种族相结合，创立具有文化多元性的女性主义后续科学。

总之，尽管哈丁、哈索克的观点接近于后现代主义，但仍明确反对“碎片化”主体观，并未完全放弃女性主体同一性，依然立足于历史唯物主义，坚持现代主义的启蒙理想，力求凸显不同境遇女性主体寻求共同性和斗争基础的目标，以

① Nancy C. M. Hartsock, *The Feminist Standpoint Revisited and Other Essays*, Boulder, CO: Westview Press, 1998, p. 235.

保持与后现代主义之间的张力。因此，哈丁将女性主义立场论描述为“辩证地处于女性主义经验论和各种形式的女性主义后现代主义之间的一个不稳定的立场”①。

（二）对“生物决定论”的本质主义指责的回应

哈索克针对后现代女性主义者对其立场论的“生物决定论”的本质主义批判，进行了澄清和应答。她认为，这是对她的立场论观点的严重误读。她指出，她之所以较多地采用与性征、生育、母性等生物学相关的知识与案例，原因在于她强调的是“生理性别”这个术语而不是“社会性别”。但是，这并不意味着她在探求性别主义根源的问题上是有意遮蔽社会因素的“生物决定论”者。她之所以采用“生理性别”的核心术语，原因有二：一是为了强调性别议题不能归结为纯粹的社会维度，二是不能忽视人类生命体的生物成分在性别研究中的重要性。也就是说，在强制性异性恋和男性支配的社会里，主要由女性而不是男性来抚育子女无疑是一种社会选择，但不可忽视的是，到目前为止，孕育子女的人类再生产活动主要是女性而不是男性承担则是“不变的和几乎不能改变的”事实。

可见，哈索克采用“生理性别”的根本意图在于说明，生理性别也并非排斥社会性别的生物决定论，而是强调人是自然、文化等各种因素综合作用下的集合体，自然是蕴含文化元素或文化建构而成的自然，文化与自然不可分割；之所以采用生理性别只是提醒人们不要只强调社会性别而忽视生理性别的重要作用。哈索克明确表示，她的这种观点借鉴了马克思在《1844年经济学哲学手稿》中的拒绝自然和文化之间的分离并坚持人既是自然的也是社会的观点。同时，也受到了唐娜·哈拉维的引导。哈拉维是当代西方后现代反科学思潮的一员大将，1995年10月，她曾经在美国弗吉尼亚召开的科学社会研究学会(4S)的年会上，就科学的文化与社会学研究问题与格罗斯、莱维特之间开展过激烈争论，并在学界产生了较大影响。哈拉维根据对生物学、材料学等自然科学的研究强烈主张，必须拒斥自然与文化的分离。自然科学必须被视为文化建构和作为文化的人工产品。自然不是“在那里”而是被人类社会发明和重新使用（彻底改造）并被发现，如她所说，“我们了解了和创造了自然和我们自己”。她运用人类基因组项目的案例论证“技术科学是文化实践”，基因是文化结构作品的结果。因此，自然和文化必然相互结合，“自然和文化向内破裂为彼此”。她认为，这不是坏科学，而是我们应该拥有的唯一科学。科学是文化，正如她所说——人们可能同样会说，自然是文化，人们不能认为文化与自然是分离的。

---

① ［英］米兰达·弗里克、詹妮弗·霍恩斯比编：《女性主义哲学指南》，宋建丽、马晓燕译，北京大学出版社2010年版，第193页。

哈索克最后强调："采用'社会性别'的术语代表了一种将具有可变性含义的社会与具有不可变性含义的自然辨别开来的政治策略。我仍然认为，在当代美国女性主义理论的语境中没有术语能拒绝自然和文化之间的对抗。但是我正在努力做的就是使自然失去本性（哈拉维的术语）并要拒绝分离。"①

可见，哈索克虽然采用"生理性别"的术语，貌似主张"生物决定论"，但实际上既反对否定社会因素的单纯的"生物决定论"，也反对否定生理或自然因素的纯粹的社会建构论，因而后现代女性主义对哈索克的立场论带有"生物决定论"倾向的质疑，实际上是一种误读。对哈索克立场论是否带有"生物决定论"倾向的探讨，实际上反映了当代西方后现代主义反科学思潮中对如何认识科学与文化之间的离合关系这个问题的争论。在这个问题上，哈索克显然不赞同传统科学实证主义所崇尚的价值无涉的观念，但也没有否认自然或生物因素在性别研究中的重要作用，而是强调生理性别与社会性别、自然与文化之间的融合意义。因而，从其与马克思主义的关系上看，是从性别视域对马克思主义的继承和发展；从其与后现代主义的关系来看，又与后现代主义所倡导的对科学进行文化与社会化研究的、以建立价值负载客观性为核心主张的后实证主义思潮相契合，因而一定程度上，也可以将哈索克的立场论视为一种带有马克思主义色彩的后实证主义。

（三）对女性主义立场论"逻辑悖论"的回应

如前所述，运用后现代"差异观"审视女性主义立场论，就会发现其情境知识观与认知优势论之间存在着诸多悖论。而要破解这些悖论，必然关涉到两个问题：一是如何证明女性认知优势具有正当性？如何使知识更少偏见？二是如何寻求一种公共性来解决女性在认识上及政治上的公然差异？这些问题成为20世纪90年代以来女性主义立场论者思考和辩论的主要焦点。哈索克、哈丁、哈拉维等学者对这些问题进行了更为深入的探讨，并进一步发展和完善了女性主义立场论。

1. 强调女性"经验"转换为"女性主义立场"的重要意义

哈索克首先通过强调"经验"如何转换为"立场"以及这种转换的重要意义来论证边缘群体具有认知优势的正当性。何谓"经验"？美国机能主义心理学和实用主义哲学先驱威廉·詹姆斯的表述最为经典："经验，如同它在同一个层次上的概念——生活和历史那样，它既包括了人们所做的、所经历的，他们所渴望的、所爱的、所相信的和所承受的，也包括了人们是怎样活动和怎样反应的，

① Nancy C. M. Hartsock, *The Feminist Standpoint Revisited and Other Essays*, Boulder, CO: Westview Press, 1998, p. 235.

他们是怎样操作和怎样遭遇的，他们是怎样活动和怎样享受的，以及他们是怎样观看、怎样信仰和怎样想象的方式——总之，是人们经验着的过程。”[①]“经验”是立场论最具争议的问题之一。哈索克认为，立场论必须首先弄清楚“经验”的状态以及如何对其进行解释的问题，最重要的是，如何理解以不同方式对待经验所产生的政治后果。从被统治者视角分析，“统治者生活的世界是由其他人为满足统治者意图而建构的——这些意图并非是我们被统治者自己的，因而不同程度上对我们的发展甚至生存是有害的”[②]，而统治群体的经验通常却是倒错扭曲、违反常情的。这种界定结果必然导致人们要对统治群体进行重新理解。在对统治群体经验和认识论进行强烈质疑并明确表达极大不同的描述时，女性主义者、第三世界和后殖民主义者等边缘群体提出了许多被统治群体意识所遮蔽的新知识和认识论经验，致使统治群体和边缘群体被迫承认处于不同的多重多样的世界中。如加布里埃尔·加西亚·马尔克斯在诺贝尔奖领奖演讲中陈述：“我们面临的最大的问题在于无法让别人相信我们生活的真实状况。朋友们，这就是我们孤独之病的症结所在……用不适合我们的方式来解读我们的现状只能使我们变得更不为人所知，更不自由，更加孤独。”[③]由此可见，知识是以一种复杂和矛盾的方式产生于经验之中的。那么，女性经验是如何变成中介并转换为一种立场的呢？哈索克所指的立场不是女性的立场，而是女性主义的立场，因为被压迫者所获得理解必须要经过与统治群体强大意识的政治和理论上的对抗和斗争才能获得，因而“立场不只是压迫建构的，不能作为通常的理解而将其简约为身份认同政治”[④]，而是伴随着对统治群体的对抗意识的形成而产生。这种对抗意识形成的过程体现为发自内心并彰显于外部的斗争。尽管人在社会结构中的实际位置没有改变，但是持有女性主义立场就会使人对其所在位置的理解发生显著变化，尤其会发现，主导秩序的畸变扭曲变得更为明显。因而，哈索克指出：“女性经验转换为女性主义立场涉及理论(有时是物质)层面的迁移与转化，主流文化极力倡导而又试图抑制的‘学会用同一种声音说话’这种状况是不可能存在的，男性至上主义的主流文化意识形态及其对社会关系的

---

① 田光远：《科学与人的问题——论约翰·杜威的科学观及其意义》，复旦大学出版社 2006 年版，第 37 页。

② Nancy C. M. Hartsock, *The Feminist Standpoint Revisited and Other Essays*, Boulder, CO: Westview Press, 1998, p. 241.

③ 加布里埃尔·加西亚·马尔克斯在诺贝尔文学奖领奖台上的发言，http://book.douban.com/review/5053129/。

④ Nancy C. M. Hartsock, *The Feminist Standpoint Revisited and Other Essays*, Boulder, CO: Westview Press, 1998, p. 238.

理解最终会被指认为癫狂错乱的。"[①]可见，女性将父权制下的生活经验转换为女性主义立场，对于揭露统治群体视野的虚伪性和片面性、理解比统治视野更深刻更复杂的现实视野并由此获得政治行动主义的意义提供了发展潜力。正如格洛莉娅·安扎尔朵(Gloria Anzaldua)所说，女性、所有种族的同性恋者、黑皮肤的、流浪者、被迫害者、被边缘化者、外国人等"那些最受袭击的人一旦拥有了从表面现象中理解更深刻的现实意义以及表面下深层结构的能力，就会变得最为强壮"[②]。尽管哈索克也承认，这些多元主体从社会底层观察获得的知识作为定位于特定时空的情境化知识具有具体性、变动性和偏袒性，但她还是企图保留这些多元主体的知识最终仍"作为社会和集体的观点运转"、"作为立场在运转"的可能性。这些知识代表和表达的对统治群体主流文化的斗争一旦获得了自我意识，就会为了识别系统性权力关系的中心而超越存活层面的努力，并发展成为可解释的和正在占据着的知识。而统治者的知识则被理解为包含抑制、遗忘和消失的"否定模式"。因而，当这些多元主体的知识意识到不能永远固定和充分获得的时候，就会要求提出更真实、更充分的对现实的论述。这些具有自我意识的情境化知识必须聚焦于不断变化的同时代权力关系，并因此表明对当前的超越，因而多元边缘主体具有获得新认识论的可能并相对于统治群体占据着某些认识论上的优势。

2. 重建价值负载的客观性

如前所述，女性主义立场论赋予某些特殊经验以特权意味着拒绝了相对论主张，但也意味着必须抛弃基于男性统治模式的抽象意识形态所蕴含的价值中立客观性，而要选择基于女性等边缘群体生活而产生的某些经验与认知作为衡量知识客观性的重要标准。但问题的关键在于，立场论者如何给予并保证她们所认同的经验和主张具有客观有效性和合理性。在针对赫克曼等后现代女性主义者的指责而进行的直接回应中，哈索克、哈丁、哈拉维等女性主义立场论学者将焦点集中于赋予客观性以政治维度，立足于性别、知识与权力三者关联，重申对客观性进行价值加载的重要意义，并不断深化、完善将价值中立客观性重塑为价值负载客观性的理论论证工作。这既是女性主义立场论对后现代主义质疑情境知识观解构认知优势论的直接应答，又是实现知识客观性最大化的解决方案。

---

① Nancy C. M. Hartsock, "Feminist Standpoint Theories for the Next Century: Response and Critique," *Women and Politics*, Vol. 18, No. 3, 1997, p. 95.

② Nancy C. M. Hartsock, *The Feminist Standpoint Revisited and Other Essays*, Boulder, CO: Westview Press, 1998, p. 243.

哈索克在后来的著述中对赫克曼试图使女性主义立场论成为纯粹认识论的观点进行了批评。对哈索克而言，在种族、阶级、性别等群体利益相互冲突的资本主义社会，知识的生产活动及其内容体系总是与无所不在的政治统治权相互影响，紧密相连。这是因为，统治群体领导权总是决定着该时代知识生产与分配活动的基本内容和方向，代表男性意志与利益诉求的父权制资本主义统治关系总是企图通过知识生产来控制、支配女性思想意识和日常生活。根本而言，哈索克对政治、认识论和认知优势之间包含关系问题的反复阐述表明，其立场论的核心线索就是要努力解释不同的政治格局对于知识造成的影响，因而知识与政治之间的关系被置于描述的中心；同时进而体现了她对传统认识论所追求的价值中立客观性的拒斥以及重建政治性的知识客观性并以此作为判断认知优势评估准则的信念和诉求，从而为女性主义和科学知识客观性的亲密结合提供了理论基础。正如贾妮丝·麦克劳林(Janice McLaughlin)所说："科学女性主义评论重复着由哈索克和史密斯提出的主张，并且搜寻着可供选择的认识论以证明这种对世界如何运转的不同理解方法是正确的。"[①]

正是受到哈索克的认知优势论及其重建价值负载客观性的主张和诉求的启发和影响，两位女性主义科学哲学家哈丁和哈拉维进一步对如何使女性主义立场论在重塑价值负载客观性过程中避免相对主义，实现知识客观性最大化，也就是如何保证获取的知识更具客观性、更少偏见的问题，进行了较为详尽的论述，并提出了解决方案。

哈丁还认为，只有将认知主体视为共同体而不是个人，"才能保证综合不同视角的知识的客观性"[②]，价值负载的客观性所呈现的应是集体的或公共的视野而不是个体的。换言之，共同体是由生活在不同环境中的成员共同建构、维持和界定的，知识生产是对共同体经验的关注和表达，只能由共同体而不是由个人来完成。尽管个人知识、信念具有相对独立性，但必须通过共同体获得其合法性才能成为共同体所共享的知识判断的依据，同时个人作为某个共同体的成员，所表达的知识、信念必然不同程度体现了整个共同体的知识、信念，完全独立的个人知识、信念并不存在。因而，"你的或是我的认识最终取决于我们的认识"[③]。知识生产和评估是通过共同体界定的一套标准和论证来进行的，这是保证价值负载客观性的又一重要条件。因而，在哈丁看来，"知识的政治表达和集

---

① Janice McLaughlin, *Feminist Social and Political Theory*: *Contemporary Debates and Dialogues*, Palgrave Macmillan, 2003, p. 60.

② 王宏维：《论哈丁及其强客观性研究》，载《华南师范大学学报(社会科学版)》2004年第6期。

③ Janice McLaughlin, *Feminist Social and Political Theory*: *Contemporary Debates and Dialogues*, Palgrave Macmillan, 2003, p. 63.

体基础"[①]是既能实现知识客观性最大化又能避免相对主义的根本。

哈拉维的"具体客观性"同样主张重建被遮蔽的"他者"视角，为局部他者应有的权利辩护，尽管任何视角都有偏见性，但是"没有一个视角拥有绝对的特权，各种视角之间也并非绝对平等，都能免于批判性的再检查和和再解释"[②]，因此，要实现知识客观性最大化，认知主体必须要对自己言论的客观性、准确性"负责任"，而要保证这种责任就需要主体之间在共享和对话中互相监督，相互批判。

哈索克对哈丁和哈拉维的客观性方案表示赞同和支持，她在《客观性与革命》中指出："在当代'科学大战'客观性和科学逐渐被质疑的语境中，我仍然把它们都视为问题较少的概念。许多女性主义理论家已经论证过，认为客观性观念应该被抛弃，因为它是为如此多的压迫、剥削和帝国主义的意志服务。我赞同哈丁和哈拉维的观点，对这种策略持反对态度。哈丁已经论证了她称之为'强客观性'的术语。强客观性对哈丁而言，需要知识的主体和客体置于同一平面。我认为，这种观点意味着认知者和已知者都要参与复杂的相互作用的过程。哈拉维对这个问题的论述更加丰富，但她将哈丁的反身性概念注解为她自己的衍射概念之中：'关键是要使世界变得有差异，为某些生活方式而不是为其他的去铸造我们的命运。为此，必须要行动起来，这种行动是有限的、混杂的，而不是超验的和清白的。'承接哈拉维和哈丁的观点，我认为，客观性是个非常强大和重要的概念，我们不能放弃。相反，我们需要为其价值进行辩护并努力提出对女性主义事业更友好的可供选择的论述。"[③]

尽管哈丁和哈拉维的客观性理论各种侧重，但通过哈索克对她们观点的评论不难综合出哈索克的观点，即：要在重建价值负载客观性中实现客观性的最大化，对认知主体和客体加以规范并使之形成实事求是的科学态度；同时，这些主张也有效防止了价值负载客观性发展为那种主张立场和知识处处平等的认识论相对主义。

3. 建立基于对话而非对抗的女性联盟

如何既能顾及女性主义内部差异又能坚持共同的女性主义解放目标，是女性主义立场论必须要回答的问题。哈索克在后来对赫克曼的回应和重新审视女性主义立场论的过程中明确声明："我走向了这一种女性主义立场：既想用多

---

① Janice McLaughlin, *Feminist Social and Political Theory: Contemporary Debates and Dialogues*, Palgrave Macmillan, 2003, p. 63.

② 曹剑波：《客观性是价值中立的，还是价值负载的？——当代女性主义知识论与主流知识论的客观性之争》，载《哲学动态》2011 年第 6 期。

③ Nancy C. M. Hartsock, *The Feminist Standpoint Revisited and Other Essays*, Boulder, CO: Westview Press, 1998, p. 81.

元化表达我的观点,又想保留立场论作为反对统治群体的斗争工具的效用。我认为,致力于社会变革的所有理论家所面临的任务是努力为政治团结建构某些理论基础。这样的理论基础不能代替集体行动和建立联盟,但是对它们而言却是必要的助手。在重新审视我的女性主义立场论的概念过程中,其他人从下层位置的特定视野进行论证的类似努力使我受到了鼓舞和启发。"①从中可见,哈索克所要建立的女性联盟是建立在承认、寻求女性群体差异以破除白人女性主义理论和实践霸权的基础之上,但同时又力求坚守女性群体的共同性,共享群体为基础的经验、立场与解放,正如她所说:"本着为联盟努力发展理论基础的精神,我建议阅读一些对从较低处或者从属下群体立场思考而进行的阐述。我认为,尽管各种现象的特性是有差异的,但在包含统治群体经验可能性的认识论中,彼此间却存在着许多关联,而且也可以发现许多相似点。我特别想要建议,白人女性主义者应该从美国有色人种女性主义和后殖民女性主义者那里学习团结一致的发展潜力。"②

总体而言,哈索克的这种观点蕴含着致力于建立一种基于对话而非对抗的女性联盟的意图,顺应了第三波女性主义呼吁建立否定某种先验规定并能够容纳差异性和多样性的女性主义共同体的后现代趋势,但仍然没有放弃寻求多元女性群体之间的政治及认识论上的公共性,因而与只注重女性差异性而否认其同一性的后现代主义差异观并不完全相同。但是,我们也应该看到,哈索克并没有对如何建立这样一种女性联盟进行详尽的研究。这个问题在第三波女性主义者那里得到了较多阐述。她们大都强烈呼吁女性群体及女性主义者之间要抛却对抗,转向对话,努力寻求认识与政治上的主体间公共性。正如弗里德曼所说,联盟肯定不能建立在结盟的敌对力量之上,"而是建立在共同的经验和需要的联合基础上"③。其中,以巴贝克的"从对抗走向对话模式"最具代表性。其主要观点有:

其一,立场论差异困境源于对差异的对抗性区分。尽管社会条件和认识之间存在系统关联,但认知者间的关系不必然是对抗性的,即使她/他们的社会身份是对抗的。立场论正是将女性身份差异预设为认知及政治上的必然对抗,才造成了差异难题。只有克服并超越这种对差异的对抗性区分,才能摆脱差异困境。而抵制对抗性立场和理论的"唯一途径就是通过一种道德意愿和/或政治

① Nancy C. M. Hartsock, *The Feminist Standpoint Revisited and Other Essays*, Boulder, CO: Westview Press, 1998, p. 239.

② Nancy C. M. Hartsock, *The Feminist Standpoint Revisited and Other Essays*, Boulder, CO: Westview Press, 1998, p. 241.

③ [加]巴巴拉·阿内尔:《政治学与女性主义》,郭夏娟译,东方出版社 2005 年版,第 327 页。

意愿或者通过对合作性对话的承诺”[①]。

其二，从对抗走向对话模式的实质性条件。首先，任何人都不应被排除在参与任何一种过程之外。因为任何排除都可能成为一种极其重要的压迫维度。其次，压迫者和被压迫者都应具有聆听每个人主张的承诺和能力，以为克服对抗性差异提供沟通平台。但这需要参与者具备对自己的经验、观点进行批判性反省的能力。再者，达成共识的动态过程包括分离和商谈两个阶段。通过分离才能使那些具有相似社会地位和经验的人们明确表达他们的共同经验和利益。而商谈更为重要，通过“表达差异和聆听差异”、“根据已经呈现出来的差异商谈公共性”[②]等过程，压迫性过程中构筑的差异就可能被理解为能够通过社会变革加以克服的虚假划分，公共性就会逐渐形成。

总之，巴贝克的对话模式并非按照先验的自然认同来统一女性群体行动，而是以容纳多种变动的相互渗透的压迫为基础，通过主体间协商对话，自觉达成认识与政治共识来实现共同行动，体现了立场论试图超越内部差异与分歧以推进女性共同解放的新要求、新期待。

三、女性主义超越后现代主义差异理论的评价

综上所述，女性主义立场论针对后现代主义对其差异观的责难而进行的批判性回应，从根本上反映出女性主义立场论对待后现代主义的复杂态度及其与后现代主义之间的离合关系。

一方面，女性主义立场论接纳了后现代主义的某些批评，力求对立场论最初阐述中那些具有现代启蒙本质主义和二元对立倾向的“熟悉但已不胜任的概念形式”进行改造，“使它们成为对当今科学、哲学和民主斗争有用的概念”。[③]尤其是其研究论域从男女性别差异扩展到不同女性群体之间的差异性和多元性，从女性群体扩展到其他边缘群体，这种转变意味着立场论摆脱了单纯性别压迫的研究藩篱，不再将性别解读为抽象独立的不同于其他范畴的变量，而是将性别视为彻底的社会建构范畴，有意识地将其纳入阶级、种族、能力、性取向等多种维度综合交叉，而且在这一过程中秉持后现代的主体间性理念，力求合理表达不同女性主体的主观诉求和活动能力，积极探讨彼此间的民主沟通模

① [英]米兰达·弗里克、詹妮弗·霍恩斯比编:《女性主义哲学指南》，肖巍、宋建丽、马晓燕译，北京大学出版社2010年版，第217页。

② [英]米兰达·弗里克、詹妮弗·霍恩斯比编:《女性主义哲学指南》，肖巍、宋建丽、马晓燕译，北京大学出版社2010年版，第221页。

③ Sandra Harding, *Whose Science? Whose Knowledge? Thinking from Women's Lives*, Ithaca, NY: Cornell University Press, 1991, p. 49.

式，这不仅有助于女性主义摆脱女性沙文主义，保障不同女性群体获得认知及政治领域的平等权利，而且还将女性主义立场认识论研究推进到与后现代主义相融合的新阶段。

但另一方面，女性主义立场论总体上并未完全接受后现代主义，而是竭力消除后现代主义差异观对立场论造成的不利影响，坚决捍卫女性主义立场论的合法性。这主要体现在：(1)仍然坚持具有现代启蒙色彩的马克思主义方法论，以“知识的政治表达和集体基础”为根本指向，努力克服后现代主义过分“弃同求异”而造成的相对主义缺陷。如运用马克思主义科学性与革命性相统一的观点，以性别、知识与政治间多元勾连为主线，坚决固守女性认知优势、知识客观性等核心范畴，并对知识客观性进行价值加载，以防止女性主义立场论陷入相对主义。(2)运用历史唯物主义主体辩证法阐释“有差异的女性群体主体和个人主体”之间的辩证统一关系，以抨击后现代主义“无主体论”或“碎片化”主体观，维护女性主体的集体基础。(3)坚持“社会存在决定社会意识”的唯物历史观，将男女间及女性群体间认知及政治差异根植于现实物质生活实践之中，反对将女性主义立场论出发点建立在将世界视为话语、表征、文本的那种后现代主义观念之上。(4)坚持在后现代多元景象中寻求确定性立场，努力寻求包容差异性的主体间共识，也表明立场论没有放弃对女性主义共同体的建构和女性解放宏大目标的坚定承诺。

总之，女性主义立场论学者坚持立足于马克思主义历史唯物主义认识论，辩证融合了现代启蒙和后现代主义思想精髓，试图通过“强弱互补”来破解女性主义立场论的“差异”难题，尽管很大程度上有助于女性主义立场论的发展与完善，但这些努力仍然面临着许多需要解决的难题。如立场论为实现认知公平并避免沦为相对主义所始终坚持的女性等边缘群体认知优越论，实际上是以男性等特权群体的统一经验与认知具有虚假性为批判前提的，这种观点过分贬低或抹杀了男性等特权群体的认知价值，具有本质主义和二元对立倾向，但是女性主义立场论并没有对此进行彻底批判，更没有看到父权制科学文化不但排斥女性，而且也压制男性情感的事实，因而暴露出女性主义立场论的狭隘性和偏颇性，这便决定了女性主义立场论不可能完全走出“差异”迷局。合理的路径应是在质疑男性权力合法性基础上，秉承对话理念，“寻求发挥男女两种性别的各自优势，以及发挥每种性别内部不同个体的个性优势”[①]，构筑一种既能包容性别差异及每种性别内部差异，彼此间又能民主对话并最终达成认知及政治公共性的女性主义立场论。或许，这样会更好地解决女性主义立场论的“差异”难题。

① 董美珠：《女性主义科学观之反思》，社会科学文献出版社2010年版，第313页。

第十二章 重建马克思主义辩证法在文化研究领域的影响力

斯图亚特·霍尔(Stuart Hall)作为当代英国文化研究的领军人物,从马克思主义的历史唯物主义视角出发,广泛吸收当代文化研究的新成果,通过阐释文化研究的意义、内涵、对象和使命等,多方面发展了马克思主义的文化理论。霍尔的文化研究以重构马克思主义在文化研究领域的影响力为出发点,对当代文化的发展逻辑及其影响社会的深层机制进行了开创性研究,对文化的本质赋予了新的内涵,这些理论探索为我们在新的时代条件下发展马克思主义文化理论提供了有益的启示。

围绕着马克思主义"能不能对当代文化的新变化作出解释"的激烈争论,英国著名学者霍尔脱颖而出,登上了文化研究的舞台。霍尔立场鲜明地表示,马克思主义能够对当代文化的新变化作出解释,他认为,在新的时代条件下发展马克思主义,需要具体阐释文化是如何在推动社会变迁中发挥作用和产生影响的,这是马克思主义文化理论需要完成的重要任务。[①] 在战后的英国,由于资本主义统治方法的改变,工人争取生存条件改善的经济斗争已不再是当代资本主义政治斗争的主题,但这并不意味着工人阶级已经与资产阶级完全"和解",相反,阶级冲突与对抗转移到了文化领域,工人阶级采取独特的文化形式对资本主义统治进行抗争。面对这样的新变化,需要重新审视文化的作用,在保留对资本主义经济制度批判的前提下,重建马克思主义在文化领域的影响力,这是文化研究的重要任务。霍尔认为,当代资本主义的全球化及其新变化,正好提

① Stuart Hall,"The Problem of Ideology:Marxism without Guarantees," *Journal of Communication Inquiry*, Vol. 10,No. 2,1986, p. 28.

供了马克思主义复兴的契机。[①] 尤其是当代资本主义的新变化主要体现在文化领域时,重建马克思主义文化理论成为迫切的历史任务。本章试图考察霍尔对这些重要问题的当代探索与理论创新。

第一节 辩证法与文化研究的新主张

霍尔是英国文化研究领域的杰出代表人物之一,曾任英国伯明翰大学的"当代文化研究中心"主任,主要论著有《电视讨论中的编码和译码》、《文化研究:两种范式》、《"意识形态"的再发现:媒介研究中被压抑者的回归》、《意识形态与传播理论》、《文化身份与族裔散居》、《文化、传媒与"意识形态"效果》、《结构"大众"笔记》、《文化、传媒、语言》等。霍尔积极参与英国文化领域的理论创新,大力变革文化研究的传统思路,他承袭了马克思主义辩证法的批判传统,始终坚守马克思主义的社会理想。他推动了"英国文化研究的马克思主义转向",国外学界许多人把他评价为一个"马克思主义者"。他积极提倡把文化研究与马克思主义的研究结合起来,力图用新的认识和新的方法重建马克思主义在文化研究领域的影响力,提出了一系列产生了巨大影响的新观点。这些观点主要表现在以下几个方面:

1. 马克思主义提供了解读当代文化新变化的钥匙

霍尔强调,马克思主义理论的创新空间,就是对资本主义的这种文化新变化进行研究,提出有说服力的解释,进一步提出具体详细的应对策略。马克思的方法给文化研究指明了方向,"但他没有给我们留下一把可以自动打开文化大门的万能钥匙"[②],应该用马克思的方法去寻找解读文化新变化的钥匙。霍尔强调,文化研究的任务就是"促使人们理解发生的一切,尤其是要为人们提供一些思考方式、一些生存策略、一些反抗资源"[③],因而,必须立足于对变化新阐释、建构在新的时代条件下的文化研究理论体系,提供新的政治对抗资源。

随着工业资本主义进入鼎盛时期,文化在资本主义统治秩序的建构中发挥着日益重要的作用,资本主义国家越来越向市民社会渗透,最主要的表现形式

---

① Stuart Hall,"The Problem of Ideology:Marxism without Guarantees,"*Journal of Communication Inquiry*, Vol. 10,No. 2,1986, p. 29.

② Louis Dupre,*Marx's Social Critique of Culture*, New Haven: Yale University Press, 1983, p. 109.

③ Lawrence Grossberg,Cary Nelson and Paula A. Treichler(eds.),*Cultural Studies*,New York: Routledge, 1992, p. 2.

在文化领域，国家通过加强对文化领域的“宏观调控”，借助一些表面“中立”的文化机构传播其主导的意识形态主张，同化和消解着被统治阶层的反抗精神。霍尔举例说，现今传统意义上的工人阶级文化已经被碎片化了，一部分工人已经进入中产阶层，他们所关注的已经不再是“为生存而战，”而是闲余时间如何打发、娱乐方式是否有所变化等等。随着物质条件的改善，工人阶级越来越被这种“文化”整合进资本主义统治秩序中，工人阶级的政治身份面临“被颠覆”的危险。

霍尔认为，马克思主义理论体系中“文化”的出场采纳了“意识形态的形式”，并且把对文化现象的认识建立在对“经济基础与上层建筑”理解的基础上，马克思主义的传统立场认为文化的作用是推动或阻碍社会的发展。同时，马克思主义的文化理论也需要创新发展，马克思当时非常关注生产方式的发展，对文化发展规律及其演变趋势没有详细论述。然而，在当代新的条件下文化的重要作用日益凸显，文化问题成为一个重要的研究领域，为了适应这种新变化，必须突破“传统”观点的限制，探索文化在资本主义新变化条件下的发展规律。

2.“文化的本质是政治空间的建构过程”

文化的本质是马克思主义文化理论重要的研究对象，它的内涵应当如何确定存在激烈争论，至今仍缺乏统一的认识。对于文化本质规定性的描述，大多采纳了人类学视角下的定义，即将文化定义为一种生活方式。西方主流社会科学倾向于把文化定义为由各种抽象的规范和价值构成的体系。霍尔说，他在文化研究理论建构中也不打算提出独一无二和毫无异议的文化定义，他认为关于文化本质的界定实际就是一种霸权斗争和话语冲突。文化的本质不是从逻辑上或概念上得到阐明的“文化”的概念，而是“各种利益的一种汇集”，因而霍尔对于文化的界定不是对概念的界定，而是倾向于采纳语境化这一视角，多角度阐释“文化的本质是政治空间的建构过程”。[①]

霍尔在《种族、文化和传播》一文中指出，他从事的文化研究范围涉及“社会和群体生活正在改变的方式，以及个人和群体用来相互理解和交流的意义网络”[②]。霍尔显然对于文化被称为“抽象规范和价值网络”持赞同态度，他同时强调应将抽象的东西具体化，将其还原为社会和群体正在改变的存在方式，分析这一改变对于人们交流和理解发生的深刻影响。

霍尔同时说明，文化本质的界定体现了社会存在与社会意识之间的辩证法，文化不是被动地被经济决定，它有着自身的“多重话语”，“经历过种种不同

---

① 陶东风：《文化研究精粹读本》，中国人民大学出版社2010年版，第3、1页。

② 陶东风：《文化研究精粹读本》，中国人民大学出版社2010年版，第308页。

的危机和契机"[①]，文化绝非仅仅是支撑人类活动的技术和信息系统，通过共同意义的建构形成统一的社会认同；相反，"文化是斗争的场所，是为界定生活和生存方式而战的场所"[②]，而且这一斗争是以人们可以参与其中的话语建构方式展开的。可见，霍尔对于文化本质的内涵在进行静态意义阐释后同时采纳了动态意义的视角。他认为，文化存在于争斗的过程中，而不是一个静态的物体供我们描述。总之，霍尔引人注目而且影响巨大的"文化"定义是：文化作为不停争斗的政治场域，实质是政治空间的建构过程，暗含着解放这种宏大叙事的政治使命。

3."文化是构建社会主义革命可能性的主要领域"

自雷蒙·威廉斯(Raymond H. Williams)开创了文化研究中应当重视大众、受众参与的研究传统，大众文化研究逐渐成为英国马克思主义思想家的重要研究领域，并且形成大众文化研究中不同于西方马克思主义的路径。以霍克海默、阿多诺、马尔库塞等为代表的德国法兰克福学派将大众文化等同于通俗文化，认为大众文化已经被资本主义文化同质化，成为将社会底层整合进资本主义体系并使其产生认同的工具，成为精神垃圾的代名词，主张对于大众文化要给予坚决的批判。另外一种是英国文化马克思主义的路径，以霍尔为代表的英国伯明翰学派主张大众文化已成为公共领域，每一个社会成员参与其中，以取得一定的文化身份，寻求自身的合法性。霍尔主张大众文化成为统治集体权力的建构工具，成为生产统治合法性的重要领域。同时，大众文化已成为各种竞争性话语斗争的场所，成为各种意识形态建构自身和表现自身的主要载体。霍尔虽然同意法兰克福学派关于"大众文化工具性"的观点，但同时他提出了影响深远的受众解码理论。霍尔在《编码—解码》一文中指出，由于受众可能对于文化产品的生产者和传播者的编码采取不同的立场，使得大众在文化解读中产生分层，有时甚至是"对抗性解读"。因而，轻视大众文化，将大众文化视为精神垃圾，是非常严重的错误认识。霍尔与法兰克福学派的看法完全相反，提出了非常有价值的新问题：在英国开辟社会主义道路的可能性去哪里寻找呢？霍尔的回答是，应该去大众文化中寻找，正是大众文化才有可能成为构建社会主义革命可能性的真正领域，因为在大众文化的发展壮大中形成了大众对于主导性霸权的抵抗力量，这种日益壮大的抵抗力量如果动员起来，会极大地削弱资本主义的社会认同和统治集体的合法性基础。由于大众文化是"构建社会主义的

① 陶东风：《文化研究精粹读本》，中国人民大学出版社2010年版，第11页。

② Lawrence Grossberg, "History, Politics and Postmodernism: Stuart Hall and Cultural Studies," *Journal of Communication Inquiry*, Vol. 10, No. 2, 1986, p. 62.

一个可能性领域,这就是为什么通俗文化如此重要的原因"①。所以,霍尔认为,作为马克思主义学者,不但不能和法兰克福学派一样去谴责大众文化,而且还要积极推动大众文化的发展,为社会主义的复兴准备条件。

4."文化研究的历史使命是改变现实"

众多文化研究学者纠结于"文化是什么,文化从哪里来,到哪里去"的追问,霍尔与他们不同,霍尔思考的是"文化应当给现实带来怎样的改变"。霍尔特别重视对文化研究任务的思考,反复强调"文化研究的使命是改变现实",显示了马克思主义文化学者的责任意识,也成为霍尔文化理论的一大亮点。

在《文化研究的范式:文化主义和结构主义》中,霍尔对于文化研究的两种不同范式做了综合评析,他对文化主义和结构主义两种范式进行比较,认为通过对二者各自活力和局限性的分析,可以辨认出文化研究的一些基本原则。文化主义的活力在于对特定历史阶段的意识形态斗争和发展趋势进行历史分析,这种历史进程的分析是文化研究必不可少的;同时,结构主义的活力在于对"结构统一体"的研究,强调文化研究不能忽视对"决定性条件"的分析,其中个体实践的交互作用使得文化呈现为"不同层面之间的互动"。两种不同的研究范式形成了对文化的不同看法,文化主义对于文化的定义是集体性的,但他们就此"止步不前",结构主义对于文化的定义是个体创造的无意识结构,是被资本主义生产方式生产出的"想象性关系"②,是资本主义生产方式自身扩大再生产的结果。

当然,以上两种范式也存在许多问题,其中理论脱离实际的问题最严重。霍尔指出,文化研究如果要超越文化主义和结构主义面临的困境,必须转向"改变现实"的社会变革中。为此,在理论研究方面,应当尝试对于上层建筑的运作及效果进行分析,对于社会现象作出系统的、有说服力的解释,社会生活的变迁比以往任何历史时期都迅速,文化研究就应该试图对社会生活的重要变迁作出批判性阐释,文化研究最重要的是要保持"批判性锋芒",对社会现实的历史走向进行反思性批判,唤醒工人阶级的反抗意识。同时,在实践方面,霍尔批评了文化研究中的"书斋式"特征,认为在书斋里研究文化问题"不能够对文化关系及其影响给出充分的理论说明"③。他强调文化并不是要通过文本发挥作用,文化研究的历史使命应当是成为把理论和现实连接起的桥梁,失去改变现实的追求,文化研究就偏离了马克思主义的方向。在改变现实的具体实践方面,霍尔

---

① [英]鲍曼:《后马克思主义与文化研究》,黄晓武译,江苏人民出版社 2011 年版,第 257 页。

② 罗钢、刘象愚:《文化研究读本》,中国社会科学出版社 2000 年版,第 61～64 页。

③ [英]鲍曼:《后马克思主义与文化研究》,黄晓武译,江苏人民出版社 2011 年版,第 70 页。

认为，文化研究首先应该克服过分执着于意义问题的研究，应该围绕改变现实面临的问题展开研究。他在《文化研究和其理论逻辑》中写道："文化研究必须立足于改变现实这一基本点。"[①]文化研究如何在改变现实中发挥作用呢？首先，应该关注资本主义文化是如何改变了工人阶级的政治认同；其次，针对政治认同的文化建构机制，重构工人阶级对马克思主义的认同；再次，把文化意义的认同建构为再现革命和抵抗的场所，建构工人阶级对马克思主义关于社会主义的认同；最后，清除资本主义文化霸权对工人阶级的影响，清除所有这些影响所形成的政治价值观，所有这些问题都是文化研究无法回避的。总之，文化研究应当在建构对马克思主义的认同与削弱资本主义文化霸权两条战线同时工作，实现对于政治实践的有效介入和马克思主义解放规划的全面复兴，这是霍尔文化研究所阐释的宏观历史使命。

第二节　辩证法与文化研究方法的新探索

霍尔不仅为马克思主义文化理论在当代的发展开辟了一条独特和崭新的路径，同时这一路径的开辟也得益于他在研究中对于马克思主义总体方法论的坚持。霍尔从事文化研究的方法一直是学术界争论的焦点。一种意见认为，霍尔文化研究的总体方法遵循的是英国马克思主义的方法传统，即对于经典马克思主义方法论的发展；但是也有学者认为，对于霍尔产生重大影响的是并不是经典马克思主义，而是西方早期马克思主义的霸权分析方法和后马克思主义的话语范式。笔者以为，综观霍尔在各个时期的文化主张，可以明确看到马克思主义方法论对霍尔的重要影响，霍尔对马克思主义方法论的采纳是多方面的，表现在霍尔对文化研究方方面面的阐释中，或者说，马克思主义的唯物史观和辩证分析法成为霍尔文化研究方法论创新的基础，在这个基础之上，他提出了一系列文化研究的新方法。

1. 文化研究的历史场域分析法

文化研究的历史场域分析法是霍尔对马克思历史分析的继承与发展，历史分析方法是马克思主义的重要方法之一。所谓"文化研究的历史场域分析法"就是强调对于任何文化现象的发生、发展的分析，都应将其放置于当时当地的历史环境，努力还原文化现象存在的原初语境，只有这样才会形成对文化现象的深层剖析。霍尔把这种历史场域分析法应用于文化发展过程的研究中，他始

① ［英］鲍曼：《后马克思主义与文化研究》，黄晓武译，江苏人民出版社 2011 年版，第 39 页。

终坚持文化研究不能脱离其历史发展进程，这一点尤其体现在他对文化内涵的分析中。他反对那种脱离历史语境将文化抽象化的理解方式，认为应当赋予文化研究以动态的视角，从“变动不居”的历史关节点方面把握文化。他也不赞成对文化发展进行历史进化论的描述，认为应当从“具体的历史语境立场出发，关注历史的断裂和不连续，在这些时间点上，一整套模式和关系被剧烈地重构和变形”[①]。霍尔的“历史场域分析法”也体现在他对大众文化与国家之关系的分析中，他将大众文化的分析置于国家政治经济制度变革的历史场域之中，认为文化实践及意识形态的变迁反映了社会关系的深层变化。在分析足球和斗鸡两种活动时，他联系到家长制的遵从所带给人的束缚和发达工业资本主义基本阶级的分离对于大众文化形成的影响。总之，文化研究的历史场域分析法重视对大众文化发展过程的研究，重视对文化发展过程中不同时期文化领域截然不同的表达方式作出具体分析。[②] 质言之，霍尔对历史场域的强调是历史唯物主义方法在文化研究领域的应用。

2. 文化研究的政治经济学分析视角

所谓“政治经济学的阐释方法”是指对事物或现象的分析采纳政治经济学的视角，即着重剖析事物生成的经济过程，包括生产、交换、分配、消费四环节及其内在关联，从而导出对于事物本质的认识。霍尔将政治经济学视角运用到对于文化生产和消费的分析上，通过对于文化的经济解读去阐释文化霸权的形成及大众的抵抗策略。这一点尤其鲜明地体现在他于 1973 年写的《电视讨论中的编码与译码》一文，他尝试运用马克思主义政治经济学对于生产和再生产过程的分析方法，诠释了电视话语生产和传播的三阶段。第一阶段是“制码阶段”，即电视话语“意义”的生产阶段，电视专业工作开始对原材料进行加工；第二阶段是“成码阶段”，“意义”被注入电视话语规则，此时的电视话语变成开放的、多义的话语系统；第三阶段也是最重要的阶段，是受众的“解码阶段”，期间受众对于成码进行不同角度的解读，由此形成霸权式解码、协商式解码和对抗性解码三种不同的话语解读立场。

霍尔的“编码—解码”理论对于受众的强调开启了大众文化研究的新方法，以至于在此基础上，霍尔将大众文化定义为意识形态进行斗争的场所和统治阶级建构其霸权的领域。显然，霍尔的“编码—解码”理论奠定了大众文化研究的方法论基础，其重要性不言而喻。尽管霍尔的受众解读模式得到了葛兰西霸权理论的诸多启示，但从总体分析方法看，马克思主义政治经济学的生产四环节

---

① 陶东风：《文化研究精粹读本》，中国人民大学出版社 2010 年版，第 262 页。

② 参见陶东风《文化研究精粹读本》，中国人民大学出版社 2010 年版，第 264 页。

(生产、交换、分配、消费)分析方法给了霍尔更多的启发，它使得霍尔从当时流行的“文化的意义追问”研究转向了“文化生产”的研究，不仅使霍尔本人开启了文化研究的独特视野，更为后来的研究者提供了有价值的启示。美国马克思主义文化研究学者保罗·史密斯非常赞同霍尔的新方法，他认为，“创造一种能够将文化研究与马克思主义(政治经济学)结合，能够分析生产的不同层次之中和之间各种决定性过程的新的文化研究形式”①意义深远。伯明翰学派第三代学者加恩海姆也拥护这一立场，他说：“文化研究偏离政治经济学视角而走向民粹主义和身份政治会付出极大的代价，只有在文化研究与政治经济学的桥梁重新建成后，文化研究的事业才能成功推进。”②由此可见，当代文化研究中马克思主义政治经济学分析模式受到重视，现在已经成为文化研究中最重要的方法之一，这与霍尔开启这一研究方向是分不开的。

3. 文化研究的问题意识与实证分析

文化研究的问题意识是霍尔文化研究方法的一个鲜明特色，问题意识作为方法论倡导文化研究对象的语境化，即将事物或现象放置于广阔的社会结构中，重视事物的制约性因素和现存条件分析。问题意识是马克思历史唯物论的实践观点出发点，它不仅肯定实践对于人类历史发展的重要性，更是将其作为具有普遍意义的方法论去指导各类具体问题的分析与解决。因而，问题意识成为马克思主义研究者践行实践方法论的首要前提。在伯明翰学派成员中，霍尔堪称坚持研究对象语境化的实证分析方法的典范。他积极倡导文化研究要走出书斋，去关注现实问题。当从事文化研究时，首要问题是追问研究的目的是什么，为什么要这么做。③ 缺乏对于这些问题的思考，文化研究就成为理论领域的空中楼阁。例如，霍尔在《大众文化与国家》一文中，为了阐释英国国家如何通过文化实现向市民社会的渗透，建构政治统治的合法性，他分别选取了 18 世纪的英国通过完善法律框架对阶级冲突进行重新界定的事例和 19 世纪的英国新闻界逐渐成为占主导地位的文化类型的事例，通过分析这些事例努力揭示这些文化现象背后的本质联系。在他看来，表面上呈现中立立场、维护正义与自由的英国新闻界，通过赋予社会各阶级发言权，似乎成为“民意的传声筒”，使特定的社会文化关系制度化，“它将国家—文化—阶级等式中的各要素组织成一种新的权威与认同的平衡”④，从而生产了社会认同，因此，新闻界成为维护国家

---

① 陶东风：《文化研究精粹读本》，中国人民大学出版社 2010 年版，第 3 页。

② 陶东风：《文化研究精粹读本》，中国人民大学出版社 2010 年版，第 18 页。

③ 参见[英]鲍曼《后马克思主义与文化研究》，黄晓武译，江苏人民出版社 2011 年版，第 265 页。

④ 陶东风：《文化研究精粹读本》，中国人民大学出版社 2010 年版，第 270 页。

领导权的一个文化工具。通过语境化的实证分析,霍尔得出研究结论:“在大众民主制国家,领导权的建构将越来越依赖于国家扩大文化作用这一总的趋势。”[①]霍尔的问题意识与实证分析方法为文化研究走出书斋树立了一个榜样,使文化研究从文本的意义追问和概念分析重新转向喧闹的现实,提倡文化研究尽量与现实建立联系,“这一联系必须通过实践构建起来”[②]。霍尔对文化研究对象语境化实证分析法的重视,正是马克思主义实践品格和开放性精神的重要体现。

4.现实文化现象的深层剖析

如何做到文化研究应立足于对现实的深层剖析呢?霍尔认为应该采用马克思的“抽象上升为具体”的研究方法。马克思认为,科学的研究方法应是透过现象看本质,通过对具体现象进行科学抽象,直达最简单的概念规定,然后把这些简单概念展开,最后又回现实的具体。这时的具体不再是一个混沌的表象,而是一个具有多重规定性和丰富关系的总体。因而,这一方法强调应用理论抽象,通过概念的展开与逻辑运动,逐步展开对于现实的深层剖析,在此基础上归纳和总结出对事物的规律性认识。霍尔对这一方法的采纳使得文化研究呈现出既避免“本质主义”偏颇,同时也不至于放弃对文化本质的深层追问。文化研究应该立足于现实文化现象剖析的方法,首先体现在《文化研究:两种范式》中对结构主义方法的批判。他说,文化研究必须以现实的复杂运动和关系为基础,同时能够对现实的本质联系作出解释,这样才能够避免丢失了“从马克思本人的实践中获得的洞见”[③]。因为,马克思不是满足于建立抽象的理论模式,而是立足于资本主义运动和各种关系,在不同社会结构层面之间寻求他们的内在联系,把握资本主义生产方式总体运动的复杂性和规律性。

霍尔不仅在理论上表达了文化研究应该立足于现实文化现象的深层剖析的基本立场,更是将这一方法运用到他对于当代文化现象的实际分析中。虽然后结构主义抵制“本质主义”对文化研究的影响,但是这并不妨碍霍尔对文化现象背后的深层原因进行探讨。例如,20 世纪 60～70 年代英国出现了青少年以怪异方式在大街上宣泄某种情绪的现象,霍尔及时对这些现象进行分析,指出,隐藏在这些青少年亚文化现象背后的实质其实是一种青少年向主导文化秩序宣战的文化表达。另外,围绕英国移民群体发生的文化身份争论,霍尔也提出了自己的洞见,他将“非洲在场”、“欧洲在场”和“美洲在场”视为英国移民社群

① 陶东风:《文化研究精粹读本》,中国人民大学出版社 2010 年版,第 285 页。

② 参见[英]鲍曼《后马克思主义与文化研究》,黄晓武译,江苏人民出版社 2011 年版,第 79 页。

③ 罗钢、刘象愚:《文化研究读本》,中国社会科学出版社 2000 年版,第 62 页。

文化身份建构的本质特征。正是霍尔对事物“本质联系”的重视,使得他的文化研究走向对现实文化现象深层剖析的研究路径。

霍尔文化研究的重心在于拓展马克思主义对文化的理解,重建马克思主义在文化研究领域的影响力。他强调,马克思主义文化理论的范式研究应该随着时代的发展而不断发展,文化研究应该超越单纯的意识形态分析方法,应该发展总体性视域的研究思路,使得文化研究呈现出政治视角、权力视角、生产视角、受众视角等新的发展方向,以此为基础发展出独具特色的文化理论,并将马克思主义的文化研究影响力推至前所未有的地位。

从研究方法上看,葛兰西、拉克劳等西方马克思主义理论家对于霍尔的启示更多体现在文化研究策略的改变,而马克思主义的方法论对霍尔的影响则是根本的、方向性的。霍尔的文化研究坚持了历史唯物主义的基本立场,遵循了唯物辩证法的基本原则,提出了许多分析文化问题的独到见解,丰富了马克思主义的文化理论。英国马克思主义学者格瑞斯伯格(Lawrence Grossberg)说,为了理解世界和改变世界,“我们不仅需要坚持马克思的一些基本观点,而且还需要增加一些新的观点”[①]。霍尔提出的文化理论和文化研究方法,不但坚持了马克思主义的基本观点,而且对马克思主义文化理论的创新与发展作出了非常有价值的探索。霍尔的文化研究立足于对资本主义文化秩序的批判和反思,无论从理论观点还是分析方法,霍尔都坚持和深化了马克思主义文化研究的批判精神,为我们进一步丰富、发展马克思主义文化理论提供了有价值的理论资源。

第三节　大众文化概念的辩证分析

马克思生活在19世纪的工业资本主义国家,他的理论建构是基于生产方式调整和阶级革命的,因为这两方面构成了当时资本主义的主要变化。文化只是出现在马克思对于上层建筑的诠释中,它没有成为马克思主义理论的研究主题。面对全球化时代多元社会的到来,马克思主义文化理论显然需要吸纳一些新的资源,在新时代条件下丰富、发展文化研究理论,承载起与时代对话、改变现实的历史使命。

自20世纪50年代以来,大众文化(popular culture)研究就成为霍尔文化研究的重点。他最初对于工人阶级文化表现出极大的关注,而后又深入研究阶

① Cary Nelson and Lawrence Grossberg(ed.), *Marxism and the Interpretation of Culture*, Urbana and Chicago: University of Illinois Press, 1988, p. 77.

级文化之下青年亚文化、族裔社群的移民文化、种族文化，正是这种作为知识分子的责任感，使霍尔总是能够突破任何理论对于他的思维方式限制，以敢为天下先的研究风格形成了关于大众文化研究的特色。与经典马克思主义的研究路径不同，霍尔作为马克思之后的英国马克思主义者，立足当代资本主义的新变化，以文化为切入点，开始对西方社会进行"诊断"。他看到，资本主义国家之所以没有进入"垂死、腐朽阶段"，得益于资本主义生产方式的积极调整和科技革命的推动，资本主义重新焕发出生命力。不仅如此，文化成为资本主义新的统治方法，资本主义国家通过文化的宏观调控瓦解着工人阶级的革命意识，工人丧失了作为阶级的主体意识，为资本主义文化所同化和消解。但社会主义的可能性是否就彻底消失了呢？与其他消极悲观的西方马克思主义者不同，霍尔通过对大众文化的研究发现，大众文化正在成为一个各种竞争性话语存在的场域，在这个领域充满资本主义主流意识形态与大众意识形态争夺控制权的斗争。因而，霍尔认为，在当今资本主义条件下，这有可能是产生社会主义的重要场所，因为日常生活的社会主义显然比宏大叙事的社会主义对于大众更具吸引力。霍尔的理论无疑是新颖的、独特的，它的立场、观点、方法以及取得的成果值得我们以马克思主义的观点进行研究和总结，这本身就是马克思主义文化理论丰富和发展的需要，也能够为我国大众文化的发展提供有益的启示。霍尔的大众文化观可以概括为以下几个方面：

一、大众文化是各种竞争性话语寻求政治表达的场域

霍尔以马克思主义意识形态为视角，重新定义大众文化的内涵。大众文化是西方马克思主义当代研究的一个主要转向，20 世纪 20 年代产生于德国的法兰克福学派，立足于西方资本主义国家的现状，认为大众文化是文化工业的产物，因而它是一种商业文化或市场文化；从本质看，它是资本主义国家统治下层人民的思想文化工具。在 20 世纪 30 年代的英国，威廉斯将这种通俗文化定位为"整体生活方式"，是社会群体和个体经济文化关系的互动反应，是历史生成的。

霍尔则突破了大众文化研究的以往两种范式，在新的语境下重新诠释大众文化的内涵。他认为，意识形态的核心是"再现"，大众文化则成为这样一个场域，各种意识形态被生产出来，各种竞争性的话语在寻求表达的权利，他们代表着不同的利益诉求，是各种利益的一种汇集。统治阶级试图在这一场域建构文化的霸权，争取获得人们对于其统治的普遍赞同，大众则围绕自身的利益诉求对统治阶级力图表达的主张进行着不同立场的解读，他们或赞成或妥协或抵制，以此对资本主义主导意识形态形成一种影响，它必须采取妥协的立场才可能挣得大众文化领域的意识形态赞同。同时，在大众文化的发展壮大中形成了

大众对于主导性霸权的抵抗力量，这种日益壮大的抵抗力量如果动员起来，会极大地削弱资本主义的社会认同和统治的合法性基础。由于大众文化是"构建社会主义的一个可能领域，这就是为什么通俗文化如此重要的原因"[①]。

二、大众文化是重构工人阶级身份认同的主要工具

霍尔作为文化研究学者，主张文化研究应当走出书斋，对大众文化进行多样态研究，使文化研究走向日常生活。他不赞成对文化研究作抽象思辨式的研究，认为应当重视个案解析，这使得霍尔的大众文化研究带着实践的品格走入微观视域。20 世纪 50 年代，工人阶级文化成为霍尔研究的重点。他发现，传统意义上的工人阶级文化已经被碎片化了，一部分工人已经进入中产阶层，他所关注的已经不再是"为生存而战"，而是闲余时间如何打发，娱乐方式是否有所变化，等等。随着物质条件的改善，工人阶级越来越被这种"文化"整合进资本主义统治秩序中，工人阶级的政治身份面临"被颠覆"的危险。

但是，霍尔并没有为此变得悲观失望，就此止步不前了。他继续关注工人阶级文化的发展，并发现，60 年代英国政府向工人阶级承诺的"富裕"和"中产阶级化"的目标并没有实现，大部分工人依然要面对微薄的工资和艰苦的劳动，他们渴望的受教育状况也没有得到大的改变，工人阶级依然是资本主义社会的边缘和弱势群体，1964 年，霍尔在第一部著作《通俗艺术》中对工人阶级中的青少年作了研究，看到他们身着奇装异服，与成人世界保持一定距离，霍尔认为，他们把穿着风格当成"用来表达当代观念——例如离经叛道、具有反抗精神的社会潮流"[②]。在另一部著作《通过仪式抵抗》中，霍尔进一步解释这种文化现象背后的深层根源："在与统治阶级的霸权联系中，工人阶级被限定为附属的生活和文化形式——但他不会因为限制而消失，它经常处于分离和不可渗透的状态"[③]，因而他们经常以"具有反叛精神的民间恶魔出现"，成为"无赖青年"，"实际上掩盖了从事体力劳动的无技术、半游民的真实生活与周末晚上衣冠楚楚却又无处可去的经历之间的差距"[④]。他们以这种方式寻求文化认同，表达自身存在的合法性。

---

① [英]鲍曼：《后马克思主义与文化研究》，黄晓武译，江苏人民出版社 2011 年版，第 297 页。

② Stuart Hall, Paddy Whannel, *The Popular Arts*, Boston: Beacon Press; New York, Pantheon Books, 1967, p. 280.

③ Stuart Hall, Tony Jefferson(eds.), *Resistance Through Ritual: Youth Subculture in Post-war Britain*, London: Hutchinson, 1976, p. 41.

④ Stuart Hall, Tony Jefferson(eds.), *Resistance Through Ritual: Youth Subculture in Post-war Britain*, London: Hutchinson, 1976, p. 48.

同时，种族文化也成为霍尔同期研究的重点。在《文化身份与族裔散居》一文中，他结合一部描写加勒比海文化的新电影的问世，提出对加勒比人文化身份问题的质疑：影片将黑人置于文化实践和再现形式的中心，然而由于被言说的主体与言说主体的不一致性，身份并不是像通常所认为的那样是透明的，应该把身份视作一种生产，它永不完结，永远处于过程之中，而且总是在内部而非在外部构成的再现。通过分析，霍尔认为："正是非洲的在场与缺场构成了加勒比人身份新观念的特权能指，无论种族背景如何，早晚都与这种非洲在场相一致，经过四百年的置换、肢解和流放丝毫没有改变的身份，我们能否以终极或直接的意义回归这个身份，是值得怀疑的。"[①]霍尔进一步指出这种"被赋予的文化身份"的本质在于，西方通过将非洲僵化为原始的亘古不变的过去而占有非洲并将其规范化，因此，黑人电影的使命应当是辨别他们自身的不同组成部分和历史，建构文化身份的认同位置。正如罗钢、刘象愚先生评析的那样，霍尔的大众文化研究继承了以往文化研究学者对于工人阶级文化的关怀，并致力于探讨工人阶级文化的异质性和复杂性，探讨工人阶级内部的种族、年龄、地域及劳动分工等复杂因素所构成的工人阶级的亚文化形态，分析他们独特的生活方式，透视表象背后的抵抗因素，这构成了霍尔大众文化研究的独特景观。

三、大众文化对主流意识形态的生产具有举足轻重的作用

霍尔于20世纪80年代中后期写作《大众文化与国家》一文，通过分析国家与大众文化的关系，对18～19世纪的英国社会稳定作了文化的分析。他运用历史分析方法，阐释18世纪的英国如何通过法律的制定和实施保持了"国家—阶级—文化"关系的平衡，使得英国从自给自足转变为营利的市场、从习俗转变为法律等等，在这一历史性转变中，"普通大众的习俗、实践和观念，也即大众的文化起到了关键作用"[②]。自19世纪中叶起，社会逐渐分裂为两个不同的公众：一是为数不多的精英公众，权力和影响力构成他们的战略本质；另一个是大众公众，他们有着广泛的数量弥补着影响力的不足。大众文化领域越来越成为国家干预的领域，它借助于一种新的文化机构——新闻业"把大众阶级构成一个经济上具有根本重要性而文化和意识形态上依赖和从属的因素"[③]。政府通过将精英与大众的社会分层固化，使大众阶级进入一个资产阶级观念支配下的自

① [英]霍尔：《文化身份与族裔散居》，载罗钢、刘象愚编《文化研究读本》，中国社会科学出版社2000年版，第227页。

② 陶东风：《文化研究精粹读本》，中国人民大学出版社2010年版，第268页。

③ 陶东风：《文化研究精粹读本》，中国人民大学出版社2010年版，第261页。

由市场，而精英们保持了意识形态的主导权。霍尔通过一系列分析得出结论：资本主义国家对于文化的调控主要就是在大众文化领域，它通过新闻、广播等传播机构将各种话语统一起来，传递社会集体主义的统一价值观，引导人们超越阶级文化和利益的对抗，创造了一种强大的权威资源，以使国家获得文化和意识形态方面的普遍赞同。在这一意义上，大众文化不再是个别个体培养的特权，而开始成为国家对之负有公共责任的领域。

霍尔的这一论点与后来他对撒切尔主义的分析是相契合的。作为保守党的撒切尔政府力挫工党，在1970～1980年间获得三个连续任期。大部分学者从经济的视角分析撒切尔主义的成功，认为是社会福利制度的实施、工人工资的增长以及减税政策的采用使撒切尔夫人赢得了支持。作为一名文化研究学者的霍尔则选择了文化这一视角，认为，撒切尔政府在意识形态主导权的控制上取得了极大成功，因为它把本来不由它代表的工人阶级争取到它的队伍中来，这绝不仅仅是经济的力量，更多是意识形态方面的普遍赞同。这应当成为文化研究学者们重点思考的问题，因为"传统的马克思主义恰恰不能解释被统治阶级对于统治阶级领导权的这种自由的赞同"，"他们不知道这种政治权利的获得，实际上依赖于统治阶级首先获得的文化领导权和无权者对于他们积极或消极的赞同"，撒切尔主义有效利用了传统工人阶级文化中的某些重要因素，"建构了一个赞同而不是反对权力集团的平民主义的政治主体"。[①] 因而，文化研究必须经常关注值得研究的历史时刻，也只有这样才能使马克思主义文化理论不至于过时，始终保持理论对于现实的解释力和规范力。

四、霍尔应用辩证法研究大众文化的当代启示

霍尔运用马克思主义的立场、观点与方法分析大众文化，不仅对于马克思主义文化理论作了当代诠释，更是对于我国大众文化的发展有着重要启示，主要体现在理论指导和政策规范两个方面。

1. 主流意识形态的话语权应当在大众文化中实现

主流意识形态作为意识形态领域的主导力量，应当承认、正视大众文化的合法存在，无论是当代资本主义国家还是社会主义国家，文化的多样态、大众文化的存在都是民主社会的重要特征。霍尔的分析有助于我们澄清对大众文化的认识，摆正主流意识形态与大众文化所包含的各种个体意识形态的关系。大众文化作为各种利益的一种汇集，是大众表达自身利益诉求的文化形式，正是

---

① 罗钢、刘象愚：《文化研究的历史、理论、方法》，载罗钢、刘象愚编《文化研究读本》，中国社会科学出版社2000年版，第19页。

各种不同的意识形态建构了各式各样的主体立场，形成了文化领域的差异化、个体化的价值取向和发展趋势。主流意识形态对于大众文化的包容、平等对待日益成为社会稳定的维持力量和社会矛盾的缓和器。

主流意识形态应当在与大众文化的对话、融合中实现话语权。主流意识形态应当随时关注大众文化现象的发展、变化，从关注宏观叙事逐渐走入微观视域，探究文化主体作为个体的发展规律，重视对于大众文化个案的研究，在平等对话与交流中凸显主流意识形态的价值观，在对大众文化的评价中实现对于其发展趋向的引导和规范。同时，主流意识形态应当逐渐实现与个体意识形态的融合，主流意识形态所宣示的价值观要体现个体的诉求，它应当成为多样化个体意识形态的汇集和交融体，这是形成社会共识的基本条件。2000 年 10 月 19 日，霍尔在开放大学瓦尔顿・霍尔校园作的“多元文化问题”讲座也曾谈到，如何把平等、正义与对差异的确认结合起来，以便这些因素中的任何一个都不能超越和压制另一个，这是一个相当困难的事情。文化差异与认同政治构成了当代民主国家的重要特征，主流意识形态的主导性话语权必须处理好各种意识形态力量的张力，在尊重差异中走向共通。尊重差异、包容多样，最大限度形成社会共识，这将是意识形态建设的长期任务和努力方向。

2. 针对大众文化独特型构去制定“管治型”文化政策

霍尔针对大众文化的分析使我们认识到，大众文化作为社会一个相对自治的领域有其独特存在形式：它发端于市场经济，商业化、市场化是它的助推力；它是多样态存在的大众表意系统，大众媒介传递着大众的利益诉求，以特有的文本解读、再现、转化大众文化的意义与策略；它跟随时代发展和社会变化，内涵处于变动不居状态。霍尔引用葛兰西的分析，强调大众文化越来越成为应当干预的空间。这为我们对于文化政策的定位提供了些许启示。政府应当将大众文化视作国家负有公共责任的重要领域，文化政策目标应当清晰，传统价值的延续、社会道德导向的确立、“调整最广泛民众的文明和道德，使之适应经济生产机构持续发展的需要”[①]、为不同阶级分配文化资本等等应当成为新时期文化政策的重点，文化调控职能应当强化而且多样化。本书借用福柯的“管治”概念表述文化调控手段的内涵，文化的管理应当从“制约”走向“治理”，意味着政府管理方式从行政化日益走向民主化，对于民主政治在这一层面的上升政府给予肯定和尊重，政府除了在大众文化发展方向、发展策略等宏观层面体现主导地位、做好“掌舵人”的角色之外，更应当力促大众文化进行细致、深入研究，对于文化领域的突出“问题”诊断原因、分析对策，以防止“问题”恶果延展成为一

① 陶东风：《文化研究精粹读本》，中国人民大学出版社 2010 年版，第 261 页。

种社会症候，政府的积极作为在些领域应当有所体现。

3. 文化政策的制定应当贯彻国家的文化发展主旨

文化政策的制定应该致力于保持大众文化与国家的协调一致的关系，这是国家能否在文化领域获得“意识形态赞同”的关键。霍尔针对大众文化与国家关系的深刻论述是基于英国发达资本主义国家的现实，但是这一理论对于我们深化认识国家与大众文化的关系同样有启发意义。我国三十多年改革开放的历史一直将经济作为最重要的驱动力，这符合马克思主义的社会发展观，因为经济是社会发展的第一驱动力。然而在当代中国，文化软实力有待提高确实成为社会发展的一大主旨。如何提升大众的科学文化水平和文明道德素质、如何提高中国特色社会主义对于民众的吸引力、凝聚力，关键在于国家与大众文化的关系建构。霍尔的研究启示我们，文化政策的制定、实施不能忽视社会的边缘群体、弱势群体，他们作为大众中一员，享有很少的文化资源，在大众文化的分层中处于最低一级，他们的思想被某些所谓的“精英”大众宰制和牵引，因自身的社会地位经常萌发抵抗现实的情绪。因而，国家与大众文化的协调，国家文化资本的分配应当统筹兼顾，特别重视边缘群体、弱势群体的文化诉求的实现，至少使他们拥有能够发出声音的“话筒”。这应当成为文化政策效果的重要评价标准。霍尔的大众文化观以其独特、开阔的视野丰富了马克思主义文化理论，它向我们宣示马克思主义仍是这一领域的主要立法者。同时，它使我们看到，大众虽然不是大众文化的生产者，但对大众文化的发展至关重要。他们以何种立场解读主导意识形态的意义，成为主导意识形态能否获得大众赞同的关键。这种问题意识值得我们文化研究学者去深入研究，以为我国中国特色社会主义文化的持续发展提供有价值资源。

综上所述，霍尔对马克思主义文化研究理论的贡献可概括为四个方面：(1)文化研究的对象主要是对大众文化的深入解读，因为大众文化是工人阶级对抗资本主义最重要的政治表达空间；(2)在文化研究的方法上强调采取总体性的研究视域，对文化进行多维度、多层次的研究，突破了上层建筑的意识形态文化分析模式；(3)文化研究的目的是改变现实，寻求建立理论与实践沟通的桥梁，努力探索在英国开辟实现社会主义道路的可能性；(4)文化研究的历史使命是丰富与发展马克思主义的文化理论，努力把握当代世界的新特点和新变化。

第十三章 英美马克思主义辩证法研究新进展的当代启示

关于马克思视域中的辩证法，英美学者作了三种阐释：体系辩证法、历史辩证法和自由辩证法。体系辩证法阐释概念的逻辑，历史辩证法阐释资本的逻辑，自由辩证法阐释解放的逻辑。三种解释哪一个更符合马克思的原意呢？这一问题成为英美马克思主义学者争论的焦点。解决这一难题的思路是：把这三种解释看成是马克思辩证法的三个维度，这不但可以纠正“马克思对黑格尔辩证法的改造一次完成”的流行看法，而且也能够深化对马克思主义辩证法构成形态的认识。

关于马克思视域中的辩证法，一直是一个哲学之谜，存在不同解释。当代英美马克思主义者在新的历史时期重新探讨这一难题，并且引发了激烈争论。为什么这个哲学之谜会引起激烈争论？主要是因为辩证法在马克思的思想发展中占据重要地位，同时也是理解马克思理论发现的重要方面；而且马克思视域中的辩证法成为哲学之谜的另外一个原因是，马克思曾宣布计划写一本关于辩证法的书，把他发现的辩证法合理内核写出来，遗憾的是马克思最终没有写成。因此，马克思发现的辩证法秘密就成为一个哲学之谜了。

近年来英美马克思主义在对辩证法之谜的探索中提出许多新观点，其中有代表性的有：“辩证法是马克思的理论舞蹈”，“辩证法是思考未来的现代性思维规划”，“辩证法是自由的脉搏”，“辩证法是资本的逻辑”，“辩证法是社会主义的通行证”。[①] 英美马克思主义对马克思视域中辩证法之谜的探索，可以概括为三种解读模式：第一种是以史密斯、阿瑟、莫瑞和威廉姆斯为代表的“新辩证法”学派，他们认为马克思视域中的辩证法是体系辩证法，是建构《资本论》理论体系的概念辩证法；第二种是奥尔曼、哈维、詹姆逊和哈索克为代表的“历史学派”，认为马克思视域中的辩证法是历史辩证法，是关于生产方式发展规律的辩证法，是关于历史叙事的辩证法；第三种是巴斯卡、科瑞文、约瑟夫和诺瑞尔等人为代表的“自由辩证法”学派，认为马克思视域中的辩证法是自由辩证法，是关于人的自由与解放的辩证法。

本章试图对辩证法的三种解释进行考察，分析其理论进展及其演变趋势，同时对存在的一些争议性问题进行剖析，并在此基础上着重揭示这些研究成果的理论价值与启发意义。

第一节　体系辩证法的解释

“马克思视域中的辩证法是体系辩证法”，这是“新辩证法学派”的解释。新辩证法学派，也被称作“黑格尔马克思主义”、“辩证法体系学派”。新辩证法学派近年来的发展非常迅速，伴随着《资本论》研究热的再度兴起，新辩证法学派在英美马克思主义研究中异军突起，涌现出一批非常有影响的领军人物[②]，出版了一大批有深度的研究著作，召开过各种类型的国际研讨会。

一、“新辩证法学派”的基本主张

何谓体系辩证法？简单地说，马克思在《资本论》中使用的方法就是体系辩证法。体系辩证法的所谓“体系”(systematic)，就是一种逻辑严密的思想论证

---

① 关于英美马克思主义学者近年来对辩证法研究的新进展，可参阅 Bertell Ollman and Tony Smith (eds.), *Dialectics for the New Century*, New York：Palgrave, 2007；Fredric Jameson, *Valences of the Dialectic*, London：Verso, 2009。关于新辩证法研究的新动态，可参考 Robert Albritton and John Simoulidis(eds.), *New Dialectics and Political Economy*, New York：Palgrave Macmillan, 2003；Bertell Ollman, Tony Smith (eds.), *Dialectics for the New Century*, UK：Palgrave Macmillan, 2008。关于马克思辩证法的科学性的新探索，可参考 Paul Paolucci, *Marx's Scientific Dialectics：A Methodological Treatise for a New Century*, New York：Brill Academic Publishers, 2007。

② 阿瑟认为，新辩证法学派代表人物除了他还有 Geert Reuten、Michael Williams 和 Tony Smith。

方式，"这是一种有序的、连贯的、和谐的、有说服力的表达方式"[①]，通过对特定历史阶段的本质规定性，以体系的方式进行理论建构，从最简单最抽象的概念开始，一步步发展为越来越具体和复杂的范畴。[②] 所谓"新"就是与以前对辩证法的"旧"解释相区别，"旧"解释认为"辩证法是关于自然、社会和思维普遍规律的科学"。

新辩证法学派认为，体系辩证法可以追溯到古希腊，古希腊哲学从一开始就把辩证法定位为研究推理和事物发展过程的两种方法，柏拉图、苏格拉底、亚里士多德分别阐释了辩证法的两个维度，黑格尔对这两个维度进行了系统化[③]，把辩证法发展为建构哲学体系的概念辩证法与描述社会变化的历史辩证法。英美的新辩证法学派注重马克思对黑格尔的继承胜于批判，认为马克思的辩证法就是从黑格尔那里继承过来的建构概念的逻辑方法，他们明确表示：马克思的辩证法就是构造《资本论》理论体系的方法，其他方法不能称之为马克思的辩证法。

对新辩证法来说，科学研究就是围绕这些方法组织理论体系，因为思想不可能直接理解复杂的具体规定性。具体为什么是复杂的？一方面是因为现象与本质不同一，本质不能直接表现出来，马克思说，如果现象与本质同一，所有的科学研究就是多余；另一方面是因为事物不会单独存在，只能存在于相互联系的过程之中，具体是一个复杂的整体，具有不可分割的有机统一性。

在新辩证法学派中，阿瑟最坚定地主张马克思视域中的辩证法就是体系辩证法。阿瑟认为，把马克思的辩证法解读为历史辩证法是误读，马克思《资本论》中的辩证法就是体系辩证法。[④] 马克思的辩证法与黑格尔的辩证法在性质上相通，表达的是概念之间的逻辑关系，概念的意义以及相互联系为整体的条件。

新辩证法学派提倡的所谓"体系性"其实就是总体性，马克思的辩证法的显

---

① Patrick Murray, "Things Fall Apart: Historical and Systematic Dialectics and the Critique of Political Economy," in Robert Albritton and John Simoulidis(eds.), *New Dialectics and Political Economy*, New York: Palgrave Macmillan, 2003, p. 158.

② Tony Smith, *Globalisation: A Systematic Marxian Account*, Brill Academic Publishers, 2004, p. 7.

③ Roy Bhaskar, *Dialectic: The Pulse of Freedom*, London: Verso, 1993, p. 17.

④ 克里斯托弗·阿瑟(Christopher Arthur)在《新辩证法和马克思的〈资本论〉》一书导论中指出："很大程度上，对黑格尔的新兴趣并不涉及对黑格尔历史哲学的宏大叙事的恢复以及它与历史唯物主义的联系；相反，它关注黑格尔的《逻辑学》如何与马克思的《资本论》在方法上的一致性。这种努力可以通过以下说法表述出来：与研究社会制度兴衰的历史辩证法相反，人们试图建构一种体系辩证法，以阐明某个特定的社会制度，即资本主义的诸关系。"(Christopher J. Arthur, *The New Dialectic and Marx's Capital*, Boston: Brill Leiden, 2004, pp. 2-3)

著特征是强调总体性，是对研究对象的本质联系的系统把握。体系学派的这些观点源自黑格尔，因为黑格尔强调对总体性的研究就是科学研究，科学研究必须采取"体系性"的方式。"因此，体系辩证法的任务，就是通过特定的秩序来组织这些范畴体系，这些范畴在逻辑上依次展开。如果采用这种方法，就可以表达一个概念向另外一个概念的转化，通过这种方式整个体系被建构起来。"①史密斯认同阿瑟对体系辩证法的解释，但是对阿瑟坚决拒绝历史辩证法持保留态度。史密斯认为，马克思视域中的辩证法既是体系辩证法，又是历史辩证法。作为体系辩证法，研究概念整体的意义及其条件；作为历史辩证法，阐释资本主义生产方式进化发展的历史过程。

二、"新辩证法学派"的理论意义

尽管对马克思的体系辩证法存在不同看法，但是，体系学派对马克思体系辩证法的基本特征形成了比较一致的看法。新辩证法学派重要成员莫瑞对马克思体系辩证法的四个基本特征概括如下：(1)体系辩证法的叙事方法并不是纯粹的逻辑方法，自然和社会为体系辩证法奠定了坚实的物质基础和历史前提；(2)体系辩证法强调表达方法与研究对象的各种要素的不可分离性，为了揭示研究对象的本质，不能把研究对象各种要素孤立起来进行叙述；(3)在阐释这些要素时，概念的展开是一个从简单到复杂的过程；(4)从简单到复杂的概念展开过程中，简单表现为复杂的前提，复杂以简单为基础，简单与复杂的关系是互为前提的辩证关系。②

新辩证法学派的解释有没有根据呢？笔者认为他们对马克思视域中辩证法的解读具有一定的合理性。

首先，列宁曾经说，不钻研和不理解黑格尔的全部逻辑学，就不能完全理解马克思的《资本论》，特别是它的第一章。这也是肯定马克思体系辩证法的比较早的重要论断，指出《资本论》存在着体系辩证法。葛兰西认为列宁虽然非常重视马克思体系辩证法的科学精神，但是在政治实践中列宁却突破了《资本论》的辩证法逻辑。

其次，《资本论》的展开遵循了从抽象到具体的体系逻辑。马克思认为资产阶级哲学逻辑是从特殊到一般，而他本人的辩证法逻辑是强调从一般到具体，

---

① Christopher J. Arthur, *The New Dialectic and Marx's Capital*, Boston: Brill Leiden, 2004, pp. 63-64.

② Patrick Murray, "Things Fall Apart: Historical and Systematic Dialectics and the Critique of Political Economy," in Robert Albritton and John Simoulidis(eds.), *New Dialectics and Political Economy*, New York: Palgrave Macmillan, 2003, p. 153.

拒绝抽象的普遍性，坚持构建多重规定的具体实在性。马克思晚年放下《资本论》的写作研究东方社会，也是为了把握东方社会形态的具体性，寻找其具体的发展规律而不是普遍规律。马克思反复告诫人们，不要轻易宣布掌握了历史发展的“普遍规律”。

再次，在《资本论》写作期间，马克思的研究工作的重心从理论发现转向理论表达，致力于探索建构理论体系的方法，反复思考如何把政治经济学的研究成果以恰当完美的方式表达出来，如何把实际的历史运动理论化。这时马克思又求教于黑格尔，重新研读《逻辑学》，并且在辩证法的理解上获得新的突破，通过历史与逻辑的统一，从抽象上升为具体，把历史的矛盾运动翻译为概念的矛盾运动，刻画资本主义的本质特征。因此，新辩证法学派通过对黑格尔《逻辑学》与马克思《资本论》的双重解读重构马克思视域中的体系辩证法，具有重要理论价值。

三、“新辩证法学派”的理论缺陷

当然，新辩证法学派的解释也存在许多不足之处。

第一，最明显的是他们把马克思的辩证法简单化了。奥尔曼对此给予严厉批评，他认为体系辩证法学派想把马克思主义还原为关于资本主义生产方式的科学，但是缺失了马克思辩证法思想中高瞻远瞩的批判维度与革命维度，由于这些缺失，“这种科学就不能被充分理解”[①]。

第二，新辩证法学派把历史辩证法从马克思的视域中排除出去，把体系辩证法与历史辩证法对立起来，把马克思与恩格斯对立起来，断言历史辩证法属于恩格斯视域中的辩证法，这是他们的又一重要缺陷。马克思和恩格斯对辩证法的理解是一致的，都认为辩证法是科学的研究方法，主要区别是恩格斯从本体论上阐释辩证法，马克思是从认识论上阐释辩证法。[②]

第三，另外一个问题是把马克思的辩证法黑格尔化了，对体系辩证法解释的黑格尔味道太浓厚。尽管他们细致研读《资本论》，具有诸多新见解，但是对

---

① Bertell Ollman, “Marx's Dialectical Method Is More than a Mode of Exposition: A Critique of Systematic Dialectics,” in Robert Albritton and John Simoulidis (eds.), *New Dialectics and Political Economy*, New York: Palgrave Macmillan, 2003, p. 158.

② 巴斯卡认为，根据研究对象的不同，辩证法可分三个形态：本体论辩证法（ontological dialectics）、认识论辩证法（epistemological dialectics）、关系性辩证法（relational dialectics）。本体论辩证法研究存在的（不依赖人）性质，认识论辩证法建构关于（依赖于人）存在的知识，关系性辩证法描述主体与（被改造的）世界的矛盾关系。马克思的辩证法是认识论辩证法，恩格斯的辩证法是本体论辩证法，卢卡奇的辩证法是关系性辩证法。许多对恩格斯辩证法解释的批判是混淆了本体论与认识论的本质区别。（Roy Bhaskar, *Dialectic: The Pulse of Freedom*, London: Verso, 1993, p. 346）

辩证法的性质的解释存在一些误区，过于注重马克思和黑格尔的联系，模糊了马克思和黑格尔的本质区别。马克思建构体系的方法与黑格尔的体系方法具有本质区别，虽然双方的体系都是通过概念的矛盾运动来展开，但是哲学基础不同。马克思曾说过："我的辩证方法，从根本上来说，不仅和黑格尔的辩证方法不同，而且和它截然相反。"[①]笔者认为，这段话明确阐释了马克思的辩证法和黑格尔辩证法的本质区别。

第四，新辩证法学派某些成员误读马克思，把体系辩证法建构逻辑描绘成"先验构造"方法，这不符合马克思的立场。马克思早在《德意志意识形态》中就对"先验构造"给予了严厉批判，这些批判抓住了黑格尔体系辩证法的要害。对马克思来说，体系辩证法的表达方法不是把已有的辩证逻辑应用于研究领域，而是对所研究的对象进行严格和缜密的研究，探索对象与概念之间的内在联系，辨析其中的辩证关系。马克思的"体系辩证法不是使用已有的概念对经济事实进行分类与组织，而是对概念结构本身进行研究，只有这样，研究对象才有可能通过体系辩证法的范畴表达出来"[②]。马克思关注的对象是生产方式的生成与结构，通过严密的概念运动方式再现生产方式再生产的决定性要素和最基本的运动逻辑。

第二节　历史辩证法的解释

辩证法不仅仅是一种解释方法，还具有其他维度，新辩证法学派对辩证法的解释自然受到许多学者的批评，认为体系学派把马克思的辩证法简单化了。历史学派的学者认为马克思的辩证法是历史辩证法，历史辩证法源于黑格尔，黑格尔认为历史辩证法的目标就是在迷雾重重、蜿蜒曲折的历史进程中，通过理性建构揭示历史内在的发展逻辑。[③]

一、英美左翼学者对历史辩证法的新探索

西方马克思主义继承了这一传统，卢卡奇、葛兰西和柯尔施都指认马克思

---

① 《马克思恩格斯文集》第5卷，人民出版社2009年版，第22页。

② Patrick Murray, "Things Fall Apart: Historical and Systematic Dialectics and the Critique of Political Economy," in Robert Albritton and John Simoulidis(eds.), *New Dialectics and Political Economy*, New York: Palgrave Macmillan, 2003, p. 183.

③ 史密斯认为："历史辩证法的目标就是对实际历史曲折的发展模式进行理性重建。"(Tony Smith, *Globalization: A Systematic Marxian Account*, Brill Academic Publishers, 2004, p. 6)

的辩证法是历史辩证法。特别是卢卡奇在《历史与阶级意识》一书中系统阐释了这一思想。卢卡奇不承认体系辩证法，他认为“体系”概念是资产阶级哲学意识的产物。那么，什么是马克思视域中的历史辩证法？英美左翼学者对此问题展开新的探索。詹姆逊对历史辩证法进行了长期思考，他认为马克思的历史辩证法是理解历史变迁与时代变化的历史理论，他说：“辩证法总是与各种各样的历史观有着千丝万缕的联系”[①]，历史辩证法就是对历史必然性的思考。如何思考历史必然性？就是思考历史必然件之中的偶然性、极限性、最终不可调和的矛盾性，以及未来的不可能性。詹姆逊强调，对生产方式的内在矛盾及其辩证运动的总体性把握就是历史辩证法的根本内容。卢卡奇对詹姆逊影响非常大，卢卡奇就十分重视辩证法与历史发展的密切联系，他说：“如果抛弃或者抹杀辩证法，历史就变得无法理解了。”[②]也就是说，辩证法是理解历史发展变化的钥匙。历史辩证法揭示资本主义生产方式的内在矛盾性与对抗性，生产力与生产关系的矛盾运动是推动历史发展的动力。历史辩证法其实就是驾驭历史发展过程中出现的深刻的矛盾冲突，历史辩证法是从历史偶然性中寻找历史必然性的方法，这些方法是马克思从黑格尔那里继承过来的。卢卡奇认为，马克思的历史辩证法把黑格尔哲学中的历史向度推到了“它的逻辑顶点”，马克思把一切社会现象彻底地转化为历史问题，马克思的历史辩证法具体揭示了历史发展的真正基础，“并使之全面开花结果”。[③]

马克思视域中的历史辩证法就是关于变化的辩证法，是把握历史变化过程的辩证法。批判实在论重要成员约瑟夫也认为马克思的辩证法是历史辩证法，是揭示社会构成、结构转化、发展机制和内在规律的理论。然而，约瑟夫不同意卢卡奇关于马克思历史辩证法的解释，他认为历史辩证法不是主体辩证法，也不是主体和客体统一的辩证法，而是关于实在的辩证法。批判实在论明确拒绝把马克思主义哲学化的倾向，他们批评卢卡奇、葛兰西等实践学派的马克思主义者把马克思主义看作哲学或世界观，而不是关于资本主义的科学。对批判实在论来说，哲学不等于科学，马克思主义是科学不是哲学，因此，不存在所谓的“历史主体与客体的统一体”。批判实在论对以卢卡奇和葛兰西为代表的实践学派的马克思主义者进行了严厉批评，指出实践学派的理论家把马克思主义看作是主体（工人阶级）的理论表达，而不是客观（资本主义社会）的理论知识，结

① ［美］詹姆逊：《快感：政治与文化》，王逢振等译，中国社会科学出版社2002年版，第105页。

② ［匈］卢卡奇：《历史与阶级意识》，杜章智等译，商务印书馆1988年版，第60页。

③ ［匈］卢卡奇：《历史与阶级意识》，杜章智等译，商务印书馆1988年版，第60页。

果是作为科学的马克思主义遭到拒绝,以便迎合作为哲学的马克思主义。①

奥尔曼不赞同批判实在论学派对辩证法历史维度的解释,他认为批判实在论对历史辩证法的解释不正确,把马克思主义还原为社会科学,把革命性与科学性对立起来,缺失了对马克思的历史双向抽象过程的解释。奥尔曼把马克思视域中的历史辩证法看作是"哲学舞蹈",马克思对历史的研究倾注了毕生的心血,历史辩证法是历史唯物主义的精髓,内在关系哲学是理解马克思历史辩证法的哲学基础。奥尔曼指出,马克思对历史发展过程的研究并不是按照手推磨、蒸汽机的发展顺序进行研究,而是应用"前提与结果"的双向辩证运动考察历史进程。"具体来说,前提和结果是一种双重运动,处于相互作用中的过程不断发展着,既成为结果,又成为对方结果的制造者。"②奥尔曼对马克思历史辩证法的概括来自马克思的如下论述:"社会生存过程的任何前提同时也是它的结果,而它的任何结果同时又表现为前提。因此,生产过程借以运动的一切生产关系既是它的条件,同时也是它的产物。"③马克思的历史辩证法指向历史变迁中的必然性方面,马克思强调人类创造了历史,但是人类不是随心所欲地创造历史,而是在人类自己不能选择的条件下创造历史。

二、英美学者论马克思历史辩证法的基本特征

英国学者莫瑞概括了马克思历史辩证法的基本特征,他认为历史辩证法是一个复杂而又非常难以理解的概念,但是他相信,可以根据历史发展的必然性把马克思视域中的历史辩证法图画描绘出来。莫瑞把历史变迁必然性区分为五个方面:(1)从一种生产方式到另一种生存方式的转换;(2)把特定社会形态与特定生产方式的结合机制;(3)伴随着主导性社会形态(生产方式)走向成熟,新的必然性形式的产生;(4)对某一生产方式的破坏以及推动其解体的矛盾趋势;(5)围绕特定的生产方式的社会斗争,斗争的主体由拥护与反对这一生产方式的群体构成。④

不知是不是巧合,我国学者现在也重申马克思视域中的辩证法是历史辩证法,自然辩证法应该彻底放弃,导致国内沉寂多年的辩证法研究重新转热。如俞吾金教授近年来连续发表了重要文章讨论这一问题,他提出:"马克思的辩证

---

① Jonathan Joseph, *Marxism and Social Theory*, Palgrave Macmillan, 2006, p. 151.

② [美]奥尔曼:《辩证法的舞蹈》,田世锭、何霜梅译,高等教育出版社 2006 年版,第 147 页。

③ 马克思:《剩余价值理论》第 3 册,人民出版社 1975 年版,第 564 页。

④ Patrick Murray, "Things Fall Apart: Historical and Systematic Dialectics and the Critique of Political Economy," in Robert Albritton and John Simoulidis (eds.), *New Dialectics and Political Economy*, New York: Palgrave Macmillan, 2003, p. 153.

法既不是自然辩证法，也不是唯物主义辩证法，而是社会历史辩证法。这种辩证法始终以人的实践活动作为基础和核心。”[①]俞吾金教授认为，马克思的社会历史辩证法蕴含着以下三项基本内容：一是“实践辩证法”（包含劳动辩证法），主要探讨异化劳动及扬弃异化劳动的辩证过程；二是“人化自然辩证法”，主要探讨人的实践活动与自然环境之间的辩证过程；三是“社会形态辩证法”，主要探讨人类社会历史深化的辩证过程。可以看出，俞教授对马克思视域中辩证法的建构不逊色于国外学者，对马克思历史辩证法的解释有新突破。不足之处是俞教授忽略了马克思的辩证法有三个维度，马克思对黑格尔辩证法改造经历了三个阶段。

从总体上看，中外学者尽管对马克思历史辩证法的理解存在差异与分歧，但是主要立场基本是一致的，他们都认为马克思视域中的历史辩证法是关于历史必然性的辩证法，是研究生产方式矛盾运动规律的辩证法。这些观点也基本符合马克思的构想，马克思一直坚持生产方式的概念是理解历史发展的钥匙，生产方式的发展制约着整个社会生活、政治生活和精神生活。笔者认为阿尔都塞对马克思视域中的历史观和辩证法的解释值得我们重视，阿尔都塞认为：“历史唯物主义是关于历史的科学，我们可以更具体地把其定义为生产方式的科学，生产方式的具体结构，生产方式构造，生产方式的功能，从一种生产方式向另外一种生产方式的转换方式。《资本论》就是表达了资本主义生产方式的科学理论。”[②]阿尔都塞认为，辩证法反映事物转化规律、现实过程的发展规律（包括自然过程、社会过程和知识过程）。根据阿尔都塞的观点，历史辩证法就是研究生产方式的发展规律和转化规律的学说，是研究关于建立在占统治地位的生产方式基础之上的社会形态有机总体性的科学。

三、英美左翼学者对历史辩证法重释评析

上述基本观点可概括如下：历史辩证法就是研究生产方式的发展规律和转化规律的学说。简言之，马克思视域中的历史辩证法，就是分析生产方式的矛盾运动推动历史深层逻辑展开的方法，历史辩证法的理论任务是阐释历史发展的内在规律和本质，历史规律就是历史的必然性。历史必然性包括生产方式更迭的必然性、特定社会形态与特定生产方式联系的必然性、新的生产方式诞生的必然性、生产方式矛盾性引起的社会冲突和对抗的必然性、旧的生产方式解

① 俞吾金：《马克思对黑格尔方法论的改造及其启示》，载《复旦学报（社会科学版）》2011年第1期。

② Louis Althusser, *Philosophy and the Spontaneous Philosophy of Scientists*, edited by Gregory Elliot, London and New York: Verso, 1990, p. 6.

体的必然性。总之，强调对生产方式的内在矛盾及其辩证运动的总体性把握是历史辩证法的根本内容。

笔者认为，英美马克思主义对历史辩证法的阐释具有明显不足，主要问题是把历史唯物主义看成历史辩证法，把历史客观规律等同于历史辩证法，回避了历史决定论的批评[①]，回避了人类历史蕴含着深刻的矛盾冲突和当代社会发展困境。詹姆逊说："马克思对历史的理解在很大程度上是尊重历史辩证法的，认为历史具有不可捉摸和令人吃惊的性质。"[②]确实是这样，马克思的辩证历史观不回避资本主义给人类带来的各种问题与矛盾：文明靠野蛮去实现，进步靠灾难去推动，财富靠贫穷去创造，和平依赖战争来维护，繁荣靠危机去保证，等等。驾驭人类历史发展中面临的"不可捉摸的"矛盾冲突，寻求走出"令人吃惊的"困境的出路，是马克思历史辩证法的理论活力和历史使命。

第三节　自由辩证法的解释

自由辩证法贯穿于马克思全部思想发展过程中，是马克思思想发展的轴心。在《1844年经济学哲学手稿》和《德意志意识形态》中，马克思着重探索人全面自由发展的理论和方法；在《共产党宣言》中，马克思开始对人全面自由发展的实现条件进行科学分析；在《资本论》中，马克思又进一步论证了人全面自由发展的实现途径。对马克思自由辩证法的系统研究始于如下问题：历史辩证法强调必然性是否排除了人对自由的追求？自由与必然的矛盾如何解决？必然王国与自由王国的关系怎么样？

我们知道，对辩证法自由维度的思考始于黑格尔，黑格尔应用辩证法思考必然与自由之间的矛盾关系，认为推崇必然性不会压制自由，必然性是自由产生的条件，必然与自由虽然相互冲突、自相矛盾，但是离开必然性自由就变得不可理解。叶秀山先生认为："康德赋予"辩证法"以"必然"（但消极）的意义，黑格尔赋予辩证法以自由（但积极的）意义。"[③]叶秀山先生的观点非常准确，因为黑格尔确实解决了自由与必然内在统一性问题，黑格尔认为："必然性的真理就是

---

① 黑格尔认为，历史目的本身就是"历史的诡计"，人以为自己创造了历史，其实只是历史现实自己目的的工具。马克思认为，资本主义一切发展都为共产主义作准备，因而，历史辩证法要回应对目的论的质疑。

② ［美］詹姆逊：《后现代主义与文化理论》，唐小兵译，北京大学出版社1997年版，第91页。

③ 叶秀山：《试析"逻各斯"》，载《新华文摘》2011年第10期。

自由，实体的真理就是概念。”[①]马克思进一步把这种观点发展为自由是对必然的认识和对客观世界的改造。因此塞耶斯在其2011年出版的《马克思与异化》中指出：“对马克思来说，包括黑格尔，劳动不仅仅是满足物质需要的一种手段，同时也是人类自我发展和自我实现的基本组成部分。”[②]当劳动成为人类生命的第一需要时，劳动就不再是谋生的手段，而是成为人实现自由的途径。[③] 这就涉及马克思自由辩证法思想的当代重构。

一、英美马克思主义对自由辩证法的当代重构

1.巴斯卡对马克思自由辩证法的重构

巴斯卡认为马克思的“每一个人的自由发展是所有人自由发展的条件”是自由的最高形态，实现这一自由的途径是把马克思的去异化辩证法拓展为解放的辩证法，解放辩证法的目标就是清除“主人与奴隶”的总体性关系。巴斯卡认为解放就是摆脱受压迫状态，解放的目标是普遍的人类解放，摆脱资本主义的剥削和压迫。同时，巴斯卡强调富足与安康(freedom as wellbeing)是自由的基础，其目的是满足人充分发展的需要，这是自由与解放的价值取向；通过充分满足人自我实现的各种需要，实现人的自由全面发展(flourishing)，最终达到普遍的人类自由发展(universal human flourishing)[④]。这是自由的最高层次，也就是马克思所说的自由王国，是一个真正实现了自由的美好社会。

自由的实现必须通过解放，那么如何通过解放获得自由呢？有些批判者指出：“巴斯卡自由辩证法的基本缺陷是缺乏历史具体性”[⑤]，批评巴斯卡建构的自由辩证法非常抽象，缺乏现实性，没有实现自由的具体途径。笔者认为，这些批

① [德]黑格尔：《小逻辑》，贺麟译，商务印书馆1985年版，第322页。

② Sean Sayers, *Marx and Alienation: Essays on Hegelian Themes*, New York: Palgrave Macmillan, 2011, p. 21.

③ 马克思的自由观深受黑格尔的影响。黑格尔认为自由是“人最有价值和最神圣的财产”，强调自由是人的最高价值；黑格尔还说，自由是“最终依赖于人转变成为可能性的最高顶峰，而人本身不会被什么东西所压制”。这些观点成为马克思把人的自我实现和自我发展作为衡量人自由尺度的理论源头。(Alan Patten, *Hegel's Idea of Freedom*, New York: Oxford University Press, 1999, p. 4)

④ Roy Bhaskar, *Dialectic: The Pulse of Freedom*, London: Verso, 1993, p. 282.

⑤ Sean Creaven, “Marx and Bhaskar on the Dialectics of Freedom,” *Journal of Critical Realism*, Vol. 2, No. 1, November 2003, p. 72.

评其实是忽视了巴斯卡的“解释性批判”(explanatory critique)路径。[①] 巴斯卡的论证可概括如下：(1)科学性是马克思主义的生命关键之所在，社会主义理论从空想变为科学，离不开科学性。那么，什么是科学性呢？科学活动的本质就是发现事物背后隐藏的本质规律和运行机制，掌握了科学性知识就可以对非科学的理论进行批判，特别是对错误的自由理论进行批判。(2)批判性是批判实在论的显著特征，哲学批判包括两个方面，不但批判这些错误理论的缺陷与不足，而且还要追溯产生这些错误的社会历史根源，这样就涉及变革社会的政治实践。(3)实践性就是要付诸实际的政治行动，这是争取自由的必由之路。在实现自由的过程中会遇到一系列限制，解放的目标就是不屈不挠地清除和取消这些限制，这既是巴斯卡解放论证的逻辑结构，也是解释性批判的基本路径。

2.罗伯特和约瑟夫对巴斯卡自由辩证法的批判

巴斯卡的自由辩证法遭到罗伯特和约瑟夫的猛烈批评。罗伯特在《抽象的解放：关于自由踪迹的两种辩证法》一文中对巴斯卡自由辩证法全盘否定，他认为，巴斯卡的批判实在论的解放规划建立在超历史的抽象自由观念之上，这一概念不能解释自由的形式[②]，也不符合马克思自由辩证法的本来意义。对马克思来说，自由在资本主义社会不同的发展阶段具有不同的意义。自由的意义不是一成不变的，而是随着历史变化而变化。劳动力商品化是自由的缺失，劳动者出卖劳动力的自由和生产资料占有者购买劳动力商品的自由是资本主义对自由的“双重扭曲”。

罗伯特的批评是有道理的，巴斯卡确实没有详细论述统治与剥削的社会关系以何种方式阻碍了争取自由的社会变革。马克思指出，在资本主义条件下，自由以商品化形态表现出来，因此，劳动者出卖自己劳动力的自由不是真实的自由，只有劳动者能够自由支配自己劳动产品时才是真正的自由。巴斯卡的不足恰恰是忽略了马克思对自由形态商品化的历史分析。

---

① 巴斯卡批判实在论的哲学批判包括三种形态：第一种是内在批判(immanent critique)，针对某个理论体系的内在矛盾展开批判。第二种批判是缺陷批判(omissive critique)，也叫“元批判 1”，对某个思想体系的哲学基础的缺陷进行批判，巴斯卡认为当代流行的思想体系都存在致命错误，无论是实证主义、解释学，还是后现代主义和后马克思主义都存在致命的哲学错误，这些哲学错误是：(1)把本体论还原为认识论；(2)把实在的深层结构还原为表层结构；(3)把世界的否定性理解还原为肯定性理解。第三种批判就是解释性批判(an explanatory critique)，也叫“元批判 2”，这种批判不但要解释一个思想体系的错误和缺陷是什么，还要批判导致这些错误和缺陷出现的社会环境。[Roy Bhaskar, Cheryl Frank, Karl Georg Høyer, Petter Næss and Jenneth Parker(eds.), *Interdisciplinarity and Climate Change: Transforming Knowledge and Practice for Our Global Future*, Routledge, 2010, p. 21]

② Andrew Brown, Steve Fleetwood, John Michael Roberts(eds.), *Critical Realism and Marxism*, London: Routledge, 2001, p. 253.

批判实在论另外一个重要成员约瑟夫也对巴斯卡给予了激烈的批评。他认为巴斯卡对自由辩证法的解释不但没有发展马克思的基本思想，相反，完全是“抛弃了自由辩证法”[①]。因为超历史的、目的论的、抽象的自由解释实际上是毁坏了自由辩证法，因为自由概念被彻底掏空了。约瑟夫说：“巴斯卡的新自由辩证法详细阐释了自由的普遍性特征，但是放弃了社会结构和社会行动的具体性，因此，不能确定自由的特殊性，因而巴斯卡无法回答需要什么样的自由，自由为了谁，为什么要自由。”[②]约瑟夫的批评确实抓住了巴斯卡的主要理论缺陷，马克思对自由问题的分析不是抽象的、超历史的，而是在具体的生产方式条件下考察人与社会、人与自然的关系。而巴斯卡把追求自由看作是去废除抽象的“主人与奴隶关系”，放弃了马克思对社会形态的具体性分析方法，因此，约瑟夫说，马克思的自由辩证法被巴斯卡抽象的普遍伦理学所断送。但是，英国学者科瑞文对巴斯卡自由辩证法的看法却与约瑟夫截然相反。

3.科瑞文对巴斯卡自由辩证法的肯定与拓展

科瑞文认为巴斯卡的自由辩证法很有价值，自由辩证法需要双重论证[③]，不但需要马克思的科学论证，而且也需要巴斯卡的哲学论证，哲学论证与科学论证是互补关系。科瑞文指出，马克思对自由辩证法的论证展示了历史唯物主义对自由的历史必然性的论证，也就是社会从低级到高级的发展过程嵌入了自由的逻辑，历史唯物主义分析方法揭示了人类追求自由的历史动力。但是，自由辩证法也需要道德必然性论证的补充，否则不能回答人为什么需要自由的问题。科瑞文说，巴斯卡尔的道德必然性的规范论证很有说服力，阐释了人类争取自由的自我认识能力、人类生存发展需要的共同社会规范以及实现“每个人的自由发展是一切人的自由发展的条件”所必需的道德条件。

科瑞文概括了巴斯卡道德规范论证的当代意义：全球化使当代世界成为一个整体，环境生态问题与每个人有关，这样对自由新的哲学反思得以出现。在经济可持续发展的框架下，必须尊重人类的共同需要、共同利益和共同的价值

---

① Jonathan Joseph, "Marxism, the Dialectic of Freedom and Emancipation," in Kathryn Dean, Jonathan Joseph, Michael Roberts, Colin Wight (eds.), *Realism, Philosophy and Social Science*, New York: Palgrave Macmillan, 2006, p. 117.

② Jonathan Joseph, *Hegemony: A Realist Analysis*, London and New York: Routledge, 2002, p. 14.

③ 科瑞文是研究“马克思主义与批判实在论”关系的重要作者之一，2000 年出版了《马克思主义与实在论》专著。他在 2003 年 11 月号的《批判实在论杂志》上发表题为《马克思和巴斯卡论自由辩证法》一文（篇幅达 30 页），他说此文既不是对马克思与巴斯卡辩证法的比较研究，也不是应用马克思的方法对巴斯卡的自由辩证法进行哲学批判，而是研究二者结合的可能性途径及其当代意义。文章对巴斯卡自由辩证法给予了高度赞扬，多方面肯定了巴斯卡自由观的理论贡献。（Sean Creaven, "Marx and Bhaskar on the Dialectics of Freedom," *Journal of Critical Realism*, Vol. 2, No. 1, 2003, pp. 63-93）

观，其中市场力量应该服从民主的需要。这是一个人性化的全球化，人与人的相互依存、人与自然的相互依存关系把人类紧密联系在一起，这是基于作为社会存在的人对自己的认识与理解，而不是基于全球化的跨国公司和物化的市场力量。“可以肯定，这是塑造了新的合理的全球意识的当代社会条件，但这并不改变这个事实，即这种前景与人是什么这个更深层次的真理密切相连”[①]，这个真理就是自由。

笔者认为，科瑞文尝试把巴斯卡和马克思的自由辩证法结合起来，用批判实在论丰富马克思主义，用马克思主义推动批判实在论的发展，为了证明历史唯物主义在当代的有效性，必须重新规划人类解放的前景，这些尝试具有重要现实意义。此外，科瑞文对资本主义全球化发展逻辑的观察也很深刻。他认为，资本主义弊端的普遍化和各种危机的加深催生了新的批判意识和新社会运动，在全球范围内各种争取自由与民主的因素在汇集，必然会支持对资本主义社会制度的革命性改造，他乐观地断言：“这些潜在因素可能会使‘每个人的自由发展是一切人的自由发展的条件’的理想得以实现。”[②]科瑞文用马克思的方法补充巴斯卡的自由辩证法，把巴斯卡的辩证法放回具体社会历史进程中，用巴斯卡的方法丰富历史唯物主义，使其时代化，以新的角度确认自由辩证法的解放潜力。尽管这些努力存在新乌托邦倾向，但是这些研究成果非常具有现实意义，值得积极肯定。

二、马克思自由辩证法的三个基本特征

英美马克思主义对自由辩证法的重新审视取得了许多新进展，特别是巴斯卡对自由辩证法社会实践性的解释、约瑟夫和罗伯特对自由辩证法客观性基础的强调、科瑞文对自由辩证法历史性具体性的分析，都具有启发性。这些研究成果使我们更清楚地辨认出马克思自由辩证法的三个基本特征：

其一，自由辩证法的历史具体性。这是指自由既不是先天就有的，也不是一成不变的。因为“自由……必然是历史发展的产物。最初的、从动物界分离出来的人，在一切本质方面是和动物本身一样不自由的；但是文化上的每一进步，都是迈向自由的一步”[③]。马克思在《1857～1858年经济学手稿》中，根据历史发展状况将人类自由分为三个阶段：“前资本主义社会”的自由形态、资本主

① Sean Creaven, “Marx and Bhaskar on the Dialectics of Freedom,” *Journal of Critical Realism*, Vol. 2, No. 1, November 2003, p. 64.

② Sean Creaven, “Marx and Bhaskar on the Dialectics of Freedom,” *Journal of Critical Realism*, Vol. 2, No. 1, November 2003, p. 78.

③ 《马克思恩格斯选集》第3卷，人民出版社1995年版，第456页。

义社会的自由形态、共产主义社会的自由形态。第一阶段属于“自然必然性王国”,此时自由表现为以“人的依赖性”为特征;第二阶段是“经济必然性王国”,自由表现为“物的依赖性”特征;第三阶段是“内化了的必然王国”,自由特征表现为所有人的“全面发展”。“内化了的必然王国”才是“真正的自由王国”。历史具体性的核心思想是强调没有抽象的自由,自由是一个从低级到高级的发展过程。

其二,自由辩证法的实践性。马克思说:“人们每次都不是在他们关于人的理想所决定和所容许的范围之内,而是在现有的生产力所决定和所容许的范围之内取得自由的。”[①]自由的程度由实践的程度所决定,生产力的水平代表着人类物质生产的实践水平,人类认识世界和改造世界实践活动的深度和广度决定着自由的深度和广度。社会生活在本质上是实践的,追求自由的社会活动在本质上也是实践的。离开实践自由就无法理解,投身于变革自然和社会的实践中是人类获取自由的最根本的途径。马克思反复强调,必然王国转化为自由王国的必由之路是社会实践,在彻底改造必然王国的基础上,作为目的本身的人类能力得到发展,真正的自由王国才能开始。

其三,自由辩证法的客观性。追求自由是人类意识能动性的集中体现,但是追求自由的活动受客观物质条件的制约,社会结构是自由发展的客观性基础。自由表现为人类不断地从必然王国走向自由王国的飞跃过程,这是一个受客观规律支配的过程。马克思在谈到“必然王国”与“自由王国”辩证关系时写道:“自由王国只是在必要性和外在目的规定要做的劳动终止的地方才开始;因而按照事物的本性来说,它存在于真正物质生产领域的彼岸。”[②]自由建立在生产力高度发展的基础之上,人们联合起来进行生产,合理地调节他们与自然之间的物质转换关系,完全摆脱自然作为一种盲目的力量对自己的支配,在最适合于人类本性的条件下进行这种物质转换,“这个自由王国只有建立在必然王国的基础上,才能繁荣起来”[③]。

第四节 辩证法三种解释的理论启示

通过前面的分析我们可以发现,英美学者对马克思视域中辩证法的解读涉及的其实是辩证法的三个方面,而不是辩证法的三种形态,也就是说,这些解读

① 《马克思恩格斯全集》第 3 卷,人民出版社 1960 年版,第 507 页。

② 马克思:《资本论》第 3 卷,人民出版社 2004 年版,第 928 页。

③ 马克思:《资本论》第 3 卷,人民出版社 2004 年版,第 929 页。

模式探讨了马克思视域中辩证法蕴含着的三个维度：体系辩证法、历史辩证法和自由辩证法。体系辩证法阐释概念的逻辑，历史辩证法阐释资本的逻辑，自由辩证法阐释解放的逻辑。

一、马克思视域中辩证法蕴含着的三个维度

这样解读是否有根据？答案是肯定的。

我们过去对马克思视域中辩证法的解释存在误读，好像马克思对辩证法改造就是把黑格尔"头脚倒立的辩证法"颠倒过来就完成了，其实，马克思对黑格尔辩证法的认识与改造并不是一次就完成了，而是经历了几个大的历史发展阶段。[①] 1843～1844 年期间，马克思批判了黑格尔辩证法的神秘逻辑，这些批判体现在《黑格尔法哲学批判》、《哲学的贫困》、《1844 年经济学哲学手稿》等著作中，马克思把精神异化解读为劳动异化，通过批判地改造黑格尔哲学，致力于自由辩证法的建构，认为自由是异化劳动的扬弃、人本质的回归。第二个阶段主要反映在《1857～1858 年经济学手稿》中，这一时期马克思研究的重心是探索历史重大变迁背后的深层结构，通过对政治经济学范畴的批判，追寻历史发展的内在逻辑。这一时期马克思重新阅读黑格尔的《逻辑学》，进一步思考历史研究方法，通过概念的总体化在历史运动过程中把握资本主义生产方式，这一时期马克思视域的辩证法是历史辩证法。第三阶段是 1867 开始的《资本论》写作阶段，马克思从研究的方法转向叙述的方法，寻找如何把自己的历史发现用恰当的方法表达出来。为了这一目的，马克思重新阅读黑格尔，思考的重点是建构理论体系的概念辩证法，寻求建构理论体系的逻辑方法，通过概念矛盾运动的逻辑展开来表达《资本论》的研究成果。

二、马克思研究辩证法经历了三个历史阶段

马克思研究辩证法经历了三个历史阶段，形成了辩证法的三个理论维度，

---

① 马克思不但批判黑格尔的辩证法经历了三个阶段，而且对黑格尔辩证法的批判也是从三个方面展开的，对黑格尔的辩证法进行了三重颠倒，而不仅仅是"头脚倒立"一重颠倒。马克思批判了黑格尔辩证法的同一性理论、神秘逻辑和思辨幻象。马克思对黑格尔的三重颠倒进行颠倒，马克思认为黑格尔辩证法第一个颠倒是思维与存在关系的颠倒，把本体论还原为认识论，把关于存在的认识等同于存在本身，把劳动异化看成是观念异化。第二个颠倒是把科学还原为哲学。马克思认为黑格尔用哲学思辨取代科学研究，用思辨幻象代替自然必然性。第三个颠倒是把对世界的否定性解释还原为肯定性解释。为了肯定普鲁士王国，黑格尔在哲学上最终抛弃了否定性。马克思是在肯定中发现否定性，马克思强调在对现存事物肯定性的理解中包含着否定性的理解，包含着其必然灭亡的理解，因此辩证法是批判的、革命的。可见，马克思的辩证法逻辑：不是在经济学中发现商品拜物教的秘密，而是在现实的商品拜物教中发现经济学的秘密。

三个维度统一的基础是马克思视域中辩证法的科学性。马克思把“辩证的”方法与“科学的”方法看作同义语，马克思曾经说他使用的科学辩证法的秘密就是：透过现象看本质，透过繁杂的社会现象发现隐藏其中的社会发展规律。辩证法的科学性表现为探寻历史的深层结构，发现其内在的、本质的、必然的联系，辨析其发展规律。科学性把历史辩证法、自由辩证法与体系辩证法融于一体，或者说三者本来是一个理论的三个方面，历史的客观规律需要科学的理论来把握。同时，马克思主义的科学性提供了批判社会、争取自由解放的理论武器，自由是衡量社会进步的价值尺度，也是推动改造社会的实践活动的动力。

笔者认为辩证法三个维度与马克思主义的三个基本特征具有密切联系。自由辩证法体现了马克思主义的实践性，历史辩证法体现了马克思主义的科学性，体系辩证法体现了马克思主义的批判性。这一看法的理由如下：(1)自由辩证法是核心，贯穿在马克思全部理论活动中，自由辩证法的本质特征是实践性，强调争取自由的必由之路是积极地改造自然与社会。(2)历史辩证法是马克思理论体系的基石，是马克思创立唯物史观的方法论基础，是马克思主义科学性的集中体现。(3)体系辩证法的鲜明特征是批判性，它集分析方法、说明方法与解释方法于一体。体系辩证法其实就是论证的辩证法，论证的辩证法就是巴斯卡所说的缺失错误，缺失错误就是批判，批判错误的理论、观念、意识形态。马克思应用辩证法，通过哲学批判、经济学批判、意识形态批判，建构了自己的宏大理论体系。

三、马克思辩证法三个维度的启发意义

1. 可以纠正一些对马克思辩证法进行单一维度的解释

例如，俞吾金教授认为马克思的辩证法是历史辩证法，只有把马克思视域中的辩证法解读为历史辩证法，才能恢复马克思辩证法的“本真含义”，结束马克思的历史辩证法“流落他乡”。俞吾金教授对历史辩证法的概括比较准确，不足之处是没有注意到马克思的辩证法具有三个维度，而且也没有提及英美马克思主义对马克思辩证法的新探索。笔者认为，恢复马克思辩证法的“本真含义”，不能只是恢复一个维度，应该把三个维度包括在内。

2. 有助于对英美马克思主义的辩证法研究成果进行鉴别

例如，史密斯认为：“马克思在《资本论》中使用的‘辩证法’主要是指三个努力：(1)系统地重构资本的一系列决定性要素(体系辩证法)；(2)重建资本主义

发展的主线（历史辩证法）；(3)关于理论和实践统一的辩证法。"[①]这段话说明，史密斯已经认识到辩证法有三个维度，但是仅仅局限于《资本论》。他对前两个维度的概括基本正确，但他对第三个维度具体内容的描述比较抽象，"关于理论和实践统一的辩证法"的表述比较含糊。其实，马克思的自由辩证法就是实践的辩证法，解放规划就建立在自由辩证法的基础之上。

3. 提出马克思视域中的辩证法具有三个维度，可以使我们重新审视英美马克思主义学者围绕辩证法解释引发的争论，并且确立超越这些争论的路径

现在我们知道，马克思针对不同的研究任务探索了黑格尔辩证法的不同维度，最终建构了辩证法的三个维度。如果像阿瑟那样，不承认体系辩证法与历史辩证法的联系，把二者对立起来，压缩辩证法的应用范围，从方法论角度看，也违反了辩证法普遍联系的基本原则。体系辩证法学派存在的主要问题是忽视"体系中的范畴在展开过程中和历史中的具体社会形态相联系，在《资本论》中体系与历史之间关联性的考虑以其他的方式表现出来"[②]。巴斯卡指出："现在是再总体化辩证法的时候了。"[③]巴斯卡对马克思视域中的辩证法研究具有哲学启发性，为我们重返马克思辩证法的核心和精髓提供了指南，不足之处是缺乏总体化的具体策略，因为巴斯卡的兴趣是建构自由辩证法，或者说是他认为自由辩证法才是辩证法的真正本质。总之，英美马克思主义的辩证法研究成果对我们认识马克思的辩证法的启发作用非常突出，因为没有他们对辩证法的深入阐释，我们对马克思视域中辩证法的三个维度的认识也许就没有现在这么明确。

4. 英美马克思主义的辩证法研究也具有重要的现实意义

首先，在西方"马克思主义终结论"流行的背景下，英美马克思主义潜心研究马克思主义的辩证方法，并且取得了一系列有价值的研究成果，出版了大量的文章与著作，多方面阐释马克思主义的当代意义，这是对马克思主义"过时论"、"无用论"的有力回击。

其次，在后马克思主义、后结构主义、后现代主义全力解构和围剿辩证法的情况下，英美马克思主义旗帜鲜明地捍卫马克思主义的辩证法，多角度、多层次

① Tony Smith, "Systematic and Historical Dialectics: Towards a Marxian Theory of Globalization," in Robert Albritton and John Simoulidis (eds.), *New Dialectics and Political Economy*, New York: Palgrave Macmillan, 2003, p. 24.

② Tony Smith, "Systematic and Historical Dialectics: Towards a Marxian Theory of Globalization," in Robert Albritton and John Simoulidis (eds.), *New Dialectics and Political Economy*, New York: Palgrave Macmillan, 2003, p. 26.

③ Roy Bhaskar, *Dialectic: The Pulse of Freedom*, London: Verso, 1993, p. 377.

地阐释辩证法的当代价值,这些理论努力非常值得肯定与研究。

再次,英美马克思主义的辩证法研究极大地推动了《资本论》的研究,围绕着马克思的辩证法,他们反复研究《资本论》的内在结构、概念运动、范畴构成、矛盾展开、建构逻辑,这些成果极大地拓展了《资本论》的研究范围,扩大了马克思《资本论》在当今世界的影响力。

最后,英美马克思主义学者对辩证法的研究并没有仅仅局限于马克思的文本上,一些成员对辩证法的系统解释已经扩展到当代世界面临的重大现实问题上①,这对于回应当今世界面临的重大的挑战性问题有启示作用,辩证法仍然是把握当代世界深刻矛盾与冲突的有效手段,重构马克思主义的辩证法批判维度和自由解放规划是英美马克思主义辩证法研究的重要贡献。

总之,英美马克思主义辩证法的研究,深化了我们对辩证法的认识,明确了马克思对黑格尔辩证法的改造经历了三个阶段,肯定了马克思视域中的辩证法包括三个维度。体系辩证法揭示了资本的逻辑,具有鲜明的批判性;历史辩证法追求科学性,是马克思主义生命力关键之所在;自由辩证法是马克思主义灵魂,以争取人类自由发展与普遍解放为目标。这三种形态的统一体现了马克思主义辩证法的当代价值。

① Tony Smith,"Systematic and Historical Dialectics: Towards a Marxian Theory of Globalization," in Robert Albritton and John Simoulidis (eds.), *New Dialectics and Political Economy*, New York: Palgrave Macmillan, 2003, p. 24.

结束语：以辩证思维驾驭矛盾，引领时代[①]

近年来国内外流行着一些否定辩证法的思潮，这些思潮宣称：辩证法严重削弱了马克思主义的科学性，辩证法不但导致马克思主义和时代脱节，而且辩证法也是一种无用的方法，解决不了任何问题，因为“辩证法是一种对差异本身的永久误解，一种被混乱所颠倒的系谱学，辩证法迷失于科学抽象之中，深陷于同一性逻辑的泥潭”[②]。我们认为，这些否定辩证法的思潮是完全错误的，是对辩证法的误读和歪曲。辩证法是关于联系和发展的学说，是思考差异与同一的思维艺术，是探索事物内部矛盾运动规律的科学方法，是在肯定性中发现否定性，透过现象看本质的批判视域。

从本质上看，辩证思维就是驾驭矛盾的哲学智慧，哪里有矛盾哪里就有辩证法，只要有矛盾存在辩证思维就不会过时。当代世界面临的深层矛盾和生存困境比以往如何时代都要严峻，我们要跨越这些威胁人类生存的急流险滩，作为哲学智慧的辩证思维会展示出不可替代的价值。

一、反思时代精神

辩证思维的首要价值是进行哲学反思，反思的对象是时代问题和时代精神，反思性是马克思赋予辩证法最重要的哲学功能。只有不断对时代问题和时代精神进行反思，才能获取科学的洞见和哲学的诊断，实现对时代问题的历史性超越。反思的实质是批判性的哲学审视，从肯定与否定两个方面辩证地审视时代精神是否出现了问题，反思人类的历史进程是否偏离了自由解放的价值取向。因此，反思是一个不断校正人类发展方向的否定之否定过程。反思包括三个方面的内容：

① 本部分内容曾发表于2016年6月28日《中国社会科学报》。

② ［美］贝斯特、凯尔纳：《后现代理论：批判性质疑》，张志斌译，中央编译出版社1999年版，第106页。

1. 反思人类行动

全球问题使当代人类社会面临的严重的挑战和困境，美国著名的辩证法学者奥尔曼说，资本主义社会像一架迷航而又失控的飞机，在天空高速飞行，机上乘客对即将到来的灾难浑然不知。面对这样的情况，英国批判实在论学派创始人巴斯卡曾痛心疾首地说，按照目前在资本逻辑支配下的发展模式，我们这个星球已经没有希望了，“如果不推翻资本主义，我们这个星球的人类社会已经不可能走出21世纪了”[①]。人类活动带来的严重问题和危机不能回避，不能视而不见，对掩盖这些危机的思想观点应该给予严厉批判。

2. 反思支配人类行动的思想观念

人类的行动是在一定的思想观念支配下进行的，因此，反思这些支配人类行动的思想观念到底哪里出了问题，成为最迫切的理论任务。新自由主义的意识形态成为一种占主导地位的世界观，支配着全球化进程，引发了一系列的矛盾与冲突。詹姆逊认为：“今天面对新自由主义价值观的流行，面对资本疯狂掠夺全球财富以及贫富差距迅速加大，令人吃惊的是：对如此令人吃惊的现象，人们不再吃惊。”[②]因此，必须反思新自由主义价值观给当代世界带来的严重问题。

辩证法的当代价值就是反思人类社会历史过程中蕴含的深刻的冲突与矛盾：一方面，生产力的进步和技术创新推动了社会财富的大量涌现；另一方面，自然的破坏和环境的毁坏日趋严重，道德水平的退步和精神信仰的失落同步展开。美国著名左翼学者詹姆逊指出，全球化在推动获取更多剩余价值的新自由主义价值观广泛流行之外，就没有为其他思想的出现预留空间。以获取剩余价值为目的的价值观带来了严重的生态危机，因此，对这些指导错误行动的错误思想观念必须给予反思和批判。

3. 反思支配人类行动思想观念的哲学方法

错误的思想观念是以错误的哲学方法为基础的，因此，必须反思支配错误行动的错误思想观念的更深层次的错误的哲学思潮，并且批判其错误根源。这些错误的思潮包括后马克思主义和后现代主义、新实证主义和新虚无主义等哲学思潮，这些哲学思潮的共同错误是否定辩证法，取消批判，鼓吹批判是不可能的。对这些错误世界观我们不能置之不理，因为错误的哲学方法支配着错误的思想观念，错误的思想观念又支配着错误的社会设计和历史走向。

反思需要有发现真理的决心与坚守，又要有正视困境的冷静与勇气。反思

---

① Christopher Norris, “Interview with Roy Bhaskar,” *The Philosophers' Magazine*, Issue. 8, 1999, p. 22.

② Fredric Jameson, *Valences of the Dialectic*, London: Verso, 2009, p. 285.

不是单纯的哲学审视，而是通过审视对时代精神进行修正，展开对当代危机与困境根源的追寻。哪里有矛盾哪里就有辩证法，辩证法就是驾驭矛盾的最高哲学智慧。哲学智慧的培养离不开辩证思维，辩证思维的培养离不开对形而上学思维方式的扬弃和对否定辩证法思潮的批判。对于时代和时代意识的反思，既要立足当代世界面临的问题，又要与整个人类社会发展进程相结合。总体性是反思的基石，批判性是反思的目的，人类的自由解放是反思的价值取向，只有获得对时代和时代意识的完整认识，才能把握人类社会发展的正确方向。

二、把握时代变迁

辩证思维的当代价值还表现在能够增强对当代世界重大变迁的阐释力，能够增强对当代世界矛盾与冲突对抗的全面把握。全球化已不再是一个简单的概念，而是成为具有多重规定性的矛盾集合体，信息化和新商品化是全球化的主要推动者，二者紧密相连，相互促进。随着全球化的发展，似乎一切都可以成为商品，商品不再仅停留在经济领域，而是渗透到社会生活的方方面面，社会关系被全面商品化，导致非常严重的价值危机和信仰缺失。因此，关注现实问题，重建哲学批判也是辩证法当代价值之所在。一方面，人类改造世界的能力不断加强，科学技术不断进步，它们所带来的新突破让人们目不暇接；然而，另一方面，技术进步在改变生产方式和生活方式的同时，全球问题的严重程度也随之不断加深，各种大规模的矛盾冲突不断地爆发，商品化一片繁荣的现象下隐藏着巨大的人类危机，人与人之间、民族与民族之间、国家与国家之间、人与自然之间的矛盾不断激化。如何化解这些矛盾带来的严重困境，这是需要思考的迫切问题，也是辩证法显示其当代价值的重要领域。

全球信息化条件下，人类应该能够对当代的各种矛盾与冲突有一个总体性的把握，人类发展模式的多样性是不可避免的潮流，各种冲突与对抗显示出许多前所未有的新特点，如何才能把握多元对抗与多元决定的复杂矛盾体系，是辩证法面临的新课题和新挑战。同时，在发展十分迅速的信息化时代，抵御强大的数字化对人们精神世界的操纵和控制，预防人类前进方向迷失感的不断加重，避免从整体上把握当代世界的能力不断被弱化，这也是需要应用辩证思维的哲学智慧去解决的重大问题。

面对着复杂和多变的国际环境，需要站在总体性辩证哲学的高度，增加图绘时代的能力。在当代中国现代化新的历史进程中，勇于驾驭各种矛盾与冲突，认清复杂多变的国际环境的新特点和新趋势，在复杂多变的多重矛盾中抓住主要矛盾，找准问题的关键，明确自身的定位，占据有利地形，把握战略机遇，在激烈的竞争中胜出。同时，辩证法启发我们，在当代国际政治中存在不可避免的冲突与对抗，不要回避冲突与对抗，应该正视这些矛盾与问题，因为冲突与对抗是建构政治认同的必要条件，没有冲突与对抗就没有政治。辩证法还启发我们，应该用总体性辩证哲学思维去超越后现代主义的碎片化思维，用辩证的观点把握中国特色社会主义与晚期资本主义的矛盾总体性，把握人类社会的未来走向。詹姆逊的基本看法是，没有社会总体性的概念，就没有未来社会主义政治的可能性。

三、超越时代危机

当代人类社会在政治、经济、生态、文化等方面面临着深刻危机，应对危机必须拥有批判意识和化解能力，这种批判能力的培育需要哲学智慧的支撑，批判必须落实到实践领域，每一个人、每一个民族、每一个国家都应该为人类社会的前途命运和可持续发展承担起相应的责任和义务。英国哲学家巴斯卡认为，资本主义导致的异化是全球危机的根源，当代世界是一个深刻异化的世界。当代人类社会在四个方面存在尖锐矛盾，即人与自身的矛盾、人与人之间的矛盾、人与社会之间的矛盾、人与自然之间的矛盾，这些在资本逻辑支配下的矛盾“正在带来深刻的全球危机”①。詹姆逊也指出，当代资本主义危机表现在以下四个方面：“生态危机、世界贫穷和饥荒危机、全球性的结构性失业危机以及无法控制的人造武器危机。”②寻求摆脱资本逻辑对人类社会支配的途径，是避免人类危机的重要选择。

对历史重大变迁的解释性批判和对人类解放话语的当代重构是辩证法的重要使命。辩证法重要价值就是对现实的批判，然而这种批判并不是一味的否定，而是在哲学批判的基础上对历史重大变迁作出正确的解释，用以指引未来的前进方向。批判的意义在于揭示问题，谋求出路，人类的普遍解放不是遥不可及的梦想，人类的公平正义理想也不是海市蜃楼，辩证思维为重构人类社会解放规划提供了方法。巴斯卡认为，辩证法就是自由的逻辑，辩证法与自由价值观的结合能够产生非常有积极意义的影响，人自由全面发展的辩证法是人类解放话语不可或缺的价值向度。地球是全人类的家园，历史已经发生，时间不可倒流，人类不能改变已经发生的历史，只能从历史中吸取经验和教训。辩证法提供了反思和批判的工具，要求将目光放到对未来生死攸关问题上；辩证法要求正视历史，放眼未来，敏锐批判现存的不合理之处，并努力加以改正，这是

---

① Christopher Norris, “Interview with Roy Bhaskar,” *The Philosophers' Magazine*, Issue. 8, 1999, p. 22.

② Fredric Jameson, *Valences of the Dialectic*, London: Verso, 2009, p. 412.

避免危机的必然要求。

狄更斯在一百多年前就敏锐地观察到,资本主义是一个巨大的矛盾集合体:"这是最好的时代,这是最坏的时代,这是智慧的时代,这是愚蠢的时代;这是信仰的时期,这是怀疑的时期;这是光明的季节,这是黑暗的季节;这是希望之春,这是失望之冬;人们面前有着各样事物,人们面前一无所有;人们正在直登天堂;人们正在直下地狱。"①马克思也曾经说过:"我们的一切发现与进步,似乎结果是使物质力量成为有智慧的生命,而人的生命则化为愚钝的物质力量。"②如果抛弃了辩证法,就很难把握正在全球化的资本主义的发展趋势,很难驾驭这个巨大矛盾集合体的本质特征,辩证法仍然是批判现存社会最锐利的武器。

否定辩证思维是一种马尔库塞所说的"单面社会"导致的哲学思维,这种单面思维只有肯定没有否定,没有矛盾,没有选择,当然也没有批判,这是形而上学的新表现。辩证法与形而上学的对立焦点是关于是否承认矛盾的地位与作用。

总之,时代的主题变了,时代面临的矛盾变了,解决矛盾的思路变了,需要我们用新的视角,正视矛盾,分析矛盾,解决矛盾。人类把握历史进程离不开对辩证法的坚持,超越危机,走向未来,需要创新和发展驾驭矛盾的辩证思维的哲学智慧。人类的哲学智慧和道德水平不应该落后于当代世界的迅猛变化,应该在新的形势下努力提高辩证思维能力,提升看问题的哲学高度,通力合作,共同应对人类面临的重大问题,积极寻求超越全球风险与危机的可能性途径。

---

① [英]狄更斯:《双城记》,石永礼、赵文娟译,人民文学出版社 1993 年版,第 1 页。

② 《马克思恩格斯文集》第 2 卷,人民出版社 2009 年版,第 580 页。

主要参考文献

一、中文文献

《马克思恩格斯文集》第1、2卷，人民出版社2009年版。

陈慧平：《辩证法的当代意蕴：〈辩证理性批判〉的辩证解读》，中国社会科学出版社2007年版。

邓晓芒：《黑格尔辩证法讲演录》，北京大学出版社2005年版。

郭史佣：《辩证法的科学性阐释：物质运动圈》，天津人民出版社2007年版。

贺来：《辩证法的生存论基础：马克思辩证法的当代阐释》，中国人民大学出版社2004年版。

贺来：《辩证法与实践理性：辩证法的"后形而上学"视野》，中国社会科学出版社2011年版。

黄志军：《辩证法的实践哲学阐释》，社会科学文献出版社2015年版。

史昭乐：《辩证法体系新述》，红旗出版社2004年版。

孙正聿：《马克思辩证法理论的当代反思》，人民出版社2002年版。

孙正聿：《理论思维的前提批判：论辩证法的批判本性》，中国人民大学出版社2010年版。

王潮编著：《后现代主义的突破》，敦煌文艺出版社1996年版。

王南湜：《辩证法：从理论逻辑到实践智慧》，武汉大学出版社2011年版。

赵凤岐：《辩证法·范畴与现实》，中国社会科学出版社2013年版。

[美]弗雷德里克·詹姆逊：《辩证法的效价》，中国社会科学出版社2014年版。

[瑞典]伊斯雷尔：《辩证法的语言和语言的辩证法》，商务印书馆1990年版。

[法]莫里斯·梅洛庞蒂：《辩证法的历险》，上海译文出版社2009年版。

[英]布朗等:《批判实在论与马克思主义》,陈静等译,广西师范大学出版社2007年版。

[美]奥尔曼:《辩证法的舞蹈》,田世锭、何霜梅译,高等教育出版社2005年版。

[美]埃尔斯特:《理解马克思》,何怀远等译,中国人民大学出版社2008年版。

[加]罗伯特·韦尔、凯·尼尔森编:《分析马克思主义新论》,鲁克俭等译,中国人民大学出版社2002年版。

[美]埃尔斯特:《理解马克思》,何怀远等译,中国人民大学出版社2008年版。

[法]德里达:《马克思的幽灵》,何一译,中国人民大学出版社1999年版。

[美]贝斯特、凯尔纳:《后现代理论:批判性质疑》,张志斌译,中央编译出版社1999年版。

[英]乔治·拉仑:《意识形态与文化身份:现代性和第三世界的在场》,上海教育出版社2005年版。

[英]史蒂文·卢克斯:《马克思主义与道德》,袁聚录译,高等教育出版社2009年版。

[英]特里·伊格尔顿:《马克思为什么是对的?》,李杨等译,新星出版社2011年版。

[斯洛文尼亚]齐泽克,拉克劳和巴斯特:《偶然性、霸权和普遍性——当代左派的对话》,胡大平等译,江苏人民出版社2004年版。

[美]查特尔·墨菲:《政治的回归》,王恒等译,江苏人民出版社2001年版。

[美]波林·罗斯诺:《后现代主义与社会科学》,张国清译,上海译文出版社1998年版。

[英]肖恩·霍默:《弗雷德里克·詹姆森》,孙斌等译,上海人民出版社2004年版。

[美]詹姆逊:《论现实存在的马克思主义》,载俞可平编《全球化时代的"马克思主义"》,中央编译出版社1998年版。

[美]戴维·哈维:《后现代的状况》,阎嘉译,商务印书馆2003年版。

[美]马歇尔·迪尔:《后现代都市状况》,李小科等译,上海教育出版社2004年版。

[美]舍曼:《激进政治经济学基础》,商务印书馆1993年版。

[德]马尔库塞:《苏联的马克思主义》,张翼星等译,中国人民大学出版社2012年版。

二、外文文献

Alan Norrie, *Dialectic and Difference*: *Dialectical Critical Realism and Grounds of Justice*, New York: Routledge, 2010.

Alex Callinicos, "Critical Realism and Beyond: Roy Bhaskar's Dialectic," in Jacques Bidet and Stathis Kouvelakis(eds.), *Critical Companion to Contemporary Marxism*, Brill Academic Publishers, 2008.

Andrew Brown, Steve Fleetwood, John Michael, *Critical Realism and Marxism*, Routledge, 2002.

Bertell Ollman, *Dance of the Dialectic*: *Steps in Marx's Method*, New York: University of Illinois Press, 2003.

Edward Soja, *Postmodern Geographies*: *The Reassertion of Space in Critical Theory*, London: Verso, 1989.

Ellen Wood, *In Defense of History*: *Marxism and the Postmodern Agenda*, Monthly Review Press, 1997.

Ernesto Laclau, *New Reflections on The·Revolution of Our Time*, London and New York: Verso, 1990.

Ernesto Laclau, Roy Bhaskar, "Discourse Theory vs. Critical Realism," *Journal of Critical Realism*, Alethia 1-2, 1998.

Ernesto Laclau and Chantal Mouffe, *Hegemony and Socialist Strategy*: *Towards a Radical Democratic Politics*, London: Verso, 1985.

Fredric Jameson, *Postmodernism*, *or*, *The Cultural Logic of Late Capitalism*, London: Verso, 1991.

Fredric Jameson, *Valences of the Dialectic*, London: Verso, 2009.

Howard Sherman, *Reinventing Marxism*, Johns Hopkins University Press, 1995.

Jacob Torfing, *New Theories of Discourse*: *Laclau*, *Mouffe and Zizek*, UK: Blackwell, 1999.

Joan Roemer (ed.), *Analgtic Marxism*, Cambridge University Press, 1986.

Jonathan Joseph, *Hegemony*: *A Realist Analysis*, London and New York: Routledge, 2002.

Jonathan Joseph, *Marxism and Social Theory*, Palgrave Macmillan, 2006.

Madan Sarup, *An Introductiory Guide to Post-structuralism and Post-modernism*, London: Harvester Wheatsheaf, 1993.

Mark E. Byrnes, *Politics and Space: Image Making by NASA*, Greenwood Publishing Group, 1994.

Nancy Hartsock, "Marxist Feminist Dialectics for the Twenty-first Century," *Science and Society*, Vol. 62, No. 3, 1998.

Nancy Hartsock, "Globalization and Primitive Accumulation, the Contributions of David Harvey's Dialectical Marxism," in Noel Castree and Derek Gregory (eds.), *David Harvey: A Critical Reader*, Malden, MA: Blackwell Publishing, 2006.

Rob Shields, Lefebvre, *Love and Struggle: Spatial Dialectics*, London: Routledge, 1999.

Roy Bhaskar, *Reclaiming Reality*, London: Verso, 1989.

Roy Bhaskar, *Dialectic: The Pulse of Freedom*, London: Verso, 1993.

Roy Bhaskar, *The Possibility of Naturalism: A Philosophical Critique of the Contemporary Human Sciences*, London and New York: Routledge, 1998.

Roy Bhaskar, *Reflections on Meta-reality*, New Delhi : Sage Publication, 2002.

Sean Creaven, *Marxism and Realism: A Materialistic Application of Realism in the Social Sciences*, Routledge, 2000.

Tony Smith, *Dialectical Social Theory and Its Critics: From Hegel to Analytical Marxism and Postmodernism*, State University of New York Press, 1993.

Thomas Sekine, "The Dialectic of Capital: An Unoist Interpretation," *Science & Society*, Volume 62, No. 3 (Dialectics: The New Frontier), Fall 1998.

附录

辩证法仍然是认识世界与改造世界的锐利武器

付文忠

在全球化背景下，批判地解读现代与后现代、普遍与特殊、多元与一元等重要理论问题争论，辩证分析方法是不可或缺的。

——作者题记

英美马克思主义学者一直把辩证法看作是马克思主义的本质特征，是马克思主义重要的哲学传统，同时强调辩证法也是研究社会历史和文化现象的重要方法。20世纪末，面对“突如其来的历史剧变”，后马克思主义认同了“马克思主义危机论”，并且认为辩证法是导致马克思主义陷入危机的主要原因。面对后马克思主义和后现代主义对辩证法的否定与抛弃，英美马克思主义学者挺身而出为辩证法辩护，旗帜鲜明地批判“马克思主义终结论”，多角度地阐释马克思主义辩证法的当代价值。英美马克思主义学者对辩证法当代价值的新反思，集中反映在《新世纪的辩证法》、《辩证法的舞蹈》、《辩证法：自由的脉搏》、《辩证法的多维性》、《新辩证法与政治经济学》、《马克思的科学辩证法》等一系列重要著作中。英美马克思主义学者对辩证法当代价值的研究成果不断涌现，需要概括的成果非常多，但是以下三个方面的认识值得我们重视：

一、马克思主义辩证法是面向未来的现代性思维规划

辩证法在马克思主义发展史中表现出的三种形态，詹姆逊称其为“辩证法的三个名字”，分别是：作为哲学体系的辩证法、作为思维方式的辩证法和作为

辩证关系的辩证法。这一观点是詹姆逊首先提出的，他在《辩证法的多维性》一书中又进行了详细论述。詹姆逊赞同对辩证法的第二种解释，认为第一种解释是把辩证唯物主义等同于辩证法，第三种解释是把各种辩证关系混同于辩证法，无法掌握辩证法的统一性。詹姆逊明确指出，对于辩证法的研究仍然是马克思主义研究的中心，但是要理解辩证法的本质特征必须从历史叙事学的角度进行思考。

在辩证法性质的界定上，根据当代哲学理论的新发展，詹姆逊提出了新解释：辩证法是与现代性的进程紧密联系在一起的，辩证的思维方式是现代性的产物。詹姆逊说，黑格尔和马克思对辩证法的开创性研究是制定了现代性的思维规划，在这种情况下，辩证法具有面向未来的新使命。辩证法既不是关于过去事物的产物，也不是哲学史中的某一章节，而是对尚未实现的未来的思考，是对未来历史趋势的阐释。辩证法为什么是“尚未完成的现代性思维规划”呢？一方面，辩证法还是一种尚未被普遍接受的认识事物的思维方法；另一方面，与辩证思维方法相适应的具体社会生活形式还在发展过程中。

辩证法也是辩证发展的，产生于特定的社会历史环境，是历史的产物。詹姆逊的意思非常清楚：如果辩证法的抽象思维形式确实具有某种真理的东西，那最好是把思维形式的展开看作是一定历史阶段生产方式的展开。既然这样，作为抽象思维形式的辩证法的秘密就应该在具体的生产方式中去寻找，辩证法和当代其他发展着的哲学思潮也有血缘关系。辩证法具有历时形态与共时形态。共时形态是马克思对生产方式的结构分析。从历时形态看，黑格尔的辩证法是法国资产阶级大革命的产物，而马克思的辩证法则是资本主义劳动力被普遍商品化的产物。

由此可见，辩证法没有过时，仍然具有价值，因为没有实现自己的使命，没有完成自己的任务，辩证法仍然处在发展过程中，辩证法仍然年轻。詹姆逊是从现代与后现代的关系角度思考辩证法，把辩证法的产生与现代性的发展联系在一起。借用哈贝马斯的现代性理论，詹姆逊把辩证法定义为一个思考未来的现代性思维规划。

二、重建马克思主义历史批判叙事是辩证法的新使命

当代世界面临严重挑战，在后现代与全球化条件下，经济危机、生态危机和道德危机严重威胁着人类的前途与命运。市场价值的普遍化、霸权意识形态的不容置疑性消解了历史批判意识，在差异、多元和偶然理论的拥护下资本主义被普遍化。重建马克思主义历史批判叙事和解放新规划是辩证法的新使命。詹姆逊指出，作为一个有待实现、尚未完成的现代性理论规划，马克思主义辩证法当代价值体现在以下三个方面。

首先，重建意识形态批判。辩证法理论需要回应当代世界的多元化和主体身份多重化趋势的挑战，意识形态的原初意义就是主体对自己处境的反思。现代哲学面临着的新任务就是，寻找走出受传统束缚的反思之路，转变观察时代的思维方式。詹姆逊认为，这种自我意识反思方法，就是黑格尔所说的辩证法。今天，面对新自由主义价值观流行，面对资本疯狂掠夺全球财富、贫富差距迅速加大，詹姆逊说："令人吃惊的是，对如此令人吃惊的现象，人们不再吃惊。"①因此，关注现实，重建意识形态批判向度是辩证法的当代价值所在。重建意识形态批判，更新马克思的商品拜物教理论，也是马克思主义辩证法的新任务。今天，后现代主义认为普遍性的主体已经解体，后马克思主义者拉克劳宣布用主体立场代替主体概念。主体立场的多样性是对当代世界多元化的回应，也是对自我反思方式的挑战。普遍主体的解体导致各种各样的主体概念失去了意义，面对新情况、新变化，需要新的辩证法话语和新的意识形态批判理论。

其次，历史重大变迁的批判性解释。历史辩证法不是一种哲学立场，而是贯穿于历史叙事中的一种批判性运用。要对历史的因果关系和历史的重大变迁进行批判性解释，必须把握历史必然性。马克思说，资产阶级哲学是从特殊到一般的过程中兴起，而马克思主义哲学是从一般到具体的过程中兴起。詹姆逊认为，马克思对他的辩证法的产生条件的解释对理解马克思视阈中的辩证法非常重要。但是，什么是马克思说的"具体"呢？既不是一般，又不是普遍性的抽象。詹姆逊认为，现在还找不到一个满意的概念来描述马克思的"具体"范畴的内涵。其实，"具体"范畴是马克思对现代性批判的成果，马克思用具体的普遍性取代了现代主义抽象的普遍性。

最后，把握当代世界的深刻矛盾性。全球化条件下，经济危机、生态危机和道德危机是人类需要面对的重大问题。詹姆逊认为，矛盾范畴仍然是辩证法的核心，黑格尔、马克思、德里达、布洛赫都是矛盾中心观辩证法的代表人物。当代世界的鲜明特征就是当代思想和理论的多元化趋势，导致当代思想和理论充满冲突与矛盾，这是对当代世界充满深刻冲突与矛盾的反映。卢卡奇说，辩证法与历史观具有千丝万缕的联系，历史辩证法推动着社会制度的总体性转变，把握历史变迁过程中具有的不可调和的矛盾与冲突，是辩证法历史叙事的深层逻辑。詹姆逊认为，把握当代世界矛盾与冲突的不可调和性，"总体化"、"对立统一"的辩证法原理仍然有效，辩证法仍然是在实践中解释矛盾和改变世界最有效的方法。

---

① Fredric Jameson, "Persistencies of Dialectics: Three Sites," *Science & Society*, Vol. 62, No. 3 (Dialectics: The New Frontier), Fall 1998, p. 367.

三、辩证法仍然是把握当代世界新变化最有效的思想武器

面对新自由主义价值观的流行，意识形态问题并没有消失，而是发生了变化，呈现出许多新变化、新特点，以新的形式出现，市场价值观和消费主义就是两种主导性的意识形态。新自由主义意识形态化，商品作为意识形态被普遍化，这些趋势逐渐演变为晚期资本主义的意识形态。詹姆逊指出，在意识形态终结论的掩护下，全球化是“不可避免的客观趋势”的话语成为贫富差距加大和富人持有巨额财富的辩护词。当代世界最重要的问题不是哲学问题，而是需要解决的历史与社会问题，解决这些问题需要借助马克思主义辩证理论的新审视。

对辩证法当代价值的新反思具有以下启发意义：辩证法是马克思主义的本质特征，后马克思主义抛弃了辩证法也就是抛弃了马克思主义；英美马克思主义辩证法研究中的一系列理论成果是对马克思主义辩证法的新发展，是对后马克思主义否定辩证法当代价值的有力回应。在全球化背景下，批判地解读现代与后现代、普遍与特殊、多元与一元等重要理论问题争论，辩证分析方法是不可或缺的。辩证法仍然是认识世界和改造世界的锐利武器，为了更有效地研究当代世界的新情况、新变化、新问题，需要推动对马克思主义辩证法的研究向着更广泛的学术领域延伸；马克思主义的辩证法是把哲学与人类解放规划联系起来的桥梁。

综观西方马克思主义辩证法理论的当代发展，可以概括为三种对立的辩证法阐释模式：(1)肯定的辩证法与否定的辩证法的对立；(2)实在论辩证法与建构论辩证法的对立；(3)历史辩证法与空间辩证法的对立。这些对立的辩证法阐释模式构成了辩证法理论的内在矛盾运动和三重嬗变，也推动着辩证法理论的当代发展，拓展了对马克思主义当代发展的认识深度，同时也反映了人们对当代世界新变化复杂性的多角度理解。

辩证法是马克思主义的一个重要特征和基本方法，捍卫辩证法的当代价值就是捍卫马克思主义的当代价值。辩证法从最根本的意义上讲，就是驾驭矛盾的最高哲学智慧，哪里有矛盾哪里就有辩证法。当代世界面临的矛盾和问题比以往任何时代都要尖锐和迫切，人类如果要全面把握这些矛盾的性质，解决困扰人类社会的棘手问题，辩证法是不可或缺的。

（原载 2012 年 1 月 4 日《中国社会科学报》）

后 记

“马克思主义辩证法当代价值研究”是一个难度非常大的课题，课题立项的思路是把研究范围限定在考察英美左翼学者为辩证法当代辩护的新进展方面，通过考察英美马克思主义对后现代主义、后结构主义和后马克思主义解构辩证法的批判，概括其有价值的理论成果和有启发意义的方法。在此研究基础之上，回答“辩证法为什么没有过时”这个重要的理论问题，多角度地阐释马克思主义辩证法的当代价值。

在考察英美马克思主义辩证法理论当代发展过程中，课题组遇到一系列困难，许多外文资料需要梳理，大量英文著作需要研读，最新的理论发展趋势需要追踪，工作量之大，超出我们原来的想象。但课题组全体成员知难而上，经过不懈努力，终于完成了这项研究任务，课题顺利结题，鉴定结论为“良好”。

课题组的一些阶段性成果发表在《学术月刊》、《马克思主义与现实》、《教学与研究》、《妇女研究论丛》、《中国社会科学报》等刊物，其中一些成果被《中国人民大学复印报刊资料》、《新华文摘》、中国社会科学研究网、人民网、中央编译局马克思主义研究网转载，特别是发表在《人民论坛》“国家社科基金成果发布”专栏的《英美左翼学者对辩证法当代价值的新反思》一文被国家社科基金办网站全文转载。

书稿撰写分工如下：序言和导论，付文忠；第一章，付文忠；第二章，付文忠、李风，第三章，付文忠、贾丽敏；第四章，付文忠；第五章，付文忠；第六章，付文忠；第七章，付文忠；第八章，付文忠；第九章，付文忠；第十章和第十一章，鹿锦秋、付文忠；第十二章，甄红菊、付文忠；第十三章，付文忠；结束语，付文忠。最后全书由付文忠进行通稿。

限于我们的理论水平，本书一定存在许多不足之处，恳请学界同仁批评指正。

付文忠

2016 年 8 月 18 日于山东威海